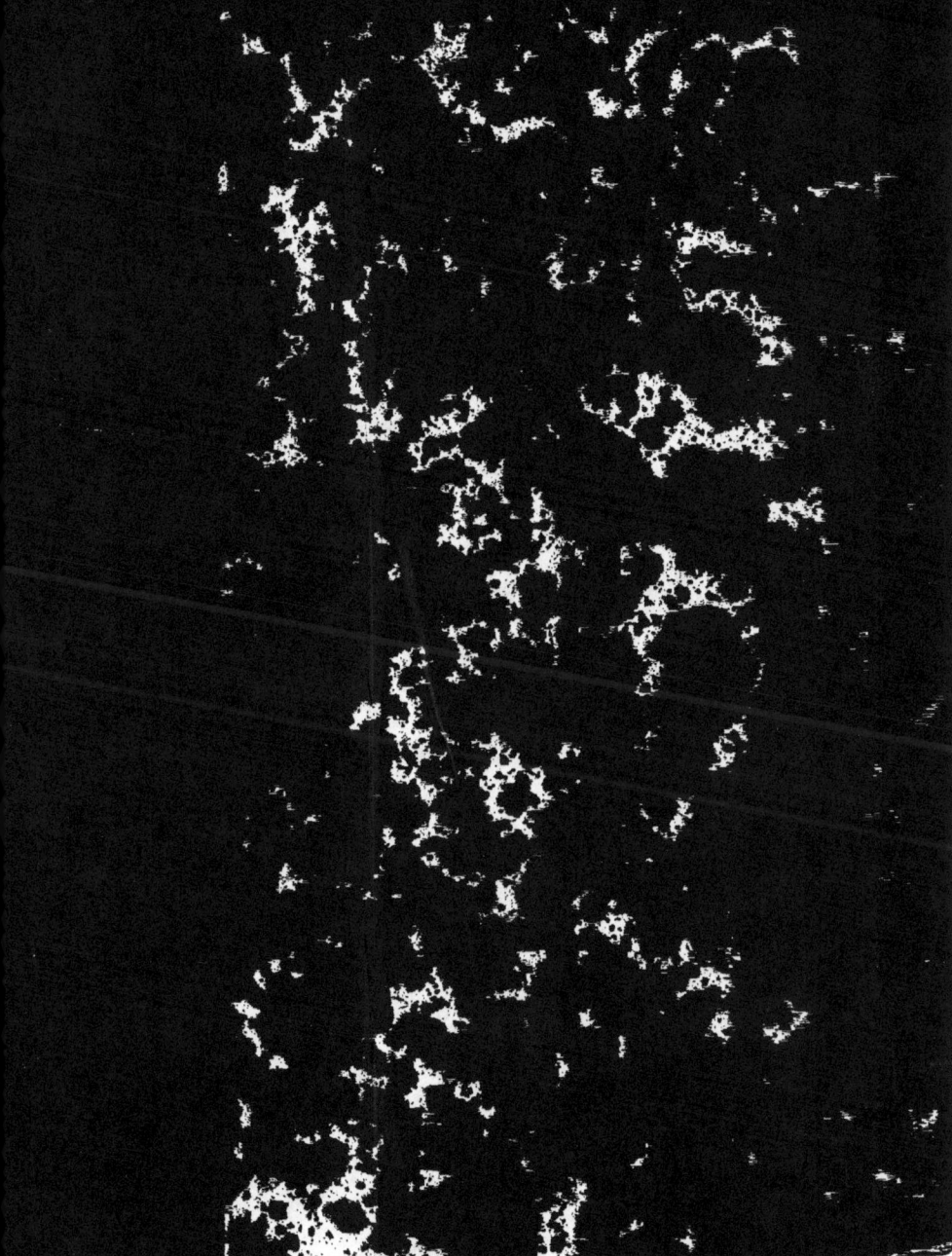

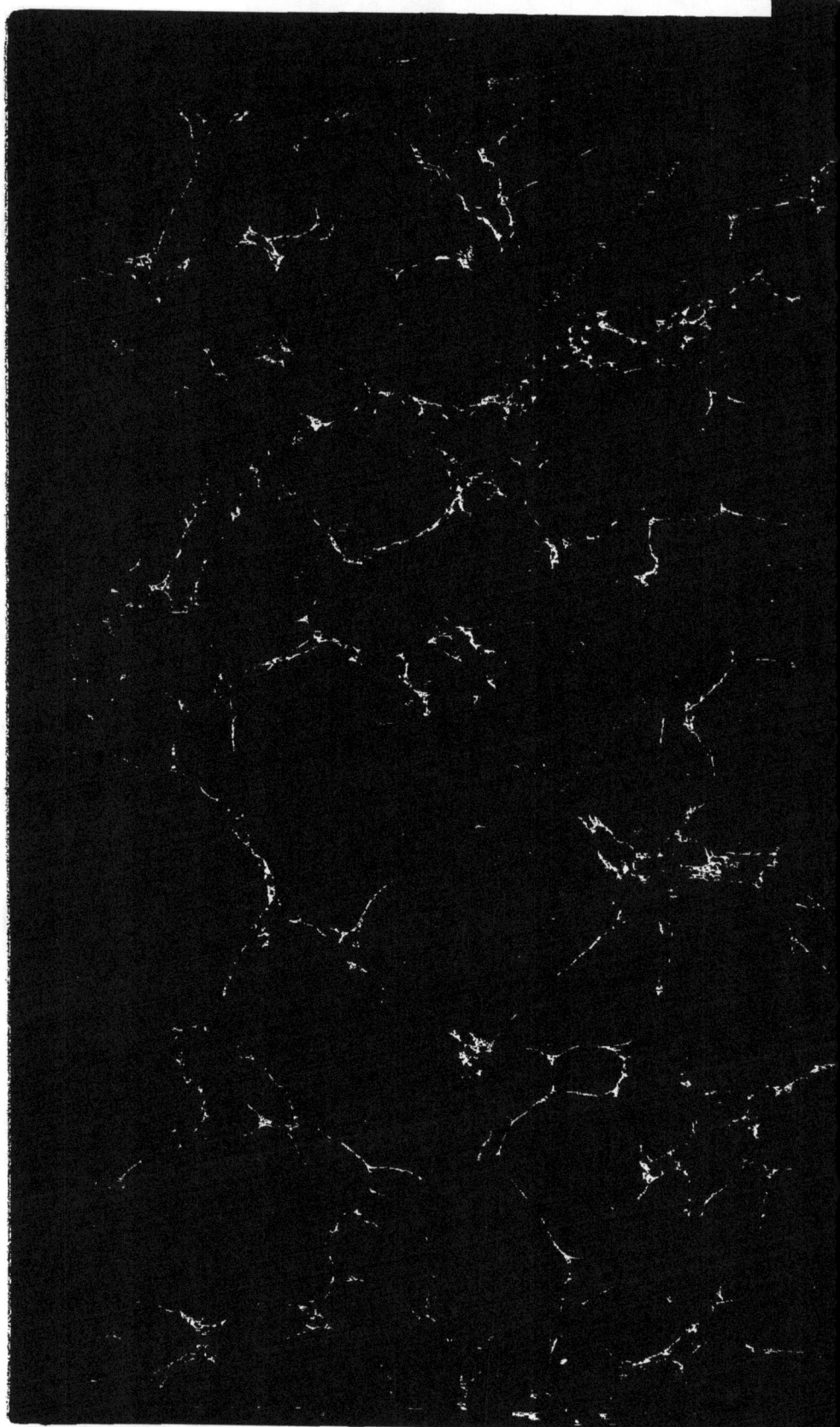

PLAIDOIERIES

ET

MÉMOIRES.

(SUITE).

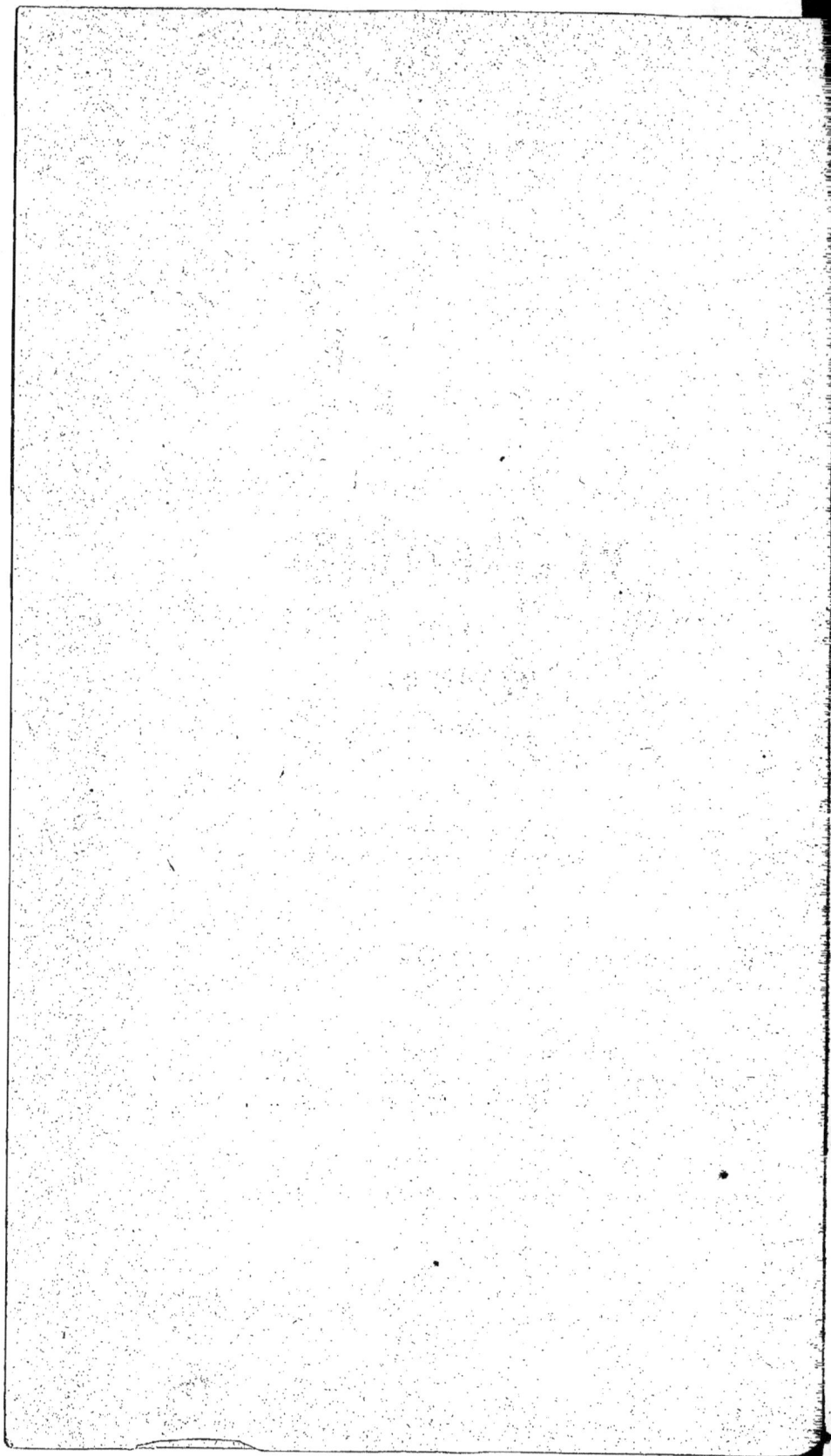

ŒUVRES

D'ALEXANDRE FOURTANIER

QUI ONT PU ÊTRE RECUEILLIES

PUBLIÉES PAR SES FILS.

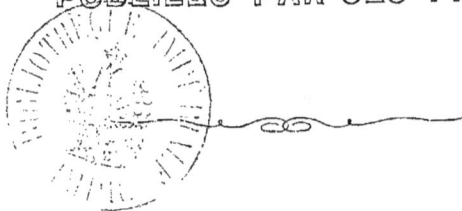

TOME TROISIÈME.

TOULOUSE

IMPRIMERIE PHILIPPE MONTAUBIN

PETITE RUE SAINT-ROME, 1.

—

1864.

COUR IMPÉRIALE DE TOULOUSE

(première chambre).

PRÉSIDENCE DE M. PIOU, PREMIER PRÉSIDENT

—

AFFAIRE DE LA CAISSE INDUSTRIELLE.

(mars 1863).

(Responsabilité du Conseil de Surveillance).

CONCLUSIONS MOTIVÉES

POUR

MM. Edouard de Pointis, Albert de Pointis, Emile Paris, d'Aubas-Gratiollet, Gallimard, Pascal Rodeloze, Michelet aîné et Vives, tous actionnaires de la Caisse industrielle de Toulouse;

CONTRE

MM. Emile Espy fils, Dominique Espy père, Claibeau et Gregory, Membres du Conseil de surveillance de ladite Caisse *

Attendu que la responsabilité de Darnaud ne pourrait être méconnue; que la situation perdue de sa maison de banque, les manœuvres par lui employées pour parvenir à la constitution de la Caisse d'escompte, dont les ressources étaient destinées à éteindre son passif et à prévenir une banqueroute imminente, les détournements

---

* Leurs défenseurs étaient Mes Saint-Gresse, Albert et Vidal.
M. le 1er avocat-général Paul occupait le siége du ministère public.

énormes dont il s'est rendu coupable au début des opérations de l'entreprise et dans tout le cours de sa gestion,
ne permettent pas de lutter contre l'évidence et la légitimité de la poursuite dont il a été l'objet, et que sa
condamnation dès lors devrait être certaine ;

Attendu, à l'égard d'Emile Espy, que sa responsabilité
n'est ni moins positive ni moins manifeste ; que les
infractions par lui commises aux prescriptions de la loi
du 13 juillet 1856, les détournements auxquels il s'est
associé, les dissimulations dont il s'est rendu coupable,
les dividendes fictifs qu'il a fait distribuer aux actionnaires, les circonstances qui ont amené sa retraite, les
conditions par lui imposées à Darnaud, dont les actes
spoliateurs ne furent dérobés qu'à ce prix à la connaissance des actionnaires, les combinaisons à l'aide
desquelles il a réduit le capital social pour anéantir sa
souscription personnelle, tout concourt pour démontrer
la gravité de ses torts envers les Concluants et la légitimité du recours dirigé contre lui ;

Attendu, effectivement, en droit, que la constitution
définitive de la Société ne pouvait être déclarée qu'autant
qu'*au jour de cette constitution même, et non pas à celui
où commenceraient les opérations*, le quart en numéraire
des actions émises aurait été versé dans la caisse de
l'entreprise ;

Qu'ainsi l'exigent impérativement les Art. 1 et 4 de la
loi précitée, ainsi le proclament les discours des orateurs qui ont exposé les motifs de cette loi ; et ainsi
l'enseignent tous les auteurs, sans exception, qui ont
écrit sur la matière ; que dans le répertoire de Dalloz,
v° *Société* n°s 1179 et 1180, se trouve le résumé de la
doctrine dont l'unanimité ne laisse aucune place au
doute ;

Attendu, néanmoins, qu'Emile Espy s'est présenté, le

23 juin 1857, chez M⁰ Delcasso, pour affirmer le versement de ce quart, ce qui était contraire à la vérité, comme l'établit le rapport de l'expert Vilote (*Voy*. Pièces justificatives, n⁰ 1);

Que non-seulement cette condition n'était pas remplie en argent, mais qu'elle ne l'était même ni en compensations ni en valeurs, comme l'atteste ce même travail, puisque, à ce jour-là, il y avait un déficit de plus de 31,000 fr. ;

Qu'Espy ne peut prétendre qu'il a été trompé par les assertions de Darnaud ; que, gérant lui-même, il était tenu de voir et de s'assurer par une étude personnelle si la loi avait été obéie ; qu'en exigeant son affirmation directe, le législateur n'a pas entendu l'autoriser à s'en remettre à la foi ou à la loyauté d'un autre ;

Qu'au surplus, son erreur n'était pas possible, puisque lui-même n'avait pas fait son versement ; que le travail de M. Vilote le constate de la façon la plus décisive, et que les comptes courants postérieurs au 23 juin entre Dominique Espy et H. Darnaud, le justifient d'une façon non moins irrésistible; car ils établissent que les principaux envois auraient été effectués dans le cours des mois de juillet et août, ce qui fait ressortir l'évidence de l'infraction commise ;

Que le 3⁰ tableau de Vilote démontre enfin que la dernière partie de la mise des Espy n'a été réalisée qu'au moyen des 516 effets versés par Darnaud le 10 septembre, ce qui prouve qu'à cette dernière époque même, l'obligation n'était pas remplie ;

Qu'enfin, la lettre de Darnaud à Espy, portant la date du 31 mai 1857, (*Voy*. pièces justificatives, n⁰ 2), tranche la question et met en lumière l'incontestable vérité de la non réalisation du versement ;

Attendu que l'objection faite par Espy, et consistant à

prétendre que les Concluants ne s'étaient pas eux-mêmes conformés à cette prescription de la loi, n'est pas sérieuse non plus ; que le sieur Gallimard et le sieur Pointis, qu'il a choisis à l'appui de sa thèse, ont parfaitement versé en numéraire comme tous les autres, et que le reproche à eux adressé a pour base une confusion et une erreur manifestes ; que M. Gallimard est le cessionnaire de M. l'ingénieur Joly, et fait partie, dès lors, de ce groupe de souscripteurs du Gers, dont la gloire a été si solennellement chantée devant les premiers Juges ; qu'il a versé en écus ses 6,250 fr., dans les mains de M. Claireau, dont les ardeurs déterminèrent sa souscription, et qui était chargé de faire parvenir les fonds à la Caisse ; que s'ils figurent, dès lors, dans les comptes-courants et les compensations, c'est par un accord étranger aux Concluants, et qui concerne les deux gérants, ainsi que le président de leur Conseil de surveillance ; qu'il en est de même de M. de Pointis, qui a versé à Paris, dans la caisse de Jules Pic, mandataire du fondateur de l'entreprise ; que l'on comprend aisément que les Concluants, la plupart propriétaires, ne pouvaient pas procéder d'une manière différente, car ils n'avaient, eux, ni comptes-courants ouverts, ni compensations à établir ;

Que l'objection, dès lors, doit être écartée, et que le grief doit conserver toute sa force :

Attendu qu'un second argument est puisé dans les 516 effets qui auraient été versés dans la caisse le 10 septembre, lesquels, s'élevant au chiffre de 270,000 f., satisfaisait à toutes les exigences de la loi et de l'honneur ;

Qu'il est évident, en premier lieu, que ce fait postérieur ne saurait couvrir les irrégularités du 23 juin, jour de la constitution de la Société ; mais que ce n'est là, d'ailleurs, qu'une dérision et un mensonge; que si, le 10 septembre, les livres attestaient que 516 effets ont été remis au portefeuille de la caisse, il ne faut pas dire, comme on l'a plaidé avec une assurance singulière, que la caisse se trouvait ainsi désintéressée, car immédiatement M. Darnaud inscrivait au débit de celle-ci 371,474 f. 58 c. qu'il lui imposait l'obligation d'acquitter à sa libération aux créanciers divers envers qui il se trouvait personnellement obligé; qu'au moyen de ce mécanisme, l'entreprise se trouvait dépouillée de la somme qu'en apparence elle venait de recevoir, puisque si 270,000 fr., en 516 effets, lui étaient donnés pour prix de cette faveur, 371,000 fr. de dettes à éteindre lui étaient imposées; que si les Adversaires avaient retourné la page du rapport de l'expert Vilote, dont ils étaient si fiers, ils y auraient lu la réfutation qu'avec une affectation marquée ils passaient sous silence. (*Voy.* Pièces justificatives n° 3);

Attendu, en conséquence, que la légitimité du grief n'est plus contestable, et qu'il est évident qu'Emile Espy a contrevenu aux articles 1 et 4 de la loi du 13 juillet 1856, et que, pour cette cause, sa condamnation est inévitable;

Attendu que les autres griefs, plus graves et mieux établis, s'il est possible, n'ont pas besoin de démonstration; qu'il suffit de les rappeler, puisque aussi bien tous les efforts employés pour les combattre n'ont fait que leur imprimer une autorité nouvelle;

Que le traité du 29 novembre 1857, qui consacre la spoliation, ne pouvait être caché aux actionnaires; qu'il était connu d'Emile Espy, qui en était l'auteur, et qui a livré au teneur de livres Daumet la formule destinée à le reproduire sur la comptabilité; que le rapport de M. Vilote constate qu'au 29 novembre, il n'avait été pris que

125,000 fr., et que les condescendances de l'Adversaire, en voyant ce découvert, allèrent jusqu'à autoriser son co-gérant, dont il aurait dû dénoncer et arrêter les spoliations, à puiser encore dans la caisse 95,000 fr., qui n'avaient pas été détournés au jour du contrat; que cet acte et la dissimulation dont il a été protégé jusqu'au jour où la défiance éclate, constitue la trahison la plus grave dont un gérant puisse se rendre coupable à l'égard de ses actionnaires;

Qu'il est dérisoire de demander un bill d'indemnité à la délibération du 31 janvier; que cette délibération ne pouvait enlever aux actionnaires le droit spécial qu'avait engendré à leur profit la complicité inqualifiable du sieur Espy; que c'était une action personnelle et directe qui était ouverte en leur faveur contre un individu déterminé, et dont la loi de 1856 a même organisé la procédure; que la majorité était sans qualité pour le leur ravir; que, d'autre part, cette délibération, prise après une convocation qui n'appelait les actionnaires qu'à statuer sur le renouvellement de la gérance, ne se trouverait étendue au traité du 29 novembre que par un artifice dont la perfidie ne saurait obtenir la sanction de la justice; que la proposition en était faite par le Conseil de surveillance, dont plusieurs membres avaient leur responsabilité compromise dans cette même affaire, et qu'à cette assemblée assistaient et votaient Darnaud avec ses quatre actions, Guilhot avec les deux dont il était titulaire, Emile Espy lui-même, mandataire ou représentant de son père ou de tout autre; que cette immixtion des coupables principaux et des intéressés à un vote qui aurait eu pour résultat de les absoudre, enlèverait à cet acte de surprise toute sorte de valeur; que là ne furent révélés, d'ailleurs, aucun des faits qui procurèrent à Emile Espy, pour rémunération de son silence, la faculté de se retirer, en emportant les engagements de son père, et les 100,000 fr. qu'il avait promis à la caisse ; que tout donc fait un devoir de repousser et de flétrir cette délibération, sur laquelle la lumière s'est faite aujourd'hui, et qui sert uniquement à démasquer les ruses et les audaces de ces hommes au nom desquels ont été prononcés les mots de loyauté et d'honneur ;

Attendu, troisièmement, qu'Espy, au nom de la gérance, a présenté le dividende menteur de 22,000 fr., au bout de trois mois et demi, dans le but d'obtenir le second quart des actions souscrites ; que cette manœuvre lui est toute personnelle, et qu'elle a conduit au résultat désiré ; que nul mieux que lui ne savait la fausseté de ce bénéfice, puisqu'il se composait des revenus, pour 1857 et 1858, de l'*Iris* et de la *Province*, dont à l'aide d'une contre-passe d'écriture, on avait, le 26 décembre, enlevé à l'année 1858 la portion qui lui avait été attribuée le 4 décembre précédent, c'est-à-dire après le traité du 29 novembre, pour en former la somme offerte comme dividende de 1857 ; qu'il n'est pas vrai de dire que 1858 a eu son attribution indépendante ; que si on la trouve mentionnée dans les comptes en novembre de la même année, on voit aussi que la caisse en a immédiatement restitué la valeur au moyen des fonds transmis pour payer les traites dont la remise venait de lui être faite ; que de tels jeux ne sauraient être assimilés à un paiement réel, et que M. Vilote a eu raison de dire dans son rapport, que, pour 1858, les livres n'en parlent pas ;

Qu'ici donc a été encourue la responsabilité de l'art. 10 ;

Attendu, relativement à la retraite d'Emile Espy et aux conventions qui l'ont accompagnée, que la faiblesse de la défense, malgré l'habileté de ceux qui ont entrepris cette lourde tâche, pourrait rendre inutile toute argumentation; qu'il suffit de lire les actes pour être pénétré de cette conviction douloureuse qu'un pacte odieux a été conclu entre les deux gérants, et que le silence d'Espy a été payé par son affranchissement de toutes les obligations souscrites; qu'il importe de lire, pour être édifié à ce sujet, trois pièces seulement, à savoir : 1° la note d'Espy adressée à Darnaud; (*Voy.* Pièces justificatives, n° 4); 2° l'ultimatum; (*Voy.* Pièces justificatives, n° 5); 3° la délibération du 11 juillet et la lettre de M. Emile Espy, présentant Darnaud comme son plus digne successeur à la gérance (*Voy.* Pièces justificatives, n°s 6 et 7); que les Concluants n'ajouteront rien au sentiment que la lecture de ces documents doit inspirer;

Que la création ephémère du Comptoir de marchandises ne fut, dès lors, qu'un prétexte; qu'ici encore la ruse et le mensonge peuvent être aisément saisis et démasqués par le Juge; que, pour mieux tromper ses victimes, Espy a assuré qu'il avait déjà obtenu la souscription des trois quarts des 500,000 fr. destinés à servir de mise de fonds à cette entreprise; qu'en fait, aucune souscription n'a été donnée, et que la circulaire où se trouve cette affirmation était à la fois un piége et un mensonge;

Attendu, en quatrième lieu, que le mode employé pour éteindre ses actions constitue, à son tour, un détournement du fonds social, puisque, ne pouvant pas trouver de cessionnaire, il a recours à une suppression matérielle, qui est à la fois un détournement dont il s'appropriait le bénéfice, et une violation des obligations que lui imposait la gérance;

Que, sous tous ces rapports, Emile Espy ne saurait échapper à la responsabilité qui le frappe;

Attendu que Dominique Espy doit être frappé de la

même condamnation; que c'est lui qui a dicté les clauses du traité fait avec Darnaud, et que son fils n'a rien fait que sous son inspiration et par ses conseils; que la correspondance de l'un et de l'autre en contient l'incontestable preuve; que, dans cette organisation, il donnait à la fois une position à son fils et une autre à son gendre, qui était mis à la tête du Comptoir de Foix; que celui-ci, pour lequel on se servait d'un prête-nom, a été seul affranchi de l'obligation de souscrire les deux actions imposées à tous les directeurs de Comptoir à titre de cautionnement, et que cette faveur n'a pas besoin de commentaire;

Attendu que les membres du Conseil de surveillance sont assujettis à deux obligations distinctes qui ont chacune leur sanction spéciale : la première, de vérifier si au jour de la constitution définitive, le quart en numéraire a été versé; la seconde, de s'opposer à la distribution de tous les dividendes fictifs, de veiller à ce que les inventaires soient exacts, et à la conservation de l'actif social; que chacune de ces obligations doit être scrupuleusement obéie, et que la peine attachée à l'infraction est écrite dans les articles 7, 8, 9 et 10 de la loi de 1856 ;

Que cette mission qui leur est donnée est grave et ne saurait être déclinée par ceux qui acceptent la délégation dont les avaient investis surtout les actionnaires de la caisse, lesquels, aux termes des statuts, avaient déposé tous leurs droits dans les mains de ces délégués ;

Attendu que la jurisprudence ni la raison ne veulent qu'il soit nécessaire qu'il y ait eu complicité de leur part; que les exagérations auxquelles on s'est livré à cet égard ne reposent que sur un commentaire hyperbolique d'un jugement rendu par le Tribunal de commerce de la Seine, qui n'a pas eu à juger la question en droit, et qui seulement, en fait, a exonéré le membre d'un Conseil de sur-

veillance, dont il a déclaré que la faute n'était pas suffisamment grave ;

Qu'ainsi ne l'ont pensé, ni la Cour d'Aix, ni la Cour
de cassation, qui pour simple négligence, sans dol ni
fraude, ont proclamé et appliqué la responsabilité du
Conseil ; que seulement si les livres contiennent des
mensonges, et qu'à l'aide d'écritures perfides on ait
trompé leur vigilance, on ne peut pas les atteindre ;
mais que si, au contraire, le détournement apparaît sans
dissimulation, ils sont constitués en demeure, et leur
complaisance aveugle ou éclairée tombe sous les coups
de la loi ;

Que tel est le seul commentaire raisonnable qui puisse
être accepté, et que toutes les décisions judiciaires intervenues ont justement cette signification ;

Attendu, en fait, que Dominique Espy a accepté la
mission de membre du Conseil, ce que sa position particulière aurait dû lui interdire ; que son devoir a été,
au lendemain de la constitution de la société, de vérifier
la caisse, pour savoir si le quart en numéraire avait
été versé ; qu'au lieu de protester contre l'inexécution
de cette obligation impérativement exigée par la loi, il a
sanctionné par son silence la constitution déclarée par
son fils ; que vainement il allègue qu'à cette époque il
n'est pas venu à Toulouse ; que le fait du non-versement
lui était connu sans cela ; qu'il savait bien qu'il y était
tenu, comme le constatent les lettres émanées de son
fils et de lui (*Voy*. Pièces justificatives, nos 8 et 9) ; que
par la lettre de Darnaud du 31 mai 1857, il n'ignorait pas
comment il y avait été satisfait ; que c'était au moyen d'une
passe d'écriture sur les livres de la maison d'H. Darnaud ;
que ce n'était pas obéir à la loi dans sa conviction même,
puisque c'était un versement réel, qu'à l'origine son dessein était d'opérer ; que ce versement n'existait ni au

23 juin, ni au 10 septembre 1857, comme il a été démontré plus haut, et que, par suite, l'article 7 lui est applicable; que s'agissant d'une réalisation qui était à sa charge personnelle, l'allégation de son ignorance ne saurait être acceptée;

Attendu, d'autre part, qu'il a connu le détournement des 220,000 francs, que sur ce point aucun doute n'est possible; que la soustraction de cette somme qui constituait l'entier actif social, ne peut pas lui avoir été dissimulée par son fils; que les clauses du traité du 29 novembre lui ont été incontestablement soumises, et n'ont été arrêtées qu'avec son approbation; que la situation respective des parties, l'émotion naturelle du fils quand le détournement a été reconnu, la nécessité de recourir à l'expérience de son père, la responsabilité qui pesait sur lui, sont une démonstration dont la puissance serait vainement récusée;

Attendu, d'autre part, que la correspondance justifie la vérification qu'il a faite des livres après y avoir été convié; que les états de situation lui ont été transmis; qu'enfin il est venu à Toulouse où tout a été nécessairement examiné par lui; qu'il est impossible qu'il n'ait pas vu et que son fils ne lui ait pas montré ce chiffre énorme de 220,000 fr. placé en rentes et actions, et que cette révélation était pleinement suffisante;

Que sa démission de membre du Conseil de surveillance, motivée par les scrupules tardifs dont on parlait à l'audience, aurait empêché son acceptation première, si cette pensée avait été à ses yeux un obstacle; que la révélation et la constatation du détournement expliquent seuls cette brusque retraite qui vient confirmer ainsi les présomptions déjà développées;

Que d'autre part il a présidé à tous les préliminaires des accords qui ont permis à son fils de se retirer aux conditions exceptionnelles déjà développées ; que nul n'admettra qu'une telle résolution et ses causes ne lui aient pas été soumises; qu'il y a été si bien partie active que des stipulations le concernant personnellement ont été insérées dans la convention; et que, sous le coup des menaces qui pesaient sur Darnaud, celui-ci a rendu le cautionnement même que lui avait donné Dominique Espy; que dès lors tout a été par lui connu, et de ces conditions tout a été par lui caché aux actionnaires ;

Qu'il n'est donc pas possible de rompre la solidarité qui l'enchaîne à son fils;

Attendu que ces preuves ne sauraient être affaiblies par la continuation des comptes-courants établis entre la caisse industrielle et Dominique Espy ; que s'il envoyait des valeurs, il recevait en échange des effets d'une importance égale, et que ce qui prouve enfin sa prudence et sa conviction, c'est qu'au jour de la catastrophe, rien ne lui était dû; qu'il avait en outre sous sa main le comptoir de Foix, dont la direction était confiée à son gendre, et qui, en réalité, se trouvait en son pouvoir ; que ce fait qui explique la continuation des rapports et devait bannir toute crainte de son esprit, est la réfutation victorieuse des considérations qu'on pourrait tenter à cet égard ;

Qu'à l'égard de Dominique Espy, encore, si l'on retranche de la défense présentée, les colères et les lamentations qui sont venues l'embellir, on ne trouve aucun moyen sérieux qui réclame une réfutation spéciale;

Qu'il a, lui aussi, concouru à la distribution du dividende fictif de 1857, et que sa responsabilité se trouve pleinement établie ;

Attendu que MM. Grégory et Claireau sont dans une situation identique en ce qui touche le versement du quart en numéraire, et que la même condamnation doit les atteindre ;

Que leur situation est la même aussi, soit pour le détournement des 220,000 fr., puisque eux ont, en outre, dans un travail spécial et non contesté, vérifié les comptes avec le soin que comportait une opération de cette importance, et que, comme le disait Espy, les écritures contenaient l'expression très-précise et très-nette de l'immobilisation de cette somme qu'ils ont vue, et dont ils n'ont rien dit dans leur exposé à l'Assemblée générale ;

Que le chiffre des profits et pertes était une révélation non moins saisissante ; et que l'article qui, au folio 2, contenait cette mention étrange :

Crédit de Darnaud . . . . . 656,910 fr.
Débit. 580,935
                           _____
        Balance. . . . . 75,975 fr.

était un agissement trop grave pour ne pas saisir leur attention et éveiller leur sollicitude ;

Que ce triple fait est la plus éloquente des démonstrations ; qu'à côté de ce fait lui-même il faut placer les rapports rédigés et lus par M. Claireau, où l'on ne tarit point d'éloges à l'endroit de Darnaud, sur sa comptabilité, la loyauté et l'intelligence de sa direction ;

Qu'ainsi ont été proposés les dividendes fictifs, et a été obtenu le versement du second quart ;

Attendu que Claireau a joué un rôle plus important et plus direct dans la retraite d'Emile Espy ; qu'à lui fut confiée la direction des agissements qui devait amener la conclusion du fameux traité par lequel Espy a repris sa liberté, ses actions et l'engagement de son père ; qu'il fut mis dans la confidence de la lutte intestine que les détournements de Darnaud avaient provoquée, et qu'il conspira avec ardeur pour lui faire remettre la gérance exclusive, et l'affranchir de l'obligation de rendre compte de l'argent qu'il puisait dans la caisse; qu'à l'époque où a été donné ce regrettable concours, il est venu vérifier les livres, comme le prouve sa correspondance, et qu'il y a vu l'accroissement rapide du débit de Darnaud qui puisait à pleines mains dans la caisse : que nonobstant ces révélations il a poussé à la gérance exclusive, et a présidé l'Assemblée où a été consacrée cette fatale résolution; que de sa part cette conduite est sans excuse, et ne trouve son explication que dans les avantages énormes que lui présentaient la caisse et son gérant pour ses négociations à la Banque de France; mais que les actionnaires ne sauraient être victimes de semblables combinaisons ;

Attendu que Claireau a gardé la présidence du Conseil jusqu'à la dernière heure ; qu'il a vu, en décembre 1858, Darnaud inscrire à son crédit des titres hypothécaires pour 73,000 fr., ce qui ajoutait une seconde immobilisation à la première de 220,000 fr. pour rentes et actions, et qu'il a couvert ce nouvel abus de son indulgence ;

Qu'en 1859 et pour l'exercice de 1858, il est venu célébrer la loyauté et l'admirable conduite du gérant dans l'Assemblée générale des actionnaires, et a proposé la distribution du dividende fictif qui devait entretenir l'erreur et la confiance de ceux-ci ; que là encore il affirme avoir tout vérifié et tout vu, et que, de fait, il est venu tout vérifier et tout voir ; qu'il avait donc une parfaite connaissance de toutes choses, et que son langage se trouve sans excuse ; que là aussi il s'est associé à la suppression des deux actions Espy, en acceptant la réduction du capital social à 44 actions, quand lui-même en avait *authentiqué* 46 ;

Attendu qu'en 1858 il a de plus obtenu le remboursement d'une dette de Darnaud avec les fonds de la caisse ; que la correspondance établit qu'à l'origine, Darnaud, qui n'avait pas encore créé cet établissement, en lui transmettant les 60,000 fr. des traites Berenger, lui avait recommandé de ne pas écrire sur ses livres cette opération qui le concernait personnellement et *pour laquelle on ne devait avoir affaire qu'à lui* ; que Claireau s'était prêté à cette combinaison, et que pour lui, Darnaud était l'homme chargé de retirer les titres et d'en opérer le remboursement : qu'aussi jamais il ne s'est adressé à Berenger, et que même il s'est abstenu de prendre des renseignements sur son compte ;

Que cependant c'est par la caisse que cette dette lui a été payée, et qu'il a sur ses propres livres débité cette dernière, et non pas II. Darnaud que cette affaire concernait uniquement ;

Qu'il n'est pas vrai, comme on l'a plaidé, pour enlever à ce fait sa gravité exceptionnelle, que Claireau ait envoyé ses titres en recouvrement à la caisse, comme il l'aurait fait à l'égard de tout autre banquier ; que la correspondance repousse cette hypothèse imaginée pour le besoin de la cause ; qu'elle constate qu'il a retiré des mains des capitalistes les effets dont s'agit sur les ordres et pour le compte de Darnaud, et qu'au lieu d'une opération de banque, c'est d'un payement et d'une extinction d'effets qu'il était question ;

Que ce fait garde donc toute sa gravité ;

Attendu que M. Didier a affirmé n'avoir jamais donné à Emile Espy ni à tout autre, mission de lui conférer le titre de membre du Conseil de surveillance que jamais il n'a accepté ; qu'il résulte de cette affirmation, non contestée par Espy, que de cette façon et le sachant bien, il a organisé un Conseil de surveillance incomplet et a laissé cet état de choses se perpétuer pendant plusieurs mois, ce qui constituerait une infraction nouvelle, et sous cet autre rapport le rendrait également responsable :

Par ces motifs, plaise à la Cour, disant droit sur l'appel, réformant ,

I. — Condamner Emile Espy en la qualité de cogérant de la caisse industrielle, à rembourser par toutes les voies de droit et par corps aux Concluants le montant intégral de leurs actions avec les intérêts légitimes,

1° Pour avoir déclaré la constitution définitive de la caisse d'escompte le 23 juin 1857, alors que le montant intégral des actions n'avait pas été souscrit, et que parmi ceux-là même qui avaient donné leur signature, il en était plusieurs, tels que MM. Bellanger, Fruitier, Baron et Guilhot qui n'étaient que des souscripteurs nominatifs dont l'insolvabilité notoire n'était pas ignorée de lui ;

2° Pour avoir affirmé le versement réel du premier quart, tandis que ce versement n'avait pas été opéré, et que notamment ni lui ni son père ne s'étaient conformés à cette prescription impérative de la loi ;

3° Pour avoir toléré le détournement par Darnaud d'une somme de 220,000 fr., qui absorbait l'actif de la société ;

4° pour avoir proposé, à l'effet d'obtenir le vote d'un second quart des actions souscrites, un dividende fictif pour l'année 1857, lequel se composait notamment d'une somme appartenant à l'exercice de 1858 ;

5° Pour avoir, sous un prétexte mensonger, abandonné la gérance entière à Darnaud, dont les détournements se continuaient sans interruption, et avoir ainsi trompé les actionnaires sur la situation vraie de la Société et sur la conduite du gérant ;

6° Pour avoir détourné une partie du capital social, à l'effet de parvenir à éteindre les actions qu'il avait souscrites, et ce avec le concert et le concours de son co-gérant ;

II. — MM. Dominique Espy, Grégory et Claireau, en leur qualité de membres du Conseil de surveillance,

1° Pour avoir sanctionné la constitution définitive de la Société, alors que le versement du quart en numéraire dont la vérification leur était imposée par la loi n'avait pas été opérée, et qu'eux-mêmes ne s'étaient pas conformés à cette obligation impérative ;

2° Pour avoir caché aux actionnaires le fait du détournement de la somme de 220,000 fr. que leur avait révélé la vérification des livres, et que pour des considérations particulières ils ont dissimulé ;

3° Pour avoir proposé le dividende fictif applicable à l'exercice de 1857, alors que les livres indiquaient nettement l'origine de la somme consacrée à cette destination ;

III. — MM. Dominique Espy et Claireau, pour avoir donné leurs concours à la retraite d'Emile Espy, et arrêté de la sorte la révélation annoncée par celui-ci du détournement de 220,000 fr. ;

IV. — Claireau, pour avoir en outre proposé le dividende fictif de l'année 1858 ;

Ce dernier encore pour avoir fait payer par la caisse une somme de 60,000 fr. qu'il savait être due par H. Darnaud ;

V. — MM. Grégory et Claireau, pour avoir participé au détournement d'une partie du fonds social, en autorisant la suppression de deux des actions souscrites par Emile Espy, alors que l'un et l'autre avaient, en leur qualité de membres du Conseil, revêtu de leurs signatures les 46 actions qui avaient été souscrites ;

VI. — Enfin, Emile Espy, pour avoir subrepticement fait nommer pour membre du Conseil de surveillance M. Didier, dont les refus lui étaient personnellement connus, et donné de la sorte à la Société une constitution sciemment irrégulière ;

Faire main-levée de l'amende, et les condamner tous, en outre, à 10,000 fr. de dommages, et aux entiers dépens.

A. FOURTANIER, avocat.

H. TOURNAMILLE, avoué.

PIÈCES JUSTIFICATIVES.

I.

Extrait du Rapport de M. Vilote.

1re Emission. — 1er Quart.

En numéraire   (avant le 23 juin 1857.)

N° 11 Action Didier 1/4. . .	6,250	»
12 — de Pointis (partie de 1/4).	2,250	»
27 — de Martrés (partie de 1/4).	3,000	»
30 et 31 Vivés partie de 1/4 de 2 actions. . .	6,000	»
Total en numéraire.	17,500	»

En effets compris en grande partie dans les 516 effets émis à la Caisse Industrielle.

N° 1 Action de Castelbajac 1/4..	6,250	»
10 — Jules Delpla. .	6,250	»
14 — J. P. Abadie partie de 1/4.	3,250	»
A reporter. . .	15,750	»

		Report. . .	35,250	»
16 —	A. Baron 1/4. .	6,250	A
17 —	Bellanger 1/4. .	6,250	A
19 —	de Carrière 1/4.	6,250	»
20 —	d'Olivier 1/4. .	6,250	»
24 et 25	A. Fruitier 1/4 de 2 actions.	12,500	»
26 —	de Grandeffe 1/4..	6,250	A
29 —	Rodelose 1/4. .	6,250	»
32 et 34	C. Guilhot 1/4 de 2 actions. . . .	12,500	A
35 à 43	d'Espy 1/4 de 9 actions.	32,537	80
45 —	de Lostanges 1/4 de 1/2 id.	3,125	» 113,912 80

En compte-courant, par compensation avec des
créanciers de la Maison Darnaud et Comp^e.

Nº 4 Actions Claireau 1/4 de
3 actions au débit de Claireau.

5 —	Claireau Claireau.		
6 —	d'Aignan Claireau.	18,750	»
12 —	de Pointis partie de 1/4.	4,000	»
13 —	Gardés 1/4. . .	6,250	»
14 —	J. P. Abadie partie 1/4.	3,000	»
15 —	Grégory 1/4. . .	6,250	»
22 —	Donnezan 1/4..	6,250	»
23 —	Fouque (au débit d'un compte : actions en garantie		

créancier plus fort).	6,250	»
27 — de Martrés partie de 1/4.	3,250	»
28 — Garres et Mourlane 1/4..	6,250	»
30 et 31 Vivés partie de 1/4 de 2 actions. . . .	6,250	»
35 à 43 d'Espy partie de 1/4 de 9 actions. . . .	20,464	»
46 — de Génat partie de 1/4.	2,500	» 89,714 42

Nᵒˢ 46 Action collective, 1/4 de 3/10 porté au crédit du *compte particulier* d'H. DAR-
NAUD, créancier de sa Maison. . . . . . 1,875 »

Actions que M. Darnaud a *libérées* avec *les 516*
effets SANS AVOIR RIEN REÇU

Nᵒ 18 et 21 Actions Bérenger 1/4 de 2 actions. . .	12,500	»
32 — action Henri Tustes 1/4.	6,250	»
35 à 43 » D. Espy partie de 1/4 de 9.	3,247 78	
45 » Cailhassou 1/4 de 1.	1,562 50	
» » Darnaud, totalité de 1/4 de 1.	6,250	»
46 » E. Espy, partie de 1/4.	1,875	»
A reporter. . F.	31,685 28	223,002 22
Total NON VERSÉ par *les souscripteurs*. . . .		31,685 28

Total du premier 1/4 de 40 actions, le 1/4
du nᵒ 45, au nom de F. Darnaud entièrement libéré.. . . . . 254,687 50

Voilà, Monsieur le Juge d'Instruction, la situation des 40 actions dont le 1/4 aurait dû être payé en numéraire, conformément à la déclaration contenue dans l'acte constitutif du *23 juin 1857.*

Depuis cette époque, les chiffres précédents sont légèrement modifiés : l'action n° 32 de M. H. Tustes a été transférée à M. L. Thévenin, qui l'a payée en argent, le 14 janvier 1859 ; M. Cailhassou a aussi payé, le 12 juin 1858, au moyen et avec le produit de la vente d'un titre de rente 4 1/2. Il faut donc ajouter au versement en argent, et déduire sur la part restant due :

N° 32 Action H. Tustes, cédée
      à Thévenin 1/4. . . .   6,250   »
  45 »   Cailhassou, p. 1/4
      de 1/4. . . . . . .   1,562 50

    Total encaissé après le
      23 juin 1857. . . . . . .   7,812 50

Avant de composer d'une manière définitive le mode de versement du premier 1/4, je dois vous faire remarquer que dans la catégorie des actions soldées en effets, toutes celles marquées de la lettre A, sont DUES *aujourd'hui,* les *souscripteurs* OU *les cessionnaires* n'ayant *pas fait* ENCORE *honneur à leur signature.* Je vais donc déduire ces actions, dans le résumé suivant, de la somme de 113,912 fr. 80 c. versée en effets, pour les ajouter à la part restant due sur le premier quart.

RÉSUMÉ du versement du PREMIER quart des 40 actions de la première émission ;

En *numéraire* :

Avant le 23 juin 1857. . . .   17,500 »
Après le 23 juin » 7,812 50

   Total pour les deux époques. 25,312 50

En *effets* :

Avant le 23 juin 1857. . . . 113,912 80
A déduire 1/4 de 5 actions mar-
      quées de la lettre A. . 31,250 »

   Total pour les deux époques. 82,662 80

En *compte-courant* :

Avant le 23 juin 1857. . . . 91,589 42
Après le 23 » ». 3,247 78 94,837 20

   Total. . . . . F. 202,812 50

Actions dues, QUOIQUE *libérées* par
M. *Darnaud* :

AVANT *le 25 juin 1857*. . . . 31,685 28
REÇU DEPUIS *le 25 juin 1857,*
     en numéraire ou en
     comptes. 11,060 28

     Reste. . . . . 20,625 »
Ajouter le 1/4 de 5 actions,
    VERSÉ en *effets im-*
    payés. . . . . 31,250 »

   Total. dû sur le premier
quart. . . . . 51,875 »

   Total égal du montant du
premier quart.. . . . . 254,687 50

II.

Lettre de M. H. Darnaud à M. Emile Espy.

Dimanche, le 31 mai 1857.

« Mon cher Emile,

» Je m'empresse de répondre à votre lettre du 30
« de ce mois. Je viens de m'assurer au greffe que je
« puis faire sans vous le dépôt et la publication des
« Statuts. Mais, pour l'acte et l'état des souscripteurs
« chez le notaire, c'est différent; votre présence est
« indispensable. Je persiste à dire. . . . . . .
« doivent être déposés SANS RETARD, *faudrait-il, vous*
« *et moi,* souscrire UNE OU *deux actions* de PLUS. Deux
« des meilleurs souscripteurs nous quittent précisé-
« ment parce qu'ils ne veulent pas attendre indéfini-
« ment la constitution de la Société ; d'autres pourraient
« en faire autant. D'un autre côté, vous avez lu la
« lettre de M. Claireau ; j'en reçois deux autres à peu
« près semblables. Croyez-moi, arrivez et finissons-en ;
« constituons définitivement la société. L'établissement
« une fois debout, il nous sera facile *d'ajourner l'ou-*
« *verture* des opérations, et *d'avoir* d'AUTRES ACTIONS
« pour REMPLACER *les nouvelles.* Je suis d'avis d'écarter
« la Comtesse. *Ne vous préoccupez pas* de VOTRE VER-
« SEMENT ; *c'est déjà fait* par le DÉBIT *de votre compte*
« au CRÉDIT *de la Caisse industrielle.* J'adresse par
« ce courrier à *M. Gardes* l'ordre de souscription pour
« *M. de Martres.* Venez bientôt, avant le 5 courant.
« Tout à vous.

» H. DARNAUD. »

III.

Extrait du rapport de M. Vilote.

Si le compte particulier du gérant envers la Caisse industrielle fût resté dans la situation que lui faisaient les articles passés pour constituer le capital social par son débit et le remboursement opéré au moyen des cinq cent seize effets de commerce à son crédit, il s'agirait, pour formuler notre réponse, d'indiquer le sort de ces valeurs, en faisant connaître comment elles ont profité à la Caisse industrielle.

Mais *M. Darnaud* avait derrière lui, le *10 septembre 1857*, une maison *particulière de banque* dont la liquidation allait commencer. Il lui importait de donner satisfaction aux nombreux créanciers compris dans le *passif*, ET de faire rentrer en même temps les débiteurs solvables de son *actif*. Dans ce but, au moyen du *compte particulier* dont nous avons déjà parlé, il *transporte* à la Caisse industrielle, à diverses dates et en divers articles, *145,332 fr. 93 c.* de débiteurs A RECOUVRER, *dont il se fait créditer.* Il transporte, par contre, 371,474 fr. 58 c. de créanciers à payer, dont il se fait débiter.

IV.

Note de M. E. Espy à M. Darnaud.

« Je suis souscripteur de QUATRE *actions* de la Caisse
« industrielle, et j'ai payé le quart de ces quatre
« actions, soit *25,000 fr.*

« D'un autre côté, j'ai AVANCÉ pour *M. Darnaud,*
« mon co-associé, pour une somme de *25,000 fr.*

« Si, *d'ici au 15 de ce mois*, M. Darnaud m'a rem-
« boursé *personnellement* la somme de *25,000 fr.*, et
« s'*il* me procure une ou plusieurs personnes solvables
« qui se *substituent* à mon lieu et place pour la *prise*
« de mes quatre actions et le *remboursement* du quart
« desdites actions, je m'oblige par le présent à donner *ma*
« *démission* de co-gérant de la Caisse industrielle, et
« à dissoudre la Société en nom collectif qui existe
« entre nous pour la gestion de ladite Caisse.

 « En *échange* de ma démission et de l'acte qui doit
« dissoudre notre association, *M. Darnaud* me rendra
« l'Engagement de *mon* père, *qui* s'est obligé de payer
« pour lui et pour moi, avant *le 21 mai prochain*,
« à ladite Caisse, une somme de cinquante mille
« francs. »

V.

Ultimatum de M. E. Espy.

Je ne me dessaisirai de la *cogérance* de la Caisse
industrielle qu'en faveur de celui qui se substituera
à *mes* quatre *actions* et *à celle de mon père*, et qui,
après m'avoir remboursé toutes *les sommes déjà*
comptées, m'offrira des *garanties* suffisantes pour le
complément, puisque, d'après la loi sur les Sociétés
en commandite, le *premier souscripteur* est engagé
jusqu'à *parfaite libération de son action*.

A défaut, et dans un délai déterminé,

1° Comme M. Darnaud n'a pas tenu vis-à-vis *de mon*
père les engagements qu'il a contractés, *celui-ci*, comme
cela est juste, *n'est pas tenu à remplir les siens*. En
conséquence, la déclaration *de mon père* me sera
rendue, afin que seul je sois engagé, et non pas
lui ;

2º Comme actionnaire, et surtout comme co-gérant responsable je suis SEUL *juge* des GARANTIES qu'offre mon associé pour *justifier* un DÉCOUVERT *considérable* en DEHORS de *celui* GARANTI par *l'Iris et la Province*, et que j'avais été OBLIGÉ *d'accepter ; et comme tous* ces DÉCOUVERTS, qui ne sont pas EN RAPPORT avec *les ressources de la maison*, peuvent compromettre son existence en IMMOBILISANT la majeure partie de ses capitaux, M. DARNAUD s'obligera à les *réduire* ET à les *éteindre*, SOIT au moyen de la RÉALISATION de *ses actions*, SOIT par toute *autre ressource*, ET par la *rentrée de ses créances au fur et à mesure qu'elles auront lieu*, et ce dans le plus bref délai possible.

M. Darnaud, voulant justifier de *sa garantie* devant les actionnaires, m'a-t-il dit, n'a qu'à déposer dans la caisse de la Société, les *85,000 fr., d'actions* qu'il m'a déclaré posséder LORSQU'IL voulut *justifier* le DÉCOUVERT de *220,000 fr.*, si mieux il n'aime porter la question qui nous divise devant nos juges naturels, le CONSEIL DE SURVEILLANCE.

Les ACTIONS *de la Caisse industrielle* restent en décision et comme GARANTIE A MOI *affectée* PERSONNELLEMENT *pour la somme avancée*.

A ces deux conditions, je resterai administrateur de la Caisse ; j'y consacrerai tout mon temps et y donnerai tous mes soins, comme précédemment, d'accord et simultanément avec M. Darnaud.

S'il n'est pas possible de me placer dans l'une ou l'autre alternative, nos actionnaires d'abord et Dieu ensuite jugeront entre nous. JUSQUE-LA, il ne *sera pas* PERMIS à M. DARNAUD de *faire porter sur le livre* DE LA MAISON, comme IL L'A FAIT DÉJA, à son débit ou au crédit de ses créanciers, n'importe quelle somme, SANS L'APPROBATION EXPRESSE *de son cogérant*.

Je ne demande tout cela que pour me justifier aux yeux des actionnaires. Du reste, que M. Darnaud fasse part de mes impressions à son frère ; et si toutes les appréciations que je donne ne sont pas justes, que cela me soit démontré ; je ne demande pas mieux que de reconnaître mes erreurs, et surtout si tout autre à ma place aurait agi ainsi.

(Écrit de la main d'Émile Espy).

VI.

Messieurs les Actionnaires ,

Le Comptoir de prêt sur marchandises que je viens de fonder réclamant des soins particuliers et constants, j'ai l'honneur de vous prier d'agréer ma démission de cogérant de la Caisse industrielle.

Mon associé M. Darnaud, qui a tout fait déjà pour la Société, puisque, par ses soins, la Caisse a été organisée, pouvant suffire à la gestion des affaires, je vous propose de réunir toute la gérance sur sa tête.

Veuillez agréer, Messieurs, l'hommage de mes sentiments bien dévoués,

ESPY, signé.

VII.

L'appel nominal est fait, et, après l'appel de son nom, chaque Membre remet son bulletin à M. le Président, qui le place dans l'urne. L'appel nominal constate la présence de 37 votants.

M. le Président procède au dépouillement du scrutin, assisté des membres du bureau; 37 bulletins sont trouvés dans l'urne , et le dépouillement donne le résultat suivant :

34 Bulletins portent le mot *oui*.

3 — le mot *non*.

En présence de ce résultat du scrutin, M. le Président proclame l'adoption pure et simple par l'Assemblée de la proposition de M. Espy, à la majorité de 34 voix sur 37.

En conséquence, M. le Président déclare, au nom de l'Assemblée, qu'il est donné acte à M. Espy de la démission par lui faite, conformément aux Statuts ; qu'en outre, la proposition dudit M. Espy est adoptée purement et simplement, c'est-à-dire M. Darnaud (Hilaire) sera seul gérant de la Caisse industrielle de Toulouse, sous la raison sociale Darnaud et Ce, ledit M. Darnaud demeurant chargé de remplir toutes les formalités prescrites par la loi pour faire connaître désormais, par toutes les voies légales, la nouvelle raison sociale Darnaud et Ce.

Ext. de la délib. du 11 juillet 1858.

VIII.

Toulouse, 29 mai 1857.

. . . .

. . . .

Rappelez-moi au souvenir de votre excellent père, et dites-lui bien que nous ne ferons rien d'important sans le consulter.

DARNAUD, signé.

IX.

Foix, le 30 mai 1857.

. . . .

Du reste, trop de précipitation contrarierait mon père,

qui désirerait avoir versé avant de fonctionner ; et vous me connaissez trop pour penser un instant que je puisse agir à l'encontre de ses moindres désirs. A tous les points de vue, nous avons donc intérêt l'un et l'autre à attendre quelque temps encore.

ESPY, signé.

MÉMOIRE.

—

L'importance et la gravité de ce débat au double point de vue des intérêts matériels qui s'y discutent, et des questions de haute moralité commerciale qui s'y trouvent engagées, nous imposent le devoir de présenter dans un tableau rapide l'ensemble des faits dont l'appréciation est soumise à la justice de la Cour. Ils sont si compliqués d'ailleurs, les chiffres qui s'y mêlent si difficiles à comprendre et à retenir, même pour les mémoires les plus heureusement douées, que ce travail ne sera pas accueilli avec trop de défaveur. Les exposants sont convaincus que le triomphe de leur cause doit sortir irrésistible et éclatant, de l'étude et de l'examen approfondi des actes divers qu'ils sont en droit d'imputer, soit au cogérant, soit aux membres du Conseil de surveillance de la Caisse industrielle. Ils doivent donc s'attacher à dissiper les ombres et les équivoques qui ont fait devant les premiers Juges le salut de leurs Adversaires ; un récit simple et loyal sera suffisant pour les conduire à ce résultat.

C'est assez dire que nous ne répondrons pas aux déclamations sans portée, sous la protection desquelles,
durant de longues audiences, on s'efforçait d'abriter des
trahisons et des réticences injustifiables, ou des complicités dont un oubli volontaire de tous les devoirs est la
seule explication possible. Effrayés aujourd'hui par la
lourde responsabilité qui pèse sur leur tête, les défendeurs font un appel à la pitié de leurs Juges, et signa-
lent comme une exception sérieuse, l'ébranlement ou le
trouble qu'une condamnation jetterait dans leur situation
de fortune. Ils s'attachent même à grossir avec affectation le péril qui les menace, en élevant au chiffre menteur de 800,000 fr. une responsabilité qui, se renfermant dans le cercle de quatorze actions, ne saurait
atteindre la moitié de cette somme. Mais de quelle valeur
en dernière analyse est cette considération ? Pourquoi
donc auriez-vous, seuls, droit à ces sympathies que vos
lamentations tardives ont pour but d'exciter ? Croyez-
vous que nos Juges ne laisseront pas aussi tomber leurs
regards sur ces malheureux actionnaires, dont l'entier
patrimoine a été englouti dans le désastre qu'il eût été si
facile de prévenir ? Ils étaient, eux, enchaînés par les
statuts qui ne leur permettaient de voir que par vos
yeux, qui les condamnaient à une immobilité absolue, et
leur interdisaient l'initiative dont on les avait dépouillés
pour en concentrer le dépôt exclusif dans vos mains.....
De ce droit quel usage avez-vous donc fait ?

Au jour où la Société naissante arrivait à la vie, vous
êtes venus affirmer que les exigences de la loi avaient été
satisfaites, et cette assertion était contraire à la vérité !
En présence de la spoliation audacieuse qui a épuisé le
trésor social au début des opérations, vous avez gardé
un inexcusable silence. Votre complicité est allée plus
loin : vous avez comparu, escortés du Conseil de sur-

veillance, aussi complaisant et aussi coupable que vous, à l'Assemblée des Actionnaires, et dans un langage dont les perfidies calculées devaient tromper les plus défiants, vous avez exalté l'honneur, le désintéressement et l'habileté merveilleuse du fondateur de l'entreprise, dont la main s'était souillée la veille d'un détournement que vous aviez vous-même constaté.

La caisse était vide, et vous n'avez pas craint de faire briller aux yeux de ces pères de famille indignement abusés, le séduisant tableau de bénéfices fictifs, dont l'importance devait s'accroître en proportion du capital nouveau qui serait livré à l'industriel, dont les infidélités vous étaient si bien connues. Dans cette œuvre, les Membres du Conseil de surveillance n'ont été ni moins ardents, ni moins répréhensibles. Ils ont tout vérifié, ils ont tout lu, affirment-ils, et leur discours vient célébrer aussi la prospérité de l'entreprise, insister pour le versement nouveau, proposer enfin la distribution d'un dividende qui doit vaincre les hésitations des plus rebelles.

A ce spectacle, qui ne serait profondément ému et indigné? Ce sera donc en vain que le législateur décrétera, dans sa prévoyance et dans sa sagesse, des mesures propres à déconcerter les affligeantes combinaisons de l'industrialisme ! Sous le prétexte d'une fascination dérisoire, et d'une foi singulière qui consisterait à n'avoir pas considéré les prescriptions légales comme un devoir, il deviendrait possible de conquérir l'impunité ! La morale proteste, et la loi deviendrait un danger et un piége, si ces doctrines énervantes pouvaient être accueillies ; elle ne saurait se plier à de tels accommodements.

C'est une question d'ordre public, qui en réalité se pose dans le procès, et toute défaillance serait à son tour un malheur public.

Nous n'avons pas à le redouter.

Tout le monde connaît aujourd'hui l'histoire de la Caisse industrielle, des motifs qui amenèrent sa création, et des actes qui l'étouffèrent à son berceau. Jusqu'au jour où éclata la catastrophe qui mit à découvert une situation que l'œil expérimenté du commerce avait pressentie dès l'origine, elle vécut d'une vie factice, qui pour les initiés ne pouvait être d'une durée bien longue. Le passé de son fondateur, M. Hilaire Darnaud, pouvait être ignoré sans doute des personnes étrangères à son pays natal, à la ville de Toulouse, ou au mouvement de ses entreprises commerciales. Celles-là ont pu aisément être trompées par la pompe de ses prospectus et l'exagération de ses promesses. Mais pour les autres, le piége était facile à éviter.

Sa fortune au point de départ était plus que modeste; à son activité et à son intelligence qui avait créé la Société mutuelle l'*Iris*, sans capitaux et sans mise de fonds, il devait une aisance accidentelle que rendaient souvent problématique des habitudes de luxe et de dépenses exagérées. La direction de la Compagnie le *Phénix* lui venait en aide pour le soutenir dans cette voie aventureuse, où il ne conservait son équilibre qu'au moyen de prodiges d'habileté. Les prodigalités de son fils qui eurent dans Toulouse un déplorable retentissement, n'avaient pas concouru à accroître son crédit, et nul esprit sérieux mêlé aux spéculations commerciales ne pouvait avoir foi dans la solidité de sa Maison. Le Directeur des Compagnies d'assurances s'était fait banquier cependant, et cette industrie nouvelle n'avait que faiblement élevé sa position. Une somptueuse demeure, l'éclat extérieur d'une opulence qui, par ses affectations même, porte toujours un caractère énigmatique, éveillent plus souvent le soupçon dans l'esprit des hommes sages, qu'ils ne font naître la confiance. Tel était le sentiment public sur le compte d'Hilaire Darnaud. Aussi ne voit-on pas figurer un seul négociant au nombre de ses victimes.

Cette appréciation n'était que trop exacte. La flétrissure d'une faillite imminente était suspendue sur sa tête vers la fin de l'année 1856, car le déficit accusé par la balance de ses livres atteignait dès lors le chiffre de 244,279 fr. Un aussi énorme passif n'était pas né tout d'un coup : il était le résultat d'un passé commercial tourmenté, difficile, et dont les embarras avaient dû être révélés à ses correspondants habituels par des signes certains. L'histoire de ces sortes de chûtes, qui entraînent après elles tant de ruines et de douleurs, est constamment la même. Ce n'est pas au jour, où la fermeture du comptoir publiquement le témoigne, que la cessation de paiements s'accomplit. Avant de s'avouer vaincu, le négociant lutte avec opiniâtreté contre la mauvaise fortune, et des symptômes précurseurs sont, pour les yeux expérimentés, la révélation de l'avenir. Qui pourrait croire que Darnaud seul est parvenu à se dérober à cette loi commune? — Pour Claireau, pour les Espy, ses compatriotes et ses correspondants habituels, pouvait-il y avoir ignorance complète? — Assurément nous ne disons pas, et nous n'avons jamais dit que leurs regards eussent interrogé les livres et y eussent lu la preuve de la faillite. Ceci était le secret de Darnaud seul, et même, à ses plus intimes, il se serait gardé d'en faire la confidence. Mais sa gêne était une chose connue, et quand il a manifesté le dessein de sacrifier sa maison de banque pour engendrer la caisse industrielle, il était impossible de se méprendre. Pour les hommes habitués aux affaires, c'était un aveu!

Que dit-on maintenant pour combattre l'autorité de ces preuves morales? — Qu'il était le frère d'un magistrat

assis sur les hauts siéges de la Cour..... Qu'importe
cela au point de vue du crédit commercial? — Est-ce
qu'on ne savait pas aussi que cette famille n'avait jamais
été riche des dons de la fortune? — La position élevée
de l'un de ses membres n'ajoutait donc rien à la considération financière du banquier.

On argumente aussi du mariage de son fils qui obte-
nait la main d'une demoiselle sortie d'une maison
parlementaire. — Que prouverait encore ceci? — Que
le grave et honnête magistrat qui souscrivit à cette
alliance a été trompé..... Je veux bien le croire; et il
n'est pas impossible qu'avec la même simplicité et cette
foi naïve, qui n'appartient qu'aux cœurs sans défiance,
il eût donné son nom comme actionnaire. De tels
hommes sont d'avance destinés à être les dupes des
spéculateurs sur la commandite. Mais j'affirme que
Darnaud aurait vainement demandé la main de la fille
du plus modeste négociant de Toulouse, comme vainement il aurait sollicité de lui une souscription. Dans
ce monde spécial tout était soupçonné, et les ruses
n'auraient pas eu le même succès.

Qu'on n'insiste donc plus à cet égard, et que pour
tous il soit reconnu que la maison Darnaud en état
de pleine déconfiture dans la réalité des choses, en
1857, ne jouissait à Toulouse que d'une considération
limitée, et que ses correspondants, surtout tels que
MM. Espy et Claireau, avaient de ses embarras une
notion positive.

Les efforts qu'il va accomplir pour se transformer,
et puiser dans cette transformation le moyen de prolonger une existence qui allait s'éteindre, ne pouvaient
laisser encore place au doute.

Mais pourquoi donc M. Dominique Espy, ce commerçant si plein de sagesse et de prudence, se laissera-t-il

séduire, et associera-t-il son fils à un homme dont la déconfiture est si certaine ?

Ainsi a raisonné le Tribunal, ainsi raisonnent encore nos Adversaires, qui, à l'aide de cette exagération, tentent de se dérober à la puissance de nos preuves.

Quel est donc l'insensé qui a prétendu que la faillite de la maison Darnaud était pour les Espy une chose certaine ? — Si tel eut été leur sentiment, on ne leur aurait point offert, et ils n'auraient pu accepter l'association qui va être fondée. — Ce qu'ils savent incontestablement, c'est la gêne de ce fondateur auquel ils s'unissent. Mais ce qu'ils connaissent également, c'est son habileté. — Pourquoi s'effraieraient-ils de l'avenir ? — Est-ce qu'en sa qualité de cogérant Emile Espy n'aura pas sans cesse l'œil ouvert sur les opérations et sur les écritures ? — A coup sûr, on ne prévoyait alors ni les dilapidations ni les détournements qui feront si promptement le vide dans la caisse sociale. — La seule inquiétude qui aurait pu préoccuper les esprits ne devait concerner que les chances de l'entreprise. Or, si elle tournait mal, le cri d'alarme serait bientôt poussé, et une dissolution opportune conjurerait tous les périls.

Donc les craintes ne pouvaient pas être bien vives, et, d'un autre côté, combien étaient considérables les avantages qu'entrevoyaient les associés de Darnaud. — Emile Espy était déjà chef de famille ; et, simple commis dans la maison de son père, il n'avait point de position commerciale qui lui permît de marcher dans la carrière avec indépendance et pour son propre compte. Cette condition subalterne lui pesait, et le chef de la famille qui n'entendait pas se dessaisir de son autorité à Foix, ne demandait pas mieux que de le seconder. Il fallait saisir l'occasion.

M. Lacaze, gendre de Dominique Espy, était dans une

situation semblable à celle de son beau-frère. La caisse allait créer pour lui un comptoir qui serait sous la surveillance de Dominique, mais dont les bénéfices tourneraient à son seul profit. C'était un instrument de travail fécond qui était placé entre les mains d'un autre membre de la famille. Pour ce dernier, tous les obstacles seraient aplanis. Tandis que les chefs de comptoirs étaient assujettis à prendre deux actions à titre de cautionnement, et de les laisser en dépôt dans la caisse de la gérance, on le dispense de cette onéreuse obligation. Seul il jouira de ce privilége qui restera caché à tous les yeux, et que M. Emile Espy déniera même dans les comptes-rendus par la généralité d'une affirmation contraire.

N'est-il pas aisé maintenant de comprendre, malgré la gêne connue de Darnaud, les résolutions de cet Adversaire?

De plus, il était créancier, au 1er avril 1857, d'une somme de 8,069 fr..... et la rentrée n'en était pas facile. C'était le paiement déjà effectué d'une portion de sa mise. Ce système de recouvrement était plus commode qu'une exigence en numéraire qui aurait pu amener l'éclat d'une impuissance.

Ceci est-il donc une vaine hypothèse, et pour les Espy n'y avait-il pas à ce sujet une démonstration faite? — Darnaud les avait initiés aux embarras qui pesaient sur sa situation pécuniaire. Il allait fonder, au capital d'un million, une entreprise à laquelle il devait apporter 200,000 fr. quand son associé etait son fils; et 100,000 fr. lorsque le nom de ce dernier a été remplacé par celui de son compatriote. Or, il ne possède pas une obole pour réaliser le premier versement, réduit à la moitié de son obligation première. Il ne peut pas disposer, pour l'accomplissement de ce brillant projet, au sort duquel est attachée sa fortune présente et future, de la modique somme de 25,000 fr. ! — Que dis-je ? A l'expiration de la première année de son existence, la Société, par l'organe de ses actionnaires, pourra voter le versement d'un second quart, et son épuisement est si radical qu'il prévoit encore son impuissance. Il le révèle aux Espy, et stipule un double prêt qu'on lui accorde pour subvenir à sa détresse. — Ceux-ci ont-ils donc pu croire à la prospérité de ce banquier et de sa maison, qui va s'éteindre à l'heure où ces conventions étaient faites ?.... Pourquoi dans la plaidoirie orale a-t-on passé sous silence cette seconde stipulation plus significative encore que la première ? — Dans cette lacune affectée il est aisé de voir l'aveu d'une impossibilité.

Qu'ajouter à une aussi péremptoire démonstration ?

Le mobile de M. Claireau n'est pas plus difficile à déterminer. — Il était le correspondant de la maison Hilaire Darnaud depuis plusieurs années, et ses relations non interrompues, aussi bien que ses fréquents voyages à Toulouse, l'avaient complètement édifié sur la solidité de cette Maison. Assurément il ne la supposait pas non plus en état de faillite ; mais, avec sa longue et vieille expérience, il ne s'était pas mépris sur les motifs qui avaient inspiré la création de la Caisse industrielle. Il épousa avec ardeur cette pensée qui allait substituer à un commerçant équivoque et gêné une puissante entreprise dont le capital social s'élèverait au moins à un million. Dès ce moment, il fallait bannir toutes les sollicitudes. La garantie serait rassurante et complète. Et puis, cette entreprise, dont il disposerait pour ainsi dire à son gré, car elle lui devrait en partie l'existence, serait dans ses mains un instrument fécond qui doublerait ses opérations et ses bénéfices. Aussi, avec quelle ardeur il cherche des actionnaires, et se livre à la plus infatigable propagande ! Il faudrait lire sa correspondance tout entière pour se faire une idée exacte de son exaltation. Ce n'est plus le timide et modeste greffier de la justice de paix, qui cherche si fort à se rapetisser aujourd'hui, que l'on retrouve dans ses actives démarches : c'est bien le banquier émérite qui, depuis plus de trente-cinq ans, a secoué la poudre du greffe dont le souvenir lui revient si étrangement pour les nécessités du procès actuel, que l'on voit frapper à toutes les portes et parler avec l'autorité de sa grande fortune. Il a pour maxime que le premier talent de l'homme est celui du savoir-faire, et, bravant tous les Basile de l'avenir, il poursuit sa marche avec une activité rare. Il s'arrête seulement lorsqu'un timide actionnaire lui réclame des garanties, et, avant de les souscrire, il demande conseil. Après le conseil obtenu, malgré les belles paroles du fondateur, il ne les donne pas, et cette souscription est tristement abandonnée par celui qui à ce prix l'avait conquise. Ses impatiences pourtant ne sont guère comparables qu'à celles de Darnaud lui-même. Il gourmande Emile Espy de ses hésitations et de ses lenteurs, qui peuvent compromettre le sort de cette création magnifique. Il veut qu'on prenne exemple sur lui, et que chacun marche sur ses traces. Son cœur bat vivement à la vue des escomptes et des bénéfices que sa main est à la veille de saisir. Il s'agit simplement d'avoir un large crédit à la Banque, s'écrie-t-il, et si nous l'obtenons, je vous promets de brillantes affaires. Cette œuvre devient sienne, et dans son langage, le pronom possessif obtient toujours la préférence.

Est-il donc bien difficile de saisir la cause de cette exaltation significative ? Ce n'est pas à ses sympathies pour Darnaud qu'il faut l'attribuer. Le banquier en général, et je ne lui en fais pas un reproche, n'est pas accessible à de tels sentiments ; mais un puissant intérêt commercial, qui va trouver des facilités et une alimentation large et commode, est le génie qui le tourmente et qui l'anime. La Caisse industrielle sera constamment ouverte pour lui, et par elle le papier de propriétaire qui se trouve dans son portefeuille sera sans obstacle négocié à la Banque. Ainsi les fonds arriveront avec abondance dans ses mains toujours si heureuses, et ses opérations, triplées d'importance, augmenteront dans une mesure égale le chiffre de ses bénéfices. — Avec de telles préoccupations et de telles espérances, pouvait-on s'attendre à obtenir de lui les rigueurs et les contrôles dont sa position de président du Conseil de surveillance lui imposait le devoir? — Rivé à Hilaire Darnaud par l'indissoluble chaîne d'un intérêt permanent et actif, ne couvrira-t-il pas de sa complice indulgence les méfaits qu'en acceptant cette mission il avait pris l'engagement de démasquer et de dénoncer aux actionnaires?

Voilà donc rétablie la situation vraie de nos principaux adversaires, et, à la clarté de cet aperçu général, il nous sera facile d'expliquer bien des réticences et bien des mensonges.

Darnaud essaya d'abord, comme la Cour se le rappelle, de constituer la Société avec son fils pour cogérant. Cette pensée n'était pas sérieuse, et il fallut y renoncer. Des parents sans responsabilité et sans crédit avaient bien répondu à son appel, en livrant des noms dont la valeur pécuniaire était nulle; mais cette complaisance isolée était stérile et vaine. Une semblable témérité était une révélation; elle ne reçut dans le monde commercial d'autre accueil que le sourire du dédain. Nous n'en rappellerions même pas la mémoire, si à cette tentative ne se rattachait la publication et la distribution d'une circulaire où se trouve ce passage essentiel :

« Aussi, MM. Darnaud et Cᵉ se font un devoir de

déclarer : 1° *qu'ils se chargent à leurs frais et risques*
« *de la liquidation de leur ancienne maison.* »

On comprenait très-bien que cet héritage mystérieux
et à juste titre si alarmant, ne pouvait pas être accepté,
même sous bénéfice d'inventaire , par la nouvelle entreprise.

Cette circulaire a été incontestablement transmise , et
est parvenue à M. Dominique Espy aussi bien qu'à son
fils. Dominique a été l'un des premiers souscripteurs,
suivant les assertions de nos Adversaires, et son engagement était signé dès le mois d'avril 1857. A lui donc ,
en cette qualité, ou même avant la souscription, fut
adressée la circulaire. Comme gage de sécurité , la séparation de la maison qui allait surgir , et de celle qui allait
s'éteindre , était solennellement promise. L'importance
de cette déclaration n'a pas besoin d'être relevée.

A ce projet succéda bientôt une nouvelle tentative.
Darnaud y figurait seul. Elle fut frappée d'un insuccès
égal, tant cet homme, grâce à sa parenté, à ses alliances
et aux honneurs électoraux qu'il avait recueillis, était
entouré de considération et inspirait de confiance !

Le 20 mai 1857 fut réglée seulement la convention
qui associe Emile Espy à la gérance. Où sont maintenant
les actionnaires ? — La loi ne veut ni fiction ni mensonge..... Il faut des signatures sérieuses. Dans les plaidoiries on a dit que la chose était déjà terminée, et que
trente-six souscripteurs étaient dès lors groupés autour
de l'entreprise. Une telle assertion, avant d'être acceptée,
mérite un examen approfondi. Si l'on se bornait à compter les signatures, la chose serait possible, quoique, pour
être parfaitement exact, une réduction importante devrait
être imposée à ce nombre. Mais sous ce point de vue la
discussion serait inutile, puisque la date des souscriptions, jusqu'au 23 juin, est inutile à interroger. La

difficulté, on le sait bien, est ailleurs. Ces actionnaires, quels sont-ils ?

La parenté a répondu sans doute, et ses membres n'ont pas repris le nom que sans inquiétude ils avaient livré. Avec ce nom, que sera-t-il fait ? et peut-on ne pas convenir que le groupe dont la solvabilité et la situation ont été discutées à l'audience, était un audacieux outrage à la sagesse du législateur et à la moralité de la loi ?... Or, malgré toutes ces manœuvres, on n'avait pas pu atteindre le chiffre impérieusement requis ; Darnaud le confessait dans sa lettre à Emile Espy, du 31 mai, où il ne craignait pas de proposer à son cogérant l'inqualifiable expédient que voici : « *L'établissement une fois « debout, il nous sera facile d'ajourner l'ouverture des « opérations, et d'avoir d'autres actions pour remplacer « les nouvelles.* » D'autre part, à cette époque, s'il faut en croire la lettre, deux souscripteurs s'étaient déjà retirés, et le vide s'était élargi. Comment donc le nombre voulu serait-il atteint ?

Les conquêtes de Claireau n'y ont pas suffi. Lui, on le suppliait encore d'employer son influence à procurer de nouveaux actionnaires, et le seul qu'il trouva fut ce souscripteur qui exigeait une garantie personnelle que le prudent banquier refusa de consentir.

Ce qui eut lieu, ce fut tout simplement la création de souscriptions fictives comme celles dont il était question dans la lettre. A cette catégorie appartient l'action de ce monsieur Abadie de Calcutta, dont le nom a été plusieurs fois prononcé, auquel on remettait un relief qui le dégageait de toute obligation, et laissait, pour le compte du fondateur, la substitution d'une action nouvelle destinée à la remplacer.

Emile Espy et son père, qui n'a cessé d'être son conseil et son guide, éprouvèrent tout d'abord une certaine répugnance à s'associer à cette fraude légale. Ils voulaient retarder la constitution définitive pour écarter les actions de remplissage, et réunir les fonds nécessaires à la réalisation du versement prescrit. Leur correspondance en témoigne, et prouve que la nature des devoirs auxquels ils étaient assujettis, leur était parfaitement connue. Mais ils ont commis l'irrémissible faute, après une hésitation trop courte, de céder à Darnaud, et de devenir ses complices d'autant plus inexcusables, qu'ils ont péché en pleine connaissance de cause.

Effectivement, sans attendre le recouvrement des fonds destinés à leur versement personnel ; en présence d'une Caisse qui n'avait point reçu le premier quart des actions souscrites, Espy est venu avec Hilaire Darnaud, le 23 juin 1857, déclarer dans un acte public que la souscription était complète, que le versement prescrit était réalisé, et que l'association était constituée d'une manière définitive. Et tout cela était contraire à la vérité ! Et les deux gérants qui affirmaient ces choses, fraudaient la loi, et trompaient en même temps le public et les actionnaires !

Les conséquences de cette grave et double infraction ne sont difficiles ni à définir, ni à prévoir. Il importe peu que les opérations soient ajournées. Cette mesure est impuissante à couvrir l'illégalité commise. Seulement, elle démontre à son tour que les conditions nécessaires à la création de la Société n'avaient pas été remplies. Aucun autre motif ne saurait expliquer ce retard insolite.

Mais cet ajournement ne s'étend pas aux actes divers que nécessite une semblable création. Les actionnaires sont réunis deux jours après la rédaction de l'acte constitutif retenu par le notaire Delcasso. Il importe de nommer le Conseil de surveillance, d'arrêter les statuts, et surtout de voter immédiatement l'émission de quarante actions nouvelles, qui doivent, dans une certaine mesure, prendre la place des signatures non sérieuses qui ont été déposées. Effectivement, cette réunion a lieu le 25. Tous ces complaisants souscripteurs, dont l'intérêt est nul dans cette association, où l'on n'est admis qu'en laissant à la porte un engagement de 25,000 fr., s'y rendent par eux ou leurs mandataires avec une religieuse exactitude. Leur personne ou leur vote est à la disposition de la gérance qui les fait agir et marcher. Aussi la composition du Conseil de surveillance ne rencontre-t-elle pas d'obstacle, et aucun débat ne la précède. L'urne complaisante a reçu les noms que Darnaud et Espy ont bien voulu y déposer, et le résultat du dépouillement du scrutin ne saurait être problématique. Le choix qui est fait est leur œuvre exclusive. La correspondance le témoigne : à Claireau, à M. de Martres, on a fait sans détour une offre positive qui par eux a été acceptée. Leur mandat, ils le tiennent de la gérance elle-même, et non de l'assemblée dont on se préoccupe fort peu. Il n'est pas sans utilité de jeter un regard sur le travail qui a préparé le succès de ces combinaisons. Emile Espy s'y trouve mêlé d'une manière active, et il essaierait en vain d'en décliner la responsabilité. C'est lui notamment qui a écrit à M. Didier, député au Corps législatif, pour avoir son assentiment à cette élection plus sûre encore que celle dont le suffrage universel l'a honoré. C'est le 29 mai qu'il reçut cette mission dans une lettre de Darnaud : « N'oubliez pas « d'écrire à M. Didier pour lui faire part que nous comp- « tons sur son concours pour le Conseil de surveil- « lance. » Ce concours, jamais M. Didier ne le donna. Il ne s'est présenté à aucune assemblée, n'a pris part à aucune délibération, et n'a reçu aucun avis du périlleux

honneur qui lui était décerné. Tout cela résulte invinciblement de sa déclaration dans la procédure criminelle.
On lui a dérobé son nom, comme on lui dérobait son
argent. Pour surprendre la bonne foi des tiers, il fallait
un personnage occupant une position éclatante, et sans
plus de façon on s'en est emparé. Pour s'épargner
l'ennui d'une surveillance importune, il fallait ne pas
choisir un actionnaire dont le domicile fût trop voisin,
et l'on prend celui qui réside dans la contrée la plus
lointaine. Est-ce de la ruse ou de la bonne foi? Et puis
voyez : à ce groupe composé avec une si perfide clair-
voyance, on réunit Dominique Espy, le père de l'un des
gérants, auquel sera confié le contrôle des actes de son
fils. Peut-on se jouer avec plus d'audace des prescriptions de la loi et de l'aveugle longanimité des souscripteurs sérieux?

Dominique Espy avait un puissant intérêt, dites-vous,
à suivre d'un œil vigilant les actes de l'entreprise à
laquelle il avait promis pour son fils, pour Darnaud et
pour lui-même des sommes importantes! Oui, sans
doute, ces engagements avaient été contractés ; mais
leur existence avait été soigneusement cachée aux souscripteurs qui auraient pu y voir la preuve de l'insolvabilité de la gérance? Et puis quelle conclusion à tirer de
cette situation spéciale? — Qu'il doit être le contrôleur
sérieux des œuvres de son fils? que si celui-ci se trompe
ou s'égare, il sera dénoncé au Tribunal des actionnaires
par ce père inflexible? — En dernière analyse, de qui
tient-il sa mission? Quand vous parlez de son intérêt, il
semble que son élection soit son œuvre personnelle, et
que sa plume a écrit les bulletins qui ont préparé son
triomphe. — Or, les choses ne se sont pas passées ainsi.
Ce sont les gérants qui ont nommé leur Conseil de surveillance ; et ce n'est pas assurément dans le but de se

créer des vérificateurs sérieux qu'ils en ont désigné les membres divers. C'est un conseil de complaisants dévoués qui est sorti de leurs mains. Le personnel le proclame assez haut ; et dans cette composition formée sous l'inspiration d'un tel désir et d'un tel but, la place de Dominique Espy était évidemment marquée.

Ce sera donc à ces hommes, qui, à l'exception de M. Didier, ont répondu, par une acceptation empressée, à des offres dont l'ouverture constituait seule une violation de la loi, que la fortune et l'avenir de l'entreprise resteront abandonnés.

Dans l'assemblée où s'accomplit cette œuvre, l'émission de quarante actions nouvelles, proposée par les gérants, obtient un vote favorable. Pouvait-il en être autrement ? Mais cette proposition et ce vote, à son tour, ne sont-ils pas étranges, et le Conseil qui vient d'être nommé ne manifestera-t-il pas sa surprise ? Emile Espy ne protestera-t-il pas à son tour ? Quel prétexte assigner à une création aussi imprévue ? Les opérations ne sont pas ouvertes ; aucun besoin n'a pu se faire sentir : en fondant la Société on ne lui a promis que le capital d'un million, et la générosité était assez large. Or, voici que, tout à coup, le jour de son avénement on la dote d'un million nouveau ! Avant M. Espy et M. Hilaire Darnaud, il n'existait pas d'exemple d'une témérité pareille. Ils sont bien ensemble aujourd'hui, et cette œuvre commune ne saurait être rejetée sur la tête d'un seul. Il ne faut pas assurément une pénétration bien grande pour saisir la double pensée qui se cache sous cette résolution. C'est d'abord une fraude à la loi. — L'association devait évidemment avoir le chiffre de quatre-vingts actions ; et comme on désespérait, malgré la complaisance des parents et amis insolvables, d'y parvenir, il fut réduit en apparence de moitié. — Mais, dès le lendemain, le nombre normal a été restitué. — C'est, d'autre part, la réalisation du système qu'annonce la lettre du 31 mai. Ces actions nouvelles seront substituées à celles qui ont été mises sur la tête de souscripteurs fictifs, si dans l'intervalle qui séparera la constitution définitive du commencement des opérations, il est possible d'en opérer le placement. Ceci est encore une fraude non moins coupable que la précédente.

A l'une et à l'autre, Emile Espy a pris une part active. — Les bureaux s'ouvrent immédiatement pour recevoir les souscriptions additionnelles si ardemment désirées. Le premier est à Foix, chez M. Dominique Espy lui-même. On pense que la haute position de ce négociant appellera la confiance et préparera le succès. M. Dominique Espy s'y prête avec empressement. La correspondance atteste que cette pensée est sienne, et qu'à ce titre elle fut accueillie sans résistance.

Le second de ces bureaux s'ouvre à Auch, chez M. Claireau lui-même qui continue son prosélytisme, et dont le zèle redouble à la vue des nécessités sociales désormais parfaitement connues de lui.

Etait-ce bien là le rôle qui leur incombait? — Si un amour exagéré du lucre n'avait pas troublé leur conscience, au lieu de prêter leur assistance à cet industriel déchu, n'auraient-ils pas dû déchirer tous les voiles? — Dans cette assemblée générale, où la présidence était décernée au banquier du Gers, n'était-il pas facile de dissiper les illusions en parlant le noble et austère langage de la vérité?

Cette inspiration ne fut pas la leur. — Qu'ils en subissent les conséquences.

Le nouveau fait qui va se produire les laissera bien plus encore sans excuse. On a vu par la première circulaire que la caisse ne devait pas épouser les affaires de la maison Hilaire Darnaud et Cᵉ. Cette déclaration ne serait pas intervenue, que la nature des choses ne permettait pas qu'il en fût autrement. — Claireau, Dominique Espy, Emile Espy le savaient. — Si dans les statuts une clause contraire avait été inscrite, la répulsion eût été générale, et bien des ruines auraient été conjurées. Qu'a-t-il été fait cependant ? Le 10 juillet 1857, une circulaire est lancée ; elle porte à la fois la signature d'Emile Espy et de Darnaud ; c'est leur œuvre collective, et on y trouve cette phrase significative : « *La Maison Darnaud dont les comptes seront repris par nous....* » Qu'est-ce à dire ? La caisse accepte donc ce lourd et mystérieux fardeau ? — Où est la délibération qui autorise cet acte insensé ? — A quel jour, à quelle heure a-t-on interrogé les actionnaires ? — De quel droit dispose-t-on ainsi de leur fortune et les précipite-t-on dans ces combinaisons ténébreuses ?

Emile Espy allègue qu'il a signé sans comprendre, et que son inexpérience a été trompée !

Dans la bouche d'un gérant, de telles excuses ne sont pas proposables. — Né dans une maison de commerce importante, familiarisé dès son enfance avec des opérations et des spéculations de toute sorte ; versé dans la connaissance et la pratique des écritures commerciales, son ignorance prétendue n'est qu'un vain prétexte dont la réfutation est inutile. Pourquoi acceptait-il, d'ailleurs, l'importante mission dont il était revêtu, si son incapacité était si grande ? — C'était avant de ruiner ses malheureux actionnaires, qu'il aurait dû consulter ses forces, et non après la catastrophe accomplie.

Qu'il y réfléchisse bien, d'ailleurs ! — Devant le magistrat chargé de la procédure criminelle, son langage était bien différent. Il suffit de lire sa déposition pour en être convaincu. Il s'armait de cette circulaire, maintenant désavouée, et qui aurait été une énigme pour sa faible intelligence, afin de se justifier d'avoir laissé dérober l'actif de la caisse consacré à éteindre le passif de Darnaud. C'était tout simplement cette déclaration qui avait été exécutée.

De ces deux systèmes contradictoires, il faudrait bien savoir quel est celui qui est l'objet de ses préférences.

Pour nous, il nous est difficile de ne pas lire dans cet acte la complicité d'Espy et l'annonce positive du détournement qui va s'accomplir.

Nous sommes au 10 septembre 1857. — Les opérations sont à la veille de commencer. Des écrits répandus à profusion le proclament. La presse périodique est elle-même mise à contribution pour donner à cet acte une publicité plus étendue. Au premier pas, que rencontrons-nous? — La spoliation la plus audacieuse qui puisse se concevoir.

254,687 fr. sont censés composer l'actif de la caisse industrielle. Ce chiffre est écrit dans l'acte authentique de Me Delcasso, et se trouve certifié par la signature des deux gérants.

Eh bien! au lieu de la verser dans l'entreprise, Darnaud, qui en est le dépositaire, se borne simplement à s'en débiter, et à la place des fonds qui lui étaient promis, cette entreprise dont la vie est subordonnée à la condition de la possession de son actif en numéraire, n'a dans ses mains qu'une créance contre le gérant infidèle.

A cette heure, où était le cogérant Emile Espy? — Il nous dira que la maladie de son père, et la nécessité de veiller à la réparation d'une digue, le tenaient éloigné de Toulouse.... Pour les actionnaires, de telles explications sont-elles acceptables? — Rien n'est moins prouvé que cet éloignement au 10 septembre 1857. Il semble résulter au contraire de la correspondance d'Hilaire Darnaud qu'à cette époque il était venu à Toulouse, en était reparti dans un intérêt social, et devait être libre à son retour de se rendre auprès de son père qui le réclamait.

En définitive, cela nous importerait fort peu. Le début des opérations était d'avance publié. E. Espy en avait une connaissance parfaite, et son devoir était de se trouver ce jour-là à la gérance pour inaugurer l'association. S'il ne l'a point fait, ce sera à ses périls et risques. L'excuse de l'absence, du reste, ne lui appartiendra pas longtemps.

On sait quelle opération fut à la même époque réalisée par Darnaud. A côté de son débit de 254,687 fr., il se fesait créditer de 516 effets de commerce dont le chiffre total atteignait la somme de 270,328 fr. Ce versement, dont la destination et l'emploi seront bientôt indiqués, en réalité ne s'élève même pas à cette somme, car le 7 et le 9 septembre, avant l'inscription de son débit, il avait touché sur ces effets et retenu pour lui-même 21,180 fr. 96 c., ce qui fait qu'au lieu du crédit de 270,328 fr. qu'il s'attribue, ce serait seulement 249,921 fr. qui auraient été versés par lui en cette monnaie étrange.

Il restait donc débiteur de 5,000 fr. environ.

Ce déficit, à coup sûr, s'il eut été renfermé dans ces étroites limites, n'aurait provoqué ni plainte ni poursuite. Mais là ne se termine pas son œuvre, et il faut bien la suivre dans ses développements, malgré la répugnance calculée des Adversaires. A deux reprises, la Cour a pu voir combien ils se plaisaient à circonscrire le débat dans ce cercle. Puis ils prenaient un à un ces 516 effets, qui, à l'exception des 21,000 fr. dont il vient d'être parlé, avaient été recouvrés par la caisse, soit à l'aide de comptes-courants, soit au moyen de renouvellements accordés aux débiteurs. Il a fallu du temps, beaucoup de temps sans doute pour arriver à cette liquidation laborieuse. Mais enfin, à force de patience et de délais, le recouvrement a été complet, et pas une obole n'a été perdue pour la caisse. Où donc serait la cause légitime des doléances dont on assiége la justice ? — A la place du numéraire on a eu des valeurs excellentes, et ces valeurs ont été exactement soldées.

Si la vérité était là, nous ne serions émus que d'une chose : des rigueurs dont l'infortuné Darnaud aurait été l'innocente victime, car c'est de lui que par ce langage on entreprenait la justification, involontairement peut-être. Il n'aurait rien détourné effectivement, si en échange du numéraire qu'il a retenu, il avait donné de bonnes traites d'une importance égale ; dans cet ordre d'idées, ce serait une regrettable erreur judiciaire qui aurait été commise, les jours néfastes où il fut deux fois condamné et flétri par les tribunaux répressifs !

Que la Cour se rassure. De tels malheurs sont en réalité bien rares, et ici nous n'avons pas à les déplorer. Pourquoi donc nos Adversaires s'obstinent-ils à ne pas retourner le feuillet du rapport de M. Vilote ? Ils parlaient les derniers devant les premiers juges, et l'illusion qu'ils ont produite par cette prudente réserve, a pu égarer la conscience du Tribunal. Mais devant le second degré de juridiction, la rectification a été trop énergiquement accentuée pour que le souvenir s'en efface. On a beau s'irriter contre l'évidence, même quand elle est remise en lumière par une interruption, elle n'en garde pas moins sa force souveraine ; et la lumière une fois faite, il faut bien s'incliner.

Or, pensez-vous qu'on n'ait pas gardé mémoire du fait complémentaire du versement des 516 effets qui garnissaient le portefeuille de Darnaud ? En se dessaisissant, il mettait son entier passif à la charge de la caisse industrielle, et c'était une nécessité de son opération. Son entier actif sortait de ses mains ; comment aurait-il dès lors payé ses dettes s'il n'y assujettissait pas l'être moral qu'il gratifiait de ce dangereux et perfide présent ?

En conséquence, aux 516 effets représentant, comme on l'a vu, 270,902 fr. 70 c. il ajoutait ses crédits par compte-courant qui atteignaient la somme de 174,328 fr. 16 c., ce qui constituait à son crédit un total de 445,230 fr. 86 c., duquel il y avait à déduire les 21,180 fr. déjà touchés par lui le 7 et le 9 septembre ; par où son versement réel était de 424,050 fr. 86 c.

Voilà le premier chapitre de cette opération détestable. C'eût été parfait, comme le dit l'expert Vilote (p. 17, n° 3, de nos conclusions imprimées), si Darnaud n'avait pas eu derrière lui une maison obérée, dont il allait opérer la liquidation avec les deniers de la caisse. Pour le blanchir dans cette hypothèse de toutes les accusations relatives au détournement de 254,607 fr., il suffirait de rechercher si les 516 effets ont été payés par les débiteurs, et l'affirmative une fois constatée, tout soupçon de déloyauté devrait s'évanouir.

Mais, dans l'état des faits, cette considération n'a aucune portée, puisque avec ces effets et ces comptes-courants a été imposée l'obligation d'éteindre le passif.

Or, ce passif, quel était-il ? C'est M. Vilote qui en donne le chiffre : il s'élevait, au 10 septembre, à . . . . 371,337 fr. 00 c. nettement accusés, et la rectification de lacunes volontaires ou involontaires a produit une augmentation de . . . . 37,002 fr. 51 c.

Soit . . . . 408,476 fr. 00 c.

Que nous avaient donné les 516
effets et les comptes courants ? . .   424,050 fr. 86 c.

Après l'extinction de la dette, il
ne restait donc à l'actif de Darnaud
que. . . . .   15,574 fr. 86 c.

Et c'est avec ce modeste reliquat qu'il faut couvrir les
254,607 fr. enlevés.

En somme ronde, le détournement est donc bien de
240,000 fr., et cela après avoir obtenu compte des
516 effets dont la destination a été de couvrir le passif de
Darnaud, et non de remplacer le montant des souscriptions dérobé.

De quelle importance est dont le fait du recouvrement
de ces traites ? — Il n'efface ni n'amoindrit l'acte coupable de la soustraction. Seulement, cette soustraction
aurait atteint un chiffre plus considérable encore, si les
traites remises étaient demeurées impayées.

Emile Espy et les membres actifs du Conseil de surveillance jetèrent bientôt leurs regards sur ces écritures
qui ne contiennent aucune dissimulation ni aucun détour,
et dont l'inspection la moins approfondie équivalait à
une révélation explicite. Qui pourrait admettre effectivement que des chiffres aussi énormes, que l'on n'a ni dé-
composés ni divisés pour tromper la vigilance des
vérificateurs investis du contrôle, passeront inaperçus ?
L'alléguer est plus qu'une imprudence, et il vaudrait
mieux vraiment soutenir que, sans aucun souci de la
mission acceptée et des devoirs qui en découlent, on a
refusé d'ouvrir ses livres si franchement accusateurs, et
dont la situation inquiétante du gérant imposait l'examen
rigoureux. C'est bien derrière cette considération peu
acceptable que MM. Claireau, Dominique Espy et les
autres s'efforcent de trouver un asile ; mais oublient-

ils donc que ce prétexte, qui n'a d'autre fondement que
l'infraction tristement avouée du mandat le plus grave,
leur est solennellement interdit, et que cette interdiction est leur propre ouvrage? Dans ces assemblées
annuelles où les souscripteurs se pressaient autour
d'eux pour savoir quel était le sort des capitaux par
eux engagés dans l'entreprise, ont-ils répondu, avec
l'énergique insistance qui distingue leur langage actuel,
que leurs yeux sont restés constamment fermés, et que
leur front ne s'est jamais penché sur les livres de la
caisse? Ces paroles, si elles étaient sorties de leur
bouche, auraient immédiatement amené leur révocation;
et, à la place de ces délégués indifférents et coupables,
de nouveaux membres du Conseil auraient été choisis.
Mais d'où seraient venues les sollicitudes? Écoutez leurs
discours que, malgré la puissance d'un talent qui recule
si peu devant les difficultés souvent insurmontables,
mon contradicteur n'a pas osé lire.

Ils se gardent bien d'entretenir les pauvres actionnaires de cette complaisance aveugle qui, accordant à
Darnaud une confiance sans limites, refuse la vérification
de la comptabilité. Bien au contraire, ils ont tout
examiné, tout lu, et la perfection des écritures, la tenue
irréprochable des comptes et des inventaires, arrachent
à leur admiration des éloges qui doivent bannir les
préoccupations des plus difficiles. Leur sera-t-il permis
aujourd'hui de raturer ces allocutions décevantes pour y
substituer une négligence et une incurie dont leurs auditeurs n'auraient pu concevoir le soupçon qu'en les accusant de déloyauté et de mensonge?

Emile Espy confesse être rentré à la caisse dans les
premiers jours de novembre pour ne plus s'en éloigner.
Dans cet intervalle, il a échangé avec Hilaire Darnaud
deux lettres qui se réfèrent au mois d'octobre, dont on

fait grand bruit, et où l'on veut trouver le témoignage de sa subordination envers Darnaud, ainsi que l'explication anticipée de sa retraite au mois de juillet de l'année suivante. La Cour a entendu la lecture de ces documents, et il nous est impossible d'y voir recélées toutes ces choses.

Il nous semble, au contraire, qu'Emile Espy est loin de s'humilier devant cette prétendue supériorité de Darnaud. Il conseille la prudence, et aux paroles un peu vives de son cogérant, il répond avec autant d'indépendance que de fermeté. Sa lettre prouverait, au besoin, la finesse de son intelligence et la foi qu'il garde dans l'exactitude de ses aperçus. Il n'est pas jusqu'aux sarcasmes qui accompagnent l'aveu apparent de son infériorité, que l'on ne doive relever comme une preuve de ses convictions intimes à ce sujet. Quand il ajoute qu'il est prêt à soumettre ses observations au jugement d'une tierce personne, il est aisé de voir, et il fait nettement comprendre que la sentence ne lui sera pas contraire. Nous saisissons dès lors ces documents nous aussi, et nous ne demandons qu'une chose : c'est que l'écrivain soit jugé d'après son œuvre. Tout y est réuni : pureté de style, connaissance approfondie des opérations de banque et de commerce, fermeté dans les convictions, et résolution bien arrêtée de ne courber la tête devant personne.

On lui propose sa retraite, et il la refuse. Croit-il à la rivalité sérieuse de cet être mystérieux qui aurait offert à Darnaud soixante mille francs d'indemnité pour avoir une part dans la gérance ? Je l'ignore; mais ce que je sais bien, c'est que sous peu de jours il deviendra le maître de cet industriel audacieux qui se courbera sous le joug et demandera *merci*. Ce que je sais bien en outre, c'est que des liens trop nombreux l'enchaînent à l'entreprise dont l'avenir n'est pas assombri par les spoliations non constatées encore, pour qu'il songe à les rompre. Ce qui est démontré enfin à mes yeux, c'est que, si des dissentiments éclatent, il ne faut pas voir dans ce débat accidentel une cause d'éloignement ou de fuite.

Il est donc arrivé dans les premiers jours de novembre; il interroge les livres, et au premier coup d'œil il découvre et montre du doigt, à son coupable cogérant, ces dilapidations ignobles. Pour les voir, et en saisir soit la portée, soit le caractère, il ne fallait pas de bien longs efforts. La caisse était à moitié vide, car de son capital industriel on avait déjà détourné 124,000 fr. Que s'est-il passé alors entre ces deux hommes? Quels ont été les accords mystérieux qui ont acheté le silence de l'un, et promis à l'autre une impunité d'autant plus regrettable, que l'autorisation lui a été donnée de continuer cette œuvre spoliatrice non encore arrivée à son terme? — Nul ne le sait. — Ce que chacun peut affirmer, c'est que si avant cette soustraction indigne, Darnaud marchait au premier rang, et prenait des allures hautaines, les rôles désormais seront profondément modifiés, et que l'auteur du vol restera à la discrétion de son trop complaisant protecteur. Cette situation nouvelle, née des circonstances qui viennent d'être rappelées, se prolongera jusqu'à la dernière heure; et quand la déconfiture éclatera au mois de janvier 1860, vous verrez le portefeuille de la caisse s'ouvrir pour Emile Espy, qui en trois jours y puisera 38,000 fr. de bonnes valeurs pour éteindre le crédit de son compte. — A cette même époque, nous surprendrons Darnaud et l'ancien cogérant se concerter ensemble pour tenter de dégager la responsabilité de celui-ci dans l'œuvre du traité du 27 novembre et celle de la réduction de l'actif social, à l'aide des ruses les plus machiavéliques, et des combinaisons les plus odieuses ! — Tant était immense le service rendu !

On sait quel fut ce service. Le vol ne fut pas dénoncé. E. Espy autorisa Darnaud à puiser dans le trésor social jusqu'à concurrence de 220,000 fr. : c'était l'entier actif qui était livré à sa discrétion. La société d'un seul coup devenait insolvable. De quel droit procédait-il ainsi, et en vertu de quel pouvoir immolait-il les intérêts des actionnaires qu'aucune révélation ne vint avertir ? — Il n'en avait aucun, et le mystère même dont il environna ces inqualifiables accords, atteste qu'il avait conscience de leur criminalité. Ce secret absolu, il le gardera au jour où l'assemblée des actionnaires écoutera son compte-rendu, ainsi qu'au jour de sa fuite honteuse. Pour ceux-ci la lumière ne se fera qu'au milieu des orages qui révèleront la déconfiture, et montreront l'abîme où leur patrimoine s'est englouti.

De tels agissements peuvent-ils être excusés ? — Les trahisons d'Emile Espy ont été d'autant plus funestes, qu'à l'époque de la découverte, c'est-à-dire de sa rentrée au centre social, le mal n'était pas sans remède. 124,000 fr. avaient été dérobés sans doute ; mais le reste de l'actif pouvait être sauvé. Il fallait simplement pousser le cri d'alarme, et retenir la main coupable qui avait accompli cette déprédation. Au lieu de cela, il la soutient et l'encourage, et dans la mesure de son pouvoir il légitime ou légalise, pour l'avenir, ce qui était un acte de piraterie odieuse.

Son dessein, comme le disait le comte Siméon dans un débat célèbre, était de sauver le navire, et pour cela il stipulait des garanties précieuses. Un éclat importun aurait amené une tempête, et il espérait rétablir le calme à l'aide du silence et de l'impunité promise. On sait ce qu'a valu cette excuse, pour le simple membre du conseil de surveillance dont les obligations étaient moins étroites ; il est facile de prévoir quelle sera sa valeur dans la bouche du gérant responsable.

Son acte se résume à ceci. On n'avait soustrait que 124,000 fr. Le dilapidateur était connu. L'audace qui avait dans le passé soutenu son courage pour entreprendre et accomplir ce détournement infâme, était pour l'avenir une révélation aussi certaine qu'effrayante. Or, au lieu de le chasser scandaleusement de l'association, vous avez pris sa main, et l'avez complaisamment conduite à cette caisse qui n'était pas encore épuisée, pour que le vide s'y fît absolu et complet, et ce vœu a été promptement exaucé.....

En dernière analyse, voilà votre attitude ! Etait-ce un acte de bonne administration ?

Quelle valeur acceptiez-vous en garantie de cette redoutable complicité ? — La part de Darnaud dans l'*Iris* et la *Province*. La valeur plus que problématique de cette entreprise n'était pas un gage sérieux. C'était une association mutuelle dépourvue d'un capital quelconque. Rien n'était plus éventuel et plus incertain que cette valeur. Les bénéfices dans certaines conjonctures pouvaient être élevés, et dans d'autres singulièrement s'amoindrir. Tout cela était abandonné aux chances les plus aventureuses. Si elles étaient mauvaises, tout s'évanouissait, car au fond il n'y avait rien. Darnaud lui-même, dans l'inventaire de sa maison en 1856, comme le constate le rapport de l'expert Vilote, n'estimait cette entreprise qu'à 85,000 fr., et dans ce travail, désireux qu'il était de balancer par son actif le débit énorme qui pesait sur sa tête, sa situation le sollicitait à exagérer plutôt qu'à réduire. Ne serait-ce pas lui faire reste de raison que de s'arrêter à ce chiffre ? Les offres du banquier Cany que nous trouverons affirmées dans la fameuse

séance du 31 janvier 1860, ne sont pas exactes. Une
lettre du 27 du même mois, arrivée la veille de cette
réunion si tumultueuse, constate que l'offre de céder
cette valeur d'une côte si difficile, avaient été faites à M.
Fargues au prix de 152,000 fr., et que celui-ci y répondit par un refus formel. C'est en présence de cette lettre
qui détermine l'importance des prétentions de Darnaud à
ce sujet, que dans la délibération il sera dit qu'il aspire
à une somme de 300,000 fr., et que pour réaliser ses
espérances menteuses, il n'a besoin que d'une prorogation de terme de trois années. Tant il est vrai que le dol,
la ruse et la fraude ont seuls présidé à ces dernières
convulsions de la Société se débattant en vain sous les
étreintes de la mort qui l'avait terrassée. Un dernier mot
à ce sujet. On a parlé avec un singulier accent de
triomphe des bénéfices énormes que procuraient tous les
ans l'*Iris* et la *Province*, et comme si les habiletés de
Darnaud inspiraient ce langage, on affirmait qu'un avenir prochain en doublerait l'importance. Ce thème était
celui que développaient les parents et les amis intimes à
la fameuse séance qui aurait prononcé en faveur d'Espy
le verdict d'acquittement. Eh bien ! qu'y avait-il de vrai
dans ces exagérations calculées ?

Allez au syndicat de la faillite, et vous y verrez que
l'exercice 1862 a produit le modeste résultat de
5,921 fr. 43 c. Ce résultat, il vous était connu, et habilement vous l'avez passé sous silence. Or, ne l'oubliez
pas : cette entreprise ne possède aucun capital, et à
l'heure où les bénéfices s'éteindront, il ne restera que le
néant. Etait-ce à d'aussi périlleuses éventualités que,
sans prendre les avis des actionnaires, on pouvait abandonner leur avenir et leur fortune ?

Emile Espy, par ce contrat téméraire, n'a-t-il pas
encouru toutes les rigueurs de la loi ?

Mais cette première infraction va fatalement l'entraîner à bien d'autres plus graves et plus répréhensibles peut-être. Le pillage de la caisse lui a enlevé ses ressources, et il faut marcher cependant, sous peine d'une explosion qui dessillera tous les yeux. Quelle mesure prendre pour satisfaire aux exigences de cette situation ? — Réclamer le versement du second quart ? — Si la vérité se montre toute nue, personne ne voudra y souscrire. — Qui serait assez imprudent, en effet, pour jeter dans les mains infidèles de la gérance une seconde somme de 250,000 f. ? — Il faut donc mentir, entraîner par l'assurance de bénéfices non réalisés, par la promesse de résultats plus brillants encore, si les fonds sociaux sont accrus par un nouveau versement, des adhésions qui ne sauront pas se défendre contre ce double artifice. — Tel est le piége fatal qui est tendu avec préméditation à la crédulité des actionnaires, et dont cette perfidie assurait le succès.

Sous cette inspiration, on s'est mis à l'œuvre. Le traité du 27 novembre 1857 a été inscrit sur les registres. Emile Espy en a livré la formule écrite de sa main au teneur de livres Daumet, qui l'a annexée à sa déposition. Cette formule est connue. On crédite sur le livre-journal et sur le grand-livre, Darnaud, de 242,000 fr. pour *rentes et actions*. — Cette somme se décompose en deux ou trois articles qui méritent chacun un examen particulier.

Deux cent vingt mille francs constituant le capital, représentent-ils en réalité des rentes et des actions ? Des actions ?.... L'*Iris* et la *Province* n'en possèdent pas. Il n'existe qu'une gérance à qui sont dévolus des bénéfices éventuels dont le chiffre varie tous les ans, et qui attend encore cette combinaison de l'industrialisme pour tromper de nouvelles dupes. — Des rentes ?... — Est-ce ainsi que l'on peut qualifier la spéculation qui se rattache à cette entreprise ? Toutefois, telle est la définition qu'Emile Espy, devenu complice, accepte et donne à son tour.

Que deviennent les 22,000 fr. qui restent à classer ? — Le 4 décembre 1857, 5,700 fr. sont attribués à la Société pour le bénéfice de l'année courante, et 16,000 fr. à la réserve de 1858. Mais bientôt on s'aperçoit que cette division parfaitement équitable et normale ne conduira pas au but désiré. Le bénéfice distribué aux actionnaires se trouverait réduit à cette modique somme de 5,700 fr., qui représente à peine l'intérêt à 6 p % du capital versé. Avec un aussi triste bagage, la séduction est impossible, et il devient indispensable de modifier les écritures.

Qu'est il fait en conséquence ? — Sur ces livres qui portent l'empreinte éclatante de ces tâtonnements et de ces mensonges, où un œil même peu exercé peut suivre la trace des pensées qui se sont succédé dans l'esprit de ces directeurs audacieux, on inscrit à la date du 26 décembre, le chiffre des bénéfices de la *Province* et de l'*Iris*, affectés dès le 4 à l'année 1858, pour en doter l'exercice de 1857.

Ainsi est composée la somme de 21,000 fr. que d'une main triomphante on présentera à l'assemblée générale des actionnaires. Et ce ne sera point comme ayant pour cause le traité conclu avec Darnaud, et la perception anticipée des dividendes de l'entreprise baillée en nantissement, que l'on offrira ce résultat merveilleux..... Les voiles auraient été déchirés si l'on eût parlé avec cette franchise. Espy qui a donné la formule, qui a dicté les chiffres, et les a remaniés pour obéir aux nécessités de la situation, vient affirmer dans son rapport, que ce lucre qui doit combler de joie les souscripteurs, dérive

des opérations de banque qui ont été exploitées et diri-
gées par la gérance de la caisse. Ceci est écrit en termes
formels dans le rapport, et on a beau se taire sur ces
faits formidables, ils n'en restent ni moins éclatants ni
moins décisifs. Le silence timide dont on les enveloppe,
ne les fera pas tomber en oubli, et au contraire, ils se
dégageront, dans ce cercle respecté avec tant de prudence
par les défendeurs, avec une autorité plus imposante et
plus souveraine. Tel donc a été le langage d'Emile Espy.
Dans son rapport du 21 février 1858, il a déclaré que
le dividende de 21,000 fr. dont la répartition est proposée par lui et par le Conseil de surveillance, est le fruit
de son industrie de banquier. Il le fallait bien, sous
peine de rencontrer au versement nouveau d'inflexibles
résistances. Mais cela était une ruse indigne et un piége
odieux. Qu'il nous dise si son dessein est encore de classer ce discours au nombre de ses actes de bonne administration.

Il était de bonne foi, dit-il, et la preuve de cette bonne
foi il l'emprunte à sa correspondance avec son père, à
l'époque de la vérification par le Conseil de surveillance,
à la tête duquel étaient MM. Claireau et Grégory. La
bonne foi dans le mensonge ! C'est une proposition que
mon esprit se refuse à comprendre. Oui, sans doute,
à l'heure de ses défaillances, il était devenu le complice
forcé de Darnaud, et son langage était en harmonie
avec celui de cet homme. L'entente était parfaite. Les
deux lettres qu'il a écrites à son père s'expliquent aisément. Elles devaient être communiquées à M. Gardes et
à M. Martres de Lisle. Lisez-les, et vous y en trouverez la preuve. Là, ne pouvait être confié le redoutable
secret dont Emile Espy était dépositaire. Les deux hommes qui auraient reçu la confidence, ne pouvaient
accepter la responsabilité du mutisme, et tout aurait

éclaté. Mais suivez la conduite d'Espy, et vous verrez comment la situation a été par lui comprise et de quelle façon, après une seconde épreuve, il échappera aux dangers d'une association dont il a touché toutes les plaies, et connu tous les mystères. On sait sa soumission, sa déférence pour son père à qui rien ne doit demeurer caché, et assurément les vols du 10 septembre, et ceux qui ont suivi le traité du 27 novembre et la combinaison qui en a fait sortir les bénéfices offerts, tout lui a été raconté sans dissimulation et sans réticence. Cela devait être, et cela est certain, car il a donné sa démission de membre du Conseil de surveillance, justement au 21 février 1858, époque où se consommaient tous les méfaits.

Pour lui, dès ce même temps, quelles étaient ses résolutions ? — Il a pu temporiser au 27 novembre, et consentir à tenter encore la fortune ; mais, dans les premiers mois de 1858, toutes les espérances ont été perdues. Les audaces et les soustractions accumulées du cogérant Darnaud les avaient entièrement ruinées. — En avril déjà, les 96,000 fr. livrés à Darnaud par l'accord du 27 novembre avaient été plus qu'absorbés ; car à cette somme était venu se réunir un détournement nouveau de 31,000 fr. Le gouffre du déficit s'élargissait sans cesse, et à tout prix il fallait se sauver avec armes et bagages. Or, ce salut, on allait le poursuivre, non pas en groupant autour de soi les actionnaires spoliés, dont le sort était digne toutefois de quelque sympathie, mais comme un chef qui lâchement abandonne ses troupes, livrées par la trahison à un ennemi dont la complaisance vous vend à ce prix une existence deshonorée. — Ce n'est pas en juillet, croyez le bien, que cette résolution a été prise. Nous avons la preuve certaine maintenant qu'au lendemain du 21 février, les plans étaient conçus, et l'on n'avait que les conditions de la retraite à conclure.

Aussi n'oubliez pas cette circonstance : le second quart a été voté par la réunion générale. L'initiative prise par la gérance et le Conseil qui la proclame si habile et si honnête, a obtenu un complet succès. Or, Emile Espy n'a point fait ce versement. Il ne s'est retiré qu'en juillet, comme le prouve la délibération du 7 de ce même mois qui accueille sa démission et la candidature du successeur qu'il présente. Les délais pour le versement du second quart sont expirés depuis déjà longtemps, et cette obligation il ne l'a pas remplie. Qu'on m'en dise le motif, ou plutôt qu'à cette circonstance non équivoque, on reconnaisse la rupture préméditée du lien social. Et ceci est d'autant plus grave, qu'Emile et Dominique Espy étaient tenus de verser et pour leur compte personnel et pour celui de Darnaud, et que cette infraction privait ainsi la caisse d'une somme ronde de 50,000 fr. Pourquoi Dominique Espy, ce négociant si honnête et si probe, ne s'est il pas hâté de remplir cette obligation sacrée, et a-t-il, au contraire, dépouillé les honneurs de membre du Conseil de surveillance ? Pourquoi son fils, au besoin, ne lui en a-t-il pas rappelé la mémoire, et pourquoi, enfin, Darnaud, cet homme si besogneux, ne s'est-il pas armé de son titre pour en exiger la rigoureuse exécution ?

Que nos juges veuillent bien méditer sur ce fait, plus éloquent que toutes les argumentations et tous les systèmes, et qu'ils veuillent nous dire si pour ceux-là le traité du 27 novembre et les dilapidations ultérieures du cogérant n'étaient pas la préoccupation douloureuse qui suscitait leurs alarmes, et retenait resserrées dans leurs coffres les sommes dont ils étaient débiteurs.

Le versement était voté pour les autres ; pour eux seuls il n'aurait pas été obligatoire.

Ce n'est pas tout. Un fait non moins grave encore s'é-

lève contre M. Emile Espy : il est demeuré gérant
jusqu'au 7 juillet 1858, date de la délibération provoquée par sa perfide lettre. Eh bien! savez-vous ce
qu'il avait fait?.... Dès le 3 mai précédent, il avait
transmis ses actions à M. d'Aubas-Gratiolet et à M. Vives.
Pourtant, ces quatre titres dont il s'était dépouillé
étaient inaliénables, aux termes des Statuts ; car c'était
la garantie conventionnelle de son administration. D'accord avec Darnaud, il viole ainsi tous ses devoirs, toutes
ses obligations, toutes les lois de la délicatesse et de
l'honneur. Seulement il faut masquer ces indignes manœuvres, et en conséquence on surcharge la date du
transfert en y inscrivant le 3 août, qui s'harmonise avec
celle de la séance où fut autorisée sa retraite. Mais l'état
matériel de l'écriture dépose si énergiquement contre sa
sincérité, qu'il est contraint d'en faire l'humiliant aveu,
et de confesser, dans une déclaration qui est aux mains
du syndic Estenave, que le transfert eut lieu le 3 mai
précédent.

Qu'est-ce à dire, et comment discuter encore après de
semblables turpitudes? Que deviendront ces prétextes
de la création d'un Comptoir de marchandises inventés
au mois de juillet suivant, et les prétendues tentatives
avortées pour lui donner la vie?

Tout sera dol et mensonge, et la vérité il faudra bien
par force aller la saisir dans les écrits trouvés dans les
papiers de Darnaud, qui imposent à ce gérant, courbé
sous le fardeau de ses méfaits, l'obligation de subir toutes
les exigences.

Le cynisme d'Emile Espy se montre sans déguisement
et sans voile dans ces documents qui n'étaient pas destinés à voir le jour. Qu'il ne tente pas de se soustraire à
la réprobation que leur examen inspire à toute conscience
honnête ; ces tentatives seraient vaines. C'est bien sa

main qui a tracé la première note appelée l'*ultimatum*.
Celle qui est écrite par Darnaud, et au bas de laquelle
devait être placée la signature d'Espy, est postérieure en
date, et fixe la convention arrêtée après le débat des
prétentions contradictoires.

Or, qu'y voyons-nous? — Qu'Emile Espy entend
reprendre et sa souscription et celle de son père, et l'engagement relatif aux avances promises par ce dernier.
— Voilà son but, voilà ses exigences.

Quelle est la cause de cette rupture profonde qui va le
remettre en possession de sa mise tout entière, et restituer à Dominique Espy ses obligations, qu'avait rendues
indispensables la pénurie de Darnaud?

Ecoutons-le : « Comme actionnaire, et surtout comme
« cogérant responsable, je suis seul juge des garanties
« qu'offre mon associé pour justifier *un découvert con-*
« *sidérable en dehors de celui garanti par l'Iris et la*
« *Province*, et que j'avais été obligé d'accepter; et comme
« *tous ces découverts, qui ne sont pas en rapport avec*
« *les ressources de la Maison, peuvent compromettre*
« *son existence en immobilisant la majeure partie de*
« *ses capitaux*, M. Darnaud s'obligera à les réduire et
« à les éteindre, soit au moyen de la réalisation de ses
« actions, soit par toute autre ressource, et par la
« rentrée de ses créances au fur et à mesure qu'elles
« auront lieu, et ce dans le plus bref délai pos-
« sible.....

« S'il n'est pas possible de me placer dans l'une ou
« l'autre de ces alternatives, *nos actionnaires d'abord et*
« *Dieu ensuite jugeront entre nous. Jusque-là*, il ne
« sera pas permis à M. Darnaud de faire porter sur les
« livres de la maison, *comme il l'a déjà fait*, à son
« débit ou au crédit de ses créanciers, n'importe
« quelle somme, sans l'approbation expresse de son
« cogérant. »

Tous les périls de la situation sont touchés et précisés dans cet acte d'accusation anticipé, dressé par M. Emile Espy. Les soustractions passées, les détournements actuels, le vide qui s'étend sans cesse et dévore avec une désolante opiniâtreté les ressources sociales, y sont signalés avec une singulière énergie de langage. Une chûte prochaine menace l'entreprise si l'on n'enchaîne pas cette main audacieuse dont les rapines ne s'arrêtent devant aucun obstacle.

Voilà le mal ! Où est le remède ? — On nous l'a dit : il faut lier Darnaud ; — et s'il refuse de se soumettre à ces mesures impérativement prescrites par le plus irré-sistible des besoins, celui de l'existence et du salut, les actionnaires et Dieu jugeront !

Et maintenant, malheureux, qu'avez-vous fait ? — A ce pirate qui, malgré vos doléances pillait chaque jour la caisse, vous n'avez pas imposé ce frein qui était à vos yeux une nécessité urgente ! Vous lui avez tout livré en l'affranchissant du contrôle placé à côté de lui ! — Et pour bien assurer la réalisation de ces vols, contre lesquels s'élevait votre voix épouvantée, vous avez écrit cette lettre dont le souvenir ne s'effacera pas :

« Mon associé, M. Darnaud, qui *a tout fait* pour la « Société, puisque, par ses soins, la caisse a été orga-« nisée, pouvant suffire à la gestion des affaires, je « vous propose de réunir toute la gérance sur sa « tête. »

On ne commente pas de tels documents après qu'ils ont été placés dans le milieu qui leur appartient. Je plaindrais la conscience qui ne serait pas involontairement émue d'indignation et de colère. A mes yeux, si dans ce lamentable procès, il pouvait y avoir un homme plus coupable que Darnaud, ce serait E. Espy. Darnaud volait à front découvert, et dans ses écritures, audacieusement, il mentionnait les dilapidations dont il se rendait coupable. Espy est un traître. Pour sauver sa situation, il tend d'ignobles embûches. Il dit à son cogérant : Rendez-moi la liberté pour que je sauve ma fortune, et je certifierai devant vos victimes, abandonnées à votre merci, votre loyauté, votre droiture et la pureté de votre administration. Vous êtes un voleur; en voici la preuve : j'attesterai tout à la fois votre honnêteté et votre intelligence. Vous creusez sans cesse l'abîme où s'est engloutie déjà une notable portion du capital livré ; j'en suis sûr, car le flagrant délit est constaté ; et j'affirmerai que vous avez *tout fait* pour l'entreprise. Ainsi vos actionnaires, sans défiance, ne se prémuniront pas contre les périls qui les assiégent. Je vous les livre donc, mais à condition que je m'échappe indemne de ce bourbier où était compromis mon patrimoine.

Nous n'ajouterons rien. E. Espy s'est retiré, et Darnaud, désormais, ne connaîtra plus de mesure. Maintenant, la cause des dissentiments qui ont éclaté dans la gérance est connue. Cessez de la demander à ces lettres du mois d'octobre 1857 et aux confidences de M. Guilhot. Il ne s'agit pas d'un banquier à hautes vues qui dédaigne les idées étroites de son collègue, et veut briser les langes dont on voulait envelopper son génie. Cette thèse, développée avec autant d'affectation que de complaisance devant la Cour, ne saurait être sérieusement produite. Ce ne sont pas les combinaisons financières improuvées par le cogérant qui ont amené le trouble et la rupture ; c'est tout simplement le vol, les pertes déjà éprouvées, la certitude d'un avenir ruineux ; et la fuite s'est réalisée aux conditions que l'on vient de lire. C'en est assez pour juger les deux hommes souscripteurs de ce pacte odieux.

Le moment est venu d'interroger la conduite des

autres défendeurs. C'est M. Claireau, c'est M. Dominique
Espy, c'est M. Grégory, qui, ensemble, et tour à tour,
vont comparaître à cette barre. Nous avons assisté au
simulacre de leur nomination. Elle rentre très nettement
dans le cas prévu de ces surveillants choisis par le
surveillé pour lui être agréable, et qui sont prêts à tout
couvrir de leur ineffable complaisance. La justice n'admettra jamais que la loi ait été faite pour tolérer et
encourager ces abus, que son dessein a été de réprimer et
de proscrire. Que les économistes tremblent pour le sort
de la commandite, si on déploie à l'égard de ces conseils
la plus légère rigueur, c'est possible ; mais je ne deman-
derai jamais à leurs froids calculs la solution des questions de loyauté et d'honneur. Est-ce qu'ils ne s'indignent pas aussi, sous le double prétexte de la liberté des
conventions et du fameux laisser-faire et laisser-passer,
contre les lois qui frappent et flétrissent l'usure ? De
telles utopies provoquent le sourire du magistrat, et,
grâces à Dieu, aucune place ne leur a été donnée encore
dans notre législation.

N'en déplaise aux clameurs de l'industrialisme, les
devoirs imposés aux Conseils de surveillance sont sérieux
et réels. Ne pas s'y soumettre, c'est encourir une juste
responsabilité.

On a vu déjà de quelle façon les vérifications ont été
faites pour la constatation du versement du premier
quart. Chacun sait combien peu la loi a été obéie sur ce
point si essentiel. Non-seulement le paiement n'en était
pas effectué au jour de la constitution définitive, mais il
ne l'est même pas aujourd'hui, et jamais n'ont été versés
dans la caisse, ni numéraire, ni lettres de change en
quantité suffisante pour en représenter la valeur. Cette
infraction capitale n'est plus déniée : il est certain qu'aucune vérification n'a été faite. Au 10 septembre, ni
Claireau ni ses collègues ne sont venus à Toulouse.

Au début de ses travaux, le Conseil de surveillance a donc été infidèle à son mandat. Dans le cours de l'existence de la Société, ses fautes ne sont ni moins nombreuses, ni moins répréhensibles.

Trois mois se sont écoulés depuis l'entrée en exercice. Les écritures ne sont encore ni bien compliquées, ni bien difficiles à comprendre. MM. Claireau, Grégory et d'Olivier se présentent au siége social et se mettent à l'œuvre. Tout est à leur disposition. Aucun obstacle, aucune dissimulation ne viennent écarter ou tromper leurs regards. Ils ont sous la main les entières écritures.

Il suffit d'ouvrir les yeux pour voir les indignités qui ont été commises. Ce ne sont pas des chiffres fugitifs, insaisissables à l'œil que l'on rencontre à la première page. Le dilapidateur était sûr de son Conseil, et il ne prenait pas la peine de mentir. Il procédait par masses, et à l'énormité des sommes le plus inexpérimenté des comptables aurait eu sa sollicitude éveillée. Point d'assimilation, je vous en conjure, entre cette situation et celle qui se rattache aux détournements criminels dont furent naguère victimes MM. Cibiel, Dufaur et Langlade. Ici, c'étaient les écritures qui étaient altérées. De faux crédits servaient à masquer les soustractions commises : et ces faux purement intellectuels, dont la fabrication émanait de ceux-là même qui tenaient la plume, ne parvinrent à la connaissance du maître que par les explications fournies par les correspondants, dont la loyauté d'ailleurs était restée étrangère à ces manœuvres. Le hasard seul mit sur les traces du crime qu'avaient soigneusement caché les habiletés des faussaires. Rien de semblable dans le cas actuel. Il suffisait de lire les écritures, de relever les chiffres dont pas un n'avait été altéré, pour constater les dilapidations que ne couvrait aucun voile.

Pourquoi donc le Conseil de surveillance n'a-t-il pas vu ? — C'est qu'il n'a pas voulu voir : qu'à sa tête, se trouvait un banquier ardent et avide de lucre, qui utilisait la caisse, pour employer son langage du 13 juin 1858, selon la mesure de ses besoins, et y réalisait de brillantes affaires : que la tolérance était le moyen de prévenir une dissolution qui aurait déconcerté ses entreprises personnelles, et créé à sa situation des embarras plus ou moins difficiles à dénouer ; qu'enfin, on ne croyait pas à la profondeur de l'abîme où tout devait s'engloutir.

Mais en présence de dangers aussi graves, de faits accomplis aussi alarmants, avoir le courage d'écrire le rapport présenté à l'assemblée générale, le 21 février 1858, c'est ce que les cœurs les plus indulgents ne sauraient pardonner. Ce sont des dithyrambes à la gloire de Darnaud, de ce chevalier d'industrie, contre lequel on tonne maintenant avec des violences de langage destinées, mais impuissantes à effacer la mémoire des complaisances passées. On ne craint pas d'y ressaisir en quelque sorte la circulaire du 10 juillet 1857, que le vieux banquier prétend n'avoir pas su comprendre, et d'attribuer les bénéfices fabuleux obtenus dans ce rapide trimestre à l'excellente clientèle de la Maison Darnaud, versée dans l'entreprise, et qui évidemment ne pouvait y entrer qu'avec le cortége de son énorme passif.

Ce versement ruineux, on l'avait lu dans les livres : car ce passif de 408,000 fr. avait été imposé à la caisse, au jour où de la main prétendue généreuse de son gérant, elle recevait, et les 516 effets, et les crédits de ses comptes divers. Fallait-il donc l'exposer dans ce langage énigmatique et approbateur qui a trompé la crédulité des actionnaires? L'acte même qui a créé la ruine de l'association, on le relève comme étant la source des bénéfices dont la distribution va être faite. De telles énormités sont-elles pardonnables?

Et puis, ce Conseil demande le vote du deuxième quart. — Claireau n'a pas oublié apparemment sa lettre du 17 avril, où il lui était assuré que cet appel de fonds n'aurait jamais lieu ; qu'il ne fallait voir dans cette obligation éventuelle qu'une garantie pour les tiers traitant avec la Société, et que la question ne pourrait, dans tous les cas, être soulevée qu'au bout d'une année d'existence. N'a-t-il pas dû se demander quel était le motif de cette impatience, et avant de s'en constituer l'organe, n'était-il pas de son devoir de le vérifier ? Pour lui, s'agissait-il simplement de constituer un élément nouveau de succès et d'accroissement des bénéfices déjà réalisés ? — Nul ne le croira. Il ne peut pas ne pas savoir qu'il s'agit de remplir une seconde fois une caisse vidée par une main coupable. — Il a lu les écritures, affirme-t'il, et son regard s'est porté sur l'article Rentes et Actions qui absorbe un capital de 220,000 fr. Cet homme qui a la prétention de ne mentir jamais, et qui s'attribue le monopole de la droiture et de l'honneur, affirme n'avoir pas été ému à l'examen de cet article. C'étaient des rentes, c'étaient des actions qui avaient été acquises, rien n'était plus légitime et plus conforme au but de l'association. Il a donc couvert l'opération de son silence approbateur.

J'aime cet aveu et cette franchise. L'énormité du chiffre a donc fixé son attention, et cela me suffit pour que l'accusation qui pèse sur sa tête devienne écrasante et péremptoire. Quoi donc! il a pensé qu'une Maison de banque dont le capital n'est que de 250,000 fr., a pu détourner les neuf dixièmes de son actif pour l'immobiliser dans un achat de cette nature, et se condamner désormais à l'inertie et à l'impuissance ! Quoiqu'il vienne du Gers, et que dans son pays on soit prêt à dresser des autels à sa vertu si éloquemment chantée par son défenseur, c'est-à-dire par lui-même, je dis que cette allégation est inacceptable, et qu'aucun homme sérieux ne peut s'y arrêter. A la vue de cette immobilisation singulière, il a dû nécessairement remonter à la source, et demander à cet article quel était son sens et l'opération qu'il exprimait. C'était pour lui un devoir d'autant plus impérieux, que de cette cause dérivait la nécessité de l'appel de fonds qu'il allait réclamer des actionnaires. Avant de se charger de cette mission compromettante, il a donc connu le traité d'Espy, que les livres signalaient encore par sa date, et l'origine du dividende, dont la répartition cachait le piége tendu à la crédulité des souscripteurs, avait cessé pour lui d'être mystérieuse.

Et cependant, cette répartition, il l'a proposée. 21,000 fr. auraient été gagnés dans trois mois, avec un capital de 250,000 fr. dont la plus grosse part est sortie de la caisse dès le lendemain de sa naissance. C'est prodigieux vraiment, et les opérations dont on lui a présenté le tableau, ne peuvent pas avoir séduit sa vieille expérience; mieux qu'un autre, il sait les mécomptes que les banquiers éprouvent, les fréquents articles qui passent par le chapitre des profits et pertes. Ce chapitre, le plus essentiel de tous, il l'a interrogé, et il a pu y voir la nomenclature de ces déceptions nombreuses. Ce qu'il y a de certain, c'est que la banque, le compte et le réescompte n'avaient procuré aucun résultat utile, et que la colonne des pertes balançait la colonne des bénéfices. Le dividende donc ne venait pas de là.

D'où venait-il ? — Les écritures le proclament sans détour : d'une somme de 220,000 fr. détachée du crédit se rattachant à l'*Iris* et la *Province*, et au traité du 27 novembre inscrit en toutes lettres avec sa date et sa qualification sur les livres sociaux.

Ici l'erreur est d'autant moins admissible que cette

somme figure trois fois sur le grand livre-journal. — Au 4 décembre, décomposée, comme l'on sait, en deux articles, dont l'un est dévolu à l'année 1858. — Au 24 décembre, réunie en un seul pour doter l'exercice de 1857 d'une répartition fallacieuse qui devait séduire et empêcher les résistances.

Ces tâtonnements seuls, ces retours, cette création artificielle d'un article dont le but est si facile à saisir, ont été incontestablement vus et compris.

Or, qu'a fait néanmoins le Conseil de surveillance ? — Il a affirmé le fait du bénéfice, proposé la répartition, et, à côté de cette répartition, il a provoqué lui-même le vote du second quart.

Voilà sa conduite ! — Voilà quels éléments il avait dans sa main pour éclairer les actionnaires qui, par l'art. 26 des statuts, s'étaient interdit tout droit de contrôle personnel, et avaient délégué en se dépouillant, à ce Conseil, les pouvoirs dont ils auraient été investis sans cette insolite précaution.

Claireau demeura toujours fidèle à la pensée, qui dès le début a inspiré sa conduite. La Cour se rappelle le rôle qu'il a joué à l'occasion de la désertion d'Emile Espy. Il fallait encore, pour réaliser cette combinaison, le concours du Conseil de surveillance, et surtout de son président. Des bruits alarmants circulaient sur le compte de la caisse. Ils étaient arrivés jusqu'à lui, et ses défiances auraient dû naturellement s'éveiller. On annonce la démission du collègue de Darnaud, et cette modification profonde, apportée à la constitution générale, ne peut le trouver indifférent. Il est tenu d'en rechercher la cause, car les garanties des actionnaires vont être considérablement amoindries. Est-il vrai que par des calomnies secrètes Darnaud lui a persuadé qu'Espy est un malhonnête homme? — Il n'a pas craint de le faire affirmer à l'audience pour se préparer une excuse, et à côté de cette assertion incroyable, on plaçait l'aveu que cet écrit non représenté, avait été égaré par celui qui l'invoque : triste et déplorable situation de l'homme confondu qui veut à tout prix se ménager des excuses. Diffamer Darnaud, cela paraissait impossible, et cependant il l'a fait. Cet homme a cru qu'avec cette arme détestable, ses emportements, et ses violences inouïes, il parviendrait, comme devant le Tribunal de commerce, à égarer la justice. Du haut du piédestal qu'il s'est complaisamment dressé, il laisse tomber ses outrages et ses dédains sur les malheureux qui ont l'impardonnable audace de se plaindre ! La gravité de ses fautes ne lui commandait-elle pas une attitude plus modeste ? — Je le comprends alors que donnant un démenti à son passé et à son existence toute entière, il s'efforce de reprendre la robe du greffier du juge de paix, pour dérober aux regards de ses Juges le vieux banquier que ses connaissances pratiques rendent inexcusable. — Qu'il s'amoindrisse au gré de ses besoins?.... Qu'il affirme, lui qui pendant 35 ans a fait surtout la banque, et a été mêlé aux affaires Fraïsse, Dembarrère, et tant d'autres, que jamais il n'a su lire dans un livre de commerce, et que son impéritie l'a mis dans l'impuissance d'éclairer son habile défenseur !.... Je le veux, j'y consens. Ce sont ruses de guerre qui ne blessent les susceptibilités de personne. Son tort serait encore d'avoir accepté une mission qu'il était incapable de remplir, et de sa main il devrait frapper sa poitrine en contemplant les ruines amoncelées autour de lui !

Mais que tout à coup il se transforme en insulteur audacieux, et que, sans respect pour ceux dont il a causé l'infortune, il s'efforce d'appeler sur leur tête la réprobation publique, c'est ce que ma raison ne sait pas comprendre, et ce que mon cœur ne saurait lui pardonner.

Maintenant donc, c'est Darnaud qu'il diffame ; car nul ne croira que ce négociant dont les lettres sont jour par jour mises en liasse ; qui les a conservées toutes sans aucune exception, ait justement égaré celle-là qui d'ailleurs est moralement impossible. — On le comprendrait si l'intervention de Claireau eût été utile pour contraindre Espy à la retraite. — Mais déjà, quand la lettre du 13 juin était écrite, tout était conclu entre les deux gérants, puisqu'on a vu que dès le 3 mai on supprimait les actions dont le placement n'avait pas été possible. — La calomnie eût été sans cause, et honnêtement ce méfait ne peut être imputé à Darnaud.

Mais savez-vous ce qui n'est pas contestable, c'est qu'une vérification des comptes était d'une nécessité absolue. — Le changement de la gérance en faisait un devoir. — Claireau lui-même l'avait compris ainsi. Dans ses lettres il l'annonce à la fois à M. Guilhot, à M. d'Aubas-Gratiolet, et à plusieurs autres. Il est bien vrai que le premier lui répond que ce travail se fait avec activité par MM. d'Olivier, Grégory et lui-même. Mais il ajoute que tout sera mis à sa disposition pour l'édifier, et que les états se préparent. C'est donc une vérification sérieuse qui va s'accomplir par ce vieux banquier qui alors ne se disait pas incapable, et auquel nul assurément ne se serait permis d'adresser une qualification pareille. Ce qu'il avait projeté de faire, il l'a fait.

Et dans les livres étalés, sous son regard intelligent qu'a-t-il vu? — Darnaud puisant à belles mains dans cette caisse dont il dispose en seigneur et maître. Les 96,000 fr. de son crédit du 27 novembre sont épuisés, et déjà il avait dérobé au mois d'avril 1858 une somme de 31,000 fr. Les écritures le constataient. Encore une fois, aucune

dissimulation ne pouvait tromper les études du vérificateur. Il a touché tout du doigt et il a tout vu.
La preuve résulte de l'examen ; et en exiger d'une nature
plus directe, serait, dans la majeure partie des cas,
assurer l'impunité aux coupables. C'est au Juge qu'il
appartient de voir si la justification de la connaissance
qu'a eue le Conseil de surveillance, est suffisante et complète. Pour arriver à cette conviction, juré et appréciateur
souverain, il n'a que sa conscience à interroger.

Et maintenant, qu'a fait Claireau à la séance du
7 juillet où est présentée la démission d'Espy, et la
candidature de Darnaud pour être désormais le gérant
exclusif ?

Le procès-verbal nous le révèle. — Il a secondé cette
combinaison ruineuse, n'a rien fait connaître, et par
cette complicité du silence, il a favorisé les méfaits
incroyables qui vont s'accomplir.

Sa complaisance ne connaît point de bornes. Elle va
se prêter immédiatement à la suppression d'une partie
du capital social auquel 50,000 fr. vont être enlevés.

Darnaud ne peut pas trouver pour Espy les cessionnaires qui doivent se charger de ses actions. Deux ont
été infligées à Vives dont on consomme impitoyablement
la ruine. Mais les autres, que deviendront-elles ? — Nul
ne veut les accepter.

Dès le 5 février 1858, M. d'Aubas-Gratiolet était
devenu l'actionnaire de la caisse, et les nos 2 et 3 de la
première émission qui n'étaient pas remplis, lui avaient
été délivrés. Son existence comme associé est affirmée
dans le compte-rendu du 21 février, où on le mentionne
comme directeur du comptoir de Montauban, et comme
l'un des principaux actionnaires.

Espy était alors gérant, et possédait les quatre actions
qu'en cette qualité il avait prises, et dont il lui était

interdit de se dépouiller. Claireau, qui assistait à cette séance, et y prononçait un si remarquable discours, était assurément édifié sur cette situation.

Et cependant, que va-t-il arriver? — Que les six actions possédées par Espy et d'Aubas-Gratiolet se réduiront à quatre seulement, et que deux en consé·· quence seront frauduleusement supprimées.

Cette suppression obtiendra la sanction de Claireau, qui dans son rapport du 30 janvier 1859, se référant à l'exercice de 1858, déclarera que le capital social ne se compose que de 44 souscriptions.

Cette affirmation est d'autant plus singulière, que de sa part l'erreur est impossible.

Dans la séance du 25 juin 1857, où il a été élu président du Conseil de surveillance, et où ont été approuvés les Statuts, il a compté les quarante souscripteurs dont la liste lui a été remise. Le 26 juin, d'ailleurs, sur sa réclamation, un exemplaire spécial lui était envoyé. Ce chiffre donc pour lui était irrévocablement acquis. Or, à ces quarante souscriptions certaines, il en a ajouté lui-même cinq autres s'appliquant à la seconde émission, qu'il s'était chargé de propager et de répandre. Ce sont celles de M. de Joly, de M. de Saint-Gresse, de Mme la baronne de Girons, et enfin de M. d'Aubas-Gratiolet lui-même. Toute erreur est donc impossible. Il sait parfaitement, car il les a comptées du doigt ou personnellement recueillies, que la Caisse possède ces adhésions différentes. Comment s'est-il prêté dans son rapport à accepter le chiffre de Darnaud, dont la réduction a eu pour cause l'impossibilité où il s'est vu de colloquer celles de son ancien cogérant?

Ici le fait est palpitant et l'excuse inadmissible.

On a tenté pourtant de le soustraire à la responsabilité encourue. Que ne tente-t on pas, et à quels tristes moyens n'est-on pas obligé de recourir pour échapper à une condamnation menaçante ?

Savez-vous pourquoi M. Claireau n'a pas vu la suppression de cette partie du capital social ? — C'est que d'Aubas-Gratiolet avait reçu les n°s 2 et 3 de la première émission, ce qui ne pouvait pas être, puisque son rang venait après les quarante souscrites, et qu'alors l'annulation portée sur le registre à souche a paru au président du Conseil naturelle et légitime. — Mais vous ne voyez donc pas que ceci est une fuite et non pas une réponse ? — Si on lui a retiré ces numéros qui restent sans souscripteur, il faudra le retrouver à la fin de la liste, et lui assigner les n°s 47 et 48, puisque les deux autres, déclarés nuls, restent sans souscripteur. Ouvrez le livre, et dites-moi si la chose a été ainsi faite. C'est donc bien une suppression, et non un simple déplacement qui a été opéré.

Mais, ajoute l'adversaire, et ici sa loyauté est triomphante, car il a, cet homme de bien, une profonde horreur du mensonge : Je ne savais pas, moi, si M. d'Aubas-Gratiolet était un cessionnaire ou un souscripteur principal. De son adhésion, il ne devait pas nécessairement résulter à mes yeux un accroissement du capital des mises.

Arrêtez ! — Votre lettre du 5 février vous défend cette argutie. C'est un actionnaire que vous avez procuré, si j'en crois votre langage. — Un cessionnaire d'Espy, d'ailleurs, la chose est impossible ! car d'Aubas-Gratiolet est entré en février, époque à laquelle le gérant ne pouvait toucher à sa mise.

Mais voulez-vous une raison plus péremptoire encore ? Ouvrez vos livres, et vous y verrez, comme dans ceux de la caisse, que c'est par votre intermédiaire que M. d'Aubas-Gratiolet a réalisé sa mise de fonds, non pas dans les mains d'un prétendu cédant, mais à l'actif de la société même.

Voici l'extrait de ces livres et l'attestation de M. Estenave :

« Le compte de M. Claireau est débité au grand livre
« d'Hilaire Darnaud précédant celui de la Caisse
« industrielle au crédit de M. d'Aubas-Gratiolet de
« 26,629 fr. 15 c., à la date du 24 février 1858. —
« Cette somme paraît avoir été destinée au paiement
« de la moitié des deux actions de la seconde émis-
« sion. »

Est-ce clair ceci ; et, sur ce point si décisif et si grave, le débat est-il encore possible ?

Ces complaisances et ces complicités n'étaient pas stériles. — En l'année 1856, M. Claireau avait reçu pour 104,000 fr. de traites Béranger, que la maison Hilaire Darnaud lui avait transmises, en lui recommandant de ne pas les inscrire sur les comptes-courants de leur maison respective. L'expéditeur déclarait garder, quoique simple endosseur en apparence, cette affaire pour son compte exclusif. Il ne voulait pas que les écritures en retinssent mémoire, et que l'on prît sur le compte des souscripteurs des renseignements d'une nature quelconque. Ces précautions minutieuses laissaient par leur transparence apercevoir les motifs qui les avaient dictées. Claireau accepte toutes ces recommandations et promet d'y rester scrupuleusement fidèle ; et sur la foi de ces promesses échangées, l'opération s'accomplit. Les traites étaient à long terme ; leur échéance était fixée aux premiers jours de septembre 1858.

Dans l'intervalle, la Maison Hilaire Darnaud s'est éteinte, et la Caisse a été enfantée. Celle-ci, à coup sûr, n'était pas tenue de payer les dettes de la première. On sait la valeur de la circulaire du 10 juillet, et il n'est pas possible que le président du Conseil de surveillance veuille en faire subir la loi à la Société placée sous son patronage. S'il l'essayait, ce serait une trahison, et sa responsabilité serait par trop éclatante. La Caisse cependant court à sa ruine, et, à travers les accidents qui ont marqué son existence dans la courte période d'une année écoulée depuis sa fondation, il est hors de doute que la quiétude de M. Claireau a été fréquemment troublée. Mais il est un homme dont la situation doit le préoccuper bien davantage ; c'est Hilaire Darnaud lui-même. La détresse de ce dernier est accusée par des signes autrement sérieux. Cependant les traites viennent à échéance, et il faut satisfaire aux nécessités qui vont se produire. Adresser les réclamations aux signataires serait trahir les engagements de 1856, et provoquer peut-être une catastrophe ; exiger d'H. Darnaud personnellement la somme devenue exigible, c'est se heurter contre une impuissance manifeste. Que faire alors ? Mettre la Caisse industrielle à contribution, et la charger d'une obligation qui lui était étrangère ? — Ainsi il a été fait. — C'est par la Caisse que M. Claireau, qui connaît bien son débiteur, s'est fait compter le montant de sa créance.

De sa part aucune méprise ne peut être alléguée. L'historique qui précède confondrait d'avance cette ruse.

La Cour a été témoin des pénibles efforts employés, deux heures durant, à innocenter cet acte. Au milieu de ces répétitions persévérantes, nous n'avons su saisir que deux objections principales.

La signature de Béranger était excellente, et dès lors Claireau ne devait éprouver aucune inquiétude sur le sort de ces lettres de change. Ce qu'il a fait en outre n'a eu d'autre but que de faire avec la Caisse, chargée de poursuivre le recouvrement contre Béranger, une opération de banque rentrant dans ses attributions ordinaires.

Sont-ce là des réponses acceptables ? — On aurait pu ponrsuivre Béranger, dites-vous : mais alors Hilaire Darnaud était renversé, et livré immédiatement aux rigueurs de la justice répressive. — Croyez-vous que l'on oublie et le langage consigné dans ses lettres, et les promesses consignées dans les vôtres ? — Vous ne le pouviez pas sans trahir la foi promise. Ah ! sans doute, si par une voie plus commode, il ne vous avait pas été possible d'obtenir satisfaction, il est probable que devant cette considération, vos poursuites ne se seraient pas arrêtées. Mais vous avez mieux aimé prendre les fonds dans le trésor social qui ne les devait pas.

Les traites, ajoutez-vous, avaient été envoyées en recouvrement.... Ceci n'est pas exact. C'est par l'association, qui en a été débitée, qu'a été effectué le paiement direct. L'heure de l'échéance sonnait, et ce n'était point dès lors d'un endossement ou d'un transfert qu'il était question. Vous avez pris les fonds de la caisse comme si elle était débitrice, et non pas en qualité de cessionnaire. Ceci n'est que le résultat des élucubrations du banquier appelant à son aide toutes les ressources de sa profession.

Mais ce qui va suivre est plus inexcusable encore. Ces traites de Béranger sont versées dans le portefeuille, qui en est débité pour couvrir le capital envoyé à Claireau, et elles y demeurent jusqu'au 31 décembre 1858. — Depuis le 10 septembre précédent elles sont exigibles, et on les laisse paisiblement dormir dans l'asile qui leur a été ouvert.

M. Claireau vient procéder à ses vérifications annuelles. Il les fait, selon son habitude, minutieuses et complètes. Son compte-rendu du 25 janvier 1859 viendra en

donner la rassurante et solennelle assurance aux actionnaires, qui, pour ses éclatants services, lui voteront des
remerciements inscrits au procès-verbal. Eh bien ! il voit
au débit du portefeuille ces traites échues depuis quatre
mois, et il garde le silence, et il ne s'informe pas de la
cause de cet inqualifiable oubli. N'est-il pas manifeste
que ce débit est là pour masquer une fraude, que l'actif
dont il est destiné à établir l'existence est un mensonge,
et que le bénéfice qui résultera de la balance dont cet
élément doit être retranché, est une fiction et un abus ?
Or, malgré cela, M. Claireau affirme l'exactitude de
cette balance, la réalité du bénéfice, et en propose la
répartition. Est-ce loyal et honnête ? Et les peines édic-
tées par l'article 10 de la loi de 1856 ne sont-elles pas
largement encourues ?

Non, répond l'Adversaire, car M. Vilote a dit que
cette combinaison avait été pratiquée pour dissimuler la
situation, et qu'il était possible de ne rien entrevoir derrière le voile qui couvrait la manœuvre.

Je comprends l'argumentation dans la bouche de M.
Grégory et des autres, mais de la part de M. Claireau
elle est inacceptable.

C'est que pour lui ce débit du portefeuille n'était pas un
mystère. Il avait touché de sa main ces effets Béranger,
une fois pour en accepter le transfert, et une autre fois pour
les rendre. C'est lui qui en avait fait imposer le fardeau à
la caisse : et quand il les trouvait, quatre mois après
l'échéance, constituant un actif, l'erreur était impossible. Pour lui, le détournement était une certitude ; au
lieu de le dénoncer, il déclare l'honorabilité du gérant,
et propose le dividende.

La précision est sans réplique ; — et laissant à l'écart
des déclamations stériles, nous nous bornons à les formuler.

Le dernier fait qui se réfère à cette période ne saurait être non plus passé sous silence. C'est celui de l'inscription, au crédit de Darnaud, de 73,000 fr. de titres hypothécaires. L'article est passé à la date du 10 décembre 1858, c'est-à-dire, à la veille de la reddition des comptes. Est-ce que par son importance cet article ne réveillait pas l'attention? — C'étaient 220.000 fr., l'année précédente, qui s'immobilisaient en rentes et actions; et celle-ci, une immobilisation nouvelle se réalise toujours sur la tête du gérant, sans qu'on en prenne aucun souci! N'est-il pas vrai que si l'on ne se laisse pas décourager dans l'exécution de ses vols audacieux, les autres ne se lassent pas de l'encourager par leur inépuisable complaisance?

Or, voilà d'où viennent les bénéfices menteurs qui servent à tromper les actionnaires.

Et à ces actionnaires audacieusement vous direz dans votre rapport que ce sont les opérations de banque qui ont procuré ces merveilleux résultats, dont les honneurs sont dévolus toujours à l'habileté du gérant et à la brillante clientèle dont il a doté l'entreprise!

Ah! c'est bien vous qui avez fait tout le mal. Ne fallût-il vous considérer que comme mandataires ordinaires, la réparation vous en serait rigoureusement imposée, car jamais on ne s'est joué avec une plus coupable indifférence des intérêts dont on a reçu le dépôt.

Lisez maintenant la loi; lisez l'article 26 des Statuts, et dites-moi si un verdict d'acquittement n'attristerait pas toutes les consciences honnêtes?

Que nous reste-t-il à raconter? — L'année 1859 se traînera péniblement jusqu'au jour où la caisse, étant complétement vide, éclatera la catastrophe. Les bruits les plus alarmants circulent de toutes parts, et le président du Conseil de surveillance ne voudra rien entendre ni rien voir. Enfin, Darnaud, à bout de ressources, fait, le 8 décembre, une solennelle démarche auprès de Claireau. On connaît la lettre qui est écrite; on sait qu'aucune réponse n'y a été faite. Le traité du 27 novembre s'y trouve mentionné, comme une cause d'immobilisation, à côté du passif des comptoirs et de la faillite de Fouque. — Etait-ce une révélation? Ce n'est pas notre sentiment, et ce n'était ni celui de Darnaud, ni celui d'Espy, comme l'attestent leur déposition et leur interrogatoire. C'était un simple état de situation.

Claireau s'indigne-t-il contre les fourberies dont il aurait été personnellement victime, et contre les perfidies dont on l'aurait fait l'instrument? — Si peu, que, quelques jours plus tard, on sollicite de lui 100,000 fr. de signatures de complaisance. Ses intérêts sont-ils compromis par suite de la fausse confiance qu'on lui a inspirée? Pas davantage. Il est à jour, et pas un centime ne lui est dû par la caisse, où il puisait si largement, comme le dit la lettre du 13 juin, et dont il fut constamment débiteur.

Quelle sera donc sa conduite? — Si c'est une révélation soudaine qui lui a montré les méfaits odieux que sa confiance aveugle a couverts d'une indulgence involontaire, il appellera immédiatement le Conseil, réunira les actionnaires et arrachera à cet odieux dilapidateur le masque qui a dérobé ses malversations à tous les yeux. Il n'était besoin ni de réfléchir ni de consulter pour un éclat aussi légitime. Les émotions d'une conscience honnête étaient le guide le meilleur et le plus sûr.

Au lieu de cela, il consulte un avoué, son parent, dont l'habileté n'est méconnue par personne. Le danger de la situation est promptement aperçu par le regard exercé de cet homme d'affaires. La responsabilité du président du Conseil de surveillance est sa légitime et grande préoccupation : il faut à tout prix s'y soustraire, et pour cela une savante stratégie est combinée.

Dès ce moment, les démarches, les lettres, les actes, tout se fait avec une prudence et un art merveilleux.

On n'a pas écrit encore soit au gérant, soit aux membres du Conseil pour provoquer les mesures qu'exigent les circonstances. C'est Darnaud, comme on le sait, qui prend l'initiative et qui presse. Mais ses impatiences, aux yeux de Claireau, deviennent une fraude, et ont pour but d'éviter une vérification, certes bien inutile en présence de l'humble confession que renferme la lettre du 8 décembre. N'importe, sa perspicacité a su découvrir cette ruse, et vite il la répand avec un éclat affecté autour de lui : il la raconte notamment à M. Gallimard, qui croit à sa sincérité, et plus tard s'en constituera l'organe, dans la déposition qu'avec tant d'amertume on lui reproche. Mais Claireau ne croit pas le moment venu de livrer son secret tout entier. Il convoque les membres du Conseil. On nous a lu la circulaire écrite dans ce but. — Qu'y voit-on ? Que le président révèle le secret du détournement de 220,000 fr. ? Non. — Il le garde pour lui et n'en parle à aucun : il annonce seulement qu'il faut promptement se réunir ; que l'on devra se livrer à des vérifications longues et sérieuses ; qu'il y aura du travail pour tous. Le jour et l'heure sont indiqués ; c'est un jour et une heure plus éloignés que ceux proposés par Darnaud.

Telle est l'attitude de l'Adversaire. Jaloux de la faire ressortir avec éclat, son défenseur a déployé ici toutes les ressources de sa chaleureuse éloquence pour que toutes les ombres fussent dissipées. Le voici maintenant armé de toutes les sévérités du vérificateur. Par une convocation précipitée, on voulait se soustraire à ses investigations redoutables. Par la puissance de sa volonté et la pénétration de son esprit, il a déjoué tous les calculs du crime et de la peur ; son heure est choisie, et la lumière ne sera pas étouffée. Il l'a confié à Gallimard, et Gallimard l'a attesté sous la religion du serment, comme si en répétant ces discours il s'était rendu caution de la sincérité de l'orateur.

Mais que vois-je, grand Dieu ! — Nous sommes à la séance du 8 janvier, et le Conseil de surveillance répète, dans un travail écrit, les éloges toujours adressés à Darnaud, affirme la loyauté de la gestion, et constate un bénéfice de 10 p. %.

Que dit, que fait Claireau, en présence duquel est lu ce discours qui est censé son œuvre, et qui est sorti du sein de la réunion provoquée par ses lettres de convocation ?

Ce qu'il dit, le voici : c'est que cette fois par extraordinaire, il n'a rien vérifié, ni rien vu, et qu'il ne peut accepter la responsabilité des assertions du rapport.

Mais que deviennent dès lors ces longs travaux annoncés qui devaient être entrepris par tout le monde ? — Où sont ces études approfondies que la fraude tentait d'écarter, et qu'imposait la loyale et habile énergie du président ? — Ne vous êtes-vous pas joué de la crédulité de Gallimard, et n'est-ce pas une triste comédie que celle dont vous nous avez donné, à l'audience, une seconde représentation.

Voyez comme votre conscience tremble et hésite, et à ces incertitudes ne comprenez-vous pas que le Juge doit saisir la vérité qui vous oppresse ?

Ici encore vous avez trompé Gallimard, dont vous invoquez la déposition, et qui s'est fait l'écho de votre récit controuvé. Il a dit, et vous en êtes fier, que par vous avait été révélé, à l'assemblée générale, le traité spoliateur du 27 novembre, et vous lui rappelez avec emportement son langage, pour lui prouver la déloyauté de son agression actuelle. — Mais n'est-il pas manifeste que sur ce point encore, vous l'avez trompé ? — Lisez donc, relisez votre lettre du lendemain à Darnaud.... Qu'y déclarez-vous ? — Que cette révélation n'est pas votre œuvre, qu'elle n'est point sortie de votre bouche, que le coupable est votre gendre qui n'avait pas été autorisé à la faire, vous réservant seul le soin et le droit de choisir l'heure opportune.

Est-ce que le témoignage de Gallimard n'a pas été le fruit d'une erreur dont la source remonte nécessairement à vous ? — Ne lui en faites donc pas un reproche, et que vos colères factices s'apaisent enfin devant ces documents qui vous sont personnels.

Oui ! — cela est vrai, après l'éclat des 8 et 9 janvier, vous avez choisi avec une habileté merveilleuse le rôle qui seul pouvait vous sauver. Vous vous êtes constitué le protecteur de ces actionnaires éperdus qui, au milieu de ces orages, cherchaient en vain leur route, et ne savaient où la trouver. — Ils se sont groupés autour de vous, et ont sollicité votre appui. — L'ennemi commun était là menaçant de retenir sa proie pour la dévorer. — Emile Espy, le gérant fugitif, devait être poursuivi ; il fallait éviter une manœuvre dolosive qui vînt l'arracher à la responsabilité qu'il avait encourue..... On entrevoyait des combats et des luttes, et on ne voulait pas périr sans s'être défendu.

Ainsi s'expliquent les lettres de Michelet et de d'Aubas-Gratiolet, qui surtout ont invoqué ce patronage.

Après la tumultueuse et indigne délibération du 31 janvier, où je vois intervenir à l'ouverture la protestation de Rodeloze, et qui se termine par l'énergique résistance de Gallimard, un vote étrange est donné. L'urne mystérieuse n'a point dit quels étaient les noms des traitres ? — Claireau affirme que les souscripteurs du Gers et lui-même sont demeurés fidèles au drapeau.., Je l'ignore. — Mais ce qui est certain, c'est que les tenants de la grande lutte des 8 et 9 janvier n'ont pas sacrifié leur conviction, et que leur nombre est trop considérable pour qu'avec l'assistance des actionnaires du Gers on eût été aussi complétement battu. Le vote a ses secrets, et nous ne pouvons qu'émettre de simples conjectures. Mais, au souvenir du procès-verbal du 8 janvier, toutes les suppositions sont permises.

Qu'a fait dans cette conjoncture le Conseil de surveillance dont étaient membres Grégory et Claireau ? Ils ont préparé un rapport mensonger, proposé un dividende qui a été accueilli et dont la fiction n'est pas contestable. — Pour échapper aux conséquences légitimes de cette infraction, que dira Grégory ? — Aucune excuse ne lui est possible. Que dira Claireau ? — Qu'il a déclaré n'avoir pas vérifié les comptes ? C'est une désertion inacceptable. — Ces comptes, il les connaissait. Il avait dans sa main la lettre du 8 décembre. — Son langage était une trahison, et les révélations postérieures de son gendre ne le dégagent pas. — Ainsi la morale et la loi veulent que soient interprétées et jugées ces tergiversations qui décèlent si vivement les inquiétudes et les remords dont on était agité.

Après cela, est introduite l'action en nullité. — Claireau est au nombre des demandeurs. — Nous savons le rôle que son intérêt lui a fait prendre. — Il se présente porteur de sa lettre du 8 décembre. — C'est le bouclier dont il s'arme partout où sa comparution est requise. Il l'avait aussi quand il comparaissait devant le magistrat instructeur. Selon son vœu, elle fut annexée à sa déposition. — Son dossier, dans ce procès, n'est autre que celui-là. — Il n'a remis que cette seule pièce.

Il n'est pas exact de prétendre que Darnaud laissa dire en sa présence que le traité du 27 novembre n'avait été révélé que par ce document. — Bien au contraire, à la lecture des rapports du Conseil de surveillance donnée par l'avocat du gérant de la caisse, chacun fut ému, et prévit aisément le procès dont la Cour est maintenant saisie.

Ici notre résumé se termine. — La discussion n'ajoute-rait rien. — L'attention prêtée par la Cour à ces longs débats la rend inutile. S'exposer à tomber dans d'incessantes redites, serait une fatigue pour tous. Nos conclusions motivées dont la distribution a été faite, précisent d'ailleurs les moyens spéciaux et divers invoqués contre chacun de nos adversaires ; il suffit de s'y référer.

Nous ne voulons dire qu'un mot en ce qui touche Dominique Espy, c'est que sur la question du versement du premier quart sa bonne foi est impossible. L'engagement souscrit le 20 mai 1857 lui avait appris que Darnaud, dépourvu de ressources, ne pouvait pas le réaliser, et la pénurie de son fils lui était bien mieux connue encore. A ses yeux et aux termes d'un traité explicite, la gérance tout entière devait puiser dans sa caisse les fonds destinés à l'accomplissement de cette condition essentielle. Il s'y était formellement soumis, et pour lui l'équivoque ou le doute était impossible. C'était bien ce sentiment qui l'inspirait, alors que par son fils il faisait écrire de ne rien précipiter, parce que,

avant la constitution définitive, il voulait que le versement dont il avait accepté le fardeau fût effectué. Il
était alors dans la vérité et la légalité de la situation.
Pourquoi en est-il spontanément sorti, et a-t-il accepté
le commode système de son débit sur les livres de la
maison Darnaud, proposé par la lettre qu'écrivait ce
dernier à son fils le 31 mai 1857? On a beau fuir
les documents qui vous inquiètent... La répugnance à
les aborder de front, et le refus de les lire n'ont jamais
eu le privilége de leur ravir leur autorité et leur force.
Je vous rappelle donc à cette lettre imprimée à suite de
nos Conclusions (page 17, pièce II), et avec vous je
constate que le versement attendu par la caisse pour
que sa constitution définitive fût possible, n'était opéré
ni au 23 juin, ni au 10 septembre, comme l'ont justifié
les comptes produits par la défense. Au mois de novembre encore, l'œuvre n'était pas accomplie. Pouviez-vous
donc ignorer, vous, que le versement du premier quart
n'était pas fait lorsque la Société a été constituée, et
lorsque les opérations ont commencé après la publicité
éclatante qui a été donnée à ce début.

Vous étiez toutefois membre du Conseil de surveillance, et contraint de protester et d'y mettre obstacle
pour obéir aux prescriptions de la loi.

N'objectez point, comme vous avez essayé timidement
de le faire par la plus inadmissible des distinctions,
que votre obligation du 20 mai 1857 ne vous engageait
qu'envers Darnaud et votre fils dont vous deviez secourir la détresse, et que nul autre n'a le droit de vous
demander compte de cet engagement ; qu'il vous suffit,
à vous, d'avoir satisfait aux exigences de la loi pour
l'action unique dont vous étiez le souscripteur.

Cette subtilité ne saurait être destinée à avoir un grand
succès. Remarquez bien que notre objection n'a pas

pour but de réclamer [l'exécution de cette promesse qui nous est complètement étrangère. Il s'agit entre nous simplement de savoir si vous étiez de bonne foi quand vous avez laissé fonder et agir une association dont la surveillance vous avait été confiée en qualité de membre du comité dont Claireau était le président. Etiez-vous fixé sur le non-versement de la première mise imposée par la loi? — Tel est le problème à résoudre. — Or, de votre part, cette ignorance était impossible, puisque c'est par vos mains qu'une portion notable de ce versement devait passer, et qu'il n'en était pas sorti. Que vous fussiez à Foix ou à Toulouse, ceci importe fort peu : car il s'agit d'un fait qui vous est exclusivement personnel, et non pas d'un renseignement extérieur que votre maladie accidentelle vous aurait mis dans l'impuissance de recueillir.

Notre argumentation reste donc tout entière.

Est-ce qu'il n'en est pas ainsi également, à l'égard de la retraite de votre fils, de ses causes et des communications que vous avez nécessairement reçues !

Pour la démonstration, je ne veux rappeler qu'un seul fait : c'est que, aux termes de vos engagements du 20 mai, vous vous étiez assujetti à verser pour l'insolvable Darnaud, dont vous n'auriez pas connu les embarras, le second quart à l'époque de l'exigibilité; et qu'à votre fils, une semblable avance devait être faite par vous.

Or, ce second quart a été voté le 21 février 1857, et au mois de juillet suivant, date de sa retraite, il n'était pas sorti un centime de votre caisse, malgré l'exigibilité échue depuis plusieurs mois.

N'est-il pas clair que vous avez été activement mêlé à toutes les discussions préliminaires qui ont amené la lacération de votre traité dont la restitution était exigée

par votre fils, et qu'en présence de cette lutte préparatoire dont la solution dernière n'avait pas été déclarée,
l'exécution en était d'un commun accord suspendue?

Nous ne voulons ajouter qu'un seul mot. M. Dominique
Espy a prétendu puiser dans la conservation de son
action une preuve de sa confiance dans l'avenir de l'entreprise, malgré la fuite d'Emile Espy, qui aurait gardé
envers lui la plus rigoureuse discrétion. — Notre
réponse est connue. — Le placement en était impossible;
car, pour éteindre celles du fils, il a fallu procéder par
voie de suppression, et porter au capital social la plus
illégale des atteintes. — Cette conservation, dès lors,
était une nécessité, et non pas le témoignage d'une foi
ridicule dans un avenir plus que compromis.

Mais il a, comme son fils, comme Claireau, continué
ses comptes-courants avec la Caisse, et ici, avec une
insistance qui n'a point connu de bornes, on a soutenu
encore que ces trois hommes ne croyaient pas aux dilapidations de Darnaud.

Emile Espy a bonne grâce, vraiment, à réclamer une
place d'honneur dans ce groupe! Est-ce que lui n'avait
pas ouvert les livres, et n'avait pas été le témoin épou-
vanté de ces déprédations?

Claireau peut-il, à son tour, venir parler de cette
aveugle confiance? Interrogez ses comptes; il a toujours
été débiteur, et la finesse du banquier éclate à chacun
des actes émanés de lui.

Dominique Espy, Lacaze son gendre, qui était son
subordonné dans tous ces actes, peuvent-ils se prévaloir
de la continuité de ces rapports? L'existence du Comptoir
de Foix ne permettait pas qu'il en fût autrement.

Mais, en dernière analyse, est-ce que leur œil n'était
pas toujours ouvert, et à l'heure de la détresse, le portefeuille de Darnaud n'a-t-il pas livré à E. Espy

38,000 fr. de bonnes valeurs qui ont balancé son compte ?

Que dire après cela ?

Encore une observation, et ce sera la dernière. — Le danger n'était en réalité que pour les actionnaires, dont la responsabilité à l'égard des tiers ne pouvait être déclinée. — Mais pour les créanciers de la Caisse, pour ceux qui, comme Dominique Espy ou tous autres, remettaient des valeurs en comptes-courants donnant naissance à des crédits plus ou moins élevés, il n'y avait aucune crainte à concevoir. — Ce n'était pas le gérant qui pour eux était la garantie sérieuse. — Mais derrière Darnaud se trouvait un capital non versé de 550,000 fr. au moins, que les souscripteurs seraient condamnés à remettre, et qui protégerait les créanciers contre toutes les indignités de la gérance.

Ne me parlez donc pas de la confiance de ces banquiers divers dans cet homme taré dont ils n'ignoraient aucune des déprédations. — C'est dans le capital social qui, n'ayant pas été remis, ne pouvait disparaître, qu'ils ont placé cette confiance, et votre sophisme, devant cette précision, n'aura plus sans doute le courage de se montrer.

—

Nº I.

Relevé des bénéfices réalisés par la Direction dans les Sociétés la Province *et l'*Iris. — *Part revenant à Messieurs Darnaud.*

Exercice 1857. . . . . . . 20,595 fr. 30 c.
Exercice 1858. 20,105   92
Exercice 1859. 22,561   65
Exercice 1860. 19,051   52
Exercice 1861. 17,013   54
Exercice 1862. 5,921   43

La répartition des bénéfices des exercices 1859, 1860, 1861, 1862, n'a pas été faite aux intéressés, attendu que, d'après une lettre collective du 12 décembre 1859, enregistrée à Belleville près Paris, le 15 du même mois, il a été convenu entre les associés que les bénéfices seraient annulés pendant quatre ans, de manière à former le fonds de roulement nécessaire pour les avances à faire aux Sociétés la *Province* et l'*Iris*, et afin d'éteindre les comptes des banquiers. Jusqu'à ce jour, les sommes provenant des répartitions des exercices 1859 à 1862, n'ont pas été versées.

Certifié :
P. ESTENAVE , *syndic*.

N° II.

Extrait d'une lettre (sans date) écrite par Ernest Darnaud à Albert Darnaud, annexée à la procédure criminelle, sous le n° 2.

.... « Pour en terminer avec cette question
« de l'*Iris*, je te prie de ne pas perdre de vue la position
« de mon père, et si l'on ne peut sauver ses droits, faire
« au moins en sorte qu'il ne soit pas obligé de restituer
« les dividendes qu'il a touchés depuis le traité de ton
« père avec la caisse. Si mon père avait de quoi payer
« cette somme, je ne te ferais même pas cette observa-
« tion ; mais tu sais qu'en perdant sa part de l'*Iris* il
« perdra tout ce qui lui restait comme actif? Il le fait
« de bien bon cœur, en regrettant de ne pouvoir mieux
« faire ; mais quant à rembourser en outre des dividendes
« qu'on pourrait lui réclamer en vertu du traité de ton
« père, cela lui serait complétement impossible par la
« meilleure des raisons. Il n'a dans ce moment que son
« cabinet d'affaires, lequel pourrait très bien marcher
« s'il avait de plus une douzaine de mille francs devant
« lui, et de moins, Authier et la caisse industrielle.... »

N° III.

Je soussigné, déclare que les livres de la Caisse industrielle portent les mentions suivantes :

Les actions n°s 2 et 3 sont inscrites au livre à souche
des actions au nom de M. d'Aubas-Gratiolet, qui les
souscrivit le 3 février 1858.

Le compte de M. Claireau est débité au grand livre
Hilaire Darnaud, précédant celui de la Caisse industrielle,

au crédit de M. d'Aubas de 26,629 fr. 15 c., à la date du 24 février 1858. Cette somme paraît avoir été destinée au paiement de la moitié des deux actions de la deuxième émission.

———

L'action n° 7 est inscrite au nom de M. Joly. Le premier quart de 6,250 fr. a été versé chez M. Claireau, dont le compte chez Hilaire Darnaud est débité le 10 septembre 1857.

———

L'action n° 12 est inscrite au nom de M. Albert de Pointis. Il en est débité sur le livre H. Darnaud à la date du 5 juin 1857.

A cette date, il était créancier de M. H. Darnaud de 4,018 fr. 75 c., qui avaient été versés le 8 mai 1857. Le solde des 6,250 fr., soit 2,297 fr. 25 c., fut versé les 10 et 11 juin 1857.

———

Les actions 24, 25, sont inscrites au nom de M. Fruitié, et portées au dos comme transférées à M. Michelet père le 20 mars 1859.

———

L'action n° 29 est inscrite au nom de M. Rodeloze, qui en est débité sur les livres le 13 juin 1857. Le premier quart fut soldé en un effet.

———

Les actions n°s 30 et 31 sont inscrites sous le nom de M. Vives, qui en fut débité le 5 juin 1857 sur le livre H. Darnaud. Le même livre constate qu'il était créancier de 400 fr. à la date du 3 juin 1857.

———

Les actions n°s 40, 41, 42 et 43, son inscrites au

nom de M. E. Espy. Deux de ces actions portent au dos la mention du transfert à M. d'Aubas-Gratiolet, et deux à M. Vives, sous la date du 8 août 1858. Cette date pourrait être contestée comme n'étant pas la véritable ; elle paraît surchargée.

M. Espy reconnaît par une déclaration que ce transfert a eu lieu le 3 mai 1858.

———

L'action nº 16 est inscrite au nom de M. Baron, et porte pour mention au dos le transfert à M. E. Paris, sous la date du 3 octobre 1858.

———

L'action nº 17 est inscrite au nom de M. Belenger, et porte pour mention au dos le transfert à M. E. Paris, sous la date du 3 octobre 1858.

———

L'action nº 28 est inscrite au nom de M. Mourlane, et porte pour mention au dos le transfert à M. E. de Pointis, sous la date du 7 mars 1859.

Certifié véritable :

P. ESTENAVE, *syndic.*

Nº IV.

Comptes-courants entre Hilaire Darnaud
et Dominique Espy.

BALANCES SUCCESSIVES.

ESPY CRÉDITEUR : — 31 décembre 1855. 8,603 f. 16 c.

3 mai 1856. . . . 17,239 29

31 décembre 1856. 16,237 59

31 mars 1857. . . 8,659 28

31 mai 1857. . . . 17,528 00

Espy débiteur : — 24 juin 1857. . . .   21,061   00

On a inscrit à son débit. . . . . . .   56,250 pour le 1/4 des neuf actions.

Sur les conclusions conformes du Ministère public, la Cour, par un arrêt longuement motivé, a réformé le jugement du Tribunal de commerce de Toulouse, qui avait refusé de prononcer la responsabilité des membres du Conseil de surveillance. Elle les a condamnés solidairement à rembourser aux actionnaires une valeur égale aux quatre cinquièmes de leurs actions, soit 20,000 fr. par action.

Le pourvoi en cassation des sieurs Darnaud, Espy, Claireau, etc., contre cet arrêt, a été rejeté en 1864.

TRIBUNAL CORRECTIONNEL DE TOULOUSE.

—

PRÉSIDENCE DE M. BRESSOLLES,

vice-président.

AUDIENCE DU 1er JUILLET 1863.

—

Elections au Corps-Législatif. — Suppression d'affiches du Candidat de l'Opposition. — Menaces.

Avant l'audience, une foule nombreuse se presse dans les pas-perdus. Il s'agit d'un procès se rattachant aux dernières opérations électorales de la Haute-Garonne. A l'ouverture des portes, la salle a été immédiatement remplie : toutes les places affectées au Barreau sont occupées par des avocats en robe.

M. de Rémusat entre avec Me Fourtanier, son défenseur, et prend place à côté de lui.

On remarque la présence de plusieurs magistrats de la Cour et du tribunal.

Le nommé Vié, agent de police de la commune de Colomiers, a été assigné à la requête de M. de Rémusat, devant le tribunal correctionnel.

Cet agent est déféré à la justice pour avoir, dans la

matinée du dimanche, 31 mai dernier, à Colomiers, recouvert des affiches de M. de Rémusat par les placards de M. de Campaigno, et menacé le sieur Broca, qui avait apposé les premières affiches et qui se plaignait des procédés illégaux de Vié. Ce dernier aurait répondu à ces plaintes en disant à Broca que s'il continuait à s'occuper de ces choses, il pourrait ne pas aller dîner chez lui, mais en prison.

Ces faits ramenés dans la citation constituent, d'après le demandeur, des délits prévus et punis par les lois électorales de 1849 et 1852, et de plus une contravention relevée par le Code pénal.

Plusieurs témoins appelés, les uns par M. de Rémusat, les autres par Vié, sont entendus.

M. le président procède à l'interrogatoire de Vié. L'agent ne conteste pas les faits qu'on lui impute; seulement il explique que les affiches de M. de Campaigno ont été à plusieurs reprises enlevées;

Que deux des placards Campaigno, mis sur ceux de M. de Rémusat, n'ont fait que reprendre la place qu'ils occupaient la veille; qu'en substituant ainsi les affiches, il n'a eu pour but que de découvrir la personne qui déchirait le nom du candidat du gouvernement. Aux propos menaçants, Vié ne donne d'autre portée que celle d'un conseil à Broca.

Au nom de M. de Rémusat, Me Alexandre Fourtanier vient demander une réparation à la justice du pays. Le défenseur met en lumière le grand principe du suffrage universel. Base de tous nos pouvoirs publics, la souveraineté des comices ne peut être prise au sérieux, si électeurs et candidats ne jouissent pas d'une liberté et d'un ensemble de garanties égaux pour tous.

Me Fourtanier trouve dans les faits relevés contre Vié la violation d'un droit sacré, et dans la loi des dispositions qui exigent une répression sévère. Il s'exprime en ces termes :

MESSIEURS ,

Je viens simplement demander à la Justice la répression d'un double délit qui emprunte à sa cause génératrice, une gravité exceptionnelle. Mon dessein n'est pas de faire appel aux ardentes passions qui naguère enflammaient tous les cœurs généreux. Mes goûts et mes habitudes m'imposeraient seuls cette réserve que me commande plus impérieusement encore le caractère de l'illustre client dont j'ai l'honneur d'être l'organe. Et toutefois, les intérêts que j'ai à débattre sont trop élevés, trop importants, pour que je recule devant l'entier accomplissement de la tâche que j'ai acceptée. Il s'agit des prérogatives du candidat réclamant les suffrages de ses concitoyens. Tolérer des entraves dans cette délicate matière, serait la proscription fatale de toutes les candidatures indépendantes. La liberté, dont les mains ont été si souvent meurtries dans le cours des troubles divers qui ont ébranlé notre sol, en recevrait une blessure cruelle. Par la sage rigueur de votre répression, vous voudrez, Messieurs, dans l'intérêt de la paix et de l'honnêteté publiques, prévenir les dangers qui sortent toujours de ces regrettables entreprises.

Nous vivons sous l'empire du suffrage universel. Le jour où, par un coup de foudre, la couronne du dernier de nos rois fut détachée de son front, les hommes qui montaient sur le pavois populaire, prononçaient, en même temps, les mots de République et de suffrage universel. C'était une nécessité. Il fallait bien que la Nation tout entière fût convoquée dans ses comices pour faire entendre sa grande voix sur le bouleversement profond qui venait de s'accomplir. Mais l'innovation était d'une singulière audace. Le libéralisme le plus ardent, la veille encore, l'aurait considérée comme un rêve plein de périls. C'était pour faire place aux capacités que l'on sollicitait l'élargissement du cercle dans lequel s'était mû jusqu'à ce moment suprême le corps électoral, et d'un seul bond on arrivait, sans transition aucune, aux extrêmes limites.

Ainsi l'homme des champs, le modeste laboureur, l'ouvrier des campagnes, dont aucune instruction n'a préparé ni cultivé l'intelligence, avaient leur part de souveraineté. Pour eux, en général, le monde entier se résume dans le cercle étroit de l'héritage paternel et du champ de leur maître, et les voici tout à coup transformés en citoyens actifs, investis des plus hautes prérogatives.

N'était-il pas à craindre que leur personnalité ne s'effaçât bien vite sous la pression des influences diverses qui se disputeraient le vote que leur main, ignorante ou soumise, allait laisser tomber dans l'urne ? Il était d'autant plus essentiel de protéger l'indépendance de l'électeur nouveau, que le danger devait provenir surtout du zèle mal contenu des agents subalternes qui sont journellement en contact avec lui.

Les auteurs de la loi de 1849, qui la première a organisé ce suffrage, s'étaient bien pénétrés du besoin de conjurer les altérations qui auraient été de nature à en corrompre la pureté. Le vote au canton écartait la possibilité des influences locales, et l'action des fonctionnaires était paralysée à son tour par la suspension de la protection constitutionnelle de la loi de l'an VIII, qui, par l'absence du danger, trop souvent double les courages.

Le décret du 2 février a maintenu le suffrage universel, et, comme la loi de 1849, il a voulu sans doute qu'il fût une vérité. L'élu du 10 décembre lui devait une trop éclatante fortune, pour avoir eu l'intention de le découronner. C'est bien la base de la pyramide dont le couronnement nous est montré dans les lointaines incertitudes de l'avenir, entouré de si ravissantes espérances. Si le vote à la commune a pris la place du vote cantonal ; si la Constitution de l'an VIII, momentanément endormie, s'est réveillée tout à coup, il ne faut pas voir dans ces retours ou ces regrets une atteinte portée à cette grande institution. Il est impossible, et j'en attesterais au besoin le coup d'Etat du 2 décembre, que ces modifications aient été inspirées par le désir d'abaisser le suffrage universel, et de faire de ce souverain amoindri, l'homme-lige, ou plutôt le docile esclave du garde-champêtre et du maire de campagne.

Là pourtant est le danger de la situation.

Dans les communes rurales, l'écharpe municipale met en jeu de vives et chaudes ambitions. Pour la conquérir, que de luttes quelquefois, et pour la conserver, que de sacrifices et que de soumissions aux volontés d'en haut ! Au reste, ces ardeurs, je les conçois. Sur ces fonctionnaires publics le regard du Souverain bien souvent se repose ; et les insignes de l'honneur, dont la poitrine de certains magistrats éminents reste veuve, vont s'attacher à leur modeste costume.

Le garde-champêtre est à son tour, et sans contredit, un agent d'une utilité rare, si, laissant à l'écart les hautes pensées de la politique, il surveillait le maraudage, et frappait le coupable sans regarder curieusement dans sa main ou dans l'armoire conjugale le nom inscrit sur son bulletin électoral.

Pourquoi faut-il qu'égarés par des entraînements malheureux ils méconnaissent, au jour de la lutte, les limites des calmes attributions qui leur sont données par la loi, pour se transformer en grands électeurs de l'Empire ?

Il fut un temps où les maîtres d'école ambitionnaient aussi ce monopole singulier ! L'indignation de tous éclata bientôt contre cette usurpation téméraire, et brisa le sceptre qu'ils tentaient d'usurper au nom de la République.

Ainsi a passé comme un songe le règne du maître d'école ; celui du garde-champêtre aura-t-il donc une destinée différente ?

Pour ma part, je ne le crois pas. Son influence dérive d'une source trop regrettable, et s'exerce par des moyens trop affligeants, pour qu'une longue durée lui appartienne.

C'est la peur du procès-verbal qui fait accepter son bulletin, et c'est la menace dans l'avenir d'une trop inflexible surveillance qui impose aux paysans l'obéissance passive dont on est si fier. L'ignorance ou la crainte, voilà l'unique base de ce pouvoir nouveau qui semble destiné à éclipser tous les autres.

Et le garde-champêtre ne voit pas que l'éclat de ses succès lui prépare une chûte profonde. Il se contemple dans ses rêves apportant d'une main triomphante l'urne qui a reçu le dépôt des bulletins dont la distribution fut confiée à son zèle, et il sait qu'aucune improbation ne le menace. Ses ardeurs ne seront pas blâmées si la victoire couvre de son drapeau toutes les misères qui ont pu s'accomplir !

Mais, en attendant, les cœurs généreux s'émeuvent et s'indignent. Une sorte d'involontaire dégoût accueille le récit mille fois répété de ces tristes hauts faits. Le suffrage universel est menacé de devenir une dérision et un mensonge. Les honnêtes gens le comprennent, et contre de telles manœuvres une vaste et légitime croisade est à la veille de sortir du sol de ce pays où la ruse et l'hypocrisie n'eurent jamais le privilége d'obtenir de bien longues victoires.

Sur cette noble terre de France les sentiments généreux ne meurent jamais. Les découragements et l'indifférence qui en est l'ordinaire compagne, peuvent,
durant un temps donné, endormir ses enfants. Mais
ce sommeil, gardez-vous de le confondre avec la mort.
Aux quatre coins du ciel, la trompette qui retentit
ranime et réchauffe les cœurs que l'on supposait envahis
par les glaces du cercueil!

En voulez-vous la preuve? — Lisez le nom de notre
candidat.

Il est assis à côté de moi, et malgré qu'une illustration nationale appartienne à tous, que chacun ait le
droit de la glorifier sans crainte de blesser la modestie ou
la pudeur de l'homme qui en est l'éclatante personnifi-
cation, je ne dirai rien de M. Charles de Rémusat. J'ai
prononcé son nom et cela me suffit.

Mais l'homme politique peut-il donc être oublié? — A
cette époque déjà éloignée de nous où les flammes du
patriotisme brûlaient toutes les âmes, ne l'avons-nous
pas vu à la tête de la phalange des plus nobles esprits,
concourir à la fondation de notre grande école libérale,
qu'aucune main ne sera assez puissante pour ébranler.

En 1848 et aux jours où la nation éperdue avait vu
sortir frémissante des barricades de février la république
aux sombres souvenirs, le département tout entier ne se
tournait-il pas vers lui, et lui n'acceptait-il pas le mandat qui lui était offert avec ce calme et cette douce fermeté que n'ont jamais pu faire fléchir ni les séductions
ni les violences?

Et c'est contre cet homme que l'on dirige toutes les
colères, et toutes les combinaisons dont on aurait fait
grâce peut être à un ennemi acharné!

On pousse la dérision, un témoin vous le disait tout-
à-l'heure, jusqu'à recouvrir l'affiche qui publiait sa

candidature, par un placard contenant la proclamation de M. le Préfet de la Haute-Garonne intitulée : *Un dernier mot aux électeurs !*

L'exemple venu d'en haut n'était pas resté stérile. C'était une copie de cette circulaire qui sur les rives de la Seine avait eu une si triste fortune, et qui en dehors de toutes ses prévisions, préparait à son auteur l'asile, je me trompe la paisible retraite où son esprit fatigué devait rencontrer le repos.

Ici, le défenseur discute les témoignages et démontre, en droit et en fait la culpabilité de Viš.

Il termine de la manière suivante :

Vous le voyez, Messieurs ; en dernière analyse, ce que nous demandons, c'est vérité et justice, Ne croyez pas que notre dessein soit d'appeler les agitations, pour tenter les aventures. Ballotés par les vents contraires, il est rare que nous sortions de ces tempêtes du monde politique, avec une liberté de plus, ou quelques impôts de moins, Qui donc ne serait pas fatigué, et ne rendrait pas les armes ? Mais les conquêtes de nos pères, pouvons-nous, sans deshonneur, les laisser arracher de nos mains ? Faut-il à l'amour du repos immoler la liberté elle-même ?

L'un des organes les plus accrédités du Souverain ne l'entendait pas ainsi. Ecoutez son noble langage :

Paris, 11 février 1852.

« Monsieur le Préfet.......................

....

» Il est bien entendu d'ailleurs que vous ne devez rien « faire qui puisse gêner ou embarrasser, en quoi que ce « soit, l'exercice du suffrage universel. Toutes les can-

« didatures doivent pouvoir se produire sans opposi-
« tion, sans contrainte. Le Prince-Président se croirait
« atteint dans l'honneur de son gouvernement si la
« moindre entrave était mise à la liberté des votes.

« Recevez, etc.

» F. DE PERSIGNY. »

Or, ces vœux sont justement les nôtres. Dites-nous s'ils ne sont pas légitimes.

Voilà ce que nous voulons, et voici, d'autre part, ce que nous ne voudrions pas.

Nous ne voudrions pas que nos aspirations les plus légitimes fussent étouffées par d'illégales étreintes ;

Qu'à côté des paroles libérales qui tombent avec tant d'éclat des lèvres du Souverain, des agents subalternes vinssent tenter de nous faire subir toutes les compressions et tous les abaissements de la servilité ;

Que le droit de conseil soit interdit aux princes de l'Eglise, et que le pouvoir d'imposer le vote soit maintenu et sanctionné au profit du sergent de ville et du garde-champêtre ;

Que la main qui vient apporter au pauvre et à l'infirme le pain de la journée, ne recélât pas, comme un serpent caché sous les fleurs, le bulletin de vote dont l'acceptation devient le prix et la condition de l'aumône reçue.

Or, dites nous, encore une fois, si ces vœux ne sont pas légitimes ?

Dans l'intérêt de Vié, Me Martin soutient qu'il n'y a dans le procès ni délit ni contravention. Il rend hommage à la grande personnalité de M. de Rémusat et aux principes émis en son nom ; mais au fond, il croit que l'affaire se réduit à une querelle entre deux afficheurs.

M. le substitut Delquié a conclu au rejet de la poursuite.

La cause est renvoyée au conseil.

Le Tribunal, tout en reconnaissant la vérité des faits reprochés au prévenu, a déclaré que la loi électorale de 1849 ayant été implicitement abrogée par le décret-loi de 1852, aucun des actes reprochés à Vié n'entraînait une répression pénale ; et en conséquence, l'a renvoyé de la poursuite sans dépens.

COUR IMPERIALE DE TOULOUSE

(TROISIÈME CHAMBRE).

AUDIENCE DU 11 JUILLET 1862.

PRÉSIDENCE DE M. FRANÇOIS SACASE, CONSEILLER.

TITRES DE NOBLESSE.

PLAIDOIRIE

POUR MONSIEUR LE MARQUIS DAVIZARD

CONTRE

LE MINISTÈRE PUBLIC.

MESSIEURS,

Ce procès, croyez-le bien, n'est pas un anachronisme. Dans ce siècle de démocratie et d'égalité, il semble, au premier abord, que la naissance, le rang, les dignités, ayant perdu leurs immunités et leur prestige, il est puéril de s'en préoccuper encore et de consacrer d'impuissants efforts à les faire revivre. M. le marquis Davizard ne vient pas protester contre ces tendances de notre époque, et le débat que lui suscite le zèle du ministère public, il l'accepte par devoir et non par vanité ou orgueil. Le nom qui lui appartient, les titres qui l'accompagnent, ne sont pas un patrimoine ordinaire dont il lui soit permis de faire le sacrifice. C'est un dépôt sacré qu'il a reçu de ses prédécesseurs dans la vie, et qu'il doit rendre bien intact et tout entier à ceux qui sont appelés à le suivre. Si l'on ne tenait compte de la postérité et des aïeux, l'homme, isolé sur la terre, ne serait qu'un point dans le temps et dans l'espace, et sa courte destinée serait un démenti donné aux desseins de la Providence. Tel il n'apparait pas à ceux qui, étudiant les lois de son existence, fixent leur regard sur les nombreux anneaux de la chaîne mystérieuse qui, se déroulant dans le cours des siècles, proclame la perpétuité des familles. Entre ces êtres que le temps a séparés par de longs intervalles existe une solidarité sainte. Chacun, en prenant place dans la vie, ne se borne pas à contempler le passé pour y puiser des encouragements et des exemples. Il considère aussi l'avenir que son devoir est de préserver de tous les périls qui pourraient le compromettre.

Cette pensée est justement celle qui a inspiré mon noble client : ce serait trahir ses desseins que de donner au débat une physionomie différente.

En présence des documents dont il est porteur, la contestation ne saurait aujourd'hui se comprendre. Son droit, que proclamait si haut la notoriété publique, dont la Cité entière aurait rendu témoignage, est maintenant confirmé par les justifications les plus éclatantes. Ce n'est donc pas sans motifs que nos vieillards et nos contemporains ne surent jamais séparer la qualification de marquis du nom illustre avec lequel elle se confondit constamment à leurs yeux.

Chose étrange néanmoins ! le Tribunal la lui a déniée. Il n'avait qu'imparfaitement, il est vrai, fouillé les

archives de cette noble famille ; et puis, pourquoi le tai-
rions-nous? le ministère public qui siégeait à côté de lui
était placé sous l'empire de préoccupations fâcheuses.
Aussi sa sévérité a été inflexible, et il n'a voulu tenir
compte, ni des orages révolutionnaires, ni des flammes
officielles qui accomplirent l'œuvre de destruction dont
mon client a été victime.

Cette situation sera comprise par vous, Messieurs,
avec la haute indépendance et l'impartialité qui vous distinguent. Et si quelques lacunes sans importance d'ailleurs se rencontraient dans la série des documents qui
vont être soumis à votre appréciation, vous n'y puiseriez
ni le fondement d'un reproche, ni le germe d'un doute.
A celui que des lois de confiscation et d'exil ont privé de
son patrimoine, vous ne diriez pas qu'il doit être encore
dépouillé des titres d'honneur conquis par ses ancêtres,
comme si une première iniquité pouvait en justifier une
seconde. Telle ne fut point la pensée du gouvernement
de 1814. Dans l'impuissance où il était de restituer à
l'antique noblesse de France la fortune que le malheur
des temps lui avait ravie, il voulut lui rendre au moins
ses noms, son rang, ses dignités. Le pays, qui aime
toutes les gloires et qui n'a jamais entendu les payer par
une reconnaissance simplement viagère, applaudit à cette
généreuse politique. A elle et à ses précieux souvenirs
nous faisons appel aujourd'hui, avec la confiance que cet
appel ne demeurera pas sans écho.

Mon dessein n'est pas de vous entretenir longuement
des détails qui ont amené la contestation actuelle. M. le
marquis Davizard était depuis plus d'un siècle en possession de son titre, et la loi de 1858 contre les usurpa-
teurs ne lui avait inspiré ni émotions ni alarmes. Si dans
cette possession plus que séculaire une interruption s'éta
produite, elle était marquée par la période de 1793 et

la durée du premier Empire. Il semblait donc que nul
n'était disposé à lui chercher querelle. Il advint cependant qu'à l'occasion d'un incident bien imprévu la sollicitude du ministère public fut éveillée. Dans une requête
qui lui était soumise, la qualification de comte était
donnée au fils de mon client, et il annonça le dessein de
la faire rayer de l'acte où elle était consignée. Sur l'avis
qui lui en fut donné, M. Davizard n'hésita pas. Profondément convaincu de la réalité de son droit, il fit parvé-
nir à M. le procureur impérial les premiers documents
qui lui tombèrent sous la main, et demanda si, tout au
moins, son titre de marquis serait reconnu. La réponse
fut péremptoirement négative ; et avec une rigueur
qu'explique seule un grand devoir à remplir, on lui
montra du doigt l'humiliation de la police correctionnelle, s'il persistait à se parer du titre qu'avaient porté
ses aïeux.

Ces menaces le trouvèrent impassible. Mais il était né
le 18 août 1806, époque à laquelle la noblesse ancienne
n'avait point repris ses dignités, et dans l'acte de l'état civil
auquel avaient assisté son père et son grand-père, aucun
d'eux n'avait pris les titres qui appartenaient à leur
maison. La législation de l'époque ne le permettait pas.

Il y avait donc quelque chose à faire pour éclaircir
légalement la situation : c'était de poursuivre la rectification de l'acte de naissance de 1806, pour obtenir la
réparation des lacunes qui y avaient été commises.

Dans ce but, une requête fut présentée au Tribunal.
Le ministère public opposa une exception d'incompétence,
et, au fond, soutint que le droit n'était pas justifié. Le
Tribunal, dans son jugement, s'est arrêté à ce second
moyen qui doit être lui-même le principal objet de l'attention de la Cour.

Faut-il parler d'un incident bizarre qui décèle des

préventions involontaires et des inquiétudes que mon noble client n'aurait jamais prévues ? En première instance, il demandait que la lettre D, initiale de son nom, fut séparée de la partie restante par *une apostrophe*. Ce n'était pas, à coup sûr, pour rétablir la noblesse de sa maison que cette demande était faite. La pensée en fut inspirée au rédacteur de la requête par l'expédition du contrat de mariage de son grand-père, délivrée par le maire de Bonrepos, où cette orthographe avait été adoptée. Aussitôt on croit apercevoir un véritable faux dans cette expédition malheureuse, et le dépôt de la pièce est ordonné, après un réquisitoire qui semble singulièrement assombrir la nature du débat dont la justice est saisie. De cette particule, néanmoins, nous n'avons aucun souci, et, malgré le droit évident qui nous appartient de la revendiquer, j'en fais le sacrifice au début de la discussion. Les pièces que nous allons parcourir ensemble vous expliqueront sans peine les causes de cette détermination. Ce signe, d'abord, ne fut jamais considéré comme preuve de noblesse. Les plus anciennes familles de France ne s'en inquiètent pas. Et si, dans l'aristocratie parlementaire, je veux choisir le nom le plus éclatant, il se présente à mes souvenirs dégagé de cette insignifiante formule. Nul assurément ne contestera l'antique noblesse du comte *Molé* qui, toutefois, n'eut jamais de particule attachée à son nom.

La question de la légitimité du droit de mon client au titre de *marquis* est donc la seule que la Cour ait à résoudre.

Mais, tout d'abord, est-elle compétente ?

Devant les premiers juges, M. le procureur impérial a dit que l'autorité judiciaire n'avait le pouvoir ni de créer ni de conférer des titres honorifiques, et qu'au chef de l'Etat seul appartenait cet important privilége.

ussi concluait-il au rejet de la demande. Ce moyen de procédure a été écarté par le Tribunal, et s'il était soulevé devant la Cour, il n'aurait pas une fortune meilleure. Sans contredit, si nous venions dire à la justice ordinaire de nous attribuer un droit dont nous ne serions pas antérieurement investis, l'objection serait péremptoire, et la commission du sceau aurait seule compétence. Mais tel n'est pas le problème à résoudre. Il s'agit d'un droit préexistant à reconnaître, et non pas d'une distinction à créer. Malgré sa souveraine puissance, le chef du pouvoir exécutif ne peut pas donner à ses sujets les plus méritants les aïeux que la Providence leur a refusés. Or, ce que demande M. Davizard, ce n'est pas un vain titre descendu du Trône, qui vienne grandir son nom et élever sa famille. De telles puérilités ne sont plus de notre temps, et son cœur n'a jamais ressenti des aspirations semblables. Ce qu'il veut, ce qu'il demande, c'est la consécration d'un fait inscrit dans les archives de sa maison, et il ne réclame d'autre noblesse que celle qui lui fut transmise par ses glorieux ancêtres. Vous voyez donc bien qu'il n'a rien à démêler avec la commission du sceau, et que sa réclamation doit être soumise à d'autres juges.

Mais est-ce par la voie d'une procédure en rectification de son acte de naissance qu'il devait exercer son action ?

L'affirmative est certaine, car il n'en existe pas d'autres. Les actes de naissance ne sont pas destinés à recevoir l'énonciation des distinctions nobiliaires, objectera-t-on, peut-être ; mais cet argument serait sans valeur sérieuse, car ils doivent servir à justifier l'identité de la personne inscrite. Or, la précision de ces titres satisfait justement à cette impérieuse exigence. Supposez qu'une qualification inexacte ait été donnée à l'enfant, et qu'au lieu de le présenter comme fils d'un grave magistrat, il ait été inscrit comme fils d'un officier général, la rectification sera-t-elle accueillie ? — Nul n'oserait le révoquer en doute, et pourtant l'erreur ne porte que sur la qualité. Le même privilége ne doit-il pas être reconnu, si cette qualité a été omise et, entre ces deux situations, peut-on admettre une solution différente ?

Mais comment, aujourd'hui surtout, le moyen de forme serait-il opposé ? Est-ce que le ministère public ne puise pas dans la loi de 1858 le pouvoir de poursuivre l'usurpateur des titres nobiliaires ? — Est-ce que l'inculpé est condamné à courber humblement la tête devant le réquisitoire qui l'accuse, sans être admis à repousser l'attaque par la preuve de son droit ? — Or, c'est bien alors l'autorité judiciaire et non la commission des sceaux qui prononce. Cela étant, en vertu de quel principe défendrait-on au citoyen de prévenir l'action dont il est menacé, et de se soustraire à l'humiliation de la police correctionnelle, en obtenant la rectification de son acte de naissance ?

Cette rectification est même une nécessité commandée par notre droit nouveau. Sous l'autorité des lois révolutionnaires et impériales, mon titre était éteint, et dès lors il m'était inhibé de m'en prévaloir ou même d'en rappeler le souvenir. Une législation plus équitable a changé cet état des choses, et, spolié naguère, j'ai été réintégré dans mon droit. Pour rentrer dans son exercice, il faut bien que les tribunaux me prêtent leur assistance ; car seuls ils peuvent toucher aux registres de l'état civil, et réparer les regrettables lacunes qui s'y sont nécessairement rencontrées.

Ainsi vous l'avez jugé vous-même dans le procès de M. de Porte ; ainsi l'a décidé la Cour d'Agen en 1858 ;

ainsi, enfin, l'a déclaré le jugement même qui est déféré à votre censure.

Cette proposition est donc au-dessus de toute controverse. La compétence est certaine, et le droit qu'exerce M. le marquis Davizard incontestablement ouvert à son profit.

Au fond, sa réclamation est-elle légitime ? — Tel est le dernier problème à résoudre.

Pour justifier mes conclusions à cet égard, j'ai à démontrer, d'abord, que la noblesse de la famille Davizard est des plus anciennes et des mieux justifiées. Vous verrez plus tard de quelle influence doit être, sur le point capital du procès, cette importante proposition. Devant le Tribunal, on doutait encore, et la décision attaquée nous apprend que les documents invoqués n'ont d'autre valeur que celle qui appartient à des formules de politesse adressées par la flatterie à une vanité usurpatrice dont il serait peu digne de seconder les desseins.

En vérité, ce serait là de notre part une bien inexcusable petitesse. La noblesse aujourd'hui ne songe plus à revendiquer ses priviléges et ses immunités d'autrefois. Les temps ont marché, et les prérogatives qui, dans les siècles passés, eurent leur raison d'être, ont été déracinées de notre sol, où vainement on essaierait de les faire revivre. On ne fait pas rétrograder les âges. La terre qui nourrissait ces préjugés, le soleil qui en fécondait le développement et en étendait la puissance, ont cessé de leur être propices. Comme l'esquif mis à sec sur la plage, ils ont cessé d'attendre le retour des flots. Sur ces événements accomplis, il n'est pas de puissance humaine qui tente sérieusement de revenir. Mais je comprends qu'issu d'une illustre famille, un citoyen veuille défendre et conserver intact le nom qu'il tient de ses aïeux.

C'est pour lui une propriété sainte, frappée au profit de sa descendance d'une substitution sans limite. L'aliénation lui en est défendue, et s'il laissait altérer ou périr ce précieux patrimoine, sa postérité indignée en demanderait compte à sa mémoire, et effacerait de la liste des aïeux le membre félon qui aurait méconnu cette loi de la famille. Le nom est l'expression de la valeur et du mérite de celui qui le porte; il est aussi l'expression de la valeur et du mérite de ceux qui l'ont précédé dans la vie. Sous ce double rapport, le défendre est un devoir, et toute défaillance une faute sans excuse. N'enlevez pas au pays la noble émulation que cette pensée fait naître dans les cœurs. Sa reconnaissance pour les services rendus ne s'arrêta jamais à la courte durée de l'existence de celui qui en eut la gloire. Voyez la noblesse impériale et la noblesse antique, elles sont traitées avec une faveur égale, et les fils de leurs illustres représentants ne sont pas déshérités des honneurs décernés à leurs pères. C'est là, Messieurs, un sentiment qu'il faut entretenir et qu'il conviendrait de réchauffer, s'il menaçait de s'éteindre. Cette pensée était bien aussi celle d'un illustre magistrat qui, répondant par un refus à d'illégitimes exigences, s'écriait : *Avant tout, je veux laisser un nom sans tache à mes enfants.*

C'est ce même devoir que mon client vient accomplir devant vous.

En première instance, et pour justifier sa noblesse, il montrait simplement les lettres écrites et les brevets délivrés aux divers membres de sa famille. Leur ancienneté écartait tout soupçon, et, émanés qu'ils étaient des représentants les plus élevés du monarque, il était difficile de croire à une lâche complaisance. Depuis lors une découverte précieuse a été faite : le premier des Davizard qu'à travers l'obscurité des temps nous ayons pu retrouver, était trésorier-général de la province de Languedoc sous le roi Henri IV. Ce monarque, quoique victorieux et tout-puissant, aimait à s'entourer de sa bonne et fidèle noblesse dont il demandait les conseils avec cette cordiale modestie qui a rendu son nom si populaire. Chacun sait de quel ardent amour ce noble cœur était enflammé pour son pays. Son regard ne contemplait pas sans une tristesse profonde les maux qu'avaient répandus sur son peuple les longues guerres qui donnèrent un si pur éclat à son humanité et à sa bravoure. A peine toutes ces émotions étaient-elles apaisées, qu'il convoquait autour de lui ses fidèles notables qui devaient l'aider à guérir les maux et les douleurs qui attristaient son âme. Au nombre de ceux-là figurait le trésorier-général du Languedoc qui est inscrit dans la longue lignée de nos ancêtres. Son nom, alors, n'était pas précédé de la particule, ce qui démontre qu'elle ne se confondait pas avec ce nom lui-même. Et quant à sa noblesse, son titre et la convocation n'en sont-ils pas une preuve éclatante ?

Je ne puis résister, Messieurs, au désir de vous lire cette lettre royale qui fait battre mon cœur et d'orgueil et de reconnaissance pour cette antique monarchie française si souvent calomniée :

DE PAR LE ROI.

Notre amé et feal, ne nous ayant été possible de pourvoir jusqu'à présent à tant de misères dont ce royaume est affligé, et aux desordres que commettent les gens de guerre qui tiennent les champs sans discipline, et ne pouvant ouir qu'avec un incroyable regret les justes plaintes de notre peuple, nous avons avisé de convoquer une notable assemblée de nos sujets entre lesquels vous ayant choisi, pour la connaissance que vous avez des affaires de notre pays de Languedoc et specialement de notre ville de Thôlose, nous vous prions a vous disposer de venir en notre ville de Compiegne pour vous y rendre avec les autres que nous y avons appelés, dans le quinzieme jour de septembre prochain, et auparavant que de partir, vous informer exactement de l'état de notre dite ville, prendre l'avis de nos bons serviteurs et sujets de ce a quoi il est besoin de pourvoir pour y établir un bon et assuré repos, et aussi de ce dont nous pouvons etre secourus, afin d'arrêter s'il est possible, le cours des dits desordres et resister par la force aux forces et mauvais desseins de nos ennemis ; en quoi nous desirons etre assisté de votre conseil et de celui que vous recueillerez de nos bons serviteurs du pays : et, par même moyen, nous aviserons ou se pourra recouvrer ailleurs ce qui ne se trouvera en nos finances, voulant croire que nos sujets, qui connaîtront la resolution que nous prenons d'employer tout le secours qui nous sera fait a la conservation de l'etat et non ailleurs, se disposeront volontier a nous accommoder, pour un temps, de quelque partie de leurs moyens, pour sauver le surplus avec leur patrie de la conservation de laquelle dépand celle de leurs honneurs vies fortunes femmes et enfants : ce que nous eussions volontiers fait representer a une assemblée d'etats généraux de notre royaume, si les armes et efforts de nos ennemis permettaient de pouvoir différer plus longuement de pourvoir au mal qui nous presse.

Donné a Amiens, le dixième jour de juillet mille cinq cent nonente six.

Signé HENRI, et plus bas : de Neuf-ville et, au dessus est écrit :

A notre amé et féal, conseiller et trésorier général de france en la généralité de Languedoc établie à Tolose. Mᵣ........Advisard.

Collationné à son original par moi notaire et secretaire du roi.

BERDIN *ou* SERVIN? *signé.*

Monsieur Davizard a bien voulu déposer aux archives départementales, série B. Parlement, la première ampliation de la circulaire ci-dessus transcrite.

A Toulouse, le 24 juin 1862.

Le premier archiviste adjoint,

J. JUDICIS.

Comme le cœur du monarque respire tout entier dans cette émouvante convocation ! Les victorieux et les barbe-grise n'aimaient pas, disait-il, à se mettre en tutelle, et voyez néanmoins avec quelle simplicité il dépose sa couronne aux pieds de la noblesse assemblée. Ce ne sont pas des votes de complaisance, imposés comme prix de l'élection, que le souverain réclame. Il lui faut des avis et des conseils qui l'aident à soulager son pauvre peuple. Des informations seront recueillies avec soin et arriveront jusqu'aux pieds du trône qui les attend avec une tendre impatience. Chacun reçoit la mission de l'éclairer sur les besoins et les souffrances du pays dont il faut consoler les douleurs, et une enquête officieuse est prescrite à ces nobles délégués. L'argent qu'il réclamera peut-être de la générosité de ses sujets, il est consacré d'avance à assurer la sécurité des citoyens, à protéger les femmes et les enfants contre les emportements des gens de guerre : nous en avons pour gage la loyauté chevaleresque du monarque, cet emploi ne sera pas détourné ! J'aime, Messieurs, à trouver dans les mains de mon noble client cette magnifique lettre qui est, à la fois, le plus beau des parchemins et un monument de nature à raviver, s'il en était besoin, la popularité du premier des Bourbons et l'amour que lui a voué la gratitude de l'ancienne comme de la nouvelle France.

La noblesse des Davizard n'est-elle pas dès lors pleinement justifiée et faudrait-il encore d'autres preuves?

Au-delà de Henri IV, les souvenirs de famille se perdent dans la nuit des temps ; et, comme toutes les grandes maisons de France, nous serions impuissants à produire les titres originaires. Ce sont les siècles qui tiennent lieu de lettres-patentes. Demandez aux descendants du premier baron chrétien de vous montrer les leurs, et leur réponse sera la même.

Mais je trouve à la fin du dix-septième siècle un descendant du trésorier-général qui occupait la charge de président à mortier au Parlement de Toulouse, et qui, à cette haute fonction, joignait le titre de baron de Grazac. C'est le mariage de son fils Claude avec Mlle Claire de Thézan du Poujol, sous la date du 7 septembre 1706, qui me le révèle, et par ce document officiel la noblesse se trouve une seconde fois justifiée. La noblesse toulousaine assiste tout entière à la cérémonie, et les grands noms qui se réunissent autour des nouveaux époux disent assez quel est l'éclat de leur naissance. Un deuil de famille est venu, quelques années après, ajouter encore à ces démonstrations si péremptoires.

Claude Davizard était venu, en 1736, rendre visite aux Larochefoucault dans le manoir de Liancourt. La mort vint l'y surprendre, et la noblesse de l'illustre visiteur était si haute, qu'après la magnifique hospitalité du foyer, le puissant seigneur qui la lui avait offerte voulut lui donner la pieuse hospitalité de la mort. Le caveau des Liancourt s'ouvrit, dans cette funèbre conjoncture, pour recevoir l'hôte étranger qui venait de s'éteindre, et qui allait dormir de son dernier sommeil à côté des plus éclatantes illustrations du pays. Sous l'empire des idées de ce temps, un tel honneur et une telle place auraient-ils été accordés à un homme d'une naissance suspecte ?

Terminons sur ce point. Messire Claude Davizard avait eu trois enfants de son mariage : Pons-Thomas-Joseph, qui suivit, comme aîné, la carrière de la magistrature où il occupa aussi la position de président à mortier ; le vicomte de Saint-Girons, qui fut élevé au grade de maréchal-de-camp ; et enfin Jacques-Marie Davizard, qui devint chevalier de Malte, lieutenant-colonel de carabiniers et maréchal-de-camp en 1772.

A ces signes caractéristiques, qui donc hésiterait encore ? Il ne s'agit plus ici de déférences à l'adresse d'une vanité puérile, ce sont des actes officiels et authentiques. Il me suffit de rencontrer, dans cette famille, un chevalier de l'ordre de Saint-Jean de Jérusalem pour que tous les doutes se dissipent. Lisez Merlin au mot *Malte*, et vous y verrez qu'il fallait quatre quartiers dans les deux lignes pour être admis dans cet ordre célèbre. La justification en devait être faite devant une commission spéciale. Si, dans quelques rares conjonctures, les dispenses étaient accordées, ce n'était que sur le nombre des quartiers prescrits par les règlements et dans la lignée maternelle.

De cette dispense ne dut avoir aucun besoin, au dix-huitième siècle, Jacques-Marie Davizard, que sa généalogie rattachait au trésorier-général de 1596. La démonstration, dès lors, est péremptoire et complète. Si, à ces preuves, on veut bien ajouter l'éclat des alliances des Davizard avec les plus grandes familles de la contrée, ne sera-t-on pas contraint de s'avouer vaincu ? Les Riquet de Bonrepos, marquis de La Valette, les de Sers, les Thézan du Poujol viennent tour-à-tour échanger leur nom contre le nôtre. Et ces échanges, que restreignaient dans de sévères limites les mœurs de ces temps, n'auraient pas pu s'accomplir, si, de part et d'autre, la noblesse n'eût pas été égale.

La Cour doit être pleinement édifiée sur ce premier point. Mais mon œuvre serait incomplète, si je n'y ajoutais pas la démonstration du droit de mon client au titre de marquis réclamé dans l'instance. Seulement nul ne s'étonnera aujourd'hui de son indifférence sur la question de la particule.

Ce titre nous appartient-il ? — Le trésorier-général convoqué à l'assemblée des Notables ne le portait pas, et l'hôte funèbre des Liancourt n'est pas non plus décoré de ce titre dans l'acte mortuaire. C'est Pons-Thomas-Joseph, l'aîné des fils de celui-ci, qui, le premier, le recevra dans un document authentique. Le 9 janvier 1769, il assiste au mariage de Georges-Claude-Hippolyte-Alexandre, son fils, avec la fille du marquis de La Valette. C'est un grave magistrat, il occupe le siége de président à mortier, et à côté de lui se place Riquet de Bonrepos, procureur-général au Parlement de Toulouse. Les plus hautes notabilités du Languedoc ont été invitées à la cérémonie et apposeront leur signature sur le traité anté-nuptial, comme sur l'acte de célébration dont il doit être immédiatement suivi.

Au milieu de cette grave et solennelle réunion, M. Pons-Thomas-Joseph-Davizard, qui, comme père du fiancé, y joue le rôle principal, se lève tenant, en quelque sorte, dans sa main, l'acte qui l'y autorise et prend le titre de marquis de Talairan. Nul ne proteste. Des rangs de cette noblesse jalouse ne s'élève ni une protestation ni un murmure. C'est un magistrat qui parle ainsi, et son procureur-général, chargé de réprimer les illégalités ou les usurpations de ce genre, respectueusement s'incline. N'est-ce pas que cette déclaration était la manifestation d'un droit légitime, et que par de tels acteurs une indigne comédie ne pouvait être jouée ?

A compter de cette époque, ce titre ne sera séparé jamais du nom de Davizard. Le président à mortier décède en 1772, et dans son acte mortuaire cette qualification lui est donnée.

Le même jour ou le lendemain, son testament s'ouvre, et Georges-Claude-Hippolyte-Alexandre, qui lui succède, prend immédiatement le titre que la mort du chef de la famille a fait passer sur sa tête. Le mort saisit le vif, disaient nos anciennes coutumes, et cette vieille maxime réglait à la fois la transmission de la couronne de France et des suzerainetés féodales. Lisez le procès-verbal de l'ouverture de l'acte testamentaire, dressé en 1772 en présence du procureur-général Riquet, et votre édification sera faite.

Le marquisat de Talairan, qui est la source de ce droit nouveau, passera tout entier, selon les lois de l'époque, dans les mains de l'héritier du titre. Les autres enfants seront apanagés avec de simples sommes d'argent, car le fief de dignité ne peut être soumis ni à un démembrement, ni à une division quelconque.

C'est, désormais, Alexandre-Georges-Claude-Hippolyte qui a recueilli avec ce fief le titre qui y était attaché. Nul ne se méprend ni sur sa qualité, ni sur le droit qui en découle. Le souverain l'appelle au grade de capitaine de cavalerie, et tour-à-tour, de M. le marquis de Castries et de M. le duc de Béthune, par lesquels sont délivrés les brevets, il reçoit cette qualification que maintenant on lui conteste.

En 1773, il lui naît un fils portant les prénoms de

Jean-Joseph-Hippolyte. Il est enregistré comme enfant d'Alexandre-Georges-Claude Davizard, marquis de Talairan.

En 1785, il marie sa fille, et les mêmes qualifications lui sont données. En 1784 était né le second de ses fils, et celui-ci, simple cadet, inscrit sur les registres, en l'absence de son père, comme le constate l'acte lui-même, est désigné comme enfant de haut et puissant seigneur.

Cette lacune s'explique sans peine, et ne peut pas affaiblir l'autorité des actes nombreux dont on vient de rappeler le souvenir.

Ainsi, nous arrivons aux tristes années de 1791 et de 1793. Les Davizard émigrent, et la confiscation vient les atteindre. Un voile de deuil s'abaisse sur ces temps intermédiaires, et l'on n'exigera pas de nous, apparemment, que, dans cet intervalle, des justifications soient produites.

Mais le jour de la réparation est arrivé. Alexandre est successivement élevé au grade de maréchal-de-camp et à la fonction d'aide-de-camp du prince de Condé. C'est le duc de Dalmatie, c'est le duc de Feltre qui lui donnent avis de cette double nomination qu'accorde à sa fidélité la bienveillance du Monarque. Dans ces lettres officielles, il est toujours désigné sous la qualification de Marquis que lui a rendue la Charte de 1814. Le ministre écrit à Monseigneur le prince de Condé pour lui apprendre que ses vœux ont été exaucés et ses désirs satisfaits. L'ordonnance qui attache à sa personne le marquis Davizard lui est communiquée, et c'est avec cette qualification que la communication est faite.

Ce n'est pas tout encore. Une loi réparatrice de 1814 a ordonné la restitution aux émigrés des biens invendus confisqués sur leur tête. Cette position est celle de M. le marquis Alexandre Georges Davizard. Une commission royale, empruntée au Conseil d'Etat, délibère sur la part qui le concerne dans cette restitution, et sur ses procès-verbaux officiels le nom de M. Davizard n'est pas une seule fois inscrit sans être accompagné du titre de marquis.

On croit avoir découvert que certaines des adjudications de 1793 qui ont opéré sa ruine sont entachées, dans la forme, d'irrégularité grave. M. Davizard sollicite l'autorisation d'en poursuivre la nullité en son nom et dans son intérêt.

Le conseil de préfecture de l'Aude le lui accorde, en le qualifiant de marquis, et le Conseil d'Etat, l'année suivante, le lui refuse, en lui accordant une qualification identique.

Il meurt, en 1817, au Palais-Bourbon où l'avaient attaché son dévouement et son amour pour le petit-fils du grand Condé, et sur son extrait mortuaire on peut lire encore ce titre de marquis qui l'a accompagné à sa dernière demeure, et qu'en le frappant, la mort respecta elle-même.

Fût-il jamais une possession plus éclatante, plus loyale et plus continue ? Les actes de famille, ceux émanés du souverain, les décisions rendues par les délégués de l'autorité publique, tout se réunit en faisceau pour constituer la plus péremptoire de toutes les justifications.

Hippolyte-Joseph, celui qui était enregistré dans l'acte de naissance en 1773 comme fils du marquis Alexandre, étant décédé en 1786 au collége de la Flèche, c'était au second des enfants mâles qu'était dévolu le titre paternel. Alexandre-Joseph le recueillit dans la succession de son père auquel il ne survécut que cinq ans. Dans le cours de cette rapide existence, on ne peut saisir que deux actes, celui de l'acceptation de l'hérédité paternelle sous bénéfice d'inventaire et celui de son décès. Dans l'un et dans l'autre, on retrouve ce titre de famille qui ne s'est jamais perdu. Des mains de Pons-Thomas-Joseph il est venu à celles d'Alexandre ; de celui-ci, et sur cette dernière tombe, Alexandre-Joseph le recueille pour le transmettre, au bout de cinq années, à Gustave au nom duquel la réclamation est faite.

Gustave n'invoque point son titre de naissance dont la rectification est poursuivie. La Cour sait qu'il est né en 1806 et quelle était la législation de l'époque. Mais, dès 1825, il se présente, bien jeune encore, avec son titre de marquis pour déclarer, à son tour, une acceptation sous bénéfice d'inventaire. En 1825 encore, c'est le marquis Davizard qui demande sa part de l'indemnité que la loi accorde aux émigrés victimes de la confiscation de 1793. En 1827, il veut suppléer à la lacune que contient, par suite des lois de l'époque, son acte de naissance, et un acte de notoriété où figurent, comme témoins, les Palarin, les de Cambon et les de Sers vient proclamer, tout à la fois, et l'identité de sa personne et la légitimité de son titre.

Aussi sa possession n'a plus été interrompue. Sa correspondance avec son colonel, après de glorieuses blessures reçues dans la campagne d'Afrique, nous le montre comme jouissant de ce titre que le supérieur n'aurait pas donné par flatterie à son lieutenant, si son droit n'eût pas été de notoriété publique.

Il se maria en 1835, et là, encore, c'est le marquis Davizard qui contracte. Lorsqu'il lui naît un fils, les registres de l'état civil sont fidèles à ce droit de famille, et ce n'est, enfin, qu'en 1861 qu'un Adversaire inattendu se lève contre lui, et cet adversaire est M. le procureur impérial.

Voilà la situation rapidement décrite, et maintenant que la Cour prononce !

Existe-t-il en France un nombre bien considérable de maisons où se trouvent réunis des documents aussi graves, des témoignages aussi concluants et des justifications aussi éclatantes ? N'est-il pas vrai que le ministère public a eu la main malheureuse en choisissant son adversaire, et que ce n'est point contre de telles usurpations qu'a été faite la loi de 1858. Le pouvoir exécutif n'a jamais voulu faire de cette loi un instrument de trouble ou d'inquiétantes investigations. Dans cette matière délicate, il est facile de comprendre avec quelle prudence doit être maniée l'arme créée par la législation nouvelle. Sous les anciens principes, et alors que la noblesse engendrait des immunités dont le trésor royal avait à souffrir, l'autorité publique a plusieurs fois reculé devant les périls de l'entreprise. Mais, aujourd'hui, les mêmes abus et les mêmes inconvénients ne sont pas à craindre. Ce qu'a voulu réprimer le législateur actuel, ce sont les tentatives d'une vanité ridicule qui, supposant des titres dont l'exhumation récente provoque le sourire, s'efforce de se donner une illustration que désavoue la modestie des aïeux. Dans de telles conjonctures, le châtiment est justement infligé. L'opinion publique y trouve une légitime satisfaction, et les rêves d'orgueil du parvenu qui rougit de son nom et insulte, par ses prétentions insensées, à la mémoire de ses auteurs, une répression salutaire. Dans cette mesure, la loi est sage et digne d'être obéie. Mais il ne convient pas de s'en servir pour découronner nos anciennes familles et leur inspirer des alarmes sur la légitimité de titres traditionnels consacrés par une paisible possession qui embrasse des périodes séculaires.

Assurément la noblesse, en France, ne se prescrit pas. Tout notre droit public protesterait contre une théorie différente. Elle émane de la volonté libre du prince qui

seul a le pouvoir de créer des nobles en récompense d'é-
clatants services rendus au pays, et d'y attacher des distinctions nobiliaires. Mais de là il faut se garder de conclure que les lettres-patentes, avec la signature, doivent
être produites sous peine de déchéance. De telles rigueurs seraient en opposition avec le bon sens public et
avec la doctrine consacrée à toutes les époques. La possession centenaire tient lieu de ces lettres-patentes, et
alors même qu'elle ne remonterait pas au-delà de la
troisième génération, la preuve serait acquise. La partie
inquiétée est défenderesse en pareil cas, et si son adversaire n'a rien pour établir l'absence de noblesse, elle doit
sortir triomphante dans la lutte engagée. Deux passages de Merlin sont utiles à rappeler pour asseoir ce principe sur une base inébranlable. Sous le paragraphe sept,
on lit *verbo* Noblesse :

« Pour que la possession puisse suppléer le titre
« constitutif et tenir lieu de titre, il faut qu'elle ait deux
« caractères principaux qui sont propres et particuliers
« sur cette matière. — Il faut, premièrement, que la
« possession soit au moins centenaire : c'est, comme on
« l'a vu dans le paragraphe précédent, la doctrine de
« Loyseau ; c'est aussi la disposition des règlements
« qu'on aura l'occasion de citer ci-après. Il faut, en se-
« cond lieu, qu'elle *soit notoire et publique* ; c'est avec le
« public qu'il faut que la possession soit contradictoire
« pour être valable. Cette maxime est établie par Tira-
« queau, *De nobilitate* : « *Hinc fit ut is præsumitur et sit*
« *nobilis quem vulgus et communis hominum æstimatio*
« *nobilem reputat.* »

Et plus bas, en terminant cet article, l'auteur ajoute :
« Ceux qui veulent que la noblesse de race se vérifie par
« la qualité de l'aïeul et du père, rapportent l'exemple
« des Romains qui pouvaient acquérir l'ingénuité : *Patre*
« *et avo consulibus.*

« Cette maxime pourrait être appuyée par l'édit du
« roi Henri IV, du mois de mars 1600, et par quelques
« arrêts donnés en règlement qui réduisent la preuve au
« père et à l'aïeul, et déclarent nobles ceux qui ont ces
« deux degrés et en descendent, pourvu que leurs pères
« et leurs aïeux aient porté les armes, ou servi le public
« en des charges honorables. »

Ces vérités de droit, nul ne les conteste, et leur application à la cause est plus incontestable peut-être.

Cette possession contradictoire avec le public, pour parler le langage des anciens docteurs, cette notoriété éclatante qu'ils exigent, s'est-elle jamais produite avec des éléments plus nombreux et mieux caractérisés ? Comme la Cour s'en convaincra bientôt, ce fut en 1756 que le titre de marquis entra dans la famille et, depuis lors, sans interruption aucune, il a résidé sur la tête des membres que désignait la loi pour en recueillir les honneurs et en soutenir l'éclat. La suspension amenée par la période révolutionnaire et par la période impériale ne saurait être prise en considération sérieuse. Ce sont là des événements de force majeure qui ne peuvent rien contre le droit dont la pureté ne reçoit de ce contact matériel aucune altération. Dans l'exil, du reste, auquel le condamnait la tourmente politique qui agitait le pays, le noble représentant des Davizard ne cessa de jouir du titre qu'il tenait de ses pères. En 1814, la Cour l'a vu, cette jouissance est venue revêtir un nouvel éclat ; et dans les actes du souverain comme dans ceux de ses délégués, dans les décisions du Conseil d'Etat aussi bien que dans celles des commissions royales ou des conseils de préfecture, la manifestation en est inscrite à chaque ligne. Or, depuis 1756 jusqu'en 1861, époque où a éclaté la lutte actuelle, plus de cent ans se sont écoulés, et nous avons satisfait ainsi à toutes les exigences les plus sévères. Ne me dites pas que les années courues depuis 1806, date de la naissance du marquis actuel, ne doivent pas être prises en considération, car ce serait dénier à la Charte de 1814 l'autorité qui lui appartient. La chaîne des temps a été renouée, pour rappeler le langage de son éloquent préambule, et notre possession, retrempée dans ce précieux dépôt des libertés publiques, s'est continuée comme si aucun obstacle ne se fût dressé sur sa route. A la place de l'état civil, qui dut être muet au jour de sa rédaction, je vous montre les grades conférés aux marquis, mes ancêtres, les restitutions et même les refus dont ils furent l'objet, et enfin leurs actes de décès attestant que, sur la pierre mortuaire qui couvre leur tombeau, ont été gravées ces qualifications dont leur cœur indigné n'aurait pas accepté l'injurieuse offrande, si une coupable usurpation en eût été l'origine.

Le droit ne vous appartient donc pas de m'arrêter en 1806. La période qui a suivi cette date est étroitement liée à celle qui précède, et concourt à former une jouissance unique dont la durée séculaire est, à la fois, indéniable et décisive.

Pourquoi donc insister encore? — Est-ce que les deux générations que réclament Merlin et les édits de Henri IV ne se retrouvent pas ici avec toutes les conditions requises? Voyez, ce sont quatre générations qui se présentent à vous, tenant chacune dans sa main le titre que vos efforts tendent à leur arracher aujourd'hui. Le vénérable président à mortier Pons-Thomas-Joseph est le premier que j'interroge, et dans l'acte le plus solennel de la famille, dans le contrat de mariage de l'aîné de ses enfants, il proclame bien haut que c'est le fils aîné du marquis de Talairan qui s'agenouille aux pieds des autels pour recevoir la bénédiction nuptiale. Le jour où son père lui est ravi, Alexandre vient me dire son nom, et dans le procès-verbal d'ouverture de l'acte testamentaire, il est appelé lui-même marquis de Talairan. Ce nom, il le gardera jusqu'à sa mort, et à travers les tribulations de sa vie agitée, il ne le déposera qu'un seul jour, celui où les lois de son pays lui en ont fait défense. Mais des temps meilleurs sont venus, et dans son acte de décès je le retrouve encore. Son fils Alexandre-Joseph recueille son dernier soupir, et, comme lui, il va prendre désormais le rang et la dignité de son père. La Providence ne lui réservait que de courtes années, et, en 1822, c'est bien la mort du troisième marquis Davizard que l'on enregistre. Le quatrième est celui qui se défend dans le débat actuel; et sa jouissance personnelle, il la justifie, et par son acte de notoriété de 1827, et par les documents nombreux qui sont déjà passés sous les yeux de ses juges.

Dites-moi maintenant s'il n'est pas doublement satisfait à toutes les prescriptions des édits d'Henri IV! et quelles preuves nouvelles vous exigez de moi.

Et pourtant ma juste susceptibilité n'est pas encore satisfaite. Je veux que toutes les ombres se dissipent, et, aux yeux de mes concitoyens que ce procès étonne, il faut que la vérité brille de tout son éclat.

Je vous l'ai dit, le trésorier d'Henri IV n'était pas marquis, et l'hôte des Liancourt ne l'était pas davantage. Ce titre est entré dans la famille avec le marquisat de Talairan, terre princière, composée de plus de 12,000 hectares, et située dans le département de l'Aude. Ce fut Pons-Thomas-Joseph Davizard qui devint, en 1756, acquéreur de ces vastes domaines, et, depuis cette époque, ils ne sont plus sortis des mains des descendants mâles appelés à les recueillir. La révolution de 1793 les trouva sur la tête de Georges-Alexandre, et une confiscation odieuse les lui enleva pour les jeter dans les mains du fisc ou plutôt, selon le langage de l'époque, de la nation dont on profanait la grandeur et la dignité.

Telle est donc l'origine du titre contesté. — Est-elle légale ?

Que la terre de Talairan ait été érigée en marquisat, ce n'est plus une difficulté sérieuse ! Le dictionnaire des fiefs de M. Ginouillac le constate. La date de cette érection remonte à 1750, et elle fut placée, à l'origine, sur la tête de M. de Bellissens. Les documents du procès ne permettent d'ailleurs d'éprouver aucun doute à ce sujet. Dans les archives de la commune de Carcassonne, on a retrouvé un inventaire où est mentionné, sous la date de 1756, un procès-verbal de prise de possession, par M. Pons-Thomas-Joseph Davizard, de ce magnifique domaine. Or, c'est précisément dans les actes postérieurs que ce grave magistrat a reçu la qualification de marquis dont la source cesse d'être mystérieuse. On sait que les plus solennels de ces actes sont le contrat de mariage de son fils en 1769 et l'acte de célébration dont il fut suivi. Cette coïncidence et ce rapprochement de dates sont une démonstration. Dans les titres anciens, personne n'ignore la valeur légale qui leur est attribuée.

Mais, dira-t-on peut-être, l'acquisition d'une terre titrée ne suffisait pas pour conférer à l'acquéreur le titre attaché à la propriété transmise. Il fallait deux choses encore : être gentilhomme et avoir l'assentiment du prince. Telle est, du moins, la doctrine de Merlin, dans son répertoire, au mot *Baron* et au mot *Marquis*. Qu'il fallût être noble pour exercer un semblable privilége, je le reconnais. L'article 258 de l'ordonnance de Blois le déclare en termes explicites. Avec un sac d'écus, le roturier ne pouvait passer dans l'ordre de la noblesse, sans l'intervention du monarque. Trop d'immunités et d'avantages étaient dévolus à cette condition, pour que l'on pût les conquérir à l'insu même du prince qui en était le suprême distributeur. C'est contre cet abus que l'ordonnance proteste; mais elle ne s'occupe que de celui-là. Si l'acquéreur du domaine titré était déjà noble, fallait-il également l'investiture royale? La loi est muette, et si la solution avait pu être identique, le même texte y aurait pourvu. Les principes de la législation féodale ne condamnent-ils pas, à leur tour, cette théorie? N'était-ce pas la terre qui était l'objet spécial et direct de l'anoblissement? N'était-ce pas elle qui était assujettie aux devoirs, aux charges et aux redevances envers le seigneur suzerain? Dès l'instant où elle était détenue par la main d'un gentilhomme, toutes les prérogatives incorporées au sol ne fesaient-elles point partie de son domaine? L'examen approfondi de la législation féodale proclame l'affirmative.

Ce qui ne saurait être méconnu surtout, c'est que, pour la manifestation de l'assentiment royal, aucune formule sacramentelle ne fut jamais imposée. Il faut, suivant l'auteur de l'article du répertoire, que le *roi l'ait voulu.* Mais cette volonté peut être tacite ou expresse, sans que son efficacité soit amoindrie. Demander, en pareil cas, des lettres-patentes ou une investiture officielle, serait créer une obligation qu'aucun texte n'autorise. L'absence de toute opposition de la part des délégués du souverain serait, à la rigueur, chose parfaitement suffisante.

Or, dans le cas actuel, qui donc s'arrêterait à l'hypothèse d'une opposition ou d'un refus? La haute noblesse du nouveau marquis Pons-Thomas-Joseph aurait suffi à écarter les hésitations ou les scrupules, et l'article 258 de l'ordonnance de Blois n'avait rien à faire dans cette circonstance.

D'un autre côté, si tel n'eût pas été son droit, le ma-

gistrat, assis sur les hauts siéges du Parlement de Toulouse, aurait-il, en face de ses collègues et de l'aristocratie jalouse du Languedoc, essayé une aussi téméraire usurpation? Vos prédécesseurs dans ce palais,
Messieurs, avaient comme vous le sentiment profond du
respect de la loi, et la majesté des souvenirs qui planent
dans cette enceinte nous les montre à la fois grands par
le cœur, par la science et l'héroïsme de l'obéissance au
devoir! Ne cherchez donc pas dans les rangs de ces illustrations parlementaires les vaniteuses passions qui ailleurs
appelaient la vigilance et la répression du souverain.
Jusqu'à preuve contraire, lorsque le président à mortier,
acquéreur du marquisat de Talairan, prenait le titre dérivant de la propriété assise sur sa tête, c'est que le roi
l'avait voulu et que toutes les formalités avaient été
remplies. Et c'est pourquoi, dans les brevets délivrés à
son fils, Alexandre-Georges, cette qualification lui fut
constamment donnée par le prince lui-même ou par ceux
qui commandaient en son nom. De pareils actes ne con-
tiennent-ils pas, d'une façon éclatante, l'expression de
cette volonté que l'on recherche?

Mais je vais la saisir avec plus d'évidence encore dans
l'acte de foi et hommage qu'à raison de sa terre de Talairan le marquis Davizard a rendu à son seigneur et
maître. La foi et l'hommage constituaient l'essence du
fief, et rattachaient le vassal au suzerain par le lien sacré d'une fidélité sans réserve. Entre eux se formait un
contrat innommé, inflexible comme l'honneur, durable
comme la vie, et dont la violation valait à l'infracteur la
flétrissure réservée au félon et au traître.

Accepter cette foi et cet hommage, c'était reconnaître
le titre de celui qui l'offrait, et, à moins de surprise,
cette reconnaissance avait l'autorité d'une sanction irrévocable.

Or , le marquis Davizard a obéi à toutes ces prescriptions de la législation féodale. Son hommage a été rendu aux officiers de la couronne qui l'ont accueilli , et désormais cette volonté du souverain, dont on se préoccupait avec une si persévérante sollicitude , n'est plus douteuse. A cette démonstration , il n'est besoin de rien ajouter pour la rendre plus concluante.

Serait-ce le fait lui-même qui serait dénié ? — Voici un vaste répertoire où se trouvent énumérés les titres de la famille Avizard que 1793 vint livrer aux flammes, et je trouve, sous la date de 1778, cette énonciation précieuse :

« Vu état des frais de l'hommage rendu par M. Claude-
« Georges-Hippolyte marquis Davizard seigneur de
« Talaïran, Grazac, et autres places, dûment revêtu de
« la quittance de M. Richard procureur, le 22 dudit
« mois de juillet (1778), ci-côté n° 531. »

A coup sûr, ce n'est pas pour le besoin de la cause qu'a été dressé ce vieil inventaire dont les feuilles jaunies et l'état matériel démontrent, au besoin , la sincérité parfaite. Et puis , êtes-vous en droit de me demander davantage ?

Oui, si des événements de force majeure ne sont pas venus arracher des mains de mes auteurs ces papiers domestiques, pour les vouer à une destruction qui en effaçât jusqu'aux derniers vestiges ! Mais qui donc aurait aujourd'hui le courage de m'imputer à faute les égarements et les colères dont j'ai été victime ? La loi elle-même, surexcitant les passions de la multitude, avait pris l'initiative et gravement prescrit l'œuvre qui devait anéantir la mémoire d'une époque alors abhorrée, comme s'il était possible à l'homme de toucher à un fait accompli et d'effacer, au gré de ses passions, les pages où l'histoire a buriné ses malheurs ou ses crimes ! Mais enfin mes titres ont été brûlés, et la représentation ne saurait en être sérieusement requise.

A Carcassonne, surtout, l'œuvre de vandalisme fut exécutée par les patriotes trônant à la Commune, avec une solennité et un scrupule dont les procès-verbaux, conservés aux archives, portent un affligeant témoignage.

Pour que la collection fût bien complète, plusieurs ajournements furent prononcés. Toutes les autorités civiles et les citoyens que la flamme d'un patriotisme plus ardent avait élevés sur le pavois étaient invités à la cérémonie. L'ordonnance de la fête est écrite dans les papiers du temps, et, pour lui donner plus d'éclat et de gaîté, le programme annonce la présence des musiciens.

Aussi tout a été réduit en cendre ; et comme quelques lambeaux avaient été emportés par les vents et recueillis par des mains imprudentes, la restitution immédiate en est prescrite, sous peine de déclarer SUSPECT le détenteur assez téméraire pour les retenir.

Il est aisé de comprendre avec quel empressement il fut déféré à cette persuasive invitation, et rien n'échappa au brûlement officiel dont on vient de présenter le récit.

Donc je ne vous remets pas mes titres, et j'ai la confiance qu'on cessera de me les demander.

Mais je dépose aux pieds de la Cour des documents qui en tiennent lieu, et dont la force probante est maintenant justifiée.

En dernière analyse, M. le marquis Davizard vient vous dire : Avant 1789, je possédais une immense fortune territoriale et un titre attaché à un nom qui, dans le Languedoc, n'était ni sans éclat ni sans gloire. D'affreuses tourmentes politiques m'ont dépouillé de ces biens que ne put protéger, contre la violence des passions, la pureté de leur origine. Ce patrimoine me venait des ancêtres, et pas un lambeau n'en avait été arraché, par des flatteries intéressées, aux complaisances du Monarque. Jetez un regard sur la généalogie qui vient de se dérouler sous vos yeux : vous y rencontrez le trésorier-général qui apporte à son prince bien-aimé des témoignages d'amour et des conseils de sagesse ; mais son cœur est trop haut et sa main est trop fière pour demander le prix de son dévouement. Puis vient cette série non interrompue de graves magistrats qui, fermes sur leur siége curule, firent entendre bien des fois des paroles empreintes d'une respectueuse indépendance, mais dont les lèvres ne connurent jamais le langage des cours. Ma fortune donc n'avait aucun contrôle à redouter, et pourtant elle m'a été ravie. Je m'incline devant cette spoliation qu'il n'a été au pouvoir de personne de réparer, et j'efface de mes souvenirs la splendeur qui entourait le berceau de mes pères.

Mais il me restait un nom et un titre que rien ne pouvait arracher à ma maison. Il avait survécu au naufrage, et, en remontant sur son trône, le Roi me l'avait rendu. Pouvais-je prévoir qu'un jour je serais condamné à le défendre, et que ce débris d'une grande existence, resté debout au milieu des ruines, me serait contesté ? J'abandonne mes biens ; mais mon nom ! En vérité, je ne le puis. Qui donc serait étonné de ma résistance ? Si un sentiment de faiblesse ou d'effroi avait pu troubler mon âme, elle se serait retrempée à l'aspect de l'accueil que les habitants de cette terre de Talairan faisaient, hier encore, au fils de leur ancien seigneur. Ils ne le connaissaient que sous le nom et sous le titre porté par ses aïeux. Ce qui est resté dans la mémoire et dans le cœur de ces populations reconnaissantes est une preuve nouvelle. Si les cendres de l'auto-da-fé de Carcassonne ne peuvent lui restituer ses titres, il les retrouve conservés dans le cœur des habitants du pays, et ces lettres-patentes valent bien les autres.

La justice les sanctionnera donc, et laissera au marquis Davizard ce reste précieux du patrimoine de ses ancêtres qui a échappé seul aux orages politiques, et que la main royale qui écrivit la Charte de 1814 eut le dessein de lui rendre tout entier !

PIÈCES JUSTIFICATIVES

PRODUITES AU COURS DE LA PLAIDOIRIE.

———

EXTRAIT des registres des actes de Mariage de la paroisse de la Dalbade de Toulouse, Haute-Garonne, déposés aux archives de l'état-civil de cette ville.

Le 7 septembre l'an 1706 ayant fait la publication de deux annonces du futur mariage entre messire Claude Davisard, baron de Grasac, conseiller du Roy en ses conseils et son avocat général en ce parlement, fils de feu messire *Joseph Davisard* président à mortier en ce dit parlement, et de dame Marie de Noël et de son consentement de cette paroisse d'une part, et de demoiselle Jeanne-Claire de Thezan du Pujol, fille de messire Thomas de Thezan vicomte du Pujol lieutenant du Roy en Guyenne et de dame Jeanne de Blanzac et de leur consentement de la paroisse du Pujol diocèse de Béziers d'autre part, et ce par deux dimanches consécutifs qui sont le 22 et 29, août 1706, durant la messe de paroisse et n'ayant découvert aucun empêchement et vu la dispense de la dernière annonce donnée par monseigneur Jean-Baptiste messire de Colbert archevêque de Toulouse, le trois septembre aussi 1706 laquelle a été insinuée le quatorze du sus dit mois par Fontelle et controllé au registre des insinuations par Labasse même jour....

MAIRIE DE LIANCOURT.

Du registre des actes de l'état-civil de la commune de Liancourt, chef-lieu de canton, arrondissement de Clermont, département de l'Oise, pour l'année mil sept cent trente-huit, a été extrait littéralement ce qui suit :

Messire Claude d'Advisart, âgé de soixante ans ou environ, conseiller d'honneur au parlement de Toulouse, ancien avocat général au même parlement, est décédé au château de Liancourt le vingt-cinq septembre mil sept cent trente-huit, et son corps a été inhumé le lendemain en la cave destinée à la sépulture des seigneurs du lieu, et ce par la volonté de Mgr le marquis de Liancourt, en présence du sieur Pierre Fagnan, procureur fiscal de la justice du Marquisat, de Cosme Maupin, notaire royal audit lieu, du sieur Jean Buchet, chirurgien de Mgr le marquis de Liancourt, et ont été aussi présents Jean Lacroix et Antoine Grugeon, laquais dudit défunt M. d'Advisart, ledit Grugeon a déclaré ne savoir écrire, de ce enquis.

Ainsi signé au registre, Fagnan, Maupin, Buchet, Lacroix et Dauchel, curé.

EXTRAIT des registres des actes de Mariage de la paroisse Saint-Etienne de Toulouse, Haute-Garonne, déposés aux archives de l'état-civil de la dite ville.

Haut et puissant seigneur Jacques-Marie d'Advizard, *chevalier de l'ordre de Saint-Jean de Jérusalem;* lieutenant-colonel des carabiniers, fils majeur de feu haut et puissant seigneur Claude d'Advizard, avocat général au parlement de Toulouse, et de dame Jeanne-Claire de Thezan du Poujol, d'une part; et haute et puissante dame Marie-Eleonor de Thezan du Poujol, veuve de haut et puissant seigneur Jean-François de Tournier, président à mortier audit parlement, fille majeure de feus haut et puissant seigneur Pons de Thezan comte de Poujol, et de dame Geneviève de Voleau, d'autre part, tous deux de notre paroisse, ayant passé un contrat de mariage par devant Me Moncassin, notaire de cette ville, un ban de leur futur mariage duement publié, sans opposition ni empêchement venus à notre connaissance, autre cependant que du second degré de parenté, dont ils ont obtenu dispense en cour de Rome.....

Pour copie conforme :

Le Maire,

OZENNE, *Adjoint.*

MARIAGE ENTRE M. DADVIZARD ET Mlle DE RIQUET DE MARCEL.

(9 janvier 1769.)

Par devant le Notaire royal ancien Capitoul de la ville de Toulouse et témoins soussignés.

Furent présents :

Haut et puissant seigneur Alexandre-Claude-George-Hippolyte Dadvizard conseiller au parlement de Toulouse fils légitime de haut et puissant seigneur Pons-Thomas-Joseph Dadvizard MARQUIS DE TALEYRAN *seigneur de Grazac*, Puimisson et autres places, conseiller du Roy en ses conseils et son président audit parlement, demeurant dans son hôtel, rue Souque Dalbigés dite Nazareth, paroisse Saint-Étienne, et de dame Marie de Panis mariés, procédant en la présence et du consentement dudit seigneur, son père, et de l'agrément de ladite dame Depanis, sa mère, représentée par ledit seigneur président Dadvizard son époux. . . procédant encore en la présence et assistance de Mlle Dadvizard de Puimisson, sa sœur, de Mlle Dadvizard d'Albas, son autre sœur, de Mlle Dadvizard sa tante, *de M. le vicomte de Saint-Girons son oncle*, de Mme la vicomtesse de Saint-Girons sa tante par alliance, de M. et Mme la marquise Degardouch, de Mme la marquise de Thezan, de M. de Gagnac, de M. et de Mme la marquise de Thezan, de M. le vicomte de Thezan de Montégut, de Mlle de Thezan, de M. et Mme la marquise de Belesta, de Mme la vicomtesse Desclegnan, de M. le marquis de Gramoul, de M. et de Mme de Ramondis, de M. Delile, de Mme Dassezat de Mansencal et de M. Dassezat, son fils, conseiller au parlement, de M. le comte et de Mme la comtesse de Naillhac, de M. de Soussirac, conseiller au parlement, de M. le marquis de Fourquevaux, de M. de Boisset, conseiller au parlement, de M. de Catellan, grand chantre du chapitre Saint-Étienne et autres parents et alliés des dits seigneurs Dadvizard père et fils.

D'une part.

Et haute et puissante demoiselle Victoire-Jeanne-Louise-Magdeleine de Riquet de Marcel, fille légitime de haut et puissant seigneur Jean-Gabriel-Aimable Alexandre de Riquet de Bonrepos, chevalier marquis de Lavalette et autres places, conseiller du Roy en ses conseils et son procureur général au parlement. Et de haute et puissante dame, Mme Catherine-Marie de Maupeau mariés demeurant dans leur hôtel à Toulouse, rue Velane, susdite paroisse Saint-Etienne, procédant en la présence et du consentement des dits seigneur et dame ses père et mère, assistée aussi de Mme la comtesse de Bournazel, de Mme la marquise de Fonbauzard, de Mme la marquise de Vessens, ses sœurs, de M. le marquis Davessens, son beau-frère, de Mme la baronne de Lanta, de M. et Mme la marquise de Roquelaure, de M. le Comte, avocat général, de Mme le Comte, son épouse, de Mme de Benoit, de M. le marquis de Berthier de Pinsaguel, et de Mme la marquise de Berthier son épouse, de M. le président de Rességuier, de Mme la présidente de Rességuier, son épouse, de M. le président Dubourg père, de Mme la présidente Dubourg, son épouse, de M. de Rochemontés, conseiller au parlement, leur fils, de M. le chevalier Dubourg, leur autre fils et autres parents et alliés du dit seigneur de Bonrepos et de Mlle de Marcel sa fille, d'autre part : Entre lesquelles parties sur le traité du mariage du dit seigneur Dadvizard fils et de la dite demoiselle de Riquet de Marcel acte fait et arrêté les conventions suivantes, etc., etc.

EXTRAIT des registres des actes de Mariage de la paroisse Saint-Etienne de Toulouse, Haute-Garonne, déposés aux archives de l'état-civil de cette ville.

Haut et puissant seigneur Alexandre-Claude-George-Hippolyte Dadvisard, conseiller au parlement de Toulouse, fils mineur de haut et puissant seigneur Pons·

Thomas-Joseph Dadvisard, MARQUIS DE TALEYRAN,
président à mortier au dit parlement et de dame Depanis d'une part. Et D^lle Victoire *Jeanne-Louise-Magde-
laine de Riquet, de Marcel*, fille mineure de haut et
puissant seigneur Jean-Gabriel-Aimable-Alexandre de
Riquet de Bonrepos, chevalier *marquis de Lavalette* et
autres places, conseiller au Roy en ses conseils et son
procureur général au dit parlement, et de dame Cathe-
rine Marie Maupeau, d'autre part, tous habitants de la
paroisse de Saint-Etienne, un ban au dit futur mariage
duement publié sans opposition ni empêchement quelconque, nous messire Seignelas de Colbert de Cast le
Hill abbé de Valricher le vicaire général de Mgr l'Archevêque de Toulouse, avons dispensé les dites parties
du second et troisième ban, et leur avons départis la
bénédiction nuptiale dans la chapelle du palais archié-
piscopal, ce jourd'hui, dixième janvier mil sept cent
soixante-neuf, après avoir reçu le mutuel consentement
des dites parties en présence de haut et puissant seigneur Pons-Thomas-Joseph Dadvisard, père de l'époux,
haut et puissant seigneur Jean-Gabriel-Aimable-Alexandre de Riquet de Benrepos, père de l'épouse, messire
Alexandre de Laccarry conseiller de grand Chambre,
haut et puissant seigneur Jean de Buisson, comte de
Bournazel, qui nous ont attesté l'âge, la liberté et l'ha-
bitation des dites parties et ont signé avec nous. Dadvisard, Riquet de Marcel, Dadvisard, Riquet de Bonrepos,
Maupeau de Riquet de Bonrepos, Laccarry, Bournazel,
Riquet de Bournazel, Riquet de Fonbeausard, Dalies
Dubourg, Riquet, Davessens, Lanta de Roquelaure, Gri-
mont, le comte Dadvisard, comte de St-Giron Bertres,
de Benoy de Gardouch, vicomtesse Desclignal Dadvisard,
Lordat de Belesta, Dadvisard d'Albas, Sulsard de Gardouch, Dadvisard, Puimissons, Thezan, St-Girons, Da-

vessens, Caulet, Gramont, la marquise de Thezan, Louise Thezan, Lemazuyer Thesan, Dassezat Roquelaure, le chevalier Dubourg, Dubourg Rochemontés, Lecomte, le marquis de Belesta de Gardouch, Raymond et Colbert vicaire général, signés au registre.

Pour extrait conforme :

Le Maire,

OZENNE , *Adjoint.*

EXTRAIT des registres des actes de Décès de la paroisse Saint-Etienne de Toulouse, Haute-Garonne, déposés aux archives de l'état-civil de ladite ville.

Haut et puissant seigneur Pons-Thomas-Joseph Dadvisard , président honoraire au Parlement de Toulouse , MARQUIS DE TALEIRAN , Baron de Grazac et autres places, âgé de soixante-quatre ans , décédé le vingt-unième mai, mil sept cent soixante-douze, a été inhumé dans l'Eglise des Carmes Déchaussés, le vingt-deuxième du dit, présents : Bernard Laporte, et Jean Dupuy, qui n'ont sçu signer.

Raymond, vicaire, signé au registre.

Pour copie conforme :

Le Maire,

OZENNE , *Adjoint.*

PROCÈS-VERBAL D'OUVERTURE DU TESTAMENT DE PONS-THOMAS-JOSEPH DADVISARD.

L'an mil sept cent soixante-douze et le vingt-unième jour du mois de may, à Toulouse, avant midy, pardevant nous notaire et temoins bas nommés , dans l'hotel de defunt haut et puissant seigneur Pons-Thomas-Joseph Dadvisard, president a mortier honnoraire au parlement de Toulouse, ont comparu haut et puissant seigneur Alexandre-Claude-George-Hipolite Dadvisard, seigneur MARQUIS DE TALEYRAN, ancien president a mortier au dit parlement, et demoiselle Marie-Claire-Gabrielle Dadvisard frere et sœur. Lesquels en la presence de haut et puissant Seigneur de Riquet de Bonrepos ancien procureur general au dit Parlement, beaupere du dit Seigneur de Taleyran.....

BREVET DE CAPITAINE AU RÉGIMENT DE CAVALERIE DE CONDÉ, CONFÉRÉ AU MARQUIS DAVIZARD.

NOUS CHARLES-EUGENE-GABRIEL DE LA CROIX, MARQUIS DE CASTRIES, LIEUTENANT-GÉNÉRAL DES ARMÉES DU ROI, CHEVALIER DE SES ORDRES, Gouverneur des Ville et Citadelle de Montpellier, Ville et Port de Cette, Lieutenant-Général de la Ville de Lyon, Province du Lyonnois et Forez, Mestre-de-Camp Général de la Cavalerie Françoise et Etrangère, Capitaine-Lieutenant de la Compagnie des Gendarmes Ecossois, Commandant Général et Inspecteur du Corps de la Gendarmerie, et Commandant en Chef dans la Province de Flandre,

Vu les lettres patentes en forme de Commission données à..... le..... signées Louis et plus bas......, par lesquelles Sa Majesté a commis et étably le sieur MARQUIS DAVISSARD en la charge de Capitaine au régiment de Cavalerie de Condé pour, en laditte qualité, exercer et remplir les fonctions attachées audit état sous l'autorité du Roi, de Monsieur le Marquis de Béthune, Colonel Général de la Cavalerie et de la nôtre, la part et ainsi qu'il lui sera ordonné. Nous, en vertu du Pouvoir à Nous donné par SA MAJESTÉ, à cause de notre Charge de Mestre-de-Camp Général de ladite Cavalerie; ORDONNONS à tous Brigadiers et autres Commandans de Cavalerie, de reconnoître ledit sieur MARQUIS DAVISSARD en la susdite qualité, et à tous ceux qu'il appartiendra, de lui obéir et entendre, en ce qui concernera sa Charge, suivant et conformément auxdites Lettres-Patentes du Roi : En témoin de quoi Nous lui avons donné et signé notre présente Attache, fait contresigner par notre Secrétaire ordinaire, et sceller de nos Armes, pour lui valoir et servir en ce que besoin sera. FAIT à Lille le 22 septembre 1774.

CASTRIES.

Par Monseigneur,
BERTELUNE.

Sur la prière faite à MONSIEUR LE MARQUIS DE BETHUNE, Chevalier des Ordres du Roi, Lieutenant Général de ses Armées, Colonel Général de la Cavalerie de France, par Messieurs les Officiers qui n'ont point leurs Commissions ou Brevets, de leur accorder un délai pour les apporter, conformement aux Ordonnances du Roi, qui enjoignent expressément à tous Officiers de Cavalerie de se rendre auprès du Colonel Général pour recevoir son attache sur leurs Commissions et Brevets, à peine d'interdiction : Monsieur le Marquis DE BETHUNE ayant égard à l'impossibilité où seroient plusieurs Officiers de Cavalerie de lui représenter leurs Commissions ou Brevets, a bien voulu, en attendant qu'ils soient à portée de le faire, et pour les soustraire aux peines portées par les Ordonnances, accorder le présent Certificat à Monsieur le MARQUIS DAVISARD , Capitaine au régiment de Cavalerie de Condé qui s'est présenté pour prendre son attache : laquelle sera remplie en marge de sa Commission qu'il représentera le plutôt qu'il pourra : en foi de quoi ledit Certificat a été donné à mondit Sieur le MARQUIS DAVISARD en ladite qualité de Capitaine de l'Ordre de M. le Marquis DE BETHUNE, par moi Ecuyer, Conseiller du Roi, Secrétaire Général de sa Cavalerie ; à Paris le quatre juin 1775.

ROBERT DE FREMUSSON.

EXTRAIT des registres des actes de Naissance de la paroisse Saint-Etienne de Toulouse, Haute-Garonne, déposés aux archives de l'état-civil de ladite ville.

L'an mil sept cent quatre vingt-quatre, et le vingt-neuf février, est né Alexandre-Joseph, fils de haut et puissant seigneur Alexandre-Claude-George-Hippolite Dadvisard, capitaine de cavalerie, et de haute et puissante dame Jeanne-Louise-Victoire-Magdelaine de Riquet de Bonrepos, mariés, et a été baptisé le deuxième mars de la même année ; a eu pour parrain : Messire Alexandre-Louis de Cambon, son cousin maternel, et pour marraine demoiselle Cathérine-Marie-Joséphine Dadvisard, sa sœur, qui ont signé avec nous, LE PÈRE D'ICY ABSENT. Joséphine Dadvisard, Riquet de Bonrepos, Alexandre de Cambon, Riquet de Cambon, Riquet Davessens, Tristan de Cambon, Rosalie Davessens, Pauline de Cambon, Constance Davessens, Victoire Dadvisard, Auguste de Cambon, et Bernadet curé, signés au registre.

Pour copie conforme :
Le Maire, OZENNE, *Adjoint.*

Le Notaire à Toulouse, soussigné, certifie à qui il appartiendra avoir en son pouvoir les articles de mariage d'entre haut et puissant seigneur Suzanne marquis de Sers, seigneur d'Aulix, Guignolas, Bax, Latour, Daumazan, Vignoles et autres places, habitant en la ville de Montesquieu de Volvestre, fils légitime et majeur de vingt-cinq ans de défunts haut et puissant seigneur honoré Thimoléon de Sers, ancien mousquetaire du Roi de la première compagnie, et de haute et puissante dame Marie-Thérèse de Lordat, mariés, d'une part.

Avec haute et puissante demoiselle Mademoiselle Catherine-Marie-Joséphine d'Advizard, fille légitime de haut et puissant seigneur Alexandre-Claude-George-Hippolite d'Advizard, MARQUIS DE TALEYRAN, seigneur de Grazac, Puimisson et autres lieux, ancien président à mortier du Parlement de Toulouse, capitaine au régiment de Condé dragons et de haute et puissante dame Victoire-Jeanne-Louise-Magdelaine de Riquet, mariés, habitans au dit Toulouse, sur la rue Velane, paroisse Saint-Etienne; procédant en la présence de ladite dame sa mère, de son agrément et de celui dudit seigneur d'Advizard son père d'ici absent, a elle donné par ladite dame sa mère en vertu de sa procuration expresse du second mai courant retenue par Me Archeret, notaire à Besançon, d'autre part.

En foi de quoi nous avons délivré le présent certificat pour servir et valoir ainsi que de droit à Toulouse le dix-neuvième mai mil sept cent quatre vingt-cinq. Signé Campmas, N. R.

Pour copie conforme à l'original :

Bonrepos, le 30 mai 1861.

Le Maire, MOUSTY.

EXTRAIT *des registres des actes de Mariage de la ci-*
devant paroisse de Saint-Jean-de-Montgagne, annexe de
Verfeil, actuellement commune de Bonrepos, arrondis-
sement de Toulouse , département de la Haute-Ga-
ronne.

Le trente-unième jour du mois de may de l'an mil
sept cent quatre vingt-cinq, après la publication des bans
du futur mariage entre haut et puissant seigneur Paul-
François-Honoré-Suzanne , marquis de Sers , seigneur
d'Aulix, Bax, Guignolas, Latour-Daumazan, Vignolles et
autres places, habitant de la ville de Montesquieu-de-
Volvestre, au diocèse de Rieux, fils majeur de défunts
haut et puissant seigneur Honoré-Thimoléon de Sers,
ancien mousquetaire du Roi de la première compagnie
et de très-illustre honorée dame Marie-Thérèze de Lordat,
mariés d'une part.

Et haute et puissante damoiselle Mademoiselle Catherine-Marie-Joséphine Dadvizard, fille de haut et puissant
seigneur Alexandre-Claude-George-Hipolithe Dadvizard,
Marquis de TALEYRAN , seigneur de Grazac et autres
places, ancien président à mortier du Parlement de Toulouse, capitaine au régiment de Condé dragons, et de
très-illustre et honorée dame Victoire-Jeanne-Louise-
Magdelaine de Riquet, mariés, habitante à Toulouse,
procédant du consentement de ses dits père et mère,
d'autre part.....

En présence de hauts et puissants seigneurs Jean-
Gabriel-Aimable-Alexandre de Riquet de Bonrepos, seigneur du dit lieu, marquis de Lavalette et autres places,
ancien procureur général du parlement de Toulouse,
grand-père de la dite épouse, Jean-Louis-Augustin-Em-
manuel de Cambon, conseiller du Roi en ses conseils,

président à mortier du dit parlement, Louis-Emmanuel de Boyer, marquis de Sauveterre, aussi président à mortier du même parlement; Joseph-Gabriel de Lordat, commandeur de l'ordre de Saint-Jean de Jérusalem, et Me Antoine Campmas, conseiller du Roi, notaire à Toulouse et de la province de Languedoc, habitants de Toulouse qui ont signé avec nous ainsi que l'époux et l'épouse et autres assistants qui ont aussi signé. De Sers d'Aulix, Dadvisard, épouse Riquet de Beren, Cambon, Boyer Sauveterre, le C^{dr} de Lordat, Campmas, Riquet Dadvisard, de Sers de Labastide, comtesse Julie de Sers, comtesse Hombeline de Sers, de Sers de Cambon, Cambon Descalone, Riquet de Cambon, Ant. inst. év. de Cominges, Riquet Davessens, Davessens, l'abbé de Cambon, Tristan de Cambon, Alexandre de Cambon, Auguste de Cambon, la Fare, Saint-Christol, Victoire Dadvisard, Constance Davessens, D. Vidal, Cabos, prêtre, Berger, archiprêtre, l'abbé de Sers, prêtre délégué.

Pour copie conforme :

Bonrepos, le 2 avril 1862.

Le Maire, JULLIA.

MINISTÈRE DE LA GUERRE.

Paris, le 3 février 1815.

Monsieur le Marquis, j'ai l'honneur de vous annoncer que Sa Majesté approuve que vous soyez employé comme aide-de-camp sous les ordres de Son Altesse sérénissime le prince de Condé.

J'adresse à Son Altesse sérénissime la commission d'aide-de-camp dont vous devez être pourvu.

Recevez, monsieur le Marquis, l'assurance de ma considération.

> *Le Ministre secrétaire d'état de la guerre,*
> MARÉCHAL DUC DE DALMATIE.

—

Gand, le 2 juin 1815.

Monsieur le Marquis, j'ai l'honneur de vous informer que le Roi, par ordonnance du 31 mai 1815, vous a promu au grade de maréchal-de-camp. Vous êtes autorisé à porter les marques distinctives de ce grade, dont les émoluments vous sont assurés à compter du jour de la susdite ordonnance.

En attendant l'expédition de votre brevet, la présente vous en tiendra lieu.

Recevez, monsieur le Marquis, l'assurance de ma considération distinguée.

> *Le Ministre secrétaire d'état de la guerre,*
> DUC DE FELTRE.

Copie d'une lettre du Ministre de la guerre à S. A. S. Monseigneur le prince de Condé, datée de Gand, le 2 juin 1815.

MONSEIGNEUR,

D'après l'intérêt particulier dont votre Altesse sérénissime honore M. le MARQUIS D'ADVISARD, son aide-de-camp, je m'empresse d'informer votre Altesse sérénissime que le Roi, par ordonnance du 31 mai dernier, l'a nommé maréchal-de-camp, et j'ai l'honneur d'adresser à votre Altesse sérénissime la lettre d'avis destinée pour M. le MARQUIS D'ADVISARD, et qui doit lui tenir lieu de Brevet.

Je suis avec un profond respect,
Monseigneur,
De votre Altesse sérénissime,
Le très humble et très obéissant serviteur,
Le Ministre secrétaire d'état de la guerre,
Signé : DUC DE FELTRE.

Pour copie certifiée conforme à l'original, par le soussigné, secrétaire des commandements de S. A. S. Monseigneur le prince de Condé, à Bruxelles, le 29 juin 1815.

LE GÉNÉRAL DE FEBVREL.

ARCHIVES DÉPARTEMENTALES DE L'AUDE.

COPIE d'un extrait des registres des délibérations de la Commission chargée de la remise des biens sequestrés et non vendus.

La Commission chargée de statuer sur la remise des biens sequestrés et non vendus.

Vu la requête du sieur Alexandre-Claude-Georges-Hippolyte MARQUIS D'ADVISARD, demeurant à Paris, rue Caumartin, n° 12, tendant à obtenir, en exécution de la loi du 5 décembre 1814, la remise de la forêt d'Albas, située au département de l'Aude et séquestrée sur lui, pour cause d'émigration.

Arrête : Remise sera faite au sieur Alexandre-Claude-Georges-Hippolyte MARQUIS D'ADVISARD, de la forêt d'Albas, de la contenance de 600 hectares, située commune du même nom, département de l'Aude.

Le tout sans préjudice du droit des tiers et de ceux qui pourraient appartenir au domaine de l'Etat, en vertu des lois des 14 ventôse an VII et 11 pluviôse an XII.

Fait et arrêté à Paris, le 14 février 1815.

Signé : Par le Ministre d'Etat président de la Commission, ainsi signé : FERRAND.

Et par le Maître des Requêtes rapporteur, ainsi signé : ZANGIACOMI.

Pour expédition conforme :
Le Secrétaire Greffier : signé D'ARNAULT.

Pour ampliation :
Le Secrétaire Général des finances signé.

Pour copie conforme :
Le Conseiller de Préfecture faisant les fonctions de Secrétaire Général,
A. VIGUIER.

———

EXTRAIT d'un arrêté préfectoral du 20 juillet 1816.

Le Préfet du département de l'Aude,
Vu la pétition présentée à la Commission des finances du Conseil d'Etat, par M. le MARQUIS D'ADVISARD, etc.......

Arrête :
1° Qu'il y a lieu de faire main levée pure, simple et définitive au profit de M. le MARQUIS D'ADVISARD, de l'action intentée devant le Conseil de Préfecture de

l'Aude, le 27 vendémiaire an XI, par l'administration générale des forêts, en nullité de l'adjudication consentie le 15 pluviôse an II, par l'administration du district de Lagrasse, au sieur Michel Condamine, de ses domaines et bois de Fourques et Fenouillères.......

Estime en outre que si M. le MARQUIS D'ADVISARD parvient à faire annuler l'adjudication du 15 pluviôse an II, il ne pourra entrer en possession des biens qui en font l'objet qu'après en avoir obtenu l'autorisation spéciale, conformément à la loi du 5 décembre mil huit cent quatorze.

Fait à Carcassonne, le 20 juillet 1816.

Le Préfet de l'Aude,
Signé : TROUVÉ.

Pour copie conforme :
Le Conseiller de Préfecture, Secrétaire Général,
DARRE.

———

COPIE d'un avis du Conseil d'Etat, comité des finances, du 6 juin 1817.

Le Comité des finances, sur le renvoi qui lui a été fait par S. E. le Ministre Secrétaire d'Etat au même département, de quatre pétitions de M. Alexandre-Georges-Claude-Hippolyte MARQUIS D'ADVISARD, tendant 1° à être subrogé dans tous les droits de l'administration forestière, résultant de l'action par elle intentée le 27 vendémiaire an XI, en annulation de la vente consentie le 15 pluviôse an II, au sieur Condamine, moyennant 76,000 fr., des deux métairies dites de Fenouilhère et de Fourques.......

Vu aussi les renseignements et avis donnés les 7 et 29 juin 1816, par le conservateur des forêts et le directeur des domaines à Carcassonne; une lettre du receveur de l'enregistrement de Lagrasse du 24 juin 1806 où il est annoncé que les bois déclarés dans l'acte de vente ne contenir que 695 setérées, en contiennent quinze ou seize cents;

L'arrêté de M. le Préfet du département de l'Aude, du 20 juillet même année, portant qu'il y a lieu d'accueillir la demande du sieur MARQUIS D'ADVISARD; et, enfin, le rapport fait au conseil de l'administration des domaines, du 26 novembre dernier, contenant une proposition conforme à l'arrêté de M. le Préfet;

Est d'avis que les demandes du sieur Alexandre-Georges-Claude-Hippolyte MARQUIS D'ADVISARD doivent être rejetées.

Fait en comité, le 6 juin 1817; *signé*, DE LA BOUILLERIE, président, et le baron MAURIN, rapporteur.

Approuvé le 12 juillet 1817.

Le Ministre Secrétaire d'Etat des finances,
Signé : LE COMTE CORVETTO.

Pour ampliation :
Le Secrétaire Général des finances,
Signé : ILLISIBLE.

Pour copie conforme :
Le Conseiller de Préfecture, Secrétaire Général,
DARRE.

EXTRAIT du registre des actes de Décès de l'état-civil de Paris pour l'an 1817.

Acte de décès du vingt-quatre mars mil huit cent dix-sept, à dix heures du soir. Le jour d'avant-hier, à onze heures du soir, est décédé en son domicile, place du Palais-Bourbon, n° 93, en cet arrondissement, M. Alexandre-Georges-Claude-Hippolyte Marquis d'ADVISAR, âgé de soixante-quatre ans, chevalier de Saint-Louis, maréchal-de-camp et aide-de-camp de S. A. S. Monseigneur le prince de Condé, veuf de dame Victoire-Jeanne-Louise-Madeleine de Riquet, constaté par moi Edme de la Borne, adjoint au maire du dixième arrondissement de Paris, fesant les fonctions d'officier de l'état-civil......

EXTRAIT des registres du greffe du Tribunal civil du département de la Seine, séant à Paris au Palais de Justice.

L'an mil huit cent dix-sept et le troisième jour de septembre.

Au greffe du Tribunal civil de première instance du département de la Seine séant à Paris au Palais de Justice.

Est comparu le sieur Armand-Louis-Melchior de Sers, demeurant à Toulouse, de présent à Paris, rue de Miromenil, hôtel de Saint-Pétersbourg, au nom et comme fondé de pouvoir de

Premièrement le sieur Alexandre-Joseph Marquis d'ADVISARD, demeurant à Toulouse.....

Troisièmement et de la dame Catherine-Marie-Joséphine d'Advisard, épouse du sieur Paul-François-Honoré-Suzanne marquis de Sers, l'un et l'autre demeurant au dit Toulouse, la dite dame d'Advisard aussi dument autorisée, les dits sieurs MARQUIS D'ADVISARD, dame d'Advisard, épouse du sieur de Saget, et dame d'Advisard, femme de Sers, frères et sœurs, habiles à se dire et porter héritiers pour un tiers du sieur Alexandre-Georges-Claude-Hippolyte MARQUIS D'ADVISARD leur père.....

Lequel dit sieur Melchior de Sers, assisté de Me de Lachapelle, avoué près le dit Tribunal, a dit et déclaré que connaissance prise des forces et charges de la succession de M. le MARQUIS D'ADVISARD père du sieur d'Advisard, dame de Saget et dame de Sers sus-dénommées, décédé le vingt-trois de mars dernier à Paris, place du Palais-Bourbon, n° 93.....

EXTRAIT des registres des actes de Décés de la commune de Toulouse déposés au greffe du Tribunal civil de cette ville.

Du sixième jour du mois de janvier l'an mil huit cent vingt-deux, à dix heures du matin.

Acte de décès de M. Alexandre-Joseph MARQUIS D'ADVISARD, décédé le jour d'hier à quatre heures du soir, âgé de trente-huit ans, né à Toulouse, département de la Haute-Garonne, demeurant place Mage, n° 24, veuf de dame Amable-Victoire-Aglaé de Sers. Sur la déclaration à moi faite par Bernard Toulza, tapissier, âgé de cinquante-huit ans, logé rue des Nobles, n° 2, qui a signé, et par Jean Lasserre, tailleur d'habits, âgé de cinquante-six ans, logé place Mage, n° 24, qui a dit ne savoir, voisins du défunt.

Constaté par moi Jean-Léon-Félix-Gounon, adjoint au maire de Toulouse, faisant les fonctions d'officier public de l'état civil, Toulza et Gounon signés au registre.

Pour extrait conforme :
Le Greffier, CAYRE.

Nous, président du Tribunal de première instance, séant à Toulouse, certifions véritable la signature de M. Cayre, greffier du dit Tribunal (Haute-Garonne).

Toulouse, le 29 novembre 1828.

DE LARTIGUE, *vice-président*.

MINISTÈRE DE LA GUERRE.

Paris, le 14 Juin 1820.

Monsieur le Marquis, j'ai reçu la lettre que vous m'avez fait l'honneur de m'écrire le 21 du mois dernier au sujet de Monsieur votre fils.

Si cet enfant remplit toutes les conditions exigées par l'ordonnance du 31 décembre 1817, je me ferai un plaisir de le présenter au Roi en septembre prochain, pour une place d'élève pensionnaire à l'Ecole Militaire Préparatoire de la Flèche, ainsi que vous le désirez. Veuillez m'adresser les pièces indiquées dans l'instruction ci-jointe que j'ai l'honneur de vous transmettre.

J'ai l'honneur d'être, monsieur le Marquis, avec une considération distinguée, votre très-humble et très obéissant serviteur.

Pour le Ministre :
Le Maréchal-de-Camp Directeur,
BARON EVANS.

PRÉFECTURE DE LA HAUTE-GARONNE.

Nous, Maître des Requêtes, Préfet du département de la Haute-Garonne, séant en conseil de préfecture,

Vu la pétition et un supplément de pétition de dame Catherine-Marie-Joséphine Dadvizard, veuve et marquise de Sers, Gabrielle-Victoire-Catherine Dadvizard, épouse de M. de Saget, et de M. Paul-André-Marie de Sers, agissant comme tuteur des six enfants mineurs de feu Alexandre-Joseph MARQUIS DADVIZARD, ayant pour objet d'obtenir la liquidation de l'indemnité à laquelle ils ont droit, en vertu de la loi du 27 avril 1825, à raison des biens fonds confisqués et vendus révolutionnairement, et pour cause d'émigration, sur la tête de M. Alexandre-Claude-Georges-Hippolyte, MARQUIS DADVIZARD, père et ayeul des réclamants, tous habitants de Toulouse, desquels biens situés dans la commune de Grazac, arrondissement de Muret, lesdits pétitionnaires déclarent que ni eux ni leurs auteurs ne sont rentrés en possession depuis la confiscation;

Vu les actes de Naissance et de Décès de M. Alexandre-Claude-George-Hippolyte, MARQUIS DADVIZARD, propriétaire dépossédé;

L'acte de notoriété constatant 1° que feu M. Alexandre-Joseph MARQUIS DADVIZARD, représenté par ses six enfants mineurs, la dame Catherine-Marie-Joséphine Dadvizard, veuve de M. Paul-François-Honoré-Suzanne marquis de Sers, et la dame Gabrielle-Victoire-Catherine Dadvizard, épouse de M. Charles-Marie-Philibert de Saget, sont seuls et uniques héritiers de droit de M. Alexandre-Claude-Georges-Hippolyte Dadvizard leur père, décédé à Paris, le 22 mars 1817, et désigné dans son acte de décès sous les noms d'Alexandre-Georges-

Claude-Hippolyte Marquis DADVIZARD; 2° qu'il est le
même que celui qui, pour cause d'émigration, fut déposs-
sédé des biens pour lesquels l'indemnité est réclamée par
ses enfants......

ACTE DE NOTORIÉTÉ.

*EXTRAIT des minutes du greffe de la justice de paix du
troisième arrondissement sud du canton de Toulouse.*

L'an mil huit cent vingt-sept et le huitième jour du
mois de décembre,

Par-devant nous Jean-Baptiste Cassaigne, juge de paix
titulaire du troisième arrondissement sud du canton de
Toulouse, ayant l'assistance de M⁰ Laffont, notre greffier......

Ont comparu :

Premièrement, M. Jean-Laurent marquis de Palarin,
âgé de cinquante-sept ans, ancien colonel de cavalerie,
chevalier de l'ordre royal et militaire de Saint-Louis,
habitant et domicilié à Toulouse;

Deuxièmement, M. Jean-François-Auguste de Cambon,
âgé de cinquante-deux ans, chevalier de l'ordre royal et
militaire de Saint-Louis, et de celui de la Légion-d'Honneur, colonel de cavalerie, habitant et domicilié au dit
Toulouse, place St-Etienne;

Troisièmement, M. Louis-Alexandre baron de Cambon,
âgé de cinquante-cinq ans, président à la Cour royale de
Toulouse, chevalier de l'ordre royal de la Légion d'Honneur, habitant et domicilié à Toulouse, faubourg Saint-
Etienne;

Quatrièmement, M. Louis-Jacques-Hyacinthe-Auguste

d'Advisard d'Estantens, âgé de soixante-un ans, chevalier de l'ordre royal et militaire de Saint-Louis, habitant et domicilié au dit Toulouse, place Montoulieu ;

Cinquièmement, et M. Victor-Alexandre de Sers, âgé de trente-trois ans, capitaine d'artillerie à cheval, habitant et domicilié à Toulouse, rue Merlane.

Lesquels, enquis de leurs noms, prénoms, âge, qualité et demeures, ont dit être et s'appeler comme dessus, et après avoir individuellement et l'un après l'autre, sous la foi du serment, promis et juré de dire vérité sur le contenu en l'exposé fait par ledit M. Claude-Marie-Gustave MARQUIS D'ADVISARD, duquel il leur a été donné lecture, ils ont unanimement déclaré et attesté qu'il est public et notoire que M. Claude-Marie-Gustave MARQUIS D'ADVISARD, nommé sous-lieutenant dans le 17e régiment d'infanterie de ligne, est véritablement le fils aîné de feu M. Alexandre-Joseph MARQUIS D'ADVISARD, décédé à Toulouse, le cinq janvier mil huit cent vingt-deux, et que celui-ci était fils unique de feu M. Alexandre-Claude-Georges-Hippolyte MARQUIS D'ADVISARD, décédé à Paris, le vingt-deux Mars de l'année mil huit cent dix-sept, maréchal des Camps et armées du roi, aide-de-camp de Monseigneur le prince de Condé ; que telle est la filiation successive de la famille du jeune MARQUIS D'ADVISARD ; que si ce titre n'a pas été inscrit dans certains actes, c'est par erreur et par l'effet des principes révolutionnaires, car il est notoire que ses ancêtres l'ont porté et acquis depuis un temps immémorial, ce que lesdits témoins affirment sincère et véritable.....

EXTRAIT des registres des actes de Mariage de la commune de Toulouse, Haute-Garonne.

Du premier jour du mois de juillet l'an mil huit cent trente-cinq, à huit heures du soir. Acte de mariage de M. Claude-Marie-Gustave Dadvisard, âgé de vingt-huit ans onze mois, né à Toulouse, Haute-Garonne, le dix-sept août mil huit cent six, MARQUIS DADVISARD, propriétaire, domicilié à Toulouse, grande rue Nazareth, nᵒ 14, fils majeur de M. Joseph-Alexandre MARQUIS DADVISARD et de dame Amable-Victoire-Aglaé de Sers Dadvisard, mariés, décédés, procédant comme personne libre et indépendante, n'ayant point d'ascendants vivants; et de demoiselle Thérèse de Gramont, âgée de vingt ans, née à Paris, Seine, le vingt-trois juin mil huit cent quinze, y domiciliée, fille mineure de M. Antoine-Louis-Raymond-Geneviève de Gramont-Daster, quand vivait pair de France, officier de la Légion-d'Honneur, chevalier de Saint-Louis, colonel du 49ᵉ de ligne, et de dame Amable de Catellan, mariés, domiciliée avec sa dite fille qui procède en sa présence et de son consentement......

MINISTÈRE DE LA GUERRE.

Le Ministre Secrétaire d'Etat de la guerre informe M. le MARQUIS D'ADVISARD, en réponse à sa lettre du 9 de ce mois, que *M. le maréchal-de-camp Jacques-Marie d'Advisard, comte de Saint-Girons, est mort le 10 février 1782 dans sa terre de Saint-Girons*, et que M. le maréchal-de-camp honoraire *Alexandre-Georges-*

Claude-Hippolyte d'Advisard est mort le 22 mars 1817, en son domicile, à Paris, place du Palais-Bourbon, 93.

Paris, le 26 juin 1862.

ARCHIVES DÉPARTEMENTALES DE L'AUDE.

1° Émigrés. — Relevé des estimations ou évaluations qui doivent servir de base à la vente des biens. — Département de l'Aude, district de Lagrasse, depuis le 1er du mois de brumaire an II, jusqu'à la fin de messidor an III. — Alexandre-Claude-Grégoire-Hippolyte Davisard, ci-devant capitaine du régiment ci-devant de Condé, domicilié à Toulouse, y figure pour la terre de Talairan, etc.....

14° Procès-verbal de mise en possession de la terre de Talairan, Albas et ses dépendances en faveur de messire Thomas-Joseph Davisard, chevalier, conseiller du roi en tous ses conseils, président à mortier au Parlement de Toulouse, dressé le 22 décembre mil sept cent cinquante-six, par Traversat, notaire à Lagrasse.

EXTRAIT du registre des délibérations du conseil général de la commune de Carcassonne.

Du dix-huit brumaire an second de la République française une et indivisible, à Carcassonne, dans le Consistoire de la maison Commune, le conseil général assemblé en séance publique et permanente s'est trouvé composé des citoyens Belloc, Germain, Fages, Bouges, Alary, Bonnafous, officiers municipaux ;

Astoin, Laperrine, Thène, Alard, Gamel, Laromiguierre, Pinel, Heirisson, Rouch, Plauzoles, Couzinet, Bouichère, Fabre, Blatgier, Cusson, Surbin et Bourtal, notables, assistés du citoyen Degrand, substitut du procureur de la commune.

. . . .

Le substitut du procureur de la commune a demandé que le Conseil déterminât le jour et l'heure auquel les titres féodaux remis par divers citoyens seraient brûlés.

Sur quoi le Conseil a arrêté que lesdits titres seraient brûlés dimanche prochain, à trois heures du soir, sur la place d'Armes, où seront invités les corps constitués, les troupes de la garnison, la société populaire, la garde nationale et les musiciens.

Que le cortége se rendra dans la maison Commune, d'où il partira pour se rendre sur la place d'Armes.

. . . .

Et les membres présents ont signé au registre.

Pour copie certifiée conforme :

Pour M. le maire, officier de la Légion-d'Honneur, député au Corps législatif, en session.

Le premier adjoint, E. BIROTTEAU.

Du dix-neuf brumaire an second de la République française une et indivisible à Carcassonne, dans le Consistoire de la maison commune, le conseil général assemblé en séance publique et permanente.....

Le substitut du procureur de la commune a dit ensuite qu'une délibération d'hier arrête que les titres remis

devers notre greffe seront brûlés demain, trois heures
après midi, sur la place de la Liberté, auquel effet il fut
chargé d'inviter tous les corps constitués à se trouver à
cette cérémonie ; qu'il avait déjà fait les missives pour
cette invitation. . . . .

La matière discutée, le Conseil a adopté la proposition,
auquel effet le brûlement des dits titres aura lieu dimanche prochain, trois heures après midi, sur la place
d'Armes, et que pour faire la recherche des titres qui
sont dans nos archives et les distinguer de ceux de propriété, il a été adjoint au citoyen Godar, déjà nommé,
les citoyens Dangla, géomètre, et Avar, notaire. . .

. . . .

Et les membres présents ont signé au registre.

Pour copie certifiée conforme :

*Pour M. le maire, Officier de la Légion-d'Honneur,
député au Corps législatif, en session.*

Le premier adjoint, E. BIROTTEAU.

Du premier février an second de la République française une et indivisible, à Carcassonne, dans le Consistoire de la maison Commune, le conseil général assemblé
en séance publique et permanente.....

Sur l'observation du sieur Blatger, notable, que divers
papiers et titres de ceux qui furent brûlés en dernier lieu
furent enlevés en partie par le vent, et que plusieurs
citoyens s'en étaient nantis.

Le procureur de la commune entendu, il a été délibéré
de faire une proclamation pour inviter les citoyens qui

pourraient avoir pris des titres lors du brûlement, de les remettre à la municipalité de suite, à peine d'être regardés suspects.

Pour copie certifiée conforme :

Pour M. le maire, officier de la Légion-d'Honneur, député au Corps législatif, en session,

Le premier adjoint, BIROTTEAU.

———————

EXTRAIT des registres des actes de Naissances de la paroisse Saint-Étienne de Toulouse, Haute-Garonne, déposés aux archives de l'état-civil de ladite ville.

Jean-Joseph-Hippolyte, fils de haut et puissant seigneur Alexandre-Claude-George-Hippolyte Marquis d'ADVIZARD, et de haute et puissante dame Jeanne-Louise-Victoire-Magdelaine de Riquet de Bonrepos, mariés, né le treizième, a été baptisé le seizième juin mil sept cent soixante-treize ; parrain : haut et puissant seigneur Jean de Buisson comte de Bournazel ; marraine : demoiselle Antoinette Dadvisard, qui ont signé avec le père, les présens et nous Dadvizard, Buisson de Bournazel, Dadvizard-Puimisson, Maupeou de Riquet de Bonrepos, A. de Bonrepos, Dadvizard, Riquet de Bournazel, Dadvizard-Dalba, Riquet de Cambon, Riquet Davessens, et Boyer, curé, signés au registre.

Pour copie conforme et littérale :

Le Maire,
OZENNE, *Adjoint*.

ARRÊT.

Sur les conclusions conformes de M. l'avocat-général de Vaulx, et après délibéré en Chambre du conseil, la Cour a rendu, à l'audience du lendemain, 12 juillet, l'arrêt suivant :

« Attendu que les registres de l'état-civil ont uniquement pour destination et pour objet de constater l'état-civil des citoyens ; que l'article 34 du Code Napoléon, par une disposition générale, et l'article 57, par une disposition relative aux actes de naissance, ont indiqué le mode de rédaction des actes, les personnes qui doivent y figurer et les énonciations qu'ils doivent contenir ; que cette dernière disposition exige que l'acte de naissance énonce les prénoms qui seront donnés à l'enfant, et les prénoms, noms, profession et domicile des père et mère ; que ces énonciations suffisent, en effet, pour assurer à l'enfant l'état qui doit lui appartenir ; que les prénoms qui lui sont attribués serviront à le distinguer entre les membres d'une même famille, et les prénoms de ses père et mère à marquer sa filiation ; que son état-civil est donc constitué au moyen de ces mêmes énonciations ; que la prévoyance législative n'avait rien à y ajouter, et qu'elle n'en a pas, en effet, ni alors ni depuis, étendu le cercle ;

« Attendu qu'un titre honorifique, tel que celui de marquis, même quand il est régulièrement acquis et justement revendiqué, ne modifie pas l'état-civil ; que s'il peut servir à fixer de plus en plus l'identité, la diversité des prénoms portés par les membres d'une même famille rend ce complément inutile ; que les noms et prénoms suffisent ; qu'il pourrait y avoir, outre les titres honorifiques, d'autres moyens de préciser davantage l'identité, mais que la loi n'en a tenu nul compte ; que l'individualité étant suffisamment marquée à ses yeux par les énonciations qu'elle prescrit, on ne peut dire qu'un acte de l'état-civil qui les contient soit entaché d'omission, et qu'il y ait lieu de la réparer.

« Attendu que vainement on dit que, au moment où fut promulgué le titre relatif aux actes de l'état-civil, les anciens titres nobiliaires ou honorifiques étant abolis, on ne devait pas exiger leur insertion dans ces actes, mais que ces titres étant aujourd'hui rétablis, et les familles qui en avaient été dépouillées ayant été réintégrées dans le droit de porter ces titres, on doit tenir compte de cette grave modification, et que la disposition étroite et jalouse de l'article 57 du Code Napoléon doit s'élargir comme le nouveau droit public lui-même qui le domine ; qu'il est vrai que les institutions modernes ont fait revivre les anciens titres de noblesse ; que le nouvel article 259 du Code pénal a même donné une sanction à cette restitution, en frappant d'une peine ceux qui, sans droit et sans bonne foi, s'attribueraient ces titres ; mais que ce changement a eu seulement pour effet d'armer ceux dont les titres nobiliaires seraient injustement contestés, du droit de les faire vérifier par l'autorité compétente ; qu'un décret du 8 janvier 1859 a constitué cette autorité ; que les articles 6 et 7 règlent le recours en vérification de titres, et chargent le Conseil du sceau de délibérer et de donner son avis sur ces titres eux-mêmes ; que, jusqu'à ce jour, aucun autre mode n'a été institué, que c'est donc le seul auquel il soit permis de recourir ; qu'on ne peut y suppléer par une demande en rectification d'un acte de naissance ; que, d'un côté, tolérer ce mode de recours, serait transporter à l'autorité judiciaire un pouvoir de vérification que le décret précité lui refuse, et enlever, en même temps, au Conseil du sceau des titres et au souverain lui-même une des attributions qu'il leur a expressément réservées ; que, d'un autre côté, aucun acte législatif n'a, jusqu'à ce jour, prescrit aux officiers de l'état-civil le devoir de mentionner les titres honorifiques dans les actes de naissance ; que l'article 57 du Code Napoléon n'a pas été modifié ; que tant que cette obligation n'aura pas été imposée aux officiers de l'état-civil, il faudra reconnaître que l'insertion d'un titre honorifique dans un acte de naissance n'est pas défendue, mais qu'elle n'est pas exigée.

« Attendu qu'il est aisé de comprendre, à cet égard, l'inaction du législateur ; que l'officier de l'état-civil est apte à faire les constatations dont la loi lui a remis le soin ; qu'il peut s'assurer par lui-même de la fidélité des constatations qu'il fait dans les actes de la vie civile auxquels il préside ; que c'est à cette certitude même que se mesurent et la gravité du rôle qu'il remplit et la confiance dont la société l'a investi ; mais qu'en le contraignant à insérer dans les actes qu'il retient des titres honorifiques dont on ne peut apprécier la légitimité, on l'exposerait à des surprises contre lesquelles il ne pourrait pas, le plus souvent, se défendre ; que d'ailleurs l'insertion d'un titre honorifique dans un acte de l'état-civil ne devrait être forcé qu'autant que la loi ferait uniquement dépendre de cette insertion le droit de porter ce titre dans les relations de la vie civile, et que telle n'est pas sa volonté.

« Attendu que l'unique devoir des officiers de l'état-civil et des tribunaux civils eux-mêmes, est, pour ceux-là, de respecter dans leurs énonciations ; pour ceux-ci, d'assurer au besoin par leurs jugements, l'intégrité des noms patronymiques ; qu'un titre honorifique n'est pas un nom, qu'il n'en fait pas même partie, et qu'il en est tellement indépendant qu'il a une signification abstraite et qu'il désigne tout une classe de personnes qui n'ont aucun lien entre elles ; qu'il peut cependant arriver qu'un titre nobiliaire devienne le nom lui-même ; qu'ainsi il est constant que, sous l'ancienne monarchie, se produisirent des abus graves et incessants contre lesquels elle eut à lutter par des enquêtes et des révisions générales des titres nobiliaires ; qu'indépendamment de la contravention à la défense faite dans l'Edit de Blois, aux gentilshommes, de signer, dans les actes et les contrats, aucun autre nom que celui de leurs familles, il arrivait souvent qu'au mépris de la maxime que *la possession d'un fief n'anoblissait pas*, l'acquéreur d'une terre noble substituait le nom de cette erre à son nom patronymique ou l'y ajoutait ; mais que ces usurpations, dont l'origine presque toujours obscure échappe d'ordinaire à l'examen quand elles ont reçu le sceau d'une longue possession, ont pour effet d'attribuer à des familles un nom qu'elles se sont transmis de génération en génération ; que cette possession est devenue un droit pour celles à l'égard desquelles l'usurpation n'est pas démontrée ; qu'un nom composé, lorsqu'il est consacré par un usage séculaire, est indivisible ; qu'ainsi une particule peut tenir à l'essence même du nom, et que l'en retrancher serait souvent dénaturer ce nom lui-même ; que, du reste, ce n'est point parce qu'il emporte dans sa composition même l'idée d'une distinction nobiliaire, mais parce qu'il exprime l'individualité de celui qui le possède ; que les Tribunaux ont pu avoir la mission de le faire respecter ; que, dans ce cas, ils n'ont pas été infidèles à la loi de leur compétence.

« Attendu que, par ses nouvelles conclusions, M. Claude-Marie-Gustave Dadvisard demande seulement que son acte de naissance soit rectifié par l'addition du titre de marquis qui y aurait été omis ; que, d'après ce qui précède, cette demande est non recevable ; que quels que puissent être la distinction du nom qu'il porte, l'éclat des services dont il a rappelé le souvenir, et la gravité et la concordance des pièces dont il a invoqué le témoignage, il n'appartient pas à la Justice civile d'apprécier sa demande; que c'est donc à bon droit que le Tribunal de première instance l'a rejetée,

« PAR CES MOTIFS,

« La Cour confirme ledit jugement, renvoie l'appelant à se pourvoir comme il avisera, et le condamne en l'amende et aux dépens. »

AFFAIRE DE M. CHABRIÉ

AVOCAT

CONTRE LE TUTEUR DE M. DE BEAUMONT.

TRIBUNAL CIVIL DE MOISSAC

PRÉSIDENCE DE M. SACARRÈRE, PRÉSIDENT.

Demande en nullité de vente d'immeubles pour cause d'insanité d'esprit du vendeur et dol et fraude de la part de l'acquéreur.

(1863)

Mémoire.

§ I.

Notre dessein n'était pas de fournir de nouveaux arguments après le réquisitoire de M. le Procureur impérial. Il nous semblait que la cause était embrassée tout entière dans notre premier travail, et que la démonstration était complète.

Ce n'était pas une illusion. M. le Procureur impérial l'a lui-même implicitement reconnu : car, dans son opinion, le débat sur l'aliénation mentale n'est plus possible en présence des documents de la cause, et c'est sur le dol et la fraude qu'il a exclusivement appelé l'attention du Tribunal. Réduit aux termes de l'articulat du demandeur, ce moyen n'était pas lui-même soutenable. La chose n'a pas été déniée. Aussi a-t-il fallu avoir recours à l'une de ces voix héroïques qui peuvent plaire à un esprit brillant et résolu, mais que la raison et la loi condamnent de concert.

Il est bien vrai que, dans ce débat, s'agite une question où sont engagés les intérêts d'un interdit. Mais, qu'en conclure? Que le ministère public est transformé en partie principale, et qu'en son nom direct des conclusions peuvent être prises? Assurément non. Le législateur a voulu simplement que la cause fût communicable, et que la parole du magistrat qui veille à la stricte observation de la loi se fît entendre. Il n'est pas l'avocat de l'interdit dont il doit condamner les prétentions, si elles sont injustes; il est le défenseur du droit, et son action doit se renfermer dans les limites tracées par les conclusions des parties. En sortir, pour présenter des conclusions nouvelles qui n'ont pas été soumises à l'épreuve de la discussion contradictoire, serait violer ce droit dont il est le protecteur désintéressé. Après la clôture du débat qui proclame définitivement le renvoi à l'audience où il doit être entendu, tout est terminé, et la cause ne peut subir ni extension ni physionomie nouvelle. La partie serait irrecevable à changer, modifier, ou étendre les conclusions qu'elle a prises. Comment le ministère public qui n'est que partie jointe le pourrait-il? Aucune voix désormais ne peut se faire entendre, et dès lors ne serait-ce pas immoler les saintes prérogatives du droit de défense? Et lui-même, quel recours aurait-il contre la sentence, qui franchissant cette fin de non-recevoir aussi radicale qu'invincible, repousserait au fond les conclusions qu'il a prises? Si le pouvoir lui appartient, quand la lice est fermée et que seul il y reste encore, de les jeter dans le débat, il faut lui attribuer aussi le pouvoir d'attaquer la décision qui les aurait proscrites. L'un est la conséquence de l'autre. Or, serait-il soutenable qu'un appel pût être par lui interjeté? Prétendrait-on par suite que la signification du jugement doit lui être faite? Et voilà pourtant à quelles énormités on arrive, quand on sort des règles du droit, pour écouter des inspirations malveillantes venues du dehors, ou recueillies à l'aide d'investigations mystérieuses dont la lumière du débat contradictoire n'a pu faire justice.

Le Tribunal rejettera dès lors ce libelle additionnel sorti des mains du Ministère public et qui ne pouvait être déposé sur son bureau. Il est défendu au tuteur Bladbourg de se l'approprier; et, en l'absence d'une acceptation impossible de sa part, il serait dérisoire de le lui imposer et de le contraindre à entreprendre la preuve, quand son impuissance est si bien attestée par la réserve de son articulat.

§ II.

Au fond, le système de dol et de fraude, produit dans le cours des plaidoiries contradictoires, paraît abandonné. La réfutation qui en fut faite à l'audience et dans les notes écrites ne permettait pas de le faire revivre. C'est contre un système nouveau dont l'invention appartient exclusivement au Ministère public, que nous avons à nous défendre. Pour être plus ingénieux et plus insaisissable que le premier, à cause des éléments incertains et mal accusés qui le constituent, il n'en est ni plus légitime ni mieux fondé.

Pourquoi demander à Domat, dont l'œuvre est empreinte de ce puritanisme exagéré que prêchait Port-Royal et qui l'avait enrôlé sous la bannière du Jansénisme, la définition du dol et de la fraude ? Le Droit moderne, le Droit pratique, surtout, ne saurait descendre dans les mystères de la conscience humaine, pour y juger la validité religieuse des actes que les citoyens échangent entre eux dans le cours de la vie civile. Aussi a-t-il été déclaré, dans l'article 1116, que la fraude consistait dans l'emploi de manœuvres frauduleuses qui ont trompé la victime, égaré sa volonté, et surpris un consentement que l'on n'aurait pas obtenu sans le secours de ces perfidies ou de ces piéges. Il s'est également préoccupé de la contrainte et de la violence, et il a déclaré que, pour vicier le consentement, elle devait être de nature à faire impression sur un homme raisonnable. La jurisprudence qui ne suppose aisément ni les violences ni les surprises, a poussé son respect pour cette dernière disposition jusqu'à décider que l'engagement souscrit en faveur du créancier par le débiteur qu'il vient de faire saisir au corps et jeter dans les prisons, qui ne donne sa signature que sous les étreintes d'une incarcération désolante, ne tombe pas sous le coup de ce texte et doit être maintenu.

Voilà les vrais principes dont il faut bien garder mémoire en appréciant les faits du litige.

Pouvons-nous accepter tout d'abord cet incroyable retour sur les concessions déjà faites, en ce qui touche l'aliénation mentale ? On déclarait tout à l'heure que M. de Beaumont était en possession de son intelligence, et que l'acte du 12 mars 1853 était inattaquable sous ce rapport. Or, voici que le ministère public, revenant sur ses pas, nous annonce que, s'il n'était pas insensé, il était du moins atteint d'une faiblesse d'esprit qui le privait de volonté, et le livrait à la discrétion du premier venu. Ces confusions, ces moyens termes qui par leur caractère incertain et flottant se dérobent à la dialectique la plus déliée, ne plaisent pas à la franchise de mon intelligence. Quand une objection est produite, j'aime qu'elle se présente à front découvert, et qu'il me soit permis de marcher droit à elle pour en essayer la puissance. Vous m'avez dit, en face de mes démonstrations écrites, que pour vous M. de Beaumont en 1863 était sain d'esprit. J'en avais fini dès lors avec l'aliénation mentale. De quel droit la faites-vous de nouveau surgir sous mes pas en lui donnant une physionomie différente? N'est-ce pas retracer un aveu qui m'appartenait, et dont il vous est défendu de m'enlever les avantages?

Mais où donc avez-vous puisé la preuve de cette faiblesse d'esprit que vous substituez aujourd'hui à la démence?

Il ne suffit pas à coup sûr d'une allégation vague pour justifier cet état douteux dont vous avez besoin. Dites-moi qui vous a révélé cette nuance si délicate à saisir d'une raison qui n'est ni complétement saine ni complétement oblitérée.

Un aliéniste profond pourrait peut-être, au bout de longues études, constater cet état ambigu d'une intelligence tout à fait anormale. Mais vous, quelles sont vos preuves, et qu'avez-vous en main pour l'affirmer? La correspondance de M. de Beaumont, les actes qu'il a passés, en un mot, toutes ces œuvres intimes et personnelles qui l'ont fait parler et agir sous l'œil pénétrant de ses juges! Il les relève et je m'en empare en toute confiance. Je soutiens qu'ils justifient précisément le contraire. Ils protestent contre l'affaiblissement intellectuel qui vous conduit à le déclarer tout à la fois raisonnable et insensé. C'est toujours la raison qui domine, et dans le cours de ses lettres nombreuses vous ne la voyez jamais faillir. Il n'est pas faible non plus, et quand on l'assiége de sollicitations ardentes pour faire renaître dans son âme des sentiments religieux depuis longtemps oubliés, il se défend avec autant d'esprit que de mesure. Il résiste, malgré son grand âge, aux prières du bon ange qui frappe à sa porte, et l'on sait pourtant qu'aux extrémités de la vie, l'incrédule et le débauché que les forces abandonnent sont impuissants à lutter contre la crainte d'une mort prochaine, et que l'affaiblissement intellectuel concourt dans une large mesure à leur conversion tardive.

M. de Beaumont n'a pas encore payé son tribut aux infirmités de la vieillesse. Aussi résiste-t-il, et rien n'est changé à ses habitudes?

Où est donc le témoignage de l'affaiblissement de ses facultés mentales? C'est une fantaisie qui ne ressort d'aucun des éléments de la cause, et que nous ne saurions dès lors accepter.

Loin de venir en aide à votre affirmation, vos arguments la détruisent! En effet, vous rappelez qu'il se livrait encore à ses habitudes excentriques... Soit! Mais ceci prouve que ce vieillard si fortement trempé n'avait rien perdu de son ancienne vigueur. Sans cela ses penchants et sa volonté eussent été arrêtés par le plus invincible des obstacles, l'impuissance.

Que vous reste-t-il enfin sur ce point? L'offre de preuve du demandeur que vous fouliez aux pieds naguère sur la question de démence comme facile et sans portée, et que vous ressaisissez ici comme suffisamment probante. Je ne sais rien comprendre, je l'avoue, à cette logique, qui tour à tour condamne et glorifie un même acte, et un même libelle. Je regrette profondément que ces théories aient attendu pour se produire que la lice fût close.

Mais, grand Dieu! Relisez donc ce libelle si malheureux et si impuissant qui n'a pu supporter un instant l'épreuve de la discussion publique. Quoi donc, un propos plaisant venu dans un bal ; un acte de colère contre un ouvrier qui l'outrageait ; la demande d'une montre que déjà il avait reçue et qui reposait tranquillement dans sa poche, prouvent la faiblesse d'esprit, et une triste facilité qui le rendra victime d'une spéculation coupable !

Ce n'est pas sérieux !

Donc M. de Beaumont était en 1853 un homme doué d'une intelligence et d'une raison indéniables. Sa capacité était celle d'un majeur en pleine possession de ses droits, que rien n'avait amoindrie et qu'on aurait vainement essayé d'amoindrir. Rien n'autorise à alléguer ce mélange arbitraire de raison et de folie dont on ne détermine même pas les proportions, et dont le but mal déguisé est de créer une proie facile à la fraude que l'on ne peut pas d'ailleurs démontrer avec plus de force.

Le secret du système est le suivant : il suffira de le signaler pour tenir nos Juges en garde contre les immenses dangers qui l'accompagnent.

On invente une intelligence amoindrie pour n'avoir pas besoin de justifier une fraude caractérisée ; et avec ce double élément d'une faible raison et d'une fraude insuffisante, on veut arriver à l'annulation d'un acte que protégent neuf années d'exécution !

La logique et le bon sens ne procèdent pas ainsi ; tant de subtilité et de souplesse ne saurait leur convenir.

Voyez aussi à quel résultat immédiatement on arrive.

Le premier moyen de fraude que l'on signale, c'est l'expérience et la capacité de l'exposant. On saisit une balance, et dans chaque plateau on met les facultés mentales des deux contractants, pour savoir de quel côté elle penchera !

Où serait entraînée la Justice par de telles combinaisons ? Il n'y aurait donc de convention valide qu'entre

individus de condition et de capacité égales ! Et l'avocat
que protégent justement la noblesse et la dignité de sa
profession, serait d'avance placé sous le coup d'une
suspicion légitime. Ce serait un étrange ostracisme que
celui-là !

Il s'agit d'une vente, et non pas d'une consultation à
délibérer ou d'un procès à instruire.... Le vendeur est
un propriétaire d'une éducation soignée et d'une raison
saine, on vient de l'établir. Mais son Adversaire étant un
jurisconsulte habile, il est présumable que l'autre contractant a été entouré de piéges et de manœuvres coupables.... En vérité, donnez-moi d'autres justifications que
celles prises dans ma qualité, ou bien montrez-moi le
texte qui me met hors la loi. On a de la peine à combattre
de telles argumentations.

Mais enfin nous voici à la veille de conclure le marché.
Le jour est pris pour passer l'acte dans l'étude d'un officier public jusqu'à présent irréprochable. M. de Beaumont
s'y transporte, et le notaire, sous son regard, authentique les conventions arrêtées. La signature que chaque
partie y appose, après lecture faite, leur imprime une
sanction définitive.

C'est à ce moment, ou dans les faits qui ont précédé,
que vous êtes tenu de montrer la fraude. Car c'est alors
que le consentement a été donné, et que le lien obligatoire a pris naissance. C'est le consentement qu'il faut
avoir vicié par des manœuvres ; or, les faits postérieurs
n'ont exercé sur son obtention aucune influence possible.

J'affirme donc, avec le droit et la raison, qu'à ces faits
postérieurs vous ne pouvez demander aucune justification qui l'invalide. Je suis le premier à reconnaître que
si des manœuvres ont été pratiquées pour surprendre
l'acte, et si des faits postérieurs qui se relient à ces
manœuvres, qui en ont été la conséquence, et établissent

leur réalité, sont articulés par la victime, il faudra les admettre. Mais pourquoi ? Parce qu'ils concourent à démontrer l'existence et le caractère du dol qui a engendré le contrat. Sans cette condition, ils seraient impuissants et frustratoires. La convention une fois faite, elle ne peut tomber sous le coup d'une fraude posthume.

Voilà le principe, voilà la vérité, nous les proclamons bien haut, parce qu'il faut ici encore se tenir en garde contre tout détour qui tendrait à échapper à son empire.

Or, ceci posé, je le demande : où est la manœuvre qui a surpris M. de Beaumont ? J'exige que vous la formuliez avec précision. La loi ni la justice n'admettent de vagues allégations en cette matière. Vous êtes tenu de montrer de quelle façon mon vendeur est tombé dans le piége, et quel est ce piége que je lui ai tendu.

J'attends encore une articulation nette à ce sujet. Ne me parlez pas de l'expérience de M. Chabrier, et de la facilité de M. de Beaumont.... La réponse est déjà faite.

Or, dans les faits antérieurs, vous n'avez rien. Le libelle de M. le Procureur impérial n'est pas plus riche que celui du demandeur. N'est-ce point l'éclatante condamnation du système ?

Mais on allègue qu'un sieur Marti-Bordes a été mêlé à la vente, et qu'il a reçu une rémunération.... Ici le libelle satisfait à toutes les exigences, nous dit-on, et s'il est prouvé que Marti-Bordes a été intermédiaire, s'il est prouvé qu'une rémunération a été reçue,.... la fraude est établie !

Qu'est-ce à dire, et de tels raisonnements ne font-ils pas ressortir les préoccupations de celui qui les invoque ?

Un nom dès lors tiendrait lieu de manœuvres frauduleuses ! Envers cet homme, on a été bien injuste ! Je ne

sais où l'on a puisé la preuve de sa prétendue infamie.
Des personnes parfaitement honorables, M. d'Ablans de
Castelsarrazin, M. Victor Michelet, M. Dufour ancien
juge de paix, divers notaires, ont utilisé son concours,
et aucune n'a craint de se salir en l'appelant à lui. Citez
donc un fait, un acte déloyal ou malhonnête qui puisse
lui être imputé, et alors je comprendrai vos flétrissures...
Mais jusqu'à présent on n'en pas eu le moindre souci.
On a supposé que la magie de ce nom était suffisante.

Mais en outre un nom n'est pas une manœuvre. Arti-
culez donc celle que pour moi, cet individu a employée
pour surprendre M. de Beaumont. Il le faut.... L'article 1116 est inflexible et c'est envain que je l'attends.

De tout ce bruit, il faut donc faire complète justice et
répéter qu'aucun piége ne s'est placé à côté du consentement qu'atteste l'acte du 12 mars 1853.

Les faits postérieurs dont je repousse l'autorité et la
valeur, en ce qui touche la validité de l'acte, seront l'objet
d'une discussion spéciale.

Mais cette fraude, vous ne voyez pas en outre qu'elle
est improposable. Pour lui donner une force plus grande,
on a jeté dans les débats ces mots de captation et de suggestion, afin sans doute de compléter le tableau, et de
frapper plus énergiquement la conscience de nos juges.

Et l'on n'a pas vu qu'une fraude, comme une captation
qui est la conséquence de la surprise dont a été l'objet le
contractant, ne peut pas être de longue durée ; que la lumière nécessairement se fait au bout de peu de temps, et
que si le prétendu trompé persévère, c'est que le consentement est bien l'œuvre de sa volonté intime, que n'a
égaré aucune combinaison coupable.

Quand il s'agit d'un testament ou d'une donation, la
jurisprudence ne s'y trompe pas. Si le testateur ou le donateur ont survécu durant plusieurs années à l'acte que

l'on incrimine, sans l'attaquer ni se plaindre des ruses dont ils auraient été victimes, on dit avec raison, que la captation n'existe pas et que la libéralité doit être maintenue.

À plus juste titre, apparemment, s'il s'agit d'actes onéreux. Ceux-ci sont entourés de plus de respect que les autres, et la persévérance à laquelle s'ajoute l'exécution, lui imprime une tout autre valeur.

Or, cette exécution, ici, peut être invoquée tout à la fois, et comme exclusive de la suggestion et du dol, et comme constituant aux termes de l'article 1338 du Code Civil la plus énergique des ratifications.

Existe-t-elle ? Lisez toute cette correspondance de la seconde partie de l'année 1853 et des années suivantes. Il n'y a pas une lettre, pas une où il ne soit question de la vente faite, et des droits qui en résultent pour le vendeur. Là, il demande des paiements par anticipation de la rente stipulée, et plus loin il accuse les remises qui lui ont été faites.

Mais lisez surtout toutes les quittances qui se placent dans la période de 1853 à 1857, et vous verrez là l'exécution se poursuivre sans interruption, avec une fidélité et une persévérance que rien ne vient contrarier ou démentir. Vainement vous y chercheriez une protestation ou une réserve qui enlève à l'acte sa portée confirmative.

Or, toucher les arrérages de la rente promise, c'était bien exécuter et ratifier la vente, puisqu'ils n'étaient dus qu'en vertu de ce titre. Ceci n'a pas besoin de démonstration.

Cette exécution n'était pas amenée par des combinaisons ou des manœuvres dolosives..... Ces écrits tout spontanés que personne ne lui dictait, qu'il écrivait à l'exposant et dès lors en son absence, échappent à toute critique. Ici personne n'est intervenu, ni Marti-Bordes, ni aucun autre..... Il faut donc bien en subir l'autorité et les conséquences légales.

Nous le savons d'ailleurs : le Ministère public nous l'a appris lui-même..... M. de Beaumont n'était pas en état d'aliénation mentale..... Il a pu valablement consentir la vente..... Si un vice l'infecte, c'est parce que la fraude a égaré la volonté du vendeur..... Il pouvait donc aliéner... Il a pu en conséquence ratifier, et comme cette ratification dérivant de l'exécution est puisée dans des actes que le dol n'a pas souillés, le contrat doit sortir victorieux de toutes les attaques !

Ceci nous paraît sans réplique.

Dirons-nous un mot maintenant de la contrainte ? La loi l'a définie... nous n'y reviendrons pas !

Où est on allé la saisir ? Dans les craintes qu'avait M. de Beaumont d'être poursuivi par M. de Cours en remboursement du capital de la rente ? Cela est vrai : ces craintes il les éprouvait, comme en témoigne la correspondance, et les lettres du créancier les rendaient parfaitement légitimes. Mais, à l'occasion de cette affaire, il est aisé de se convaincre aussi de sa sanité mentale. On en recommande la lecture au Tribunal.

En dernière analyse donc, où veut-on en venir ? La contrainte viciant la volonté pourra-t-elle sortir de cette situation qui n'est pas l'œuvre de Chabrier, mais bien le résultat de la négligence du débiteur ?

On a cru pouvoir le soutenir ; et l'on oubliait, d'une part, le texte de l'article 1112, de l'autre, le principe que la menace d'un droit légitime, et son exercice même ne rentrent pas dans l'hypothèse prévue par cette disposition législative ; enfin, que M. Chabrier n'a fait autre chose qu'offrir les fonds nécessaires au paiement des arrérages réclamés.

Tout peut être incriminé, si un fait de cette nature doit servir de fondement et de justification à une demande en nullité et à une poursuite flétrissante.

Pourtant nous ne sommes pas découragés ! Nous avons foi dans l'impartialité de nos juges qui sauront se mettre au-dessus des préventions que la calomnie fatalement suscite. — Notre confiance reste donc entière !

COUR IMPÉRIALE DE TOULOUSE

(DEUXIÈME CHAMBRE.)

1864.

PRÉSIDENCE DE M. MARTIN, PRÉSIDENT

RÉSUMÉ.

. . . .

. . . .

. . . .

Ainsi sont victorieusement réfutées toutes les incriminations dont M. Chabrié a été victime. La noble profession qu'il exerce, le scandale que l'on se proposait de faire autour de lui, les ressentiments et les haines dont on espérait le concours et l'appui, devaient décourager sa résistance, et lui faire accepter le sacrifice de sa fortune pour éviter celui de son honneur.

Ces calculs ne réussiront pas.

Qui donc pourrait prétendre aujourd'hui que l'insanité de M. de Beaumont doit entraîner la nullité du contrat ?

Quelque insaisissable et effacé que soit devenu, dans le dernier langage des agresseurs, cet affaiblissement intel-

lectuel qui, au début, était le vice capital du consentement obtenu, il doit être écarté comme un moyen perfide et un détestable mensonge. Ni l'âge, ni les habitudes
de M. de Beaumont, ne permettent de lui accorder la valeur d'une simple présomption, et les écrits, les actes
nombreux où intervient sa personnalité active, protestent
victorieusement contre ce système.

Aussi, remarquez-le bien : à l'interpellation faite à
Bladbourg, de fixer l'époque où s'est manifestée cette dégradation mentale dont il s'était exclusivement armé, dès
l'origine, aucune réponse n'a été faite.

La défense vous montre au contraire le prétendu insensé faisant des achats en 1851, contractant cinq emprunts notariés dans le cours de l'année 1858, et com-
paraissant autant de fois devant trois ou quatre officiers
publics différents, les uns de Moissac, les autres de
Lauzerte, et ne provoquant chez aucun le soupçon, même
éloigné, d'une aliénation mentale.

C'était le 24 décembre 1852 qu'il signait à Lauzerte
le dernier de ses engagements, et, dans le lieu même de
sa résidence, nul n'hésitait à donner son concours au
prétendu insensé.

Et, dans les premiers jours de l'année 1853, à la veille
de l'acte attaqué, ne le voyons-nous pas encore se rendre
seul chez M. de Cours, solliciter de son créancier une
quittance qui dissipe les craintes d'une exécution dont
des arrérages accumulés vont devenir la cause, et après
l'inutilité de ses tentatives, réunir toutes ses ressources
pour tâcher d'éteindre la dette dont il est tenu !

La somme qui se trouve en son pouvoir est insuffisante, et des lettres sont échangées pour conjurer les
périls de la situation. Ceux qui lui écrivent, Villières et
Chabrié, le considèrent-ils comme faible d'esprit ou incapable ? Lisez leur correspondance, et votre conviction

sera faite. Ses lettres à lui, ses réponses manifestent-elles quelque trouble, quelque obscurité dans ses pensées ou sa raison? Pas davantage! Que l'on compare les écrits de cette époque avec ceux qui ont précédé, l'homme est resté le même, et l'on pourrait porter à l'aliéniste le plus habile, le défi de signaler, dans l'état de ses facultés mentales, une nuance ou une modification saisissable.

Cependant il était faible, dit-on encore, car il empruntait en 1852, tandis que dans la période antérieure de sa vie son patrimoine n'avait éprouvé aucune brèche?

Etrange objection que celle-là? Quoi donc! un homme laisse éclater, dans un moment donné, par des emprunts publics, que l'affaiblissement de son crédit nécessite, des embarras financiers inconnus jusqu'alors, et il faudra dire que ces embarras qui se montrent au grand jour attestent sa démence! On ne discute pas de telles énormités!

Mais, veuillez me dire si la situation de M. de Beaumont, réduit aux revenus de Falsegarres, dont ses notes nous révèlent le véritable chiffre, pouvait, avec ces modestes ressources, satisfaire à ses besoins!

Si, dans les premiers temps qui ont suivi la mort de sa femme, il n'a pas emprunté; si, après le partage fait avec ses sœurs, il n'a pas usé de cette voie périlleuse pour se procurer les fonds que nécessitaient et ses goûts et sa vie, c'est que, d'une part, il était créancier envers ses sœurs d'un capital de 15,000 fr., et ce capital a été épuisé! C'est, de l'autre, que sur les droits de sa femme il a perçu une somme de 8,000 fr., environ, et cette somme a également disparu.

Aussi il lui a été possible de retarder les emprunts qui ne sont venus qu'après l'épuisement de ces ressources diverses. Ne dites donc pas qu'ils ont eu pour cause un trouble mental, et une augmentation de dépenses qui serait la justification de ce trouble. Sa maison a été toujours tenue de la même manière ; et vous, qui avez été si prodigue d'allégations souvent bien téméraires, vous n'avez pas une seule fois, dans le cours de ce long procès, parlé de cette transformation d'habitudes qui aurait en 1852 engendré le passif auquel il aurait succombé.

Ne le savons-nous pas d'ailleurs ? Les lettres n'ont pas toutes la date de 1851 et 1852. Certaines existaient antérieurement, et se trouvaient reconnues par de simples lettres de change. Rappelez-vous les deux traites dont Negre était porteur, l'une de six cents francs, l'autre de deux mille ! Rappelez-vous le billet protesté, la créance de Cours, et l'achat du moulin à vent ! Rassemblez les chiffres qui s'en dégagent, et vous trouvez un total de douze mille francs !

Que reste-t-il pour l'emprunt, en dehors de ce passif dont la cause est si peu susceptible d'être attribuée à l'état d'aliénation mentale ?

Sept mille cinq cents francs ! pas davantage ! n'est-il pas dérisoire de chercher à ce fait une semblable explication !

On l'a vu : jusqu'en 1857, M. de Beaumont n'a pas cessé un instant de donner des preuves matérielles de cette intelligence que l'on veut maintenant lui ravir et qui ne l'a abandonné dans aucun de ses nombreux écrits.

On persiste pourtant ! Et si la folie est abandonnée, on veut tout au moins que cet homme fût affaibli et impuissant à défendre ses intérêts. Cet état intermédiaire qui n'est ni la raison parfaite ni l'imbécillité absolue est difficile à saisir, et les nuances en échappent bien des fois à l'aliéniste le plus expérimenté qui a le sujet sous sa main et le justiciable debout en face de son tribunal !

Après sa mort, qui oserait hasarder une sentence ? Encore si des traces certaines de cette dégradation, lente ou rapide, nous étaient montrées ; si les œuvres du dément venaient constater l'existence de ce voile, qui insensiblement s'abaissait sur son front, et le plongeaient enfin dans une obscurité profonde, on comprendrait que la Justice malgré son impassible réserve voulût descendre à cet examen. Mais vous n'avez rien qui justifie ce système modifié et amoindri sous la protection duquel vous cherchez maintenant un asile. C'est une idée nouvelle qui ne doit la vie qu'aux embarras où vous a jeté une démonstration irrésistible.... Ai-je donc à redouter que la Cour aveuglément l'accepte ?

Voilà toute la correspondance, tous les comptes, toutes les quittances, toutes les additions, tous les carnets de M. de Beaumont, depuis 1855 jusqu'en 1857. C'est lui qui se présente devant ses juges, tenant dans ses mains toutes les pièces justificatives.... Choisissez entre toutes, et montrez-moi celle qui signale le vague de ses idées ou le trouble de son esprit.

J'attends encore que ce choix ait été fait, et que la généralité insaisissable de l'accusation se soit formulée dans un fait ou un document précis qui permette de la combattre. La prudence ne permettait pas à nos Adversaires de s'aventurer sur ce terrain périlleux, et ils n'y sont pas venus.

En dernière analyse leur pensée est facile à saisir. Ils ont besoin d'une démence incomplète parce qu'ils n'ont qu'une fraude insuffisante et non caractérisée. De ces deux éléments, dont l'impuissance est manifeste s'ils sont isolément considérés, ils s'efforcent de composer un tout qui soit efficace et probant.

Y parviendront-ils ?

La fraude ! Elle a aussi ses conditions et ses règles. Il ne suffit pas de prononcer ces mots magiques pour que le contrat disparaisse. Il faut que le consentement ait été surpris par des manœuvres qui n'ont pas laissé au contractant le libre exercice de sa volonté. C'est donc à l'origine, à l'heure où ce consentement a été obtenu, que le vice qui lui enlève sa valeur légale doit s'être produit pour que la convention succombe. La nature des choses le veut ainsi, et la jurisprudence le proclame.

Or, où sont dans le procès actuel les manœuvres antérieures au 12 mars 1853 ? Quel piége a été tendu à la bonne foi de M. de Beaumont, et comment lui a-t-on enlevé sa signature !

C'est à vous de me l'apprendre, car vous êtes le demandeur ! Je sais, moi, qu'il était besoigneux, embarrassé pour le service des intérêts qui pesaient sur sa tête, que sa propriété ne produisait que des revenus bien restreints, et que sa ruine complète était imminente. Dès 1846, sa gêne était accusée par lui dans la lettre où il invitait M. de Bechon à acheter la part du lot de Falsegarres vendue par sa sœur Rosa Bladbourg à M. Delpech.

L'aliénation à laquelle il se résigne, trop tard peutêtre, est donc un acte à mes yeux de prudence et de bonne administration. Fallait-il appeler le dol à son aide pour lui inspirer cette sage résolution ?

Oui ! disent les adversaires. C'est en suscitant dans cette raison troublée des alarmes trompeuses que vous avez arraché à sa faiblesse cette détermination pour lui si douloureuse de se séparer du manoir de ses ancêtres ; et ces alarmes ont eu pour cause cette créance de Cours dont vous étiez le maître absolu, et au moyen de laquelle on lui a fait entrevoir l'éventualité imminente d'une expropriation ruineuse !

Enfin voilà une accusation précise, et nos diffamateurs sortent du vague commode où ils sont dans l'usage de se renfermer. La vérité va leur faire promptement expier cette audace.

J'étais l'homme d'affaires de M. de Cours, et à mon gré je fesais pour le compte de ce client facile ou la paix ou la guerre? Lisez les lettres si impératives de ce créancier, et vous y verrez que je n'ai jamais été ni son conseil ni le dépositaire de ses intérêts ; vous y verrez en outre que l'homme d'affaires qu'il s'était choisi était un autre que moi, et qu'à celui-la il disait de considérer comme non avenues les promesses d'atermoiement qui m'avaient été faites en faveur de M. de Beaumont dont j'étais l'intermédiaire et l'organe.

Lisez d'autre part ma correspondance avec ce dernier, et elle vous apprendra qu'au lieu de jeter l'inquiétude dans son cœur, je lui offre de faire l'avance des fonds nécessaires à sa libération, dès qu'il m'en aura exprimé le désir.

Que devient donc le fantastique tableau de ce jeu infâme qui m'est imputé, d'avoir suscité des inquiétudes chimériques pour spéculer sur les émotions qui devaient en être la conséquence !

N'est-ce pas une détestable calomnie!

Donc la vente du 12 mars ne peut être expliquée par cette cause, et les derniers articulats de l'offre de preuve où se trouvent groupés les faits divers destinés à mettre en scène cette accusation, pour la rendre plus incisive et plus émouvante, doivent être scandaleusement repoussés.

Mais alors où est la manœuvre ?

La vente de la maison de Lauzerte à la fille Serres? J'ai déjà répondu ; et quant à l'insinuation, qui sans oser l'écrire ou l'affirmer verbalement, consisterait à laisser planer sur ma tête le soupçon d'avoir contribué à la rédaction de l'acte privé qui se trouve dans les mains de cette femme, je dédaignerai d'y répondre. Votre courage a faibli quand il a fallu arriver à cette extrémité odieuse. J'interroge votre libelle, et les mêmes défaillances s'y rencontrent. Pouvait-il en être autrement ? La date réelle de cet acte, qui remonte à 1849, dit assez énergiquement que toute participation de ma part était impossible, et puis le nom du rédacteur vous est connu comme à moi-même, d'où je puis conclure avec assurance que cette libéralité indirecte ne peut venir à cause de sa date en aide à l'affaiblissement actuel, et que bien moins encore il pourrait être invoqué comme un indice à ma charge, du dol qui infecterait l'acte si complétement distinct de celui du 12 mars.

Mais que vous reste-t-il désormais ?

Que selon toute apparence on a fait entrevoir à M. de Beaumont l'espérance d'une libération complète, au moyen de l'aliénation de son domaine, et que selon toute apparence encore on l'a trompé et sur le chiffre de sa dette, et sur l'importance des ressources qui lui seraient délivrées pour la couvrir ?

Que de conjectures dans ce raisonnement homicide qui paraît avoir entraîné la conviction des premiers Juges ! Fallait-il donc, pour vaincre les prétendues hésitations du propriétaire, lui donner l'assurance trompeuse de cette libération absolue ? Ne lui suffisait-il pas de calculer d'une part la somme d'intérêt, qu'il était obligé de servir, et de l'autre les revenus si modestes de sa propriété ? Ce rapprochement, que l'expérience de tous les jours, ses besoins quotidiens, et l'impossibilité d'y suffire, l'auraient contraint de faire malgré lui, n'exerçait-il pas sur son esprit une influence suffisamment énergique ? Pourquoi y ajouter des exagérations et un mensonge ?

M. de Beaumont n'avait pas à choisir ; et, sous peine de courir aveuglément à l'expropriation et à la misère, il fallait couper le mal dans sa racine.

Les considérations qui précèdent ont fait ressortir les avantages pécuniaires qu'il y trouvait pour la paix de ses derniers jours, nous n'y reviendrons pas. Mais, assurément, il résulte de ce faisceau de preuves, que les hypothèses du Tribunal sur les promesses perfides qui lui auraient été faites, et sur la fausseté des aperçus qu'on lui aurait donnés de sa situation, ne sont ni vraisemblables ni possibles. L'imagination seule en a fait tous les frais ; aucune preuve à l'appui n'a été articulée, et c'est toutefois sur ce fragile fondement que repose une sentence qui déclare le dol dès à présent démontré.

Il suffirait, pour en faire justice, d'en avoir mis en lumière la complète inutilité.

Si l'on presse l'objection, à quels termes effectivement doit-elle se réduire?

On nous accuse d'avoir dit à M. de Beaumont ou qu'il ne devait pas hypothécairement 19,500 fr., malgré les affirmations de son état hypothécaire, ou que nous lui verserions dans ses mains ce capital, quoique l'acte public dise justement l'opposé, ou enfin que nous possédions un secret merveilleux à l'aide duquel il éteindrait 19,000 fr. de passif avec un actif de 12,000 fr.

Entre ces diverses alternatives, si l'on veut sortir des circonlocutions flottantes où s'est complu le jugement attaqué, il faut faire un choix.

Or, leur monstruosité ne les condamne-t-elle pas toutes sans distinction? Et tout esprit sérieux, si l'argument est mis en action comme on vient de le faire, ne répondra-t-il pas par le sourire du dédain et de l'incrédulité !

Mais il y a plus. M. de Beaumont par ses écrits a eu

le soin de venger Chabrié de ces infamies, dont ni l'un ni l'autre, assurément, n'avait prévu la possibilité.

Le 22 mai 1853, après l'acte passé sur la lettre que venait de lui adresser Mme Delord, sa nièce préférée, il inscrivait de mémoire sur une note, faite pour lui seul en face de ses souvenirs, le chiffre de ses dettes.....

Pouvait-il être trompé à ce sujet, ou avait-il été victime des illusions provoquées par son prétendu spoliateur ?

Nullement ! De son passif il connaît tous les détails ; et, dressant son bilan, il l'énumère article par article, ce qui fait trouver au bout de sa plume, par suite d'une addition dont l'exactitude est irréprochable, la somme juste de 19,500 fr.

Que devient maintenant la supposition hardie de ces convictions trompeuses qu'on aurait fait pénétrer dans son esprit, d'une dette inférieure ?

Voilà son témoignage personnel ! A une époque non suspecte, après la vente accomplie, et c'est à False-garres qu'il le consigne sur une lettre où il était justement question de cette vente, et des motifs sérieux qui l'avaient déterminée !

Contre une telle déposition, aucune récusation n'est à craindre.

Mais peut-être le vieillard a-t-il été trompé sur l'importance des sommes dont Chabrié est devenu, par suite de l'acquisition, débiteur envers lui ? Non ! car il a inscrit sur la même note le chiffre qui lui a été promis. Ici, pourtant, une objection est faite : il a dit, en effet, *12 ou 14,000 fr.*, et sa mémoire paraissait incertaine..... Cela est vrai ; sa main a tracé l'alternative dans les premiers mots qui sont sortis de sa plume, mais la rectification a immédiatement suivi. Sur la ligne où sont reportés les chiffres pour faire l'opération finale qu'il veut accomplir, vous verrez seulement le chiffre de 12,000 fr. A ce chiffre il donne une sanction nouvelle, dans la soustraction destinée à fixer la balance dont il se trouve reliquataire. Ce *lapsus* immédiatement et doublement rectifié n'a donc aucune valeur, et sert à faire connaître que ce n'était ni un automate, ni un imbécile qui se livrait à ce calcul.

En présence de ce fait, ne sommes-nous pas fondés à affirmer qu'il était parfaitement fixé sur le double élément de son compte, c'est à dire sur l'actif et le passif, que son dessein était de comparer pour connaître sa situation véritable.

Mais lui aurait-on fait accroire, par hasard, qu'avec les 12,000 francs prix ferme dont Chabrié était tenu, il parviendrait à une libération complète qui assurerait la tranquillité des derniers jours de sa vie ?

Je ne veux rien dire de cette révoltante énormité en elle-même ! La seule permission que je demande à la Justice, c'est d'interpeller M. de Beaumont pour savoir si telle fut sa pensée ! Sa note va me répondre. J'y lis que sa dette est de 19,500 francs, sa créance contre Chabrié de 12,000 francs, et que le reliquat à sa charge est de 7,500 francs. Cette balance, c'est lui qui l'a écrite, et qui a dit assez nettement dès lors que jamais il n'a pensé accomplir l'opération miraculeuse de sa libération définitive, avec les deniers dont son acquéreur s'était constitué débiteur envers lui.

Et maintenant, qui pourra s'arrêter à l'hypothèse du Tribunal que cette libération complète avait été promise et assurée, et que des manœuvres frauduleuses avaient pu seules donner au vendeur cette conviction sans laquelle la vente n'aurait pas été consentie ?

Et de nouveau, je me demande où est le dol dénoncé aux rigueurs de la justice !

Sera-ce l'enlèvement de M. de Beaumont, que l'on éloigne de son domicile pour le soustraire à la surveillance de Mme Delord, et que l'on traîne comme une victime sacrifiée à de cupides convoitises, dans le repaire où l'attendent trois ou quatre malfaiteurs pour le spolier! et ce repaire, c'est l'étude de M. Fieuzal, officier public honnête entre tous, qui aurait vendu sa complaisance ou plutôt sa complicité à l'avocat dont le patronage concourt à l'accroissement de sa clientèle! Et ces malfaiteurs qui abusent de l'imbécile livré à leur discrétion par ce rapt audacieux, seraient encore le notaire M. Fieuzal, et M. Chabrié avocat, qui pour réaliser un lucre odieux ne recule devant aucun de ces méfaits et accepte toutes ces hontes.

A coup sûr la défense a des priviléges que par la tendance de mes idées, et la nature de ma profession je ne chercherai jamais à restreindre. Toutefois il est des limites qu'aucune considération ne permet de franchir. Quel est ce pacte infâme et innommé dont les nécessités d'un procès impossible vous ont fait supposer l'existence? Y avez-vous bien réfléchi? Et l'énormité de l'accusation s'est-elle présentée à vous, avec le hideux cortége des souillures et des indignités qui en sont l'accessoire nécessaire? Voici les traits essentiels du tableau qu'a tracé votre main. A Falsegarres réside un homme que n'éclaire plus la lumière d'en haut; son idiotisme nous permet de disposer de lui en maître souverain, mais il faut l'arracher au manoir où croupit et végète sa vie matérielle dégradée par toutes les souillures. Venez donc à moi : vous, pour lui faire franchir le seuil de sa demeure sous le prétexte d'une partie de chasse, et le jeter ensuite dans une voiture préparée d'avance, qui enlèvera l'*idiot* dont les réclamations ne sont pas à craindre ; et vous, Fieuzal, pour faire le vide dans votre étude, où sera déposée cette masse inerte qui doit être à couvert des regards importuns. Là ne se borne pas votre mission; préparez l'acte de vente où sera apposée la signature spoliatrice que tracera sur mon injonction sa main passivement obéissante. Et de la sorte, passeront en mon pouvoir les dépouilles du dément qui subira bientôt le joug de ma tutelle intéressée ! De cet odieux méfait vous tenez déjà le salaire, et la continuation de mon patronage viendra vous apporter dans l'avenir une rémunération plus ample.

Et cet inqualifiable marché a été conclu ! et chacun s'est scrupuleusement acquitté du rôle qui lui était imparti dans ce drame dont les combinaisons font bondir le cœur de colère et de dégoût ! Et les acteurs qui ourdissent, préparent et exécutent ce guet-à-pens ignoble, sont un avocat et un notaire dont la vie fut toujours honorée et pure !

Faut-il répondre ? Convient-il de s'abaisser à la réfutation de cette fable indigne, que ses odieuses invraisemblances ont déjà condamnée?... Je ne le pense pas.

Il suffisait, pour victorieusement la combattre, de restituer à l'incrimination sa physionomie réelle !

Et puis écoutez, au 22 mai 1853, le langage de Mme Delord, qui alors était seule censée avoir à souffrir de l'aliénation consentie. — Elle est l'héritière présomptive de M. de Beaumont, trois fois instituée par lui. L'espérance de cette fortune si souvent promise s'évanouit à jamais. Lorsque l'acte a été passé, nos Adversaires nous l'apprennent, elle était à Falsegarres auprès de son oncle. Personne n'est mieux instruit qu'elle des détails qui ont précédé et accompagné le contrat. Au lendemain du jour où ce cruel mécompte vient la frapper, elle sera pleine de colère contre l'auteur prétendu des abominables manœuvres qui en ont été la cause.... Or, que dit-elle ? A son oncle, elle parle, non pas comme à cet imbécile enlevé sous un menteur prétexte et à son insu dans la voiture mystérieuse qui le traînait à sa perte, mais comme un homme sensé qui, sous le coup d'une nécessité douloureuse, a pris une résolution contre laquelle il se serait vainement débattu. Aussi toutes les pensées d'avenir étant éteintes, il faut songer à régler les affaires de la succession de la tante, dont la liquidation avait été ajournée par des motifs faciles à comprendre.

Elle ajoute que ce changement de situation de l'oncle aimé ne modifiera pas ses sentiments de tendresse, et qu'au premier avis elle accourra pour en donner des preuves !

Que deviennent maintenant et le rapt allégué, et l'intelligence de celui qui en aurait été victime, et enfin cette odieuse mise en scène qui flétrissait tout à la fois tant d'hommes honorables ?

Ainsi, à chaque pas, l'attaque vient se heurter contre des impossibilités matérielles et morales qui la réduisent au néant, ou contre des documents écrits dont l'autorité n'est ni moins péremptoire ni moins décisive.

Ce serait tomber dans d'inutiles répétitions que de reproduire ici les considérations développées plus haut sur les clauses de l'acte, la vilité du prix et le traité du 8 septembre. Elles nous semblent sans réplique.

Un mot seulement sur la ratification !

En fait, existe-t-elle? Il n'est pas une seule lettre postérieure au 12 mars 1853, une seule quittance des arrérages de la pension, un seul compte, émanés de M. de Beaumont, qui n'en contienne la preuve saisissante. Quand il sollicite Chabrié de lui avancer des fonds sur les arrérages non échus de la pension que constitue sur sa tête l'acte de vente du 12 mars , n'en réclame-t-il pas formellement l'exécution ?

Lorsqu'il reçoit ces arrérages demandés, soit avant le terme conformément à ses vœux , soit à l'échéance stipulée , et que les quittances écrites en entier de sa main mentionnent l'origine de la créance et sa cause , n'exécute-t-il pas cet acte exclusivement générateur de son droit ?

Or, si ce double fait s'est reproduit sans interruption durant quatre années consécutives ; si c'est toujours M. de Beaumont qui a fait spontanément la demande , et s'est armé de son titre pour que l'exécution n'en fût pas différée , est-il possible de dénier à ces agissements si énergiques et si directs la portée et la valeur d'une ratification ?

L'art. 1338 du Code Napoléon a répondu d'avance ! Il attribue à l'exécution volontaire cet effet légal et cette signification.

Aussi ce moyen à nos yeux a-t-il toujours été irrésistible ?

Comment parviendrait-on à en affaiblir la valeur ? On ne l'a essayé qu'avec une timidité singulière , tant l'obstacle était difficile à franchir. Ici encore , qu'il nous soit permis de serrer le débat, pour forcer nos adversaires à produire nettement leur système.

Quelle est votre exception ? Entendez-vous vous prévaloir de la démence qui frapperait de nullité la ratification comme le contrat lui-même ? J'ai déjà répondu. L'aliénation mentale doit être abandonnée, et la force des choses vous a imposé à vous-même ce sacrifice, quelque douloureux qu'il ait pu être pour vous de voir briser l'arme qui, seule au début, était placée dans vos mains. Le Tribunal dans son jugement a refusé à son tour de voir dans une aliénation mentale, que repoussent tous les documents de la cause, un moyen de nullité. M. de Beaumont avait donc pour contracter une capacité suffisante. D'après la sentence attaquée, ce serait le dol qui infecterait la convention d'un vice radical.

Cela reconnu, que faut-il en conclure? Que M. de Beaumont, capable de souscrire le contrat, si la fraude n'avait pas enlevé à son consentement sa liberté, sera capable de donner une ratification, pourvu que cette même fraude ne vienne pas l'entâcher.

Cette proposition n'est pas contestable.

Et maintenant, où est le dol qui a surpris le consentement de M. de Beaumont dans les actes nombreux et persévérants où il a, sans interruption et sans plainte, exécuté le contrat du 12 mars? Dans l'offre de preuves, il n'est rien dit à l'appui de cette allégation. Dans la plaidoirie orale, on n'a dit qu'une chose, c'est que Mme Chabrié alla s'installer auprès de lui. Qu'importerait cette circonstance, si Mme Chabrié n'a commis aucun acte frauduleux, et le contraire n'est même pas allégué par vous. Mais, dans les premiers mois de 1853, elle ne s'y est pas rendue. Mais de plus, la correspondance de M. de Beaumont où il demande ses arrérages et des avances, est empreinte d'un caractère de personnalité qui écarte la supposition d'une intervention étrangère. Son style est à lui; les sommes demandées sont pour lui; l'emploi qu'il veut en faire ne concerne que lui seul, et la présence de Mme Chabrié à Falsegarres ne saurait ôter ce caractère incontestable et saisissant à la correspondance.

Le Tribunal a fait la même objection en la présentant sous une forme différente. Il a dit, sans se mettre en peine de le justifier, que la même pression qui avait amené le contrat avait pesé sur M. de Beaumont après la vente accomplie!

C'est quelque chose de bien vague que cette pensée !
Avant le contrat, d'après lui, on avait entretenu le vendeur de l'espérance d'éteindre avec le prix de l'immeuble
la totalité de son passif, et de la sorte avait été dolosive-
ment surprise sa volonté. Est-ce que l'on voudrait prétendre que la même manœuvre s'est continuée pendant
quatre ou six années consécutives ? Ce ne serait pas sérieux, et le bilan écrit sur la lettre de Mme Delord en
serait la réfutation victorieuse.

Je demande donc que l'on précise, que l'on me fasse
connaître les moyens à l'aide desquels on a empêché, durant cette longue période, de connaître, soit la vente
elle-même, soit les erreurs dans lesquelles il avait été
entraîné, soit les conditions qui avaient accompagné le
contrat, alors que la jouissance des terres réservées
prouve que cette stipulation était connue de lui ;
que la perception des arrérages atteste que le chiffre
n'en était pas ignoré, et que le prix était consigné
de sa main sur ses notes.

Il savait donc tout cela, et il exécutait ! Cette exécution
partant était faite en pleine connaissance de cause, et
la continuation du dol ne saurait être admise.

A cet argument je ne sais pas apercevoir de réponse
possible, et la pauvreté du système qui s'est produit à
cet égard, lui donne une autorité plus imposante
encore.

La Cour donc n'hésitera pas ! L'interlocutoire ne sera
pas admis parce qu'il est inconsistant et sans portée ;
qu'aucune manœuvre dolosive ne s'y rencontre formulée
selon les prescriptions de la loi, et que l'aliénation
mentale ne peut résister à une discussion sérieuse.

On nous a adressé néanmoins un étrange reproche ! On a dit à M. Chabrié qu'il fuyait la lumière, et
que s'il avait eu le sentiment de sa dignité, il aurait

courbé respectueusement la tête devant la décision des premiers juges, attendant avec calme que la vérité se fît sur les obscurités de ce lamentable procès.

Et à cette occasion, se livrant à des appréciations qui étaient un véritable outrage adressé d'avance aux témoins dont l'enquête serait appelée à recueillir les dépositions, l'Adversaire disait que la lutte serait inégale parce qu'il est domicilié dans une localité peu voisine de Lauzerte, tandis que Chabrié y exerçait une influence considérable.

Nous n'acceptons pas, pour notre part, ces théories injurieuses pour la conscience de tous. Le témoin, lié au joug de la vérité par la religion du serment, ne peut ni ne doit avoir de complaisance pour personne. Devant la barrière du serment, toutes les influences s'arrêtent, et aussi nous ne craignons ni les intrigues ni les manœuvres de ces hommes tarés qui sourdement s'efforcent de souiller les réputations les mieux acquises, ni les hostilités publiques ou secrètes qu'un faux zèle pourrait être jaloux de servir pour se créer de hautes amitiés ou d'utiles sympathies. Ces dangers divers ne nous inspireront jamais de sérieuses alarmes. Un cœur droit et une conscience honnête ne croient pas aisément au parjure.

Mais dites-moi, quand vous m'accusez de redouter un examen approfondi et de fuir la lumière dont l'éclat jetterait le désespoir dans mon âme, avez-vous bien pesé l'injustice et la dérision amère qui se cachent sous les artifices de ce langage? Croyez-vous que nos juges puissent être trompés par ces lieux communs dont ici l'application serait une iniquité désolante! Vous l'avez lue pourtant, cette sentence flétrissante pour ma toge et pour mon honneur, que je dénonce à l'impartialité de la Cour! N'y est-il pas écrit en lettres éclatantes que la

fraude est dès à présent justifiée ; que j'ai trahi des
intérêts qui m'avaient choisi pour protecteur et pour
organe ; que mes mains sont souillées enfin par la spoliation infligée au dément, et mon cœur par les aspirations cupides qui m'ont précipité sur son patrimoine.
L'avocat a été traité avec une violence égale ; sa toge qui
protége le faible et le garantit des piéges du méchant,
a servi à favoriser le succès de mes calculs et dans mes
mains est devenue un instrument de perfidie et de ruine
pour le malheureux qui s'était livré à ma foi ! Il ne restait
plus qu'à me chasser ignominieusement du prétoire où
ma présence devenait une insulte à la morale publique
et à cette loyauté proverbiale qui fit toujours la gloire
du Barreau !

Et c'est devant toutes ces flétrissures que pour ne pas
être accusé de fuir la prétendue vérité qui m'épouvante,
j'aurais dû m'incliner lâchement, résigné d'avance au
déshonneur d'un nom qui est le nom de mes enfants et
d'une vie déjà longue qui ne fut ni sans considération ni
sans quelque éclat.

Ah ! je vous le demande à vous-même : m'auriez-vous
donné ce conseil, et si j'avais accepté la honte de le
suivre, ne m'auriez-vous pas jugé digne de ces incriminations accumulées qui, sans justifications et sans preuves
sont venues cruellement attrister, mais non décourager
mon âme ?

Croyez-le bien ; cette sentence qui m'a frappé dans ce
que j'ai de plus cher au monde, dans le patrimoine le
plus précieux que je puisse transmettre à une famille
naguère si heureuse et aujourd'hui si désolée, je pour-
suivrai sa réformation avec une inébranlable énergie.
La conviction de mon innocence, et la grandeur du
devoir que j'ai à remplir envers les miens, soutiendront
mon courage dans cette lutte où sont engagés des inté-

rêts si émouvants et si graves. Ma voix se fera entendre haute et ferme pour détruire la calomnie, confondre l'imposture, et démasquer les ténébreuses intrigues qui voudraient m'immoler à leur ressentiment.

J'en ai la confiance, la vérité est maintenant connue. Elle ne se dérobe jamais à la conscience du magistrat qui la recherche toujours avec calme et loyauté. L'erreur sans doute est l'une des infirmités de notre nature, et ainsi s'explique la décision attaquée. Mais devant la Cour éclairée par un débat plus complet, les mêmes périls ne sont pas à craindre.

Et ne suffisait-il pas, pour l'appréciation du litige, de jeter un regard attentif sur les circonstances qui l'ont amené. Jamais convention n'a été moins mystérieuse que celle du 12 mars. La famille entière en eut immédiatement connaissance, et quelle fut son attitude? Chacun, selon sa nature sympathique ou intéressée, fit éclater ses sentiments d'approbation ou de colère. Mais nul ne songea à accuser l'acquéreur contre lequel toutes les attaques auraient dû se tourner. Si M. de Beaumont eût été dans cet état d'idiotisme qui aurait laissé au dol un champ si facile à exploiter, n'eût-on pas tenu un autre langage? Entraînée par l'indignation la plus légitime, la famille entière aurait marché droit au spoliateur, pour briser dans ses mains le titre menteur que l'astuce avait surpris à la faiblesse qui ne pouvait se défendre. C'est contre celui-là qu'il fallait se déchaîner, et sur sa tête devaient être sans retard appelées toutes les rigueurs de la Justice. Il eût été alors si facile de le confondre. Un simple interrogatoire de M. de Beaumont, si les fausses allégations d'aujourd'hui eussent été vraies, aurait suffi, en prouvant son imbécillité, pour déconcerter toutes ses manœuvres.

Au lieu de cela que fait-on? M\ᵐᵉ Rosa Bladbourg s'indigne, dans une lettre vainement déniée, puisque elle était dans les papiers de M. de Beaumont, contre l'égoïsme de celui-ci qui a sacrifié, au désir d'améliorer son bien-être actuel, le patrimoine que ses héritiers divers devaient trouver dans sa succession. Ce n'est ni la ruse ni l'aliénation mentale qui a ruiné ces honnêtes espérances. Le seul coupable, c'est le frère oublieux des devoirs sacrés que les liens du sang imposent, et dont le cœur froid et indifférent ne s'est affranchi qu'en devenant l'objet du mépris et de la haine de tous les s ens.

Le nom de l'acquéreur n'est même pas prononcé, si peu sa responsabilité se trouvait engagée dans cet acte. Toutes les objurgations ne s'adressent qu'au prétendu dément et à la prétendue victime.

Voyez maintenant M. de Béchon : pour celui-ci, le mécompte est plus cruel encore. Il avait reçu de son beau-frère de si magnifiques promesses et de si formelles assurances, qui toutes s'écroulent en un instant ! Or, si le vieillard a succombé à des embûches tendues à sa faiblesse, il n'acceptera pas la spoliation odieuse dont un spéculateur sans probité s'est rendu coupable. C'est lui, c'est sa fille, qui sont les réelles victimes, et en présence de telles indignités il ne restera pas impassible et muet ! Que fait-il cependant ? A M. de Beaumont seulement il s'adresse. Il relève ses droits longtemps endormis et dérivant de la succession de Mme de Beaumont, de M. et de Mme Lespinasse, et requiert, dans la quinzaine de la transcription, tant il est vrai que la vente n'était ignorée de personne, une inscription de 53,000 fr.

Et, contre l'auteur audacieux de cette opération déloyale, qui le prive des avantages d'une hérédité dont la promesse était consignée dans une institution générale que l'imbécillité, plus tard survenue, avait rendue irrévocable, il ne dit rien.

Qui croira à de telles complaisances et à de tels sacrifices chez celui qui, d'après l'accusation, aurait eu un droit à défendre et une coupable entreprise à faire réprimer.

Voyez enfin Mme Delord ! Celle-ci la plus à plaindre, sans contredit, de l'amoindrissement de la fortune de cet oncle qui l'a nommée trois fois son héritière!.... De sa bouche sort-il une seule incrimination contre l'acquéreur de Falsegarres? Et dans sa correspondance, trouve-t-on un seul mot qui permette de supposer qu'à ses yeux le contrat n'était ni loyal ni honnête? Il suffit de lire pour être convaincu.

Et voilà donc qu'au jour où l'œuvre incriminée maintenant avec tant de passion et d'ardeur s'accomplit, tout le monde s'incline et accepte, les uns avec colère, les autres avec une touchante résignation, mais tout le monde accepte. La main sur la conscience, dites-nous si l'attitude eût été la même, au cas où le contrat eût été préparé, ourdi et exécuté dans les conditions détestables dont votre imagination a tracé le dégoûtant tableau.

Pour ma part, j'en appelle à la raison de mes Juges !

Et puis, qu'avez-vous fait? A cet homme, à cet acquéreur si déloyal dans votre système actuel, non-seulement vous n'avez adressé ni blâme ni reproche, mais vous êtes venu demander des services, et ces services il vous les a rendus. Ses mains sont pleines de témoignages de votre gratitude. Est-il quelqu'un au monde qui puisse désormais accepter comme sincères les violentes déclamations dont les nécessités de votre entreprise vous ont fait remplir le prétoire. Inspirées par le sentiment cupide qui vous égare, ces inquiétudes ne méritent-elles pas une solennelle réprobation? J'en appelle à toutes les consciences honnêtes.

Interrogeons enfin cette même Rosa Bladbourg, qui,

après la vente, se déchaînait avec tant d'emportement contre son frère, et ne disait rien du prétendu spoliateur. Nous sommes en 1854, un an s'est écoulé depuis le contrat, la vérité tout entière lui est connue; elle sait qu'à Falsegarres s'est introduit par la ruse et la fraude l'usurpateur des biens de sa famille; son cœur doit être plein d'irritation et de mépris, et pourtant, à cet usurpateur elle cède sa part des meubles qui garnissent le château !

Et tous ces faits ne moralisent pas la cause, et ne ruinent pas dans sa base l'accusation tout entière !

Après cela, le traité s'exécute pendant une période de neuf années. Le temps vient donner au contrat une sanction nouvelle; aucune plainte ne se fait entendre. Nul ne songe à contester l'état ni la santé mentale de M. de Beaumont, dont l'existence s'écoule calme et sans inquiétude au sein d'une famille qui l'entoure de sa tendresse, et où il a voulu passer les derniers jours de sa vie ! Le même silence approbateur est observé par tous.....

Mais il advient que M. Chabrié, ayant acquis un domaine nouveau, celui de Saint-Laurens dont la résidence a été préférée en 1857 par M. de Beaumont, au site quelque peu sauvage du manoir de Falsegarres, a vendu au détail les terres de ce dernier domaine. — Le cours des années lui avait apporté un accroissement de valeur ! Qui ne sait d'autre part les merveilleux résultats des ventes à parcelles, accompagnées de longs délais accordés à l'agriculteur qui achète, et qui pour sa libération compte sur ses sueurs et sur les économies de sa rude existence. Ainsi des prix considérables ont été atteints.

En présence de ces résultats si simples et si légitimes,

de cupides aspirations ont enflammé nos Adversaires. — Neuf années d'éxécution protégent notre titre, qu'importe cela? la période décennale n'est pas encore échue et la prescription n'arrêtera pas leur marche! M. de Beaumont serait un invincible obstacle, il est vrai, s'il était encore debout, et en possession de son intelligence et de ses facultés! — Mais tout leur vient en aide! — En 1859, une attaque d'apoplexie a brisé cette forte nature, et la violence du mal a ruiné l'une de ses facultés les plus essentielles, *la mémoire*. — C'en est assez pour obtenir son interdiction! Et l'interdiction a été poursuivie, et en réalité cette faculté de la mémoire avait succombé sous les étreintes du mal cruel qui l'avait assailli, et l'homme moral, au jour de la poursuite, s'est trouvé incomplet.

L'interdiction a donc été obtenue! — Pourquoi, dans quel but? — Pour le procès actuel, et rien que pour le procès actuel. Telle est la moralité des combinaisons qui ont engendré le litige.

S'il eût été juste et honnête, aurait-on attendu pour l'introduire un aussi grand nombre d'années? Ceux qui l'ont entrepris aujourd'hui ne l'auraient-ils pas engagé dès le lendemain du 12 mars?

Et s'ils ne l'ont point fait, n'est-ce point que la figure fière et loyale de M. de Beaumont se serait levée avec l'intelligence qui brillait à son front et qui ne s'est voilée que neuf ans plus tard, pour les chasser du prétoire, et leur interdire cette détestable agression.

Telles sont les causes de leur silence, et ce silence à son tour nous permet de lire au fond de leur pensée, et d'y voir la condamnation des calomnies et du système qu'ils ont essayé de faire triompher devant les tribunaux, grâce à ces longues années d'inertie qui seront pour la Cour un éclatant témoignage de leur impuissance!

Pour M. Chabrié, ce n'est pas un procès ordinaire.

L'honneur de sa robe, l'honneur de son nom, sont dans les mains de votre impartiale justice! — Il ne faut pas s'y méprendre : pour l'homme, pour le citoyen, pour l'avocat, c'est une question de vie ou de mort! — Que son cœur soit ému, que ses préoccupations soient vives, et ses sollicitudes ardentes, quand d'aussi graves intérêts sont engagés dans la lutte, il ne le dissimulera pas! Qui donc serait inaccessible à de déchirantes anxiétés, si pour le malheur de sa vie il était condamné à ces redoutables combats où l'enjeu est plus que l'existence ! — Mais qu'on lui permette de l'affirmer! Par les habitudes de sa profession, il croit à la Justice; il sait quels sont ses Juges; et aussi sa confiance dans son bon droit fortifie son courage que n'ébranleront ni de vaines pusillanimités, ni de téméraires jactances!

CONSULTATIONS.

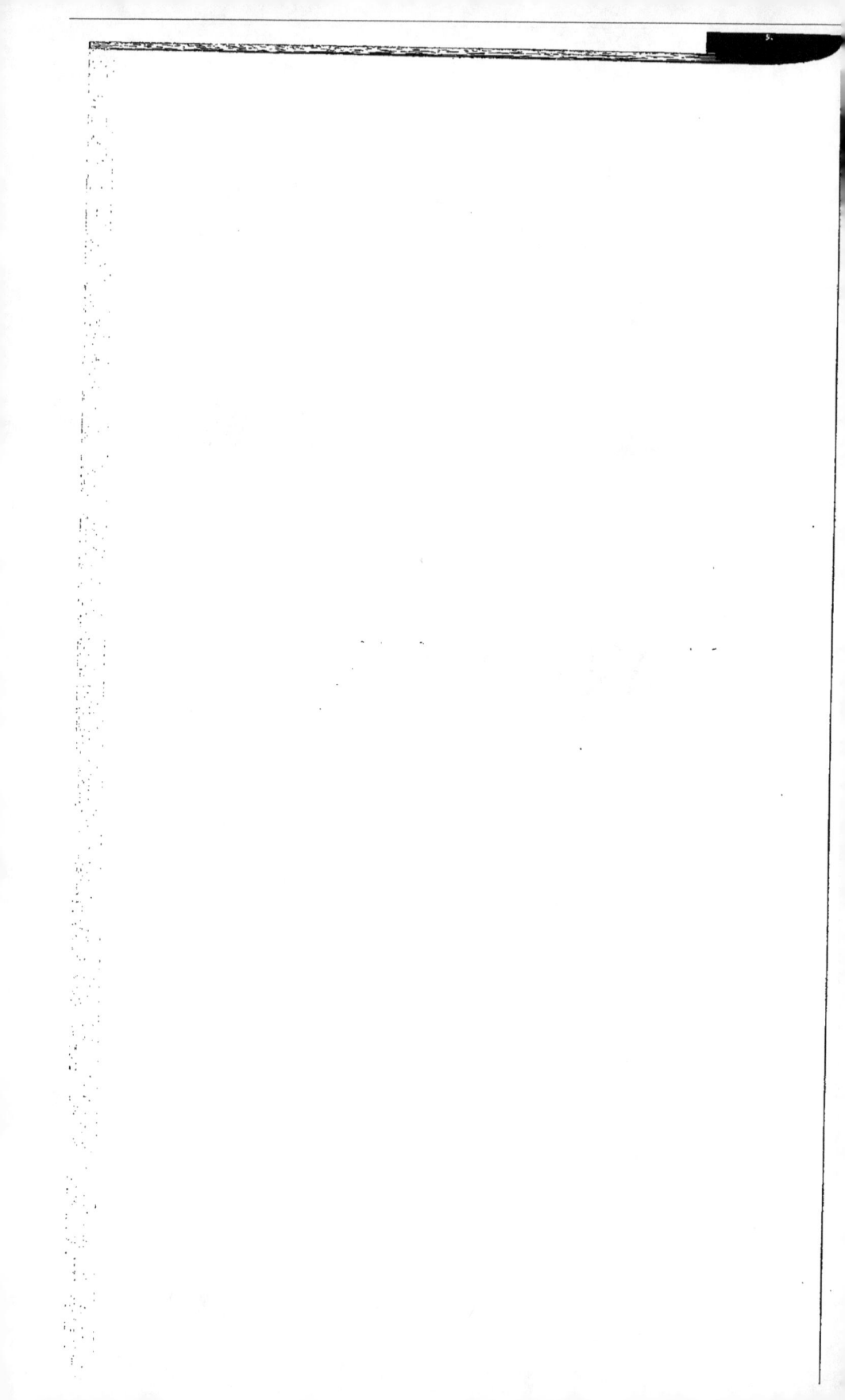

Les dispositions de l'article 972 du Code Napoléon qui exigent, à peine de nullité, la lecture, par le notaire et en présence des témoins, du testament qui vient de lui être dicté, sont applicables à la mention constatant que le testateur n'a pu signer.

L'inaccomplissement de cette formalité doit faire considérer comme non avenues les dernières volontés consignées dans le testament.

———

Le Conseil soussigné qui a vu :

1° Le Contrat de Mariage de Mlle C... L... avec M. B... V..., en date du 13 juin 1843 ;

2° Un acte de partage de présuccession fait par M. et Mme L... entre leurs enfants, le 23 septembre 1845 ;

3° Un testament public fait par Mme L..., épouse V..., le 4 décembre 1848 ;

4° Un jugement rendu par le Tribunal de 1re Instance de Castres, le 3 janvier 1850 ;

Répondant aux questions qui lui ont été proposées, est d'avis des résolutions suivantes :

En fait : M. L... et Mlle C... ont eu plusieurs enfants de leur mariage contracté en l'an VI. A mesure que ces enfants se sont établis, des donations en avancement d'hoirie, consistant en capitaux ou en immeubles, leur ont été faites. Il est remarquable que, dans ces actes divers, les donateurs stipulaient constamment le droit de retour pour le cas de prédécès de l'enfant donataire et de sa postérité. Cette clause se rencontre sans distinction dans toutes les dispositions gratuites successivement intervenues. De la sorte, chacun des membres de la famille s'y trouvait assujetti, lorsque fut passé le partage de présuccession du 23 septembre 1845.

Deux années avant cet acte, le 15 juin 1843, la demoiselle C... L... avait contracté mariage avec le sieur V..., et avait reçu, par ce contrat, à titre d'avancement d'hoirie, de sa mère, une métairie appelée de *Fonjazaud,* et de son père une somme de 9,000 fr. payable à l'époque où le futur époux pourrait en faire une reconnaissance utile.

Cette double libéralité fut accompagnée de la clause sacramentelle du droit de retour.

Toutefois, dans l'acte de partage de présuccession du 23 septembre 1845, cette clause n'a pas été reproduite. Il faudra rechercher quelles sont les conséquences d'une pareille omission, et si l'on peut en induire un abandon pur et simple d'un droit aussi précieux.

Ce qu'il importe de constater, c'est que lors du partage de 1845, les patrimoines du père et de la mère furent réunis en une masse unique, dont la distribution fut faite, sans se préoccuper de l'origine des biens ainsi confondus. Ce qui doit être plus particulièrement signalé encore, c'est que Mme V..., par suite de cet acte, n'a gardé ni la métairie de *Fonjazaud*, ni les 9,000 fr. qui lui avaient été donnés par son contrat, et qu'en échange elle a reçu une propriété, dite du *Pont-de-Larn*, dont la valeur était plus considérable. Ce lotissement amena, de sa part et de celle de son mari, la renonciation à la somme de 9,000 fr. qui, aux termes des conventions matrimoniales, était le complément de la dot.

M. L... père est décédé à la survivance de son épouse qui vit encore.

Mme V... a été atteinte à son tour d'une maladie grave à laquelle elle a succombé le 13 décembre 1848.

Avant sa mort, le 19 novembre, elle avait fait, dans la forme olographe, ses dispositions dernières. Son mari y était institué légataire universel de l'usufruit de tous les biens, tant meubles qu'immeubles, composant son hérédité. Cet acte contenait l'expression sérieuse, libre et réfléchie de ses volontés réelles, mais il ne donnait pas aux exigences du mari une satisfaction complète. Les progrès rapides du mal, qui affaiblissaient simultanément les forces physiques et morales de la testatrice, augmentèrent bientôt l'ascendant de ce dernier, qui obtint un testament nouveau, séparé du précédent par un intervalle de quinze jours à peine. Dans cette période, il ne s'était passé aucun fait, aucun événement qui eût pu affaiblir dans le cœur de la mourante son affection pour sa famille, et surtout pour sa mère, dont les libéralités avaient si généreusement concouru à grossir son patrimoine. Cependant, le 4 décembre, intervient un testament public, qui institue M. V... légataire général et universel de la manière la plus absolue, et le gratifie même de l'usufruit du quart indisponible formant la réserve de la mère survivante. On affirme que lors de la confection de ce testament, Mme V... a dicté au notaire un legs de 25,000 fr. destiné à cette mère que dans ce moment solennel il lui était impossible d'oublier, et à qui une légitime compensation était bien due. Mais l'officier public aurait refusé d'écrire ce legs, sous le prétexte qu'au moyen de l'exercice du droit de retour stipulé dans le contrat de mariage, le prélèvement de cette somme aurait lieu dans tous les cas, et que les intentions de la testatrice se trouveraient de la sorte pleinement exécutées. Malgré les instances de celle-ci, le notaire, après s'être assuré que la disposante n'entendait pas autoriser le cumul du droit de retour et du legs, a cru pouvoir passer sous silence cette importante disposition.

Ce fait grave donne naissance à l'une des plus sérieuses difficultés du procès.

Le testament est terminé de la manière suivante : « Fait et passé au Pont-de-Larn dans la chambre à « coucher de la testatrice, le 4 décembre 1848, et la « testatrice, les témoins, et le notaire, ont signé le « tout après nouvelle lecture, et toujours en présence « des témoins.

« Et après avoir essayé de signer, la dame V..., « n'ayant pu tracer que les caractères informes ci-des- « sus, elle a déclaré ne pouvoir signer à cause de son « extrême faiblesse, et du tremblement de sa main, « le tout fait sans désemparer et toujours en présence « des témoins. »

Il est remarquable que cette dernière partie du procès-verbal, si importante puisqu'elle vient démentir ce qui était déclaré dans la première, relative à la signature donnée par la testatrice, comme sanction de son œuvre, *n'a pas été lue*, ou que du moins, ce qui revient exactement au même, il n'a pas été fait mention de cette lecture, si elle a été donnée.

Neuf jours après, le 13 décembre, Mme V... est décédée.

Mme veuve L..., instruite de l'existence du testament, des circonstances qui avaient précédé et accompagné sa confection, ne pouvait l'accepter comme l'expression des dernières volontés de sa fille. Elle a dû se résigner à en poursuivre l'annulation, et une citation a été par elle donnée, dans ce but, à M. V..., devant le Tribunal civil de Castres. Indépendamment de la nullité de forme, signalée dans cet exploit, la requérante demande que le testament soit déclaré faux, par suite de l'omission du legs de 25,000 fr., dicté par la testatrice, et non écrit par le notaire.

M. V... a répondu par une action en délivrance de l'institution universelle dont il a été l'objet, et par une instance en partage de la succession.

Le litige ainsi engagé, Me E..., notaire, rédacteur du testament attaqué, a demandé à y intervenir pour un intérêt d'honneur ; et c'est dans cet état que la cause a été portée à l'audience.

Dans les conclusions prises au nom de Mme veuve L..., on a insisté principalement sur la nullité de forme et sur l'exercice du droit de retour, que le partage de pré-succession ne pourrait avoir eu la puissance d'effacer du contrat de mariage, où se trouve, accompagnée de cette condition, la libéralité primitive. En ce qui touche le faux, on s'est borné à demander acte des réserves faites pour y recourir selon les besoins de la cause.

Dans l'intérêt du notaire E..., il a été conclu à des dommages, basés sur le préjudice moral résultant pour lui de l'imputation grave dont il a été l'objet, et au rejet des réserves formulées par la demanderesse.

Le sieur V... a demandé l'exécution pure et simple du testament du 4 décembre 1848, et le partage de l'hérédité de son épouse, conformément aux dispositions qui y sont contenues.

Statuant sur ces conclusions respectives, le Tribunal de Castres a rendu un Jugement qui accueille toutes les prétentions de M. V..., déclare, en conséquence, régulier et valable le testament attaqué, et anéantit le droit de retour stipulé dans le contrat de mariage de 1843.

De plus, ce Jugement refuse de donner acte des réserves concernant le faux, et accorde au notaire E..., les dépens à titre de dommages. Appel de ce Jugement par Mme L.... C'est sur le mérite de cet appel que le soussigné a à émettre son avis.

La première question à examiner dans l'ordre logique, est celle relative à la validité, dans la forme, du testament public du 4 décembre 1848. Si le vice, signalé par la consultante, est reconnu assez grave pour en entraîner l'annulation, plusieurs des difficultés du procès, et notamment celle relative à l'inscription de faux, se trouveront implicitement résolues. Son importance dans le litige commande dès lors une discussion approfondie.

Le système de Mme L..., à cet égard, se résume en un seul argument dont la gravité ne saurait être méconnue. Aux termes de l'article 972 du Code Civil, est-il dit en son nom, un testament public n'est valable, qu'autant que le notaire qui l'a reçu en a donné lecture, et lecture complète au testateur, en présence des témoins. Cette formalité essentielle n'est et ne peut être réputée accomplie, qu'autant que l'acte lui-même en contient la mention explicite. C'est le texte déjà cité, c'est la loi du 25 ventôse, an XI, c'est la raison seule qui l'exige ainsi. Il ne faut jamais aller chercher, en dehors de l'acte, la preuve de l'accomplissement des prescriptions législatives : on doit en trouver la justification complète dans les termes même qui le constituent. Il eût été peu sage de livrer à la mémoire incertaine de témoins, dont la sincérité offrirait, selon les conjonctures, des garanties plus ou moins rassurantes, le sort de cette loi suprême, que le testateur, en quittant la vie, laisse à ses héritiers.

Or, en fait, le testament du 4 décembre constate, il est vrai, que Mme V..., dont il serait censé exprimer les volontés dernières, n'a pas signé son œuvre. Il y est bien écrit, en outre, que si cette signature qui en était la sanction nécessaire, ne s'y rencontre pas, c'est parce

que la faiblesse de sa main ne lui a pas permis d'en tracer les caractères ; mais cette double déclaration de l'officier public, dans laquelle la testatrice joue un rôle
considérable, puisque ce serait sa réponse à une interpellation directe qui s'y trouverait reproduite, n'a été
connue ni de cette dernière, ni des témoins à qui lecture
n'en a pas été donnée. L'omission de cette formalité substantielle enlève aux énonciations du testament toute
leur autorité. Dans cette partie, il n'est plus que l'œuvre
de l'officier public seul, et non l'œuvre de la testatrice,
accomplie en présence de quatre témoins, dont le concours
est indispensable, au moment où la déclaration est
faite, et au moment où lecture est donnée des termes
dans lesquels elle est reproduite, afin de s'assurer de la
fidélité de la reproduction elle-même.

D'où la conséquence que le testament actuel se présente dépourvu de la signature de celle de qui il émane,
et que la mention destinée à en tenir lieu, est infectée
d'un vice radical, qui lui enlève toute force probante.

Le Tribunal de Castres, dans son Jugement, repousse,
par un double motif, l'argumentation qui vient d'être
résumée. S'appuyant sur la lettre de l'article 973 du Code
Civil, il dit, en premier lieu : que le texte où sont formulées
les règles concernant les énonciations qui suppléent à la
signature du testateur, n'en exige pas la lecture, ce qui
suffit pour mettre ce moyen de nullité à l'écart. Il ajoute
que si l'on consulte l'esprit de notre législation à ce sujet,
on arrive d'une manière non moins irrésistible à la même
conséquence. La raison et la doctrine veulent que, dans
le testament, on distingue deux parties essentielles qui
ont chacune leur caractère spécial. La première et la plus
importante se réfère à la transcription sinon littérale, du
moins religieusement fidèle des paroles du disposant.
Celle-ci constitue la loi que doivent subir tous les héri-

tiers, et pour elle on ne saurait s'entourer de trop de solennités et de précaution. De là les prescriptions si rigoureuses de l'article 972. Mais la deuxième partie n'avait pas aux yeux du législateur la même gravité : il ne s'agissait que de l'œuvre du notaire, de son procès-verbal à lui, et pour cet objet l'article 973 n'a exigé avec raison, ni la lecture, ni la mention de l'accomplissement de cette formalité. Il n'y a donc pas eu omission répréhensible de la part de l'officier public, et sur ce fondement, l'annulation ne saurait être prononcée par le Juge.

Ce système est très ingénieux, sans doute, mais, en droit, il paraît difficile de l'admettre.

Est-il vrai d'abord que le testament public puisse être scindé de la sorte, et que dans cet acte, qui forme un seul tout, il existe une portion soumise à des solennités dont l'autre se trouverait affranchie ?

Sans aucun doute, dans tout acte public, et, sous ce rapport, l'idée est parfaitement juste, on rencontre deux choses : le procès-verbal émanant directement du notaire qui constate, selon les formalités spéciales, la comparution des parties, ainsi que le but de cette comparution ; et d'autre part, les conventions qu'elles ont faites, les engagements qu'elles ont souscrits, les volontés suprêmes qu'elles ont dictées. Ces volontés, ces engagements, ces conventions sont l'œuvre personnelle et directe des comparants. A ce point de vue, les deux éléments signalés sont faciles à distinguer et à reconnaître.

Mais pour leur faire produire un effet légal, et les faire jouir du privilége de l'authenticité qui s'y attache, il faut les relier étroitement ensemble, et les laisser intimement unis ; ils sont, dans toute la rigueur du mot, nécessaires l'un à l'autre. Les séparer, c'est les détruire ; en matière de testament surtout, ils ne peuvent avoir une existence propre et indépendante. La nature des choses veut bien que dans l'un, ce soit le notaire qui parle, et dans l'autre le testateur ; mais, pour imprimer au langage, soit de l'un, soit de l'autre, le cachet de vérité qui fait foi pleine et entière, il est de toute rigueur que les mêmes solennités entourent et protégent ce *tout*, qui seul est appelé *testament* par la loi.

Le procès-verbal du notaire, séparé des dispositions dictées par le testateur, n'est pas le testament, sans doute, mais la dictée des volontés dernières de ce testateur, séparées du procès-verbal, n'est pas le testament non plus.

Pour le constituer, ces deux choses doivent être réunies ; prises isolément, elles sont à la fois insuffisantes et inefficaces.

Cela posé, qu'est-il dit dans le Jugement ? Que la mention de la lecture n'est pas nécessaire pour le procès-verbal ; qu'elle n'est requise que pour la partie qui contient les dispositions dernières, parce que celle-ci, seule, émane du disposant lui-même !

Cette distinction est repoussée et par le texte et par l'esprit de la loi.

Le texte, c'est l'article 972 lui-même, qui exige dans les termes les moins équivoques, que le *testament* soit lu au testateur, en présence des témoins, et qu'il soit fait du tout mention expresse.

Or, si par *testament* il faut entendre l'acte tout entier, comme la chose vient d'être établie ; si le *testament* se compose, d'une manière collective, de toutes les parties qui le constituent, et dont le concours, la réunion est nécessaire pour lui donner une valeur légale ; la lecture imposée, et la mention prescrite s'appliquent, avec une égale force et une égale rigueur, à ces parties diverses. Car c'est le *testament* encore une fois qui doit être lu, et le procès-verbal en est une partie intégrante. Ne point lire ce procès-verbal, c'est donc ne pas satisfaire aux légitimes exigences de la loi.

Si l'article 972 seul devait juger la question, elle serait clairement résolue ; mais dans ce procès-verbal lui-même, on veut distinguer deux choses, et l'on s'efforce d'affranchir de la règle, concernant la lecture et la mention, particulièrement celle qui concerne la signature, ou la déclaration destinée à en tenir lieu ; cette sous-distinction se place sous la protection de l'article 973.

Ce texte dispose que le testament doit être signé, ou tout au moins, contenir l'indication de la cause qui empêche le testateur d'y apposer sa signature. On fait remarquer qu'il n'exige, ni la lecture de cette partie de l'acte, ni la mention de l'accomplissement de cette formalité. Créer donc une nullité pour un motif semblable, dit le Tribunal, serait sortir du cercle rigoureux tracé par le législateur lui-même, et cela, pour appliquer une peine qui, par sa nature, ne peut, ni ne doit être suppléée.

Cet argument est grave : il a servi de fondement à un arrêt de rejet rendu par la Cour de Cassation en 1834. Est-il sans réplique ? Et cette décision isolée est-elle de nature à fixer la jurisprudence ? On ne saurait l'admettre.

Est-il donc bien difficile de se rendre compte des motifs qui ont empêché de reproduire, dans l'article 973, la prescription de la formalité imposée par l'article 972 ? N'est-il pas de la dernière évidence que si le premier de ces textes est muet à cet égard, c'est parce que le deuxième s'était exprimé avec une netteté suffisante, et qu'il était inutile de répéter, dans chacune de ces deux dispositions qui se touchent, la même obligation déjà implicitement imposée par l'une d'elles ? — Si l'on est forcé de reconnaître que la partie du procès-verbal, où sont constatées les causes qui empêchent le testateur de signer, constitue l'un des éléments les plus essentiels du testament lui-même , est-ce qu'en ordonnant de lire celui-ci, on n'a pas virtuellement imposé le devoir de lire cette *clause* à la fois si précieuse et si grave ? Dans quel but insérer, à ce sujet, dans la loi, une répétition si peu nécessaire ? La pensée était parfaitement claire, et dès lors il n'y a rien à induire du silence prétendu de l'article 973.

On insiste cependant, et l'on dit que la signature, ne devant être naturellement donnée qu'après lecture faite , l'apposition de cette signature , ou la déclaration qui en tient lieu, constitue, en quelque sorte, un deuxième acte indépendant du premier, pour lequel la formalité aurait dû être explicitement imposée, si on avait voulu la rendre obligatoire. La différence qui existe dans la rédaction matérielle des deux textes précités, n'aurait donc pas pour cause, dans ce système, l'inutilité de la répétition, mais bien, au contraire, la pensée arrêtée et commandée, pour ainsi dire, par la nature des choses, de ne point soumettre cette dernière formalité aux mêmes prescriptions.

Cette objection n'est pas mieux fondée que les précédentes. Si, en droit, il est un principe constant, c'est que l'acte notarié est supposé ne former qu'un seul et même contexte, sorti d'un seul jet de la plume du notaire, et qui doit toujours être considéré comme une œuvre parfaitement *une*. Il n'est donc, au point de vue légal, ni rationnel, ni logique, de diviser en deux ou trois fractions l'acte testamentaire. Sans contredit, c'est tour à tour et successivement, que les dispositions de dernière volonté sont dictées et écrites. Sans contredit encore, c'est tour à tour et successivement, que le notaire trace de sa main, tantôt les paroles sacramentelles émanées du testateur, tantôt le protocole qui atteste que ces paroles ont été reçues selon les solennités requises. Mais toutes ces choses, en dernière analyse, lorsque l'acte est terminé, sont réputées avoir été simultanément faites, et leur ensemble, qui ne saurait être séparé ni rompu, forme cet acte suprême appelé *testament* par la loi. C'est donc en vain que l'on s'efforce de les diviser pour les considérer isolément, et autoriser ainsi l'application, à chacune d'elles, de règles spéciales. Raisonner de la sorte, c'est se mettre en opposition avec les principes les plus certains de l'ancien comme du nouveau Droit.

Et, au demeurant, si l'on se préoccupe de l'esprit de la loi, sera-t-on bien venu à se plaindre de la rigueur de ce système? Est-ce donc d'une énonciation vraiment indifférente qu'il s'agit en pareille conjoncture, ou bien n'est-il pas question de l'une des plus essentielles formalités du testament? La jurisprudence et la loi exigent impérieusement que cet acte porte la signature de celui de qui il émane. Si, sachant signer, il a déclaré ne le pas savoir, ce mensonge a pour résultat de créer une nullité radicale ; on suppose, à juste titre, que la contrainte matérielle ou morale lui a arraché les dispositions articulées par sa bouche, et la fausseté de la déclaration qui explique l'absence de sa signature, est considérée comme un témoignage muet, mais concluant, d'un refus positif de sanction. Déjà on voit combien le langage du testateur, destiné à expliquer cette absence de signature, a de la gravité. S'il manque d'exactitude, le testament s'écroule ; et difficilement on comprendrait dès lors que le notaire fût libre de rédiger, au gré de son caprice, cette déclaration elle-même. De toute nécessité, il faut qu'en présence des témoins, il demande à celui, dont il est censé reproduire le langage, s'il a bien ou mal traduit sa pensée. De toutes parts ressort, en effet, l'importance qu'avait

aux yeux du législateur, cette partie de l'acte testamentaire. Qu'on médite avec soin les termes de l'article 973,
si souvent cité, ce n'est pas une déclaration générale et
vague qu'il exige, pour justifier la non-signature. Il faut
plus que cela : il faut une précision rigoureuse des motifs
qui empêchent de la donner, et cette précision une fois
faite, l'héritier du sang est autorisé à la soumettre à un
contrôle sévère. De nombreux arrêts ont décidé que, si
le testateur s'est borné à dire qu'il ne pouvait pas signer, sans indiquer la cause de son empêchement, le
testament est frappé d'une nullité radicale, pareille à
celle dont il se trouve atteint, dans le cas où une ignorance mensongère a été alléguée. Qui ne voit dès lors,
que pour cette partie, de toutes, sans contredit, la plus
essentielle, puisque c'est la sanction nécessaire, indispensable, qui se trouve donnée ainsi à l'acte tout entier, puisque le testateur y joue encore un rôle principal et actif,
car c'est une déclaration qui lui est personnelle, qui doit
émaner et qui ne peut émaner que de lui seul, qu'il faut
consigner dans l'acte ; qui ne voit, disons-nous, que, pour
cette partie, la raison, la logique ne permettent pas de
supposer que le législateur se soit relâché de la rigueur
des formes prescrites par l'article 972 ?

Dans l'espèce, ce qui doit rendre plus incontestable
l'application des principes qui viennent d'être développés, c'est que le notaire a dressé, pour ainsi dire, deux
procès-verbaux, dont l'un vient donner à l'autre un démenti positif, et que le dernier justement n'a pas été
accompagné de la formalité de la lecture, qui imprime
au premier un caractère d'authenticité irrécusable. Le
testament était tout d'abord terminé par ces mots : « La
« testatrice, les témoins et le notaire ont signé le tout,
« *après nouvelle lecture* et toujours en présence des té-
« moins. » Ainsi, dans l'origine, la signature de la tes-

tatrice devait être apposée ; le testament qui lui avait été lu dans cette partie, comme dans toutes les autres, le constatait de la manière la plus expresse. Par la place qu'elle occupe, la mention de la lecture démontre, que cette lecture s'applique même à la phrase annonçant comme donnée, la signature qui a été promise.

Cependant, au bas de l'acte, cette signature n'existe pas, il est devenu nécessaire de démentir ce qui avait éte indiqué comme accompli. Or, concevrait-on qu'il eût été légalement possible de modifier, de changer cette partie de l'acte, de substituer à la signature que l'on disait avoir été d'ores et déjà tracée, une déclaration d'mpuissance, motivée sur la faiblesse, sans que ce procès-verbal additionnel, modificatif de celui qui tout d'abord avait été écrit et lu, avec mention expresse de la lecture, AIT ÉTÉ LU LUI-MÊME. C'est là une chose que la raison n'admet pas, qui distingue profondément l'hypothèse présente de celle sur laquelle est intervenu l'arrêt de la Cour de Cassation, et qui doit amener, sur ce chef, la réformation du jugement rendu par le Tribunal civil de Castres. Les développements de la plaidoirie feront aisément ressortir toutes les conséquences qui s'évincent de ce fait important.

Sait-on enfin, d'une façon bien positive, les motifs qui ont empêché Mme V... de signer ? — Est-ce la faiblesse de sa main, ou plutôt n'est-ce pas sa légitime répugnance de dépouiller sa famille d'un patrimoine sorti des mains de cette famille elle-même, pour en investir un jeune époux qui le porterait dans une famille étrangère? Le testament olographe, où l'usufruit seul est légué au mari, n'est-il pas le commentaire véritable, écrit quinze jours auparavant, en pleine liberté d'esprit et de cœur, de cette défaillance, dont la mourante s'est trouvée saisie au moment de tracer son nom au bas de l'acte spoliateur qui peut-être lui était imposé ? N'est-ce pas dans de telles conjonctures, qu'il faut rigoureusement exiger l'observation complète des formes destinées à tenir lieu de la sanction, que la testatrice elle-même n'a pas matériellement donnée à son œuvre ?

La nullité de cet acte ne privera pas, d'ailleurs, M. V... de la libéralité dont sa femme a réellement voulu le gratifier ; elle aura pour effet de faire revivre le testament olographe du 19 novembre précédent, qui lui assure un lot assez avantageux, et, de la sorte, les droits de tous seront sauvegardés.

La deuxième question est relative au droit de retour stipulé par Mme L..., dans le contrat de mariage de sa fille, et passé sous silence, dans le partage de pré-succession intervenu plus tard.

Malgré le silence gardé dans ce dernier acte, ce droit peut-il être exercé aujourd'hui, sur le patrimoine composant la succession de la testatrice ?

Le Tribunal a résolu négativement la difficulté. Suivant lui, la première libéralité soumise au retour a complétement disparu, au moyen du rapport qu'en a fait à la masse Mme V..., pour les opérations du partage, et maintenant elle se trouve remplacée par la libéralité nouvelle, dont ce même partage est venu la gratifier. Il est remarquable que la métairie de *Fonjazaud* et la somme de 9,000 fr. qui lui furent donnés dans son contrat de mariage, sont sortis de ses mains, et que le domaine du *Pont-de-Larn*, dont l'attribution a eu pour effet de l'assujettir à une soulte assez importante, est venu en prendre la place. De ces faits, le Jugement conclut que le droit de retour a été virtuellement abandonné par les donateurs.

Cette décision s'appuie sur un arrêt de la Cour de Cassation, en date du 19 janvier 1836 (Sirey, 36-1-518), qui consacre la même doctrine.

Malgré la gravité de ce précédent, le Conseil soussigné, après un examen approfondi, donne la préférence à l'opinion contraire.

Un point essentiel à retenir, dans l'espèce actuelle, et qui ne se rencontrait pas dans celle jugée par la Cour de Cassation, c'est que toutes les donations faites par les époux L..., à chacun de leurs enfants, à mesure de leurs établissements successifs, contiennent invariablement la clause du droit de retour, et qu'il n'est pas un seul des donataires, qui ne fût soumis à cette condition rigoureuse. La maintenir donc dans toute son énergie, ce n'est pas s'exposer à rompre l'égalité qui doit régner entre les copartageants, et à faire à certains d'entre eux une position moins avantageuse qu'aux autres, ce qui serait contraire à la nature même du partage. Cette considération, qui ne fut pas sans influence sur la décision judiciaire dont on se prévaut, doit être ici mise complétement à l'écart.

Cela posé, d'où ferait-on découler la renonciation tacite, faite par les donateurs à cette clause précieuse, qui, dans le cas où ils auraient la douleur de survivre à leurs enfants, les mettait à l'abri du danger de voir passer, dans une famille étrangère, un patrimoine acquis à la sueur de leur front?

En droit, on ne prétendra pas, sans doute, que le partage de présuccession est insusceptible de subir la condition du droit de retour, au profit de l'ascendant donateur. Rien dans la loi, ni dans la nature des choses, ne s'oppose à une stipulation de ce genre. C'est une véritable donation entre-vifs qui intervient, et les règles concernant cette sorte d'acte lui sont pleinement applicables. Il est positif, dès lors, que, si cette stipulation se rencontre dans une donation contenant partage, elle doit être respectée, et que, la condition une fois accomplie, le donateur rentre dans les biens dont il s'était dépouillé. Cette première proposition n'est pas contestable.

Si néanmoins elle est reconnue vraie, il s'en déduit comme nécessaire et rigoureuse conséquence, que cet acte n'est point, par sa nature, incompatible avec un droit pareil. D'autre part, et si cette incompatibilité n'existe pas, il faut affirmer, avec une égale certitude, qu'il n'en implique pas virtuellement l'abandon. Un principe enseigné, de tous les temps, par les Jurisconsultes, et accepté comme un axiôme, c'est que les renonciations ne se présument pas. Nul n'est réputé abandonner facilement un droit dont il se trouve investi ; il faut, ou une déclaration explicite, ou bien que l'acte, duquel on veut l'induire, soit inconciliable avec la conservation du droit précédemment stipulé. Or, dans l'espèce, on ne rentre ni dans l'une, ni dans l'autre de ces deux catégories. De déclaration expresse, on n'en allègue même pas : jamais Mme L... ne s'est désistée du retour que lui assurait le contrat de mariage de sa fille ; et, toutefois, si ce désistement eût été dans l'intention des parties, elles s'en seraient apparemment expliquées d'une manière précise. C'était une chose assez grave, pour mériter une mention spéciale, le droit était maintenu et non abandonné par le silence. Quant à l'incompatibilité, on a démontré déjà qu'elle n'était pas proposable.

En ce qui concerne particulièrement Mme V..., quel eut donc été le motif qui aurait déterminé les donateurs à ce sacrifice ? De son union, elle n'avait pas eu d'enfants, quoique mariée depuis deux années, et cette circonstance n'était pas faite, sans doute, pour les y engager. Si la demande leur en eût été positivement faite, qui pourrait affirmer qu'ils y eussent donné leur adhésion, et se fussent montrés, après un mariage qui menaçait d'être stérile, moins jaloux conservateurs de leur patrimoine, qu'au jour du contrat ? Cette hypothèse est bien peu vraisemblable, et il faudrait toutefois, pour conclure à l'anéantissement de ce droit, non pas de simples présomptions, que la raison désavoue, non pas même des présomptions graves et sérieuses, mais une certitude absolue, résultant invinciblement de faits ou d'actes insusceptibles d'une interprétation équivoque.

Pour échapper à l'objection, le Tribunal oppose, il est vrai, que la donation portée dans le contrat de mariage n'existe plus. Dans son système, les objets qui la composaient ont été rapportés à la masse commune, où, par l'effet de ce rapport, les conditions qui les auraient accompagnées, sur la tête des époux V..., ont été effacées. Pour être concluante, l'argumentation suppose nécessairement que les donateurs se sont trouvés, de cette manière, saisis, de nouveau, des biens dont ils avaient disposé en faveur de leur fille ; et comme la deuxième libéralité, qui les a fait sortir encore une fois de leurs mains, n'est accompagnée d'aucune réserve, la condition rigoureuse, qui les avait affectés dès l'origine, a irrévocablement disparu. C'est dans cette reprise des biens donnés, opérant une sorte de confusion légale, et dans la libéralité nouvelle, affranchie de toute charge, que l'on s'efforce de puiser le germe de la résolution du droit en litige.

Si les actes avaient la portée et devaient recevoir l'interprétation que leur attribue ce système, l'argumentation serait sans réplique ; mais rien n'est plus aisé que de signaler le point où commence le sophisme qui a séduit le Tribunal.

La base du raisonnement, c'est que la donation, consignée dans le contrat de mariage, a été résolue, et que les biens dont elle se composait sont rentrés au pouvoir du père et de la mère, qui les ont donnés une deuxième fois, sans imposer la condition du retour : cette double objection constitue les prémisses dont la conclusion est l'extinction du droit lui-même.

Or, est-il vrai que la donation du contrat de mariage ait été jamais résolue ?

Est-il vrai que les biens, dont elle se composait, soient, un seul instant, revenus dans les mains des donateurs ?

Nullement. Et c'est ici que peut et doit être invoqué, dans toute son énergie, le principe de l'irrévocabilité des conventions matrimoniales. Ce n'est pas, on en convient, comme l'a dit le Tribunal, blesser le principe, que de renoncer à une réserve qui diminuait, au préjudice de l'épouse donataire, l'étendue du bienfait dont elle avait été gratifiée. Ainsi, l'art. 1393 du C. Civ. ne serait blessé, ni dans son esprit, ni dans son texte, si, l'auteur d'une libéralité par contrat de mariage, abandonnait, après la célébration, un droit de retour, dont il avait grevé cette libéralité elle-même. Mais il souffrirait, au contraire, une atteinte profonde, si l'on admettait que la dot constituée a pu être abandonnée, soit par l'épouse, soit par le mari réunis ou séparés, et que les biens, représentant cette dot, sont revenus au pouvoir des constituants, libres apparemment d'en disposer à leur gré. C'est cette proposition qui n'est pas acceptable, et qui, sous le rapport légal, est empreinte d'une manifeste hérésie. A côté du principe de l'irrévocabilité des conventions matrimoniales, se place, pour l'établir, celui de l'inaliénabilité de la dot, qui ne permet pas, non plus, d'élever à ce sujet une controverse sérieuse.

Dans la vérité des choses, les biens qu'avait reçus Mme V... dans son contrat de mariage, ne sont jamais rentrés dans les mains de ses auteurs. Si, plus tard, elle a été mise en possession d'une propriété différente, c'est parce que cette propriété a été substituée à la précédente. Il est impossible de saisir, par la pensée, un instant mathématique où elle se serait trouvée dépouillée de sa dot primitive, et non encore saisie du domaine qui, dans une mesure donnée, devait en prendre la place. Aucun trait de temps ne sépare le dessaisissement de l'investiture. Ces deux choses ont été simultanément accomplies.

De cette précision, que faut-il conclure ?

Evidemment, qu'il n'y a pas eu de résolution, mais un simple échange, une simple substitution, comme on l'a déjà vu.

Que faut-il en conclure encore ?

Que la première donation a toujours existé, et qu'elle existe même aujourd'hui. Seulement les biens, qui en fesaient l'objet, ont été remplacés par des biens d'une nature différente. Le contrat de mariage n'a reçu, et ne pouvait recevoir d'autre modification que celle-la ; aussi n'est-ce point de la donation contenant partage, que Mme V..., en ce qui touche la dot, tient réellement ses droits. Leur origine est tout autre. Ils puisent leur source dans l'acte renfermant les conventions matrimoniales ; ce qui le démontre, c'est que cette dot, avec les droits qu'elle conférait à l'époux, et l'affectation spéciale qui lui est assignée par la loi, n'a pas cessé d'exister un instant ; un seul changement est intervenu. Le paiement, au lieu d'être fait avec la métairie de *Fonjazaud* et une somme de 9,000 fr., en a été effectué avec le domaine *du Pont-de-Larn*.

Mais ce mode de paiement n'a eu pour but, et ne saurait avoir pour résultat, ni de la détruire, ni d'effacer les conditions qui l'ont affectée au jour où la constitution en a été faite, soit dans l'intérêt du mari, soit dans celui du donateur.

De plus, et si l'on soumet un partage de présuccession à une rigoureuse analyse, avec quel caractère se présente-t-il ?

Deux éléments principaux le dominent : d'une part, la démission de biens faite par l'ascendant, et de l'autre, la division de ces mêmes biens entre les divers intéressés. La démission de biens est ce qui rentre plus particulièrement dans le rôle de l'ascendant donateur ; le partage, au contraire, est l'affaire plus spéciale et plus directe des enfants réunis. Quel est celui, de ces deux éléments, qui impliquerait, dans le système du Tribunal, l'abandon du droit de retour ?

Serait-ce la démission de biens ?

Mais il est clair que cette démission ne s'applique qu'à ceux dont il ne s'était pas précédemment dépouillé, et que les autres, déjà sortis de son patrimoine par des actes antérieurs, n'y sont pas compris ; d'où il s'induit que, pour ces derniers, qui demeurent étrangers à cette partie de l'acte, cet acte lui-même ne saurait apporter de modification d'aucun genre.

Serait-ce au partage qui suit la démission, que l'on ferait produire le résultat consacré par le jugement ?

Mais à ce partage, il est possible, et souvent il arrive, que l'ascendant ne prenne pas une part active ou sérieuse. Les enfants, dans certaines conjonctures, le règlent entre eux, comme ils l'entendent. Et de ce que dans d'autres, l'ascendant présidera à l'opération, sera-t-on en droit de dire que l'appréciation doit être différente ?

En aucune sorte ; le caractère de l'acte reste toujours le même. C'est un partage, et de sa nature, il ne produit d'autre effet que de *déclarer* des droits préexistants, et non d'en créer de *nouveaux*. Après le lotissement, les copartageants ne peuvent avoir que ce qui, avant le lotissement, appartenait à la masse. La limite des droits de chacun, ou la quote-part qui lui est attribuée, doit être la même que la limite des droits de tous. En un mot, on ne peut pas trouver, sur la tête de l'un d'entre eux, après le partage, une chose qui n'existait pas dans la masse avant cette opération.

Or, dans cette masse, qu'y avait-il?

D'une part, les biens déjà donnés, qui ne devaient pas et qui ne pouvaient pas être l'objet de libéralités nouvelles, et de l'autre, ceux dont les donateurs se sont, ce jour-là même, dessaisis. Pour les premiers, ils y sont venus avec les charges dont ils étaient affectés déjà, dans les mains des détenteurs, et pour les seconds, avec celles qui peuvent avoir été stipulées dans l'acte contenant la donation.

Cette base n'est pas contestable. Il n'est pas contestable, non plus, que le partage a été insusceptible d'engendrer un droit nouveau, ou d'affranchir d'une charge quelconque. D'un autre côté, la démission de biens, à son tour, n'a pas effacé, comme on l'a vu, les obligations dérivant de libéralités antérieures. Et maintenant, la logique permet-elle de dire que ces deux actes réunis pourront faire ce que, pris isolément, ils sont impuissants à réaliser.

Selon toute apparence, on ne prétendrait pas que la condition du retour s'évanouit, par l'effet du partage, lorsque cette condition est stipulée, non au profit du donateur lui-même, mais dans l'intérêt des enfants du donataire, en vertu des dispositions de l'article 1048 du Code Civil.

Et pourtant, le bien donné, avec charge de restitution, peut, dans certains cas, rentrer à la masse, pour être soumis au partage de présuccession qui intervient plus tard. Ce bien, ainsi rentré, peut être évidemment encore attribué à un autre membre de la famille, et le donataire primitif, obligé de recevoir à la place un autre immeuble qui en tient lieu. Est-ce donc que celui-ci ne sera pas grevé de la charge qui pesait sur celui-là ?

Est-ce qu'en se retrempant dans la masse commune, au moyen du rapport, il sera dégagé de la condition qui l'affectait dans l'origine ?

De deux choses l'une : ou il tombera dans le lot du premier donataire, ou il écherra à quelque autre des ayants-droit : au premier cas, la condition de rendre continuera de le grever , et si elle disparaît dans le deuxième, c'est parce qu'elle se trouve transportée sur l'immeuble qui le remplace, *Subrogatum capit naturam subrogati.*

Ce qui est vrai, pour l'hypothèse où le retour a été stipulé en faveur d'un tiers, l'est également pour celle où il a été réservé par le donateur, dans son intérêt personnel ; les principes sont absolument identiques , et la solution dès lors ne saurait être différente.

La troisième et dernière question est celle qui concerne le faux dont le testament se trouverait infecté, par suite de l'omission du legs de 25,000 fr. que la testatrice a dicté , et qu'elle destinait à la dame L... sa mère.

En fait, on affirme de la façon la plus énergique, que Mme V..., malgré l'ascendant que, dans les derniers jours de sa vie, son époux avait su prendre sur elle, ne voulait ni n'entendait oublier sa mère dans son testament ; elle lui destinait un legs de 25,000 fr., dont la dictée fut entendue par tous les témoins instrumentaires, et qui ne se trouve pas dans cet acte de dernière volonté. On a assuré que le notaire E... refusa de l'écrire , sous le prétexte que le droit de retour ferait rentrer , dans les mains de la mère de la testatrice, la somme que celle-ci voulait lui léguer. Il l'interpella seulement sur le point de savoir, si son intention était d'accumuler le retour et le legs au profit de la légataire ; et comme, à cette interpellation, il fut fait une réponse négative, il passa cette disposition sous silence. Le conseil n'a pas à rechercher si c'est de bonne foi que cette omission a été faite. Acceptant comme positif le fait de la dictée et de l'omission, non autorisée par la testatrice, son devoir se borne à en préciser les conséquences légales : ces conséquences sont aussi simples que positives.

Le testament fait foi de sa sincérité et de sa parfaite exactitude, jusqu'à inscription de faux ; on ne peut être admis à prouver par la voie ordinaire, ni qu'il a été écrit des dispositions différentes de celles qui ont été dictées, ni que certaines dispositions, sorties de la bouche de la testatrice, ont été omises.

Dans l'état de la cause, est-ce le cas de recourir à l'inscription de faux, pour faire rétablir, dans le testament, cette disposition que le notaire a refusé d'y écrire ?

Cette difficulté, l'une des plus sérieuses du débat, ne présente d'intérêt véritable, que si la nullité de forme n'est pas accueillie par la Justice. Celle-ci, en effet, ayant pour conséquence de renverser le testament tout entier, l'incident relatif au legs, si elle triomphe, n'a plus aucune importance. C'est ce qui explique pour quel motif, devant le Tribunal de première instance, on s'est borné à de simples réserves. Il ne fallait recourir à la voie extraordinaire du faux, qu'après avoir épuisé les autres moyens dont la consultante était en droit de se prévaloir. Devant la Cour, où le litige est aujourd'hui porté, il n'est plus possible de suivre la même marche, les parties se trouvent en présence d'une juridiction souveraine où, sous peine de déchéance, tous les moyens doivent être simultanément présentés. Il faut donc savoir si l'inscription de faux est rigoureusement nécessaire, ou bien, si la preuve testimoniale des faits, se référant à la dictée et à l'omission du legs dont il s'agit, serait admissible, indépendamment de cette inscription elle-même.

L'acte serait infecté d'un véritable faux, si l'une ou l'autre de ces deux allégations était établie, ou reconnue vraie. Le *faux intellectuel* consiste, en effet, soit dans la substitution d'une clause à une autre, soit dans l'addition d'une disposition qui n'a pas été faite, la suppression, ou l'omission de celle qui aurait été réellement dictée. La doctrine des auteurs est unanime à cet égard.

Il suit de là que la voie de l'inscription incidente est seule ouverte, pour être admis à la preuve de faits de cette nature. Il devient donc d'une rigoureuse nécessité d'y recourir.

Il est sensible encore, dans le cas où cette marche sera adoptée, que le notaire E..., qui est partie intervenante en première instance, devra être intimé sur l'appel. Le jugement du Tribunal civil de Castres a décidé, contradictoirement avec lui. que la dame L... n'obtiendrait pas même acte des réserves qu'elle avait faites pour s'inscrire en faux, s'il y avait lieu. L'arrêt qui admettra cette inscription modifiera nécessairement la décision intervenue à ce sujet, et pour que la modification soit parfaitement régulière, il faut que tous ceux qui avaient un intérêt d'argent ou d'honneur à la faire maintenir, soient constitués en demeure de la défendre.

Du reste, rien n'oblige, sur cette question du procès, à sortir de la mesure qui a été gardée devant les premiers juges.

Me E... peut avoir été, on doit même croire jusqu'à preuve contraire, qu'il a été de bonne foi, en refusant, pour éviter le cumul dont il se préoccupait, d'insérer, dans son acte, la disposition qui lui était dictée, en présence des quatre témoins, qui l'attesteront avec énergie. Mais si, comme on l'assure, il a cru pouvoir, sans l'assentiment de la testatrice, supprimer cette disposition, il a commis un faux, qui, sans doute, ne le rend pas justiciable de la juridiction criminelle, puisque aucune intention de nuire ne lui est imputée, mais dont les Tribunaux civils doivent ordonner la réparation.

Délibéré à Paris, le 8 juin 1850.

Est illégal l'arrêté ministériel ou préfectoral qui autorise le Bureau présidant aux opérations électorales à renvoyer le dépouillement au lendemain du jour de la clôture du scrutin.

Les Jurisconsultes soussignés, qui ont pris connaissance d'une Note à consulter que leur a soumise M. Charles de Rémusat, ancien Ministre, membre de l'Académie française, candidat dans la deuxième circonscription du département de la Haute-Garonne, répondant à la question proposée, sont d'avis de la résolution suivante :

Dans la circulaire contenant les instructions relatives aux opérations électorales, en date du 8 de ce mois, on lit, sous les paragraphes qui règlent la marche à suivre pour la tenue du scrutin du second jour et du dépouillement, deux passages ainsi conçus :

« *Après l'appel terminé, il sera procédé au réappel, et* « *les électeurs qui n'auront pas encore voté seront admis* « *jusqu'à la clôture.*

» *A quatre heures le scrutin sera clos.*

« *Le dépouillement commencera immédiatement,* A MOINS QUE LE BUREAU NE SOIT D'AVIS DE RENVOYER AU LENDEMAIN CETTE OPÉRATION. *Dans ce dernier cas, la boîte sera scellée et déposée à la Mairie, comme à la fin du premier jour.* »

Ce renvoi au lendemain, s'il était ordonné, serait-il conforme au texte et à l'esprit de la loi ? D'autre part, une prérogative aussi exorbitante peut-elle appartenir au Bureau qui préside l'Assemblée ?

Les soussignés ne le pensent pas.

Deux fois le Législateur a organisé, avec la sollicitude et les précisions rigoureuses que commande l'importance politique qui s'y rattache, le mode à suivre pour recueillir le suffrage universel et constater son résultat. Ecarter de l'urne jusqu'à la possibilité du soupçon a été sa préoccupation principale, et l'on ne saurait qu'applaudir à la loyauté des efforts consacrés à atteindre ce but. A ce prix est la force et l'autorité morale de cette grande manifestation des volontés et du jugement du Pays. La Loi ne pouvait plus consentir à s'en remettre à la probité ordinairement si rassurante des fonctionnaires publics. Les intérêts qui s'agitent sont d'un ordre trop élevé pour que le péril ne soit pas entrevu et qu'on ne demande pas à des mesures purement matérielles la sécurité dont on a besoin. La défiance est plus qu'un droit, elle devient un devoir au milieu de ces épreuves qui doivent exercer sur les destinées et l'avenir de la Nation une influence aussi souveraine. Il importe donc à tous, aux vainqueurs plus encore qu'aux vaincus, dans la lutte qui va s'ouvrir, que nul ne puisse accuser l'urne, à laquelle les bulletins électoraux ont été confiés, d'avoir été un dépositaire impuissant ou infidèle.

C'est pourquoi cette urne doit être protégée par une double serrure, dont les clefs sont remises dans deux mains différentes ; c'est pour ce motif aussi qu'à la fin du premier jour et au moment où le Bureau, qui en est le gardien officiel, s'en dessaisit, elle doit être scellée avec soin et renfermée dans une salle dont toutes les serrures sont scellées à leur tour. Ces précautions exceptionnelles ne sont un outrage pour personne. Le fonctionnaire public qui s'en trouverait blessé se méprendrait singulièrement sur le sens et la portée de ces apparentes rigueurs. De cette source découlent pour le suffrage

universel la puissance et la vie qu'il communique à son
tour aux pouvoirs divers qui émanent de sa souveraineté. Ceci tient donc à son essence. Sa sincérité reconnue et acceptée par tous fait sa force. Le jour où dépouillé de cette protection nécessaire, il serait exposé au
soupçon ou au doute, on ne verrait en lui qu'un vain
simulacre que l'honnêteté publique cesserait d'accepter
comme la base large et durable de nos institutions.

La Loi du 15 mars 1849 avait compris toutes ces
choses comme les a comprises également le Décret-loi
du 2 février 1852, qui ne s'est montré ni moins vigilant
ni moins jaloux. La première voulait que, durant la nuit
qui séparait le vote du premier jour du vote du second,
la garde nationale veillât aux portes de la salle où les
urnes étaient déposées.

A toutes les dispositions matérielles qui semblaient
devoir rassurer les esprits les plus inquiets on ajoutait
l'intervention de cette sentinelle intelligente qui, durant
la nuit, restait attentive et debout. Cette dernière mesure
est la seule que le décret n'ait pas reproduite. Toutes les
autres s'y trouvent ramenées sans exception aucune, et
dès lors les garanties données sont pleinement suffisantes, pourvu qu'elles soient appliquées et maintenues bien
entières.

A ces signes divers, il est difficile de ne pas reconnaître les préoccupations du Législateur, qui ne saurait
vouloir prolonger inutilement la durée d'une responsabilité aussi pesante. Deux jours étaient indispensables pour
l'émission du vote que chaque citoyen est appelé à déposer dans l'urne. Mais, le second jour, il ne fallait pas que
cette urne, qui recélait le sort de l'élection, fût retirée
encore une fois des mains du Bureau, qui en est le gardien naturel et légal. A cette heure, la défiance devait
s'accroître encore, car l'œuvre est accomplie. Sous quel

prétexte aurait-on motivé le renvoi au lendemain ? Aucun bulletin nouveau ne peut être reçu, la sentence est définitivement prononcée ; il ne s'agit plus que de la lire, et tout fait un devoir de procéder immédiatement à cette opération dernière.

Aussi la Loi du 15 mars 1849 dit-elle, dans son article 31, que *le scrutin demeure ouvert le second jour jusqu'à 4 heures du soir*, et, dans son article 33, *qu'après la clôture du scrutin, il est procédé au dépouillement de la manière suivante* : etc.

Aussi le Décret du 2 février 1852 reproduit-il littéralement, dans ses articles 25 et 27, ces deux dispositions importantes.

A l'instant donc où est proclamée la clôture des scrutins, le dépouillement doit se faire. Ces textes divers sont trop explicites et trop précis pour laisser place à la controverse.

L'économie en est simple et facile à saisir. Il n'est pas une seule des mesures réglementaires qui s'y trouvent prescrites, que l'on ne puisse invoquer pour la mettre en lumière.

Le premier jour, le scrutin doit être ouvert depuis huit heures du matin jusqu'à six heures du soir, tandis que, le second, il doit être fermé à quatre heures. D'où vient cette différence ? N'est-ce pas à cause du dépouillement qui doit immédiatement suivre, et pour laisser au bureau le temps de procéder à cette opération ? Nul ne le contestera. Et remarquez bien que le droit n'appartient à personne de retarder la clôture et de franchir la limite posée. Les votes reçus après l'expiration de l'heure fatale seraient sans valeur, et l'opération entachée d'un vice radical. Or, l'inflexibilité de cette prohibition se concevrait-elle, si la faculté de renvoyer le dépouillement au lendemain était reconnue ? Il n'y aurait point de motifs pour refuser aux électeurs, le second jour, la latitude qui leur aurait été accordée le premier.

On se demande, en outre, par quelle considération pourrait être légitimée une résolution aussi grave que celle de l'ajournement. Le bureau en est seul juge, dit la Circulaire; mais il faut voir si la prudence du Législateur n'a pas satisfait à toutes les nécessités de la situation, et si un tel pouvoir a été délégué à ceux que l'on essaie d'en investir aujourd'hui.

Leur mission se borne à recueillir les votes, et après qu'ils ont été émis, à en constater le résultat. A une heure fixe, ils doivent fermer l'urne qui ne peut plus recevoir de bulletins nouveaux, et lui demander le nom du vainqueur. Toutes les sections sont assujetties à cette même règle qui est l'œuvre de la loi, et non celle d'une instruction ministérielle ou préfectorale, exposée par sa nature même à d'incessantes variations. Une infraction dès lors, ou un renvoi qui viendrait briser l'harmonie de l'opération, ne saurait réclamer en sa faveur ni justification, ni excuse.

Alléguer la crainte de ne pouvoir terminer le dépouillement qu'à une heure trop avancée à cause du grand nombre des votants, serait un vain prétexte, car si la Commune est trop populeuse, le Préfet a le pouvoir de la diviser en sections, ce qui écarte la possibilité de l'obstacle. N'est il pas manifeste d'ailleurs que, si cette éventualité avait dû produire une conséquence aussi anormale, elle aurait été prévue et tranchée par la Loi elle-même? Des modifications diverses et en assez grand nombre devenaient alors une nécessité impérieuse.

Ce n'était plus le Bureau, mais le Préfet, qui aurait dû déterminer les sections appelées à siéger trois jours consécutifs, et celles qui le second étaient tenues de terminer leur œuvre. Il s'agit, en effet, d'un acte administratif pour lequel on n'a qu'à consulter les listes électorales. Sur ce haut fonctionnaire aurait dès lors pesé la responsabilité de la mesure, et la Loi qui lui attribue en termes explicites le droit de diviser par sections les Communes trop populeuses ne serait pas restée muette sur une délégation de cette gravité.

La marche de l'opération qui est simple et facile en se conformant au texte de la Loi, subirait à son tour un trouble singulier ; et le contrôle des membres de l'assemblée électorale, jaloux d'exercer la surveillance confiée à leur zèle, rencontrerait dans son exercice de fâcheuses entraves.

Si une Commune est divisée en plusieurs sections, le dépouillement se fait dans chacune d'elles séparément, et le résultat est porté à la première section où s'effectue le recensement général. Mais si celle-ci a fait son dépouillement immédiat, tandis que plusieurs des autres l'auront ajourné, elle attendra vainement leur arrivée pour procéder à l'œuvre commune. Les membres de son Bureau seront enchaînés jusqu'au lendemain, ou s'affranchiront, par une retraite qui diminue les garanties promises, d'une tâche importune.

D'un autre côté, les électeurs rassemblés autour du Bureau, à l'heure où le scrutin se ferme, impatients d'en connaître le résultat, reviendront-ils le lendemain après avoir subi le mécompte de la veille, et l'opération si délicate du dépouillement ne s'accomplira-t-elle pas dans une solitude qui éveillera le soupçon ou deviendra le prétexte de suppositions odieuses ?

A quelle heure enfin s'ouvrira cette troisième séance ? Ni la Circulaire, ni la Loi qui ne l'avait pas autorisée, n'ont pris la peine de le dire, et cette lacune essentielle fait ressortir également l'illégalité de cette création nouvelle.

L'innovation se présente dès lors avec un caractère singulièrement périlleux. Il faut croire qu'elle s'est glissée inaperçue dans les instructions récemment transmises. Dans tous les cas, et aux yeux des soussignés, elle n'est pas moins contraire au texte de la Loi qu'à son esprit étudié loyalement et en dehors de toute préoccupation politique.

Délibéré à Toulouse, le 25 mai 1863.

A. FOURTANIER, ancien Bâtonnier de l'Ordre, ancien Représentant du Peuple.

C. Du Gabé, ancien député. — *Bouchage*. — *Rumeau*, Bâtonnier. — *Timbal*, ancien Bâtonnier. — *Albert*. — *Depeyre*. — *Vidal*. — *Saint-Gresse*. — *C. Beaute*. — *Astrié-Rolland*, Avocats à la Cour impériale.

ADHÉSION.

Les Jurisconsultes soussignés n'hésitent pas à donner leur pleine et entière adhésion à la Consultation qui précède.

Ainsi que le font remarquer les signataires, le Législateur n'a pas voulu que la sincérité des opérations électorales pût être altérée, ni seulement soupçonnée de l'être. C'est pourquoi il n'a pas voulu s'en rapporter à la probité ordinaire des fonctionnaires. Il a organisé tout un système de sévères et minutieuses précautions matérielles. Elles sont complétées par cette prescription formelle de l'article 27 du Décret :

Après la clôture du scrutin il est procédé au dépouillement.....

Les motifs qui ont dicté un texte aussi formel, sa combinaison avec l'article 25, d'après lequel le scrutin ouvert jusqu'à six heures, le premier jour, est clos à *quatre heures* le second, ne jettent pas moins de jour sur la question.

Le Législateur n'a évidemment voulu par là que laisser au Bureau le temps de procéder au dépouillement qui doit avoir immédiatement lieu. S'il pouvait être ajourné, il n'y aurait plus aucun motif pour clore à ce moment le scrutin, que nul n'a pourtant le droit de prolonger d'un instant.

La Loi a nettement déterminé les fonctions du Bureau. De quel droit les étendrait-il jusqu'à cette faculté exorbitante de changer le moment qu'elle a fixé pour le dépouillement ? Si elle avait entendu qu'il pût introduire une modification si grave, elle n'eût pas manqué de s'en expliquer.

Aucun motif avouable ne la légitimerait.

Alléguer la crainte de ne pouvoir terminer le dépouillement qu'à une heure trop avancée serait un vain prétexte, car les Communes peuvent être divisées en sections.

L'ajournement, que rien ne justifie, ni n'autorise, présenterait les plus graves inconvénients.

Au moment de la clôture du scrutin, le second jour à quatre heures, un grand nombre d'électeurs se trouvent naturellement dans la salle. Instruits par la Loi elle-même du moment où s'opère le dépouillement, tous ceux qui veulent exercer leur droit de surveillance peuvent y assister.

Il est de la plus haute importance que ce dépouillement soit public; non de cette publicité factice consistant à laisser ouvertes des portes auxquelles personne ne se présente; mais de cette publicité réelle qui consiste dans la présence effective d'un grand nombre de citoyens. Changer arbitrairement le jour et l'heure fixés par la Loi, c'est créer une possibilité de dépouillement subreptice que ne surveillerait personne, et dans lequel les irrégularités les plus graves pourraient se produire sans contrôle.

Si, d'ailleurs, on autorise l'inobservation des prescriptions légales sur ce point, on se demande ce qui pourrait empêcher le Bureau d'ajourner le dépouillement, non pas seulement au lendemain, mais à plusieurs jours plus tard. Il n'y a pas de moyen terme : ou le dépouillement doit avoir lieu au moment fixé par la Loi, ou il peut s'opérer quand on voudra. On voit immédiatement combien sont aggravés les dangers signalés plus haut. C'est déjà beaucoup que la nuit qui s'écoule entre le premier et le second jour du scrutin. Toutefois des précautions efficaces restent encore possibles, une surveillance utile peut encore s'exercer. Deux nuits consécutives pourraient rendre ces garanties illusoires. Un plus grand nombre de nuits et de jours d'intervalle permettrait à tous de suspecter la sincérité des résultats.

Ces conséquences possibles font ressortir la fausseté du principe énoncé par M. le Ministre de l'Intérieur.

Nous terminerons par une observation. Tous les citoyens sont appelés à voter et à surveiller leur vote. Assister au dépouillement est, pour eux, un droit et, dans une certaine mesure, un devoir. Combien en est-il qui peuvent prendre un jour sur leurs travaux, mais qui ne pourraient en prendre deux, alors surtout qu'après avoir fait, dans nos campagnes, un premier voyage pour voter, il faudrait en faire un second pour assister au dépouillement.

Nous le répétons. Le scrutin est fermé à quatre heures pour que le Bureau ait la possibilité matérielle de procéder sans désemparer au dépouillement qui doit être immédiat. Ainsi le veulent le texte et l'esprit de la Loi. Procéder autrement, ce serait exposer la sincérité des opérations électorales aux plus graves soupçons.

Délibéré à Paris, le 29 mai 1861.

DUFAURE, Bâtonnier de l'Ordre des avocats, ancien Ministre, ancien Député, ancien Représentant. — BERRYER, ancien Bâtonnier, ancien Député, ancien Représentant. — ODILON BARROT, ancien Ministre de la Justice, ancien Député, ancien Représentant.

De Laboulie. — Freslon. — HenriDidier, anciens Représentants, Avocats à la Cour impériale.

Auguste Pougnet. — Choppin. — Albert Gigot, Avocats au Conseil d'Etat et à la Cour de Cassation.

Paul Andral. — Le Berquier. — L. de Barthélemy. — A. Lefèvre Pontalis. — Guibourg. — A. Audouy. — E. Récamier. — De Bellomayre. — R. de Sèze. — L. C. Renault, Avocats à la Cour impériale.

L'élévation des tarifs relatifs aux droits de navigation sur le Canal du Midi arrêtée par le Conseil d'Administration, sans l'approbation des pouvoirs publics, est illégale.

Il en est de même des tarifs spéciaux établis en faveur de certaines entreprises ou des marchandises à destination d'un lieu déterminé à l'exclusion des autres.

LE CONSEIL SOUSSIGNÉ,

Vu : 1° le tarif du 18 septembre 1851 dont la légalité lui est soumise ; 2° les décrets, avis du Conseil d'Etat, lois et règlements concernant la perception des droits de navigation sur le Canal du Midi,

Est d'avis des résolutions suivantes :

I.

Le péage du Canal du Midi a été réglé par deux actes de l'Autorité publique, séparés par un intervalle de plus d'un siècle : l'Arrêt du Conseil en date du 26 septembre 1684, et la Loi du 24 vendemiaire an V. L'un et l'autre ont pris pour base du tarif la *distance*, le poids et la nature de la marchandise.

L'Edit du 26 septembre 1684 avait réuni et confondu en un droit unique le prix de la voiture ou du transport des marchandises et la redevance due à l'adjudication du fief du Canal, expressément chargée de l'entretien du lit et des francs-bords de cette magnifique ligne de navigation.

Ce premier règlement imposait à Riquet ou à ses successeurs, par qui devait être opérée la perception de cette taxe complexe, l'obligation d'établir un nombre de bateaux snffisant pour répondre aux nécessités du commerce, dont on prévoyait le rapide et fécond développement. A côté de cette obligation, l'Edit en avait formulé une seconde, consacrée, du reste, par les principes du droit commun et qui n'était pas moins onéreuse. Le concessionnaire avait été déclaré responsable de la perte ou de l'avarie des marchandises qui lui avaient été confiées et par conséquent des fautes ou du dol des nombreux employés dont cette vaste entreprise lui imposait le concours. Ce fut dans le but de se soustraire aux énormes dépenses qu'aurait entraînées la construction du matériel, et aussi à la ruineuse responsabilité dont l'Edit ferait peser la charge sur leur tête, que les descendants de Riquet consacrèrent leurs efforts à créer l'industrie des patrons qui devait les dégager et qui les affranchit en effet de ce double inconvénient. Ils divisèrent le péage qui leur était alloué par tonne et *par distance* en deux fractions, dont la plus forte était retenue par eux et la plus faible livrée au patron ; celui-ci fournissant sa barque et demeurant seul tenu envers l'expéditeur ou le destinataire des détériorations qui pouvaient survenir. Au moyen de la portion de péage par eux réservée, les propriétaires du Canal n'étaient assujettis qu'à la seule obligation d'entretenir et de conserver la voie navigable qui avait coûté des millions à la Province et à l'Etat et couvert de gloire le chef de leur famille.

Ainsi furent distingués, dès l'origine, le droit de navigation et le droit de voiture : le premier, gardé par les concessionnaires; le second dévolu aux conducteurs de barques dont on avait excité l'ardeur et les espérances par des promesses fidèlement accomplies dans le principe, mais un siècle et demi plus tard cruellement déçues.

Ce qu'il y a de remarquable pendant cette première période, c'est que les droits de navigation et de voiture demeurèrent renfermés dans les limites posées par l'Edit de 1684. Le commerce soumis à cette taxe uniforme qui ne tenait compte que du poids, de la nature de la marchandise et *de la distance*, n'eut à se plaindre ni d'exigences illicites ni de préférences dommageables comme celles qui l'émeuvent si profondément aujourd'hui, parce qu'elles sont de nature à porter la désolation et la ruine dans certaines contrées dont on sacrifie les intérêts à d'illégitimes combinaisons.

Survint la Révolution de 1789. Les émigrations dont elle fut suivie firent passer dans les mains de l'Etat *vingt et une portions deux tiers* du Canal principal, qui appartenait à la branche de Caraman. La branche des Bonrepos, n'ayant pas quitté le sol de la Patrie, conserva les *six portions un tiers* dont la propriété résidait sur sa tête. L'Etat dut prendre alors l'administration de l'œuvre de Riquet; car sa conservation et son entretien importaient grandement aux intérêts généraux du pays. Dès 1780, des travaux considérables avaient été projetés aux environs de Carcassonne. Il s'agissait de mettre le lit du Canal à l'abri des inondations du *Fresquel*, petite rivière torrentielle, qui lui occasionnait de fréquents et notables dommages. De plus, on voulait le rapprocher du chef-lieu du département de l'Aude, qui en était éloigné de plusieurs kilomètres et qui s'était imposé d'assez grands sacrifices pour obtenir cette faveur, dont on se promettait de précieux avantages. Dans cette intention et encore pour réparer les dégradations causées sur tout le cours de la ligne au milieu des émotions et des désordres de la Terreur, le Directoire Exécutif proposa une augmentation de tarif. Après de solennels débats, elle fut votée par le Pouvoir Législatif. Comme le voulait la nature même des choses, cette augmentation était restreinte aux droits de navigation qui seuls tombaient dans les caisses des concessionnaires, et par suite dans celles de l'Etat, se trouvant alors à leur place. Quant aux droits de voiture, on ne voulut plus les restreindre au règlement de 1684, qui, les confondant avec les premiers, ne permettait pas à ces deux éléments réunis de dépasser les bornes que l'on avait eu le soin de poser. Il fut décrété que le patron et l'expéditeur demeureraient libres de les débattre et de les fixer *comme ils l'entendraient*. Cette portion du péage primitif fut donc abandonnée à la concurrence, ainsi dégagée du joug de toute prescription légale. Mais en ce qui touche le droit de navigation, il garda le caractère qui de tout temps lui a été attribué et reconnu. *Sans aucune distinction*, du reste, *entre les lieux divers de provenance et les lieux de destination*, le tarif nouveau, considérablement augmenté quant au chiffre, eut pour base toujours le poids et la longueur de la distance parcourue.

C'est ainsi que les perceptions ont été constamment faites jusqu'au premier octobre 1851. Quoique l'accroissement du péage décrété par la Loi du 21 Vendémiaire An V, n'ait eu pour motif que l'exécution de travaux extraordinaires non accomplis à l'époque de la promulgation de cette loi, — quoique ce fut l'Etat seul à ce moment propriétaire, qui dut en recueillir les bénéfices, et non les descendants de Riquet, dont les droits ne pouvaient sortir du cercle tracé par l'Edit de 1684, — quoique cette élévation du tarif fasse peser sur le commerce méridional des charges dont le chiffre exorbitant le frappe d'une véritable torpeur qui comprime à la fois son élan et sa prospérité, — malgré toutes ces choses dont la gravité saisit les esprits les moins impartiaux, les propriétaires du Canal, rentrés, en vertu de la loi de 1814, en possession de leurs parts invendues, jouissent paisiblement de droits devenus doubles de ceux de la concession faite à leur auteur, et auxquels sous aucun prétexte ils n'auraient pu prétendre.

Les décisions judiciaires intervenues leur assurent cette jouissance jusqu'au jour ou l'État, usant des prérogatives qui lui appartiennent, provoquera l'abrogation de la loi du 21 Vendémiaire An V, et le retour pur et simple au tarif de 1684. Seul, ce tarif constitue les droits des héritiers du concessionnaire primitif.

Ne semble-t-il pas dès lors que, satisfaits d'une position aussi avantageuse, ils eussent dû ne pas aspirer à des bénéfices plus considérables encore ?

Telle a été cependant la pensée qui a inspiré leur délibération du 19 mai dernier, convertie par M. l'administrateur du Canal en arrêté réglementaire le 18 septembre suivant.

Cet arrêté décrète un fort abaissement de tarif pour toutes les marchandises transitant par TOULOUSE, et passant de la Méditerranée dans l'Océan, c'est à dire de Cette, d'Agde ou de La Nouvelle à Bordeaux, et réciproquement. Le même abaissement est concédé sur la marchandise transitant aussi par TOULOUSE, et se rendant de l'un des ports du Rhône à Bordeaux, et réciproquement.

De cette innovation bien inattendue, il résulte ce fait étrange que le tonneau de marchandises ordinaires, comme les huiles, les savons, les vins, les alcools, les blés, envoyés de Cette à Bordeaux, ou de Bordeaux à Cette, ne paiera que 6 francs 12 cent. 1/2, tandis que ce même tonneau de marchandises parti de Cette, s'il est à la destination de *Toulouse* ou réciproquement, coûtera 17 fr. 15 centimes. De ce premier fait découle cette conséquence ultérieure, que ce même tonneau de marchandises coûte moins pour aller de Cette à Bordeaux que pour aller de Cette à Toulouse. En effet, le nolis de Toulouse à Bordeaux n'étant que de 8 francs, terme moyen, en ajoutant cette somme aux 6 francs 12 cent. 1 2 prélevés par le Canal, on n'arrive qu'à un chiffre de 14 francs 12 cent. 1/2, inférieur de plus de 3 francs au prix prélevé sur les expéditions qui s'arrêtent à Toulouse.

Une telle mesure a dû jeter dans les contrées riveraines du Canal l'émotion la plus sérieuse et la plus légitime. L'agriculture qui gémit depuis si longtemps sous le poids de charges ruineuses, a éprouvé à son tour de douloureuses sollicitudes. Fertiles en céréales, les terrains qui bordent dans une longue partie de son parcours la ligne du Canal, ne pourront plus être consacrés à ce genre de culture qui fesait leur principale richesse. Comment le propriétaire, qui avait dans la Provence et pour l'approvisionnement de l'Algérie (grâce à la loi récemment votée sur les rapports commerciaux entre la France Continentale et l'Afrique), des débouchés faciles et sûrs, pourrait-il désormais soutenir la concurrence avec le producteur de la Gironde et des départements voisins, si l'inégalité des taxes pour le transport fait élever le prix de revient de sa denrée à un chiffre bien supérieur ?

Cette situation nouvelle et anormale n'est pas moins alarmante pour le commerce de Toulouse, car sa prospérité se ressentira profondément du coup mortel porté à l'agriculture locale ; il verra perdus à jamais pour lui les marchés de Marseille, d'Agde, de Cette et de l'Afrique.

Si donc la Compagnie s'était préoccupée le moins du monde des intérêts agricoles et commerciaux du pays traversé par le Canal, elle aurait rejeté bien loin de sa pensée un projet dont les conséquences devaient être si fatales.

Et cette sollicitude dont l'oubli a excité d'unanimes réclamations, et n'aurait-elle pas dû se présenter à son esprit au moment où a été discutée la mesure?

Fallait-il oublier les sacrifices énormes auxquels se soumit la province de Languedoc pour faciliter, seconder, assurer l'exécution de l'entreprise de Riquet, qui a comblé ses descendants de tant de richesses et lui de tant de gloire? Certes *les États de cette grande province* n'auraient pas donné un aussi puissant concours pécuniaire et moral à l'œuvre souvent essayée de la jonction des deux mers, s'ils avaient pu supposer qu'un jour sa réalisation deviendrait la cause de la ruine du pays qu'ils administraient avec non moins de lumières que de patriotisme.

Convenait-il, d'autre part, de perdre ce souvenir de la conduite tenue par les communautés dont le nouveau Canal traversait les territoires? Les habitants achetèrent au prix de maladies épidémiques, par lesquelles ils furent décimés, le bienfait de cette création qui promettait à leurs neveux d'immenses avantages; maintenant, au contraire, le fruit va leur en être ravi: il sera bientôt changé en une cause de pertes et de ruines. Et pourtant, lorsque les eaux descendant des côteaux voisins, convertis en courants torrentiels, menaçaient de détruire les berges et compromettaient ainsi la durée de ce beau travail, ces mêmes communautés n'hésitaient pas à prendre à leur charge le creusement et l'entretien des rigoles destinées à recevoir, à contenir et à conduire les eaux, de manière à préserver de tout péril la propriété de la Compagnie.

Les recueils sont pleins des actes divers qui attestent

ce patriotique empressement de la contrée tout entière, pour la conservation et la défense d'un monument dont on se promettait pour le pays les plus magnifiques résultats. Il s'était établi entre les descendants de Riquet et la contrée qui avait si activement concouru à l'exécution de son œuvre une solidarité réelle, fondée sur un long échange de services rendus et cimentée par le double lien de la reconnaissance et de l'identité des intérêts toujours considérés comme inséparables.

Pourquoi cette solidarité a-t-elle été rompue ? Pourquoi cédant à un calcul trompeur, les fils du créateur du Canal ont-ils si tristement sacrifié les localités sans l'assistance desquelles leur aïeul ne serait jamais parvenu à ce haut degré de gloire, ni eux-mêmes à une si heureuse fortune ?

La mémoire du cœur aurait dû seule empêcher cette pensée de naître dans leur esprit.

En droit rigoureux, d'ailleurs, ainsi qu'il va être établi, *l'illégalité* n'en est pas contestable.

II.

Un tarif ou un péage constitue un véritable impôt indirect qui ne peut être perçu qu'en exécution d'un acte émanant de la puissance publique. Cette proposition enseignée par Merlin, par Proudhon (de Dijon), et par tous les anciens auteurs, n'est pas susceptible de controverse. Il est de la dernière évidence qu'un citoyen ne saurait être assujetti à une redevance quelconque pour traverser un pont, pour passer sur une route ou pour naviguer sur un canal, qu'autant que le *Souverain* a rendu, dans les formes spéciales réglées par la Constitution du Pays, un décret qui autorise cette perception. Sans cela un arbitraire désastreux prendrait la place de la légalité ; le sort du contribuable serait abandonné aux exigences capricieuses et le plus souvent exagérées du concessionnaire. Il est tellement vrai que c'est là un IMPÔT dans toute l'acception de ce terme que le sur-exigé constitue une concussion passible de peines rigou-reuses, et que la voie de la contrainte est ouverte pour triompher de toutes les résistances. La compétence des tribunaux administratifs, pour statuer sur les difficultés qui peuvent surgir, vient confirmer le principe.

Le péage relatif à la navigation sur le Canal du Midi se trouverait-il dans une catégorie exceptionnelle ? Cette prétention a été, il est vrai, maintes fois soutenue par la Compagnie ; mais elle n'est pas admissible. Ce système repose sur le rapprochement de l'Edit de 1666 avec celui du 26 septembre 1684. Le premier contient la fixation provisoire d'un tarif qui doit être soumis à une révision ultérieure, et attribue, en outre, à l'adjudica-taire le privilège exclusif d'établir des bateaux pour le transport des marchandises. Le second, réunissant en un seul droit le péage et le nolis au droit de voiture, détermine irrévocablement le chiffre qui sera dû par nature de marchandises, pesanteur et *distance*. De ce que, dans ce dernier arrêté, se trouvent confondus et le droit de navigation et le droit de voiture, la Compa-gnie veut tirer la conséquence qu'il ne s'agit pas dans l'espèce d'un péage susceptible d'être assimilé à un impôt indirect, mais bien d'un règlement qui a simplement tarifé la redevance due pour transport de marchan-dises.

La réponse est facile : si l'on a réuni dans un chiffre unique les deux éléments dont se compose la redevance due à l'adjudicataire du péage, c'est parce que l'on éta-blissait un monopole à son profit, et qu'il aurait pu écraser par ses exigences le commerce forcé de se livrer à sa discrétion. Seul il était en droit, comme on l'a vu, d'organiser sur le Canal un service de bateaux ; et par suite la concurrence de bateliers rivaux n'était nullement à craindre ni pour lui ni pour ses successeurs. Dans cette situation exceptionnelle, il fallait impérieusement tarifer le droit, afin de protéger contre les dangers du monopole ainsi autorisé ceux qui auraient besoin de recourir à cette route navigable. Mais que conclure de là ? Que le péage avait perdu par ce fait seul le caractère qui le distingue, et qu'il se trouvait en quelque sorte absorbé par le droit de voiture ? Nullement : ce serait la conséquence inverse qui seule serait vraie, car ce n'est point le péage, toujours précisé en chiffres et en termes rigoureux, que l'on a assimilé au droit de voiture, dont la fixation est abandonnée en général à la libre convention des parties ; c'est, au contraire, le droit de voiture que l'on a assimilé au péage, en le tarifant comme celui-ci, et en décrétant les peines de la concussion, dans le cas où l'on franchirait les limites qui lui ont été imposées.

Sous l'empire de l'ancien droit, la question portée, à l'occasion du doublement décrété par les Edits de 1709 et de 1710, devant le Conseil d'Etat, par les héritiers Riquet, fut ainsi résolue. Il était prétendu en leur nom que leur péage, n'étant qu'un simple droit de voiture, ne pouvait être soumis au doublement dont il vient d'être fait mention. Mais leur système fut repoussé par le Conseil d'Etat. Plus tard, ayant traité moyennant une somme capitale avec le Trésor, qui se dessaisit en leur faveur du droit de percevoir le montant de l'augmentation, ils voulurent continuer cette perception au mépris des prohibitions royales ; mais ils furent menacés, s'ils continuaient, d'être poursuivis comme concussionnaires. Sous ce double point de vue, les principes relatifs aux péages en général furent seuls appliqués, et le prétendu droit de voiture qui lui aurait été substitué laissé complétement à l'écart.

Cette vérité a été mise en lumière d'une façon plus éclatante encore par la loi de Vendémiaire An V. Ici le législateur a eu le soin de distinguer le droit de navigation ou péage, du droit de voiture. Le monopole qui avait forcé de tarifer celui-ci n'existait plus ; il n'y avait plus dès lors aucun motif de le soumettre à des chiffres inflexibles qui privaient le commerce des avantages de la concurrence. Aussi l'article premier en laisse-t-il désormais la fixation à la libre convention des parties. Quant au péage, au contraire, il est de son essence d'être réglementé par un tarif que la puissance législative a seule le pouvoir de décréter : voilà pourquoi ce même article a eu le soin de formuler le chiffre qui, à ce titre, devra être perçu. Séparé désormais du droit de voiture avec lequel toute confusion est impossible, la nature du péage ne saurait être contestée. C'est un IMPÔT. Vainement essaierait-on de repousser l'autorité de la loi du 21 vendémiaire, dont le texte est la confirmation éclatante de la doctrine qui vient d'être développée, en disant qu'étrangère aux héritiers Riquet, et rendue sans leur concours, elle ne leur est pas opposable. Cette loi d'abord, n'eût-elle qu'une autorité doctrinale caractérisant le droit perçu par les héritiers Riquet, n'en exercerait pas moins sur la question proposée une influence décisive. Mais, d'un autre côté, la Compagnie aurait trop mauvaise grâce à en repousser l'application, puisqu'elle-même a recueilli et qu'elle recueille chaque jour les profits énormes dont cette loi l'a gratifiée. Le tarif de l'an V, si supérieur à celui de 1684, est encore appliqué par les héritiers Riquet qui soutiennent, en outre, que, sans leur assentiment, on ne peut lui faire subir aucune modification régulière. Ainsi ils en acceptent bien certainement toutes les conséquences ; eux-mêmes ils se placent sous la protection de cette loi qui les a enrichis. Leur serait-il permis aujourd'hui de la scinder , pour ne prendre d'elle que ce qui leur est utile ? Manifestement non. Le décret organisateur de la Compagnie du Canal, à la date de 1810 , et l'ordonnance qui divise, en 1823, les six portions un tiers de la famille de Bonrepos en 290 actions, se réfèrent également aux dispositions de la loi de l'an V dont l'autorité jusqu'à ce jour n'a été méconnue par personne. En vérité, il serait par trop étrange que les héritiers Riquet pussent prendre l'*Impôt* ou le droit de navigation décrété par elle, tandis qu'ils auraient la faculté d'aller chercher dans l'Edit de 1684 la qualification de *droit de voiture* qu'ils entendraient lui attribuer, alors que le législateur de l'an V lui-même élimine expressément du Tarif ce *droit de voiture* pour en laisser la fixation aux stipulations amiables des parties.

Donc, encore une fois, le droit perçu par la Compagnie est un véritable IMPÔT. La proposition reste invinciblement démontrée. Quelles conséquences en faut-il déduire ? Elles sont aussi simples, aussi claires qu'incontestables.

La première et la plus certaine, c'est que le Tarif qui est un IMPÔT dont le règlement et le vote appartiennent exclusivement à la puissance législative, ne peut, sans l'intervention de cette puissance, subir aucun genre de modification. Celui-là seul qui est investi du pouvoir de faire la loi, a aussi qualité pour la changer, la modifier ou la détruire. Ceci est un attribut de la souveraineté ; or, l'exercice n'en saurait être dévolu qu'aux représentants de cette souveraineté elle-même.

Le doute ne serait pas possible, s'il était question d'une élévation de tarif. Il est constant que si, en l'an V, les propriétaires du Canal, sous le prétexte d'exécuter de grands travaux d'utilité générale ou de réaliser des améliorations exigées par l'intérêt public, s'étaient permis d'élever, à un titre quelconque, le chiffre des taxes réglementées par l'Edit de 1684, ils n'auraient eu aucun moyen légal de triompher des résistances qui se seraient produites ; de même, si quelque redevable avait eu la faiblesse de céder à leurs prétentions, ils auraient été poursuivis et condamnés comme concussionnaires. L'*illégalité* de la mesure était flagrante, et cette illégalité aurait rendu inévitable l'un ou l'autre des deux résultats qui viennent d'être signalés.

Mais peut-il, doit-il en être également ainsi, lorsque la modification arrêtée sans le concours du législateur, a pour but non pas l'élévation, mais l'abaissement du tarif ! Dans cette hypothèse, de quel droit viendrait-on dire à une Compagnie concessionnaire d'une voie quelconque : « Il vous est défendu de faire l'abandon total ou partie de la taxe dont la perception doit tourner exclusivement à votre profit ! » Pourvu que toutes les conditions imposées par le cahier des charges soient scrupuleusement remplies; pourvu, dans l'espèce, que l'entretien du Canal, des rigoles qui l'alimentent, des grands bassins qui en conservent les eaux, ne laisse rien à désirer et dépasse même les exigences de l'esprit le plus difficile, — ne semble-t-il pas peu raisonnable d'interdire à celui qui se soumet à toutes ces charges la renonciation qu'il lui convient de faire à une redevance introduite en sa faveur, et qui était le prix des conditions par lui accomplies sans en percevoir les avantages ?...

Telle sera, selon toute apparence, la situation dans laquelle voudra se placer la Compagnie du Canal. Il n'est point contesté que la charge de conserver et d'entretenir l'œuvre de Riquet, que lui imposaient les Edits de 1666 et de 1684, a toujours été exécutée par elle avec une pieuse et attentive sollicitude. Ni l'Etat, ni le public, n'ont à élever à cet égard aucune espèce de plainte. Or, en présence de ce fait non contestable et non contesté, ne paraît-il pas irrationnel et illogique de lui dénier la faculté de ne pas recevoir les sommes que le tarif lui alloue ?...

L'objection est grave ; elle mérite du moins un examen tout spécial. Le soussigné pense que , soit en règle générale, soit au point de vue des textes qui régissent la matière , la faculté dont la Compagnie a usé déjà , et dont on lui dispute l'exercice, ne saurait lui appartenir.

Et d'abord, en règle générale : — Il est positif que si le concessionnaire d'une voie de communication quelconque, en remplissant toutes les conditions imposées, veut spontanément décharger les populations tributaires de l'impôt qui les grève, cet abandon parfaitement licite ne peut rencontrer nulle part ni obstacle, ni résistance sérieuse.

C'est un sacrifice qui profite sans distinction au Pays tout entier : il serait bien malheureux que l'acceptation en fût interdite. Le commerçant, le consommateur retirent de là des avantages immédiats qui augmentent la masse des richesses du Pays et dont indistinctement tout le monde ne doit avoir qu'à se réjouir. Si la concession n'avait été que temporaire, c'est une anticipation précieuse pour l'époque, reculée peut-être, où la voie concédée devait rentrer dans le domaine public. Que si la concession est perpétuelle, le bénéfice qui en est retiré est plus précieux encore ; et, par conséquent, l'acceptation devrait en être rendue plus facile.

Il est également indubitable que si, non pas un abandon total, mais une simple réduction du tarif est consentie par le concessionnaire, il n'y aura aucun motif de s'opposer à cette réduction dont personne n'éprouve de préjudice, et dont, au contraire, chacun est appelé à recueillir les avantages dans les mêmes proportions.

Dans ces deux cas, l'intérêt public n'est pas lésé : l'intérêt privé ne l'est pas davantage. Il y a, au contraire, bénéfice soit pour l'un soit pour l'autre, et nul n'est admissible à réclamer ou à se plaindre.

La seconde de ces hypothèses a une sensible analogie avec celle où, au jour de l'adjudication, le soumissionnaire aurait réduit ses prétentions au taux résultant du tarif que, sans y être contraint par la chaleur des enchères, il a plus tard fixé dans ses annonces. Cette réduction, loin d'être un obstacle à ce que sa soumission fût reçue, lui aurait assuré la préférence, et conséquemment, il serait dérisoire de lui interdire de le faire dans les temps qui vont suivre.

Si donc la Compagnie du Canal avait de la sorte *complétement* abandonné ou réduit son tarif, il n'y aurait eu ni difficultés ni protestation d'aucun genre.

Mais ce qui, par la nature des choses, est sévèrement interdit à l'adjudicataire soit d'un canal , soit d'un chemin de fer, soit de toute autre voie de communication, c'est de troubler l'harmonie du tarif inséré dans le cahier des charges, de l'abaisser pour les uns, de le maintenir pour les autres, et de jeter ainsi la perturbation dans les pays que la voie nouvelle était destinée à favoriser ou à enrichir.

De même qu'au jour de l'enchère, celui qui, brisant l'unité ou l'uniformité de la taxe, écrirait dans sa soumission qu'il n'exigera sur les marchandises provenant de tel lieu qu'une redevance inférieure à celles qui viendront de tel autre, quoique la distance de celui-ci se trouve plus considérable que celle du premier, serait éli-

miné du concours ; — de même, après l'adjudication prononcée, celui qui l'a obtenue ne peut introduire des innovations du même genre, qui auraient entraîné son exclusion si elles eussent été formulées en termes précis.
Son droit et la nature de ses pouvoirs ne changent pas
de caractère par le fait de l'adjudication : loin de là, ils
demeurent constamment sous l'empire des mêmes idées
et des mêmes principes. On ne concevrait pas qu'une
chose qui eût été un obstacle insurmontable à l'adjudication, parce qu'elle sortait des termes du cahier des
charges qui constituait la loi de tous les prétendants, pût
devenir licite et légale après cette adjudication évidemment faite sous la condition tacite que la chose dont il
s'agit n'aurait pas lieu.

L'incontestable vérité de cette observation tombe sous
les sens.

De plus, des considérations de l'ordre le plus élevé
veulent qu'il en soit ainsi. Le concessionnaire d'un canal
ou d'un chemin de fer, si on lui laisse le pouvoir funeste de
réduire à son gré les tarifs, non d'une manière uniforme
et profitant dans des proportions égales à toute la ligne,
mais en faveur de telle localité qu'il lui conviendra de choisir, devient l'arbitre suprême de la fortune ou de la ruine
des pays que cette ligne traverse. Il dépend de lui,
moyennant de simples modifications dans la taxe, de retirer à une ville l'activité commerciale qui s'y est depuis
longtemps développée et qui fait sa fortune, pour en
doter une cité oisive jusque-là, qui ne soupçonnait pas
même la vie et le mouvement fécond, qu'appelle dans son
sein cette combinaison peu loyale, au détriment de la ville
qui se meurt. N'y aurait-il pas une haute imprudence à
conférer à une Compagnie ou à un simple individu un
aussi formidable pouvoir ?..... Dans des observations
pleines de justesse, et empreintes d'une hauteur de vues

remarquable, la Chambre de Commerce de Boulogne a fait ressortir ces graves inconvénients qui, selon elle, ne seraient pas suffisamment conjurés par le principe aux termes duquel la modification des tarifs n'est promise qu'avec le concours et l'approbation de l'autorité administrative.

Ce sont là des vérités évidentes. L'ordre public n'est pas moins engagé dans des questions de cette nature que les principes généraux du droit. Ce serait porter à tous deux une atteinte profonde, que de reconnaître aux adjudicataires le pouvoir de bouleverser l'harmonie d'un tarif général qui a été basé sur une règle uniforme, et qui est devenue la loi de toutes les parties.

Or, les résolutions du Canal du Midi sont justement infestées de ce vice radical.

L'Edit de septembre 1684, aussi bien que la loi du 21 Vendémiaire An V, veulent de concert que la *distance*, le poids et la nature de la marchandise, soient le triple élément sur lequel la taxe doit être calculée, sans la moindre distinction de destination ou de provenance.

Qu'a fait cependant le Compagnie du Canal? A cet élément si essentiel de la *distance*, elle a substitué celui de la *provenance* et de la *destination*. Les marchandises partant de Bordeaux pour Cette, parcourent la ligne navigable dans toute son étendue; et néanmoins, malgré l'identité de poids et de nature, elles ne paieront que LE TIERS de celles qui, expédiées de Toulouse pour la même destination, ne parcourront pas sur cette même ligne une étendue plus considérable! C'est là une violation manifeste de l'esprit du contrat, que l'on ne saurait tolérer sans s'exposer aux dangers signalés par la Chambre de Commerce de Boulogne; ce serait méconnaître ouvertement les règles fondamentales développées plus haut sur cette importante matière.

III.

Mais nous allons plus loin. Il est certain que l'innovation déplorable, introduite par l'Arrêté du 18 septembre, foule aux pieds d'une façon non moins positive la lettre des Edits et des Décrets qui ont fixé les droits et les pouvoirs des concessionnaires du Canal.

En remontant à l'origine même de la concession, c'est-à-dire à l'Edit du Roi, du 24 octobre 1666, on trouve cette clause précieuse qui tranche la question en termes explicites :

» *Lequel péage sera levé à perpétuité en la forme qui* » *sera prescrite par ledit Tarif* SANS POUVOIR ÊTRE AUGMENTÉ NI DIMINUÉ.... »

Il est difficile à coup sûr de formuler une prohibition avec plus de précision et de rigueur. LE ROI qui pose les conditions sous lesquelles l'adjudication du Canal doit avoir lieu, — qui fixe provisoirement un tarif dont la révision prochaine doit être précédée d'études spéciales, — qui rédige le cahier des charges ou les conventions sous lesquelles la concession interviendra, — LE ROI ne veut laisser régner aucune incertitude sur le sort de la taxe que l'adjudicataire devra prélever. Cette taxe ne sera susceptible ni d'augmentation ni de DIMINUTION. Evidemment la disposition s'applique, non pas au tarif déclaré provisoire par l'Edit même qui la contient, mais à celui que l'on doit ultérieurement arrêter d'une manière définitive, après l'examen approfondi que réclame un travail de cette importance. C'est sous l'autorité ou sous la protection de ce texte que se placera le travail en question, quand il aura été adopté par l'autorité compétente.

L'Edit du 26 septembre 1684 renferme justement

cette adoption ainsi que les chiffres définitivement sanctionnés. Ces chiffres ne peuvent donc plus être l'objet
d'aucune modification, soit en plus, *soit en moins*. C'est
sur la clause que nous discutons et sur la maturité des
études qui précédèrent l'arrêt de 1684, que s'appuyait
Portalis devant le Conseil des Anciens, lorsque, à l'occasion de la loi du 21 vendémiaire an V, il s'opposait de
toutes ses forces à l'augmentation demandée par le Gouvernement. Les calculs qui avaient servi de base à ce
règlement, avaient été faits, disait-il, avec tant de prévoyance et d'habileté, que, lisant dans l'avenir, le Conseil d'Etat comprit que la dépréciation inévitable des
monnaies serait largement compensée par le développement de l'activité commerciale ; aussi ajoutait-il qu'il
n'y avait nul péril à décréter l'*immutabilité* que cet Edit
consacre.

L'*immutabilité* ne fut donc pas une clause insérée à la
légère dans l'Edit par des hommes qui n'en auraient pas
senti toute la portée. Au contraire, elle fut le résultat de
méditations profondes dont la suite des temps démontre
l'admirable justesse. Jusqu'en l'an V, en effet, la
taxe, toujours la même, enrichit les descendants du
constructeur du Canal ; elle suffit à la fois à toutes les
dépenses de réparation, d'amélioration et d'entretien.
Il n'est donc permis à personne d'effacer la disposition
qui défend d'y porter atteinte, soit dans un sens, soit
dans un autre. Les droits du concessionnaire, d'ailleurs
renfermés par son titre lui-même dans cette limite rigoureuse, lui interdisent bien plus encore qu'à tout autre
d'en méconnaître l'autorité.

Le Tarif de 1684 a reproduit, quoique la chose fût
inutile, la même disposition dans des termes différents.
Il déclare que l'adjudicataire ne pourra percevoir D'AU-
TRES *ni de plus forts droits* que ceux alloués par ce

règlement. Comme on l'a vu, dans cet arrêt nouveau, la voiture et le droit de navigation furent réunis sous une même allocation. C'est même à cause de cette confusion, non écrite dans l'Edit de 1666, sur la foi duquel l'adjudication avait été faite, que le consentement de Riquet, qui s'y trouve mentionné, fut jugé nécessaire. Mais ce consentement a pour effet frappant de donner à l'acte administratif le caractère d'une convention synallagmatique; désormais sa modification ne pourra régulièrement intervenir qu'avec l'accord simultané des deux parties contractantes. Ainsi, l'*augmentation* ET LA DIMINUTION *du tarif*, si formellement prohibées par l'Edit de 1666, se trouvent une seconde fois prohibées par l'Edit de 1684. Et celui-ci vient apporter un nouvel obstacle à toute réformation par le caractère particulier qu'il emprunte à l'espèce de contrat qui s'y trouve constaté.

Telle était donc, avant la Révolution, la position des parties. Toutes s'étaient scrupuleusement conformées aux obligations résultant pour elles des Edits et des Règlements qui viennent d'être analysés.

Aucune diminution, aucune augmentation ne pouvait être faite par l'une sans l'adhésion de l'autre. Aucune diminution, aucune augmentation ne fut même tentée.

En l'an V, il n'en a pas été ainsi. Mais alors l'Etat réunissait sur sa tête la double qualité de souverain et de propriétaire. Au moyen de cette réunion, son droit n'était pas contestable.

Qu'a-t-il fait ensuite, en se dessaisissant de cette propriété dont les lois révolutionnaires l'avaient investi?

Le tarif nouveau, créé par la loi du 21 vendémiaire an V, n'avait pas dû prendre les précautions des anciens Edits relatifs aux modifications futures. On en comprend aisément le motif; ces précautions ne pouvaient avoir d'utilité réelle qu'autant que le souverain et le propriétaire étaient représentés par des personnes différentes, ce qui alors n'existait pas.

Ultérieurement, la vente faite au domaine extraordinaire de l'Empereur vint reproduire cette situation ; ce qui dut amener les mêmes conséquences. Si l'acte d'aliénation lui-même resta muet à ce sujet, le décret du 10 mars 1810, constitutif de la Compagnie du Canal du Midi, a suppléé à ce silence. Dans l'article 9 sont consacrées de plus fort les anciennes prohibitions.

On y lit en effet : « Les actionnaires feront percevoir « à leur profit le droit de navigation, conformément aux « tarifs actuellement établis. Il ne sera rien changé à ces « tarifs avant l'expiration de trente années, époque à « laquelle ils pourront être révisés et augmentés, s'il « y a lieu.... Le tout sera réglé administrativement. »

Ce texte est encore aujourd'hui la règle dont chacun est tenu de subir la loi.

Que dit-il ? — Moins absolu, sans doute, que l'Edit d'octobre 1666 qui décrétait l'immutabilité indéfinie, il autorise la révision des tarifs à l'expiration de trente années. Mais cette révision, déclarée facultative, dans quelle forme devra-t-elle intervenir pour devenir obligatoire ?

Est-ce la Compagnie du Canal qui, en vertu de son droit de propriété, aura le pouvoir de porter arbitrairement la main sur les tarifs existants ? En aucune sorte. Ce que les anciens Edits n'avaient permis ni à Riquet ni à ses successeurs, le Décret nouveau n'a pas entendu davantage le concéder aux propriétaires actuels. Une ligne navigable, affectée à un service public, n'est pas une propriété ordinaire. Il n'est pas loisible d'en disposer d'une façon absolue, comme on l'entend, sans être assujéti à des entraves d'aucun genre. L'intérêt général exige sa conservation. Il n'est nullement permis de la détourner de sa destination primitive. Elle reste toujours soumise à la surveillance de l'Etat qui , en cas de négligence , prescrit les mesures nécessaires à son entretien en bon état de service. Les taxes à percevoir sur cette voie ne peuvent en être ni décrétées ni changées par les propriétaires, dont les prérogatives ne sauraient franchir certaines limites sans empiéter sur les droits de la puissance publique.

Aussi M. Foucard , dans son excellent livre intitulé *Eléments de Droit Public*, t. 2, n° 481 , enseigne-t-il que : « ..... la concession d'un Canal , *lors même qu'elle* « *est perpétuelle* , ne donne pas aux concessionnaires la « pleine propriété et la libre disposition du Canal ; en « sorte qu'ils n'ont pas le droit de le supprimer , d'en « changer la destination, D'EN MODIFIER LE TARIF.... « En un mot , ils sont plutôt concessionnaires des pro- « fits que le Canal peut produire , que du Canal lui- « même , qui continue à être considéré comme *voie* « *publique....* »

C'est justement de cette doctrine , qui est un axiome de droit public, qu'il a été fait application par le Décret du 10 mars 1810 aux actionnaires du Canal du Midi. Dès lors, que veut ce Décret ? Non pas que les modifications dont, au bout de trente ans, le tarif actuel paraîtra susceptible , émanent de la simple volonté des actionnaires ; mais il dispose que la chose sera *réglée* ADMINISTRATIVEMENT. D'où il suit que l'intervention de la puissance publique est déclarée impérieusement , indispensablement nécessaire.

Elle l'eût été, si la modification avait été demandée sous l'empire de l'Edit de 1684.

Elle ne l'est pas moins encore, depuis la promulgation du Décret.

Il faut d'ailleurs le reconnaître : une semblable disposition est pleine de sagesse et de prudence. Elle est destinée à garantir le public contre les dangers que lui ferait courir la toute-puissance d'une Compagnie naturellement désireuse d'augmenter ses bénéfices à tout prix. Aussi retrouvons-nous pareille clause dans tous les cahiers des charges destinés à régler les conditions des concessions de lignes de chemins de fer.

N'y serait-elle pas, il faudrait l'y supposer virtuellement écrite.

En présence de ces documents législatifs précis et géminés, de ces enseignements de la doctrine, de cette pratique dont ne s'écarta jamais l'administration française, soit ancienne, soit moderne, il faut donc le répéter avec assurance : Le texte littéral des Edits et des Décrets se trouve d'accord avec les principes généraux du droit pour démontrer l'*illégalité* des innovations introduites par la Compagnie du Canal dans les tarifs qui la régissent.

C'est ainsi, du reste, que la loi a été entendue et exécutée, tant par l'Etat que par le Canal, dans une occasion récente. Cette exécution vient prêter une nouvelle force aux développements qui précèdent.

A l'époque de la construction du Canal latéral à la Garonne, lorsque la Compagnie du Canal du Midi fut engagée à réduire ses tarifs, elle prit dans cet objet une délibération transmise au Gouvernement par ses administrateurs.

Cette délibération ne fut pas considérée comme suffisante pour réaliser la réduction adoptée. Il fallait de plus, aux termes du Décret, l'approbation du pouvoir exécutif. Cette approbation fut donnée par une ordonnance royale, en date du 30 juillet 1838, qui vint imprimer un caractère légal et définitif à la délibération de la Compagnie.

Une marche semblable suivie, dans un cas où justement il ne s'agissait que d'une simple réduction, démontre quel était alors sur la question proposée le sentiment
de l'Etat et des actionnaires. Ceci complète la démonstration de la vérité des principes adoptés par les soussignés.

IV.

Le droit étant constant, à qui convient-il de s'adresser
pour le faire respecter et reconnaître ?

Sans aucun doute possible, c'est au pouvoir exécutif
que la réclamation doit être transmise.

C'est lui dont l'approbation est nécessaire pour léga-
liser les modifications que la Compagnie a jugé convenable
d'arrêter sans son concours.

C'est à lui qu'appartient le droit de casser la délibération qui porte atteinte à ses prérogatives.

Exempt de toutes préventions et des préoccupations
intéressées qui trop souvent égarent les compagnies les
plus puissantes . protecteur impartial des droits de tous
les citoyens, — n'obéissant qu'aux seules inspirations
de l'équité et de la justice, — ce ne sera pas en vain
que le Commerce de Toulouse et l'Agriculture des
fertiles contrées que le Canal traverse invoqueront son
appui.

Il s'agit de sauvegarder ces précieux intérêts contre les
entreprises désastreuses des descendants de Riquet, qui
ne verrait pas sans douleur menacé d'une ruine profonde
un pays auquel sa féconde et magnifique pensée promettait un avenir de prospérité et de richesse dont on ne
peut le deshériter qu'en trahissant les patriotiques desseins de ce grand homme.

Délibéré à Toulouse , le 25 octobre 1851.

Testament. — Quotité disponible. — Objets mobiliers. —
Interprétation.

LE CONSEIL SOUSSIGNÉ ,

Qui a pris connaissance du testament olographe de
M. Alexandre V....., propriétaire, demeurant à M.....,
sous la date du 29 septembre 1855,

Répondant à l'unique question qui lui a été soumise,
est d'avis de la résolution suivante :

En fait : M. V..... testateur avait contracté mariage
avec Melle P..... le 21 janvier 1821. De cette union sont
nés deux fils, l'un qui a continué de résider et de vivre
dans le lieu où étaient ses parents, l'autre qui s'est établi depuis d'assez nombreuses années en Amérique où il
a fondé une maison importante. Cette situation de famille
est utile à constater parce qu'elle est l'explication et le
commentaire d'une recommandation écrite dans le testament à laquelle on voudrait donner une portée toute différente. Quoi qu'il en soit, M. Alexandre V., prévoyant sa
mort plus ou moins prochaine, a voulu écrire ses dispositions , et peu familier avec les règles de la langue française et l'art d'exprimer nettement sa pensée, il a employé des expressions dont le sens peut laisser planer
quelques doutes sur ses intentions véritables. Toutefois,
si son langage est interprété avec simplicité et bonne foi,
le doute s'évanouit et rien n'est plus facile que de comprendre et d'exécuter ses volontés dernières.

Son dessein a été d'assurer au fils qui demeurait auprès de lui certains immeubles imputables sur la quotité disponible, et dont la jouissance était léguée à son épouse. Il a voulu de plus que celle-ci gardât sans contrôle aucun, et sans être soumise à la formalité de l'inventaire, les objets mobiliers qui garnissaient la maison commune. Cette double disposition, il l'a formulée avec précision et clarté. Mais au moment où cette dispense d'inventaire était écrite, son esprit préoccupé de l'importance des valeurs que renfermait son portefeuille, n'a pas voulu laisser croire que ces valeurs elles-mêmes en seraient à leur tour affranchies. C'était une partie importante de son patrimoine, et l'éloignement du fils qui réside au-delà des mers imposait le devoir de veiller à leur conservation. Aussi a-t-il cru devoir par une déclaration explicite dissiper tous les doutes à ce sujet. De là cette clause dont l'interprétation fait naître le débat actuel :

« Je donne en jouissance pendant et durant sa vie
« tant qu'elle restera veuve à Jeanne-Marie-Justine P...
« mon épouse : — 1° Une maison que je possède en cette
« ville..... et tout le mobilier qu'elle contient, c'est à dire
« en meubles et linges, lits, sans qu'elle soit obligée d'en
« faire faire l'inventaire, seulement que pour l'argent et
« les créances qui me sont dues en compte soit par
« lettre de change, ou obligations, ou comptes courants
« qu'ils trouveront en écrit. Je lui donne aussi la jouis-
« sance du jardin. »

Ainsi s'est exprimé le défunt. Le problème à résoudre maintenant consiste à savoir si cette clause contient en faveur de l'épouse un legs de jouissance s'étendant aux capitaux mobiliers, aux titres de créance, aux effets de commerce, et aux balances de comptes-courants, qui peuvent dépendre de l'hérédité.

Aux yeux du soussigné la négative est certaine.

Qu'entendait effectivement par *mobilier*, le testateur dont l'ignorance des règles du droit n'est pas douteuse, et qui n'avait jamais lu à coup sûr les définitions que contiennent les articles 533 du Code Napoléon et suivants ? — La signification de ce mot pour lui n'était autre que celle qui lui est donnée dans le langage vulgaire, dont il s'est uniquement servi, car ce testament est bien son œuvre personnelle et exclusive, et son style seul démontre qu'il n'a pas été copié sur modèle... Or jamais dans sa pensée, le mot de mobilier qu'il appliquait aux seuls *meubles-meublants* n'a pu désigner ni le *numéraire*, *ni les comptes-courants, ni les lettres de change*. Il eût été bien surpris si on lui avait révélé que dans certains cas et avec certaines précisions impérativement requises, cette appellation pouvait s'appliquer à *l'argent et aux titres*. Mais en présence de la formule qui complète sa phrase, ce n'est plus sur de simples présomptions que se fonde l'interprétation acceptée par le soussigné, c'est comme on vient de le voir sur une certitude complète.

Maintenant et ceci posé, quelle serait la prétention de la légataire ? Elle se proposerait, au moyen des expressions qui vont suivre et qui se réfèrent à une mesure purement conservatoire, de renverser la démonstration que l'on vient de produire, et de créer une libéralité que l'on essaierait vainement de faire sortir de la disposition principale Ceci peut-il être sérieusement soutenu ?

Le testateur a ajouté, il est vrai, après ces mots, c'est-à-dire en *meubles, linge et lits*, la phrase suivante : « Sans qu'elle soit obligée d'en faire faire l'inventaire, « seulement que pour l'argent et les créances qui me « sont dues en compte, soit par lettre de change, ou « obligations, ou comptes-courants qu'ils trouveront en « écrit. »

Qu'est-ce à dire? Est-ce qu'en s'exprimant ainsi le défunt a entendu léguer pareillement la jouissance de cet argent et de ces valeurs dont il recommande l'inventaire? Et où se trouverait alors la libéralité? Non pas dans la clause principale qui ne la constitue pas. — Non pas dans l'énumération des choses dont la jouissance est léguée qui l'exclut virtuellement. Ce ne serait donc que dans la prescription de l'inventaire qu'il faudrait aller en saisir la pensée. Là seulement en aurait été déposé le germe mystérieux. Et l'on ne réfléchit pas que ce serait alors la portion la plus importante du legs qui aurait été laissée dans l'ombre, la livrant ainsi à tous les hasards d'une interprétation incertaine De telles suppositions ne sont-elles pas marquées au coin d'une invraisemblance qui suffit à en faire justice? Ainsi, par la plus singulière des observations, le testateur aurait cru devoir fixer le sens du mot *mobilier* dont il venait de se servir, en l'appliquant *au linge et aux lits* qu'il comprenait incontestablement, et il aurait cru toute précision inutile quand il fallait l'étendre *aux soixante-dix mille francs de créance que renfermait le portefeuille*, quand par son importance et sa nature le legs avait ici un incontestable besoin de commentaire. Il ne fallait pas être doué d'une intelligence bien supérieure toutefois pour ne pas comprendre que l'indication du linge excluait les créances et l'argent.

La première condition que doit remplir la légataire pour justifier le fondement d'une prétention aussi exorbitante, c'est de produire une clause précise et formelle, qui renferme à son profit cette importante libéralité. Dans le doute effectivement, c'est contre l'extension du legs que la doctrine et la raison veulent qu'on se prononce. Il ne doit être distrait du patrimoine dévolu aux héritiers du sang, quand surtout ces héritiers sont les enfants du défunt, que ce qui en a été détaché par une volonté explicite et formelle. C'est la loi même qui les a investis de la fortune paternelle, et on ne peut les contraindre à délaisser que la portion des biens héréditaires dont le père, dans les limites du disponible, a gratifié une tierce-personne.

Or, qu'invoque Mme veuve V...? Une clause qui lui lègue la jouissance de la maison qu'elle habite à M... avec le testateur, *et de tout le mobilier qu'elle contient*. Dans l'hypothèse où l'acte de dernière volonté ne contiendrait pas d'autres développements, les droits de la légataire seraient faciles à déterminer. Elle ne pourrait prétendre ni à l'argent comptant, ni aux dettes actives. C'est l'article 536 qui le déclare de la façon la plus péremptoire. Les titres de créance, en outre, comme l'a maintes fois décidé la Jurisprudence, ne sont pas susceptibles d'être localisés, ils ne constituent pas une chose matérielle qui puisse être placée dans tel lieu plutôt que dans tel autre Ils sont la justification d'un droit attaché à la personne; ce droit, comme le dit la loi, est incorporel, et par conséquent dans le langage juridique il n'est pas vrai qu'ils soient dans le lieu où sont déposés les documents qui en constatent l'existence. Cette doctrine est admise maintenant par une jurisprudence unanime, et dans le legs d'une maison avec tout ce qui s'y trouve sans exception ni réserve, il n'est pas permis de comprendre les dettes actives qui, dans la vérité des choses, à cause de leur nature incorporelle, ne sauraient s'y trouver.

On peut consulter à cet égard les décisions suivantes :

1° Arrêt de la Cour de Bordeaux, 9 mars 1830; — Sirey, 30-2-148.

2° Arrêt de la Cour d'Agen, 30 décembre 1823; — Sirey, 25-2-71.

3º Cassation, 24 juin 1840; — Sirey, 40-1-399.

4º.Rennes, 17 mars 1843; — Sirey, 44-2-253.

5º Caen, 17 novembre 1847; — Sirey, 48-2-514 et 515.

Les espèces qui ont amené ces arrêts importants, sont curieuses à consulter. Il en est plusieurs dont l'analogie avec l'espèce actuelle est saisissante. Et par cet examen on se convaincra que la Jurisprudence n'a jamais varié sur les principes qu'il convient d'appliquer à cette matière délicate. C'est donc un axiôme de droit, et sur ce terrain la lutte ne sera pas à craindre

Mais le testateur est allé plus loin, et il semble que son dessein a été de prévenir toute équivoque. Après avoir employé la formule vague et générale dont le sens légal vient d'être précisé, il ajoute : *c'est à-dire en meubles, linge et lits*, et cette énumération trancherait au besoin tous les doutes s'il eut été possible d'en concevoir.

Qui ne voit en outre quelles ont été les préoccupations du testateur? Il vient de léguer la jouissance de la maison et du mobilier, et à raison de ce mobilier il a dispensé l'épouse de tout inventaire; voilà la part qui lui est faite et telle est la faveur dont il l'environne. Mais dans cette même maison se trouvent des valeurs qui doivent être au contraire inventoriées, car il ne faut pas à cause de l'absence de l'un des fils qu'elles puissent s'égarer. En conséquence, il se hâte de dire que la dispense d'inventaire ne s'applique pas à cette partie du patrimoine, et la recommandation de cette mesure conservatoire n'a pas le moins du monde pour objet de doubler ou de tripler la libéralité qu'il vient de faire. et à laquelle immédiatement il ajoute la jouissance du Cambon. Aussi, quand il parle de ces valeurs dont un état doit être dressé après son décès, son esprit s'occupe exclusivement des héritiers et non pas de sa femme qui est sans intérêt.

Sa phrase, en conséquence, se termine par ces mots si-
gnificatifs : *qu'ils trouveront par écrit*. De toutes parts
donc vient la lumière, et l'on demanderait vainement à
une rédaction · vicieuse la conservation d'une libéralité
aussi considérable.

Ces sommes ont été si peu données, au surplus, en usufruit à l'épouse survivante, que dans une disposition postérieure, on les consacre dans une certaine mesure à
éteindre ses reprises et qu'une quotité s'élevant à dix
mille francs qui est la différence entre le chiffre de ses
droits et celui du capital que le testateur lui assure, constitue à son profit un legs en pleine propriété.

Nul n'admettra que si le testateur avait dans sa libéralité antérieure légué l'usufruit de ces capitaux, il en
eût immédiatement disposé au profit de l'usufruitière en
pleine propriété pour une part, et qu'une autre part eût
été affectée au paiement de ses reprises.

Partout donc se révèle la véritable pensée du testateur, et rien ne paraît moins fondé que la prétention de
la veuve survivante.

Délibéré à Toulouse, le 18 janvier 1862.

Le Conseil soussigné,

Qui a pris connaissance :

1° *D'une transaction intervenue le 6 octobre 1726, entre la Commune de Cassagnabère et M. le marquis d'Espagne ;*

2° *D'un second accord passé entre les mêmes parties dans le cours du mois de mars 1764 ;*

3° *D'un arrêt rendu par la Cour royale de Toulouse, le 28 mai 1823 ;*

4° *D'un jugement émané du Tribunal de première Instance de Saint-Gaudens, le 26 juillet 1847 ;*

Répondant aux questions qui lui ont été soumises, est d'avis des résolutions suivantes :

En fait : des contestations fréquentes se sont élevées entre les habitants de Cassagnabère et M. le marquis d'Espagne qui était leur seigneur, sur la propriété des bois et forêts situés dans la circonscription de cette Commune. S'il fallait rechercher dans les anciens titres l'origine des droits de la communauté pour parvenir à la solution des difficultés actuelles, il serait aisé d'établir que la propriété des forêts en litige résidait sur la tête du seigneur qui fit à ses vassaux de simples concessions, moyennant une redevance très modique. Mais ces concessions restreintes à de simples usages n'avaient pas eu pour conséquence de dessaisir la famille d'Espagne de ses *droits de dominité,* qui se manifestent au contraire par des actes non équivoques dans toutes les circonstances solennelles. L'arrêt même du Tribunal de la Réformation, dont s'armait la Commune à l'appui de ses prétentions à la propriété exclusive, contient dans son dispositif une reconnaissance explicite de ces droits vainement contestés. Il régnait seulement sur leur étendue et par conséquent sur leur exacte limite des incertitudes que ne résolvaient ni les termes des anciens titres, ni l'exécution dont ils avaient été suivis. Ce fut afin de sortir de cette situation fâcheuse pour tous les intéressés que furent conclus les accords du 6 octobre 1726. On venait de soutenir contre l'Administration des Eaux et Forêts une lutte très vive dans laquelle le marquis d'Espagne qui ne recula, dans l'intérêt commun, devant aucune dépense, parvint à obtenir la rétractation d'un arrêté de confiscation pris par le Grand-Maître, à la suite d'une sédition imputée aux habitants de la Commune. Les parties éprouvaient à juste titre le besoin de séparer des intérêts et des droits trop longtemps confondus. En conséquence, il fut arrêté par cette transaction que, distraction faite du quart de réserve imposé par les lois et ordonnances forestières, les bois de Cassagnabère seraient pour le surplus divisés en coupes réglées qui devaient être de *quarante-six arpents par année* et que ces quarante-six arpents étant divisés à leur tour en quatre portions égales, le seigneur en prendrait une qu'il aurait la faculté de choisir. Il est constaté en outre par cet acte que M. de Froidour a déjà *bodullé* et marqué le quart de réserve qui reste en dehors des coupes annuelles et des partages dont elles doivent être l'objet. Telles sont les clauses les plus importantes de ce traité qui est encore la loi des parties.

Il paraît toutefois que, dans la suite des temps, cette séparation des droits du seigneur et de ceux de la Commune parut insuffisante. De nouvelles difficultés se produisirent, et pour les trancher d'une manière absolue, un nouvel accord fut passé dans le mois de mars 1764. On attribua définitivement et à titre de propriété exclusive au marquis d'Espagne, pour le remplir de son droit, le quart de réserve dont la délimitation avait été faite par M. de Froidour; et à la Commune le surplus de l'entière forêt représentant les trois quarts de sa contenance. Il était dit dans cet acte que le seigneur était propriétaire du tiers dans la rigueur du droit, mais que trouvant dans la valeur des arbres excrus sur le quart réservé une compensation satisfaisante, il se contentait d'une portion inférieure. Quoi qu'il en soit et en exécution de ce traité nouveau, chaque partie se mit en possession du lot qui lui était dévolu.

Vinrent plus tard les mauvais jours de la Révolution. Le marquis d'Espagne émigra, et s'appuyant sur les lois de 1792 et 1793, la Commune s'empara de la portion jouie par son ancien seigneur. Mais celui-ci, à son retour, revendiqua les droits dont il avait été injustement dépossédé et, à suite d'un long procès dont il est inutile de rapporter les incidents et les détails, la Cour royale de Toulouse a rendu un arrêt qui annule, comme entachée d'abus de la puissance féodale la transaction de 1764, mais qui déclare exempt de ce vice le traité de 1726 dont il ordonne l'exécution pure et simple. Statuant sur la restitution des fruits réclamée par le consultant pour privation de jouissance, la Cour lui attribue *les trois quarts* du prix de la coupe de *l'ancien quart de réserve* vendu à un sieur Caudère et le déclare, au moyen de ce, rempli de tous ses droits pour le passé. Quant à l'avenir il se trouve réglé par l'acte de 1726 maintenu dans toutes ses clauses et conditions.

Depuis cet arrêt, et malgré les dispositions qu'il renferme, la Commune a continué de percevoir les entiers revenus de la forêt. Les demandes amiables, qui lui ont été maintes fois adressées, sont restées infructueuses, et une action judiciaire est devenue indispensable pour mettre un terme à cet état de choses. A l'occasion de ce procès nouveau qui ne pouvait avoir d'autre objet que l'exécution de la sentence précitée, la Commune a jugé convenable de soulever toutes les questions déjà résolues et de contester une fois encore les droits de M. le marquis d'Espagne. Elle a été démise, par jugement en date du 26 juillet 1847, de toutes ses prétentions, et le Tribunal a nommé un expert chargé de constater la valeur et l'importance des coupes faites depuis 1823, à l'effet de déterminer la part revenant au consultant.

Mais sur l'exécution de ce jugement, des difficultés sont faites par la Commune, et c'est le fondement de ces difficultés elles-mêmes qui doit être l'objet de l'examen du soussigné.

M. le Maire, rappelant qu'en 1764 il fut procédé, après l'attribution de l'ancien quart de réserve au seigneur pour le remplir de ses droits, à la fixation d'un nouveau quart pris sur les douze seizièmes dévolus à la Commune, soutient que la famille d'Espagne n'a droit de prendre ou d'exiger la portion des fruits qui lui revient, ni sur ce nouveau quart ni sur l'ancien, qui en était formellement exclu par l'accord de 1726. De cette prétention, si elle était légitime, il résulterait que la famille d'Espagne n'a à réclamer son quart de jouissance que sur les neuf seizièmes de l'entière forêt, puisque de la totalité il faudrait déduire en premier lieu l'ancien quart représentant quatre seizièmes, et le nouveau qui en représente trois.

Le soussigné n'hésite pas à dire que dans sa convictiontion ce système est proscrit à la fois et par les termes positifs des traités qui font la loi des parties, et par les dispositions non moins péremptoires des décisions judiciaires qui en ordonnent l'exécution.

Et d'abord, le traité du 6 octobre 1726 est-il conçu dans des termes dont l'ambiguité permette de concevoir des doutes sur la portée de la convention faite et sur la véritable intention des parties? — Les précisions qu'il renferme sont d'une si manifeste évidence, qu'on a de la peine à concevoir la possibilité d'une controverse. Il y est dit : « *Que distraction faite du quart de réserve, les autres* « *trois-quarts seront mis en division en coupes réglées....* « *et que cette division faite, il sera fait une seconde divi-* « *sion en quatre portions égales . . desquelles quatre por-* « *tions ainsi faites il en sera choisi une par le dit sei-* « *gneur.* » C'est donc sur la totalité de la contenance qu'on opère, et l'on détermine avec un soin rigoureux, dont le but évident est de prévenir tout débat ultérieur, en quoi doit consister la double opération prescrite. En premier lieu, il est fait distraction du quart dont les ordonnances prescrivent la réserve; et les douze seizièmes restants sont à leur tour divisés en quatre portions égales, dont une est dévolue au marquis d'Espagne, auquel même le choix appartient. De ce mode de partage, il résulte manifestement que les trois seizièmes de la contenance totale forment le lot de ce dernier qui, sous aucun prétexte, ne peut être réduit à une quotité inférieure. La Commune ne saurait donc puiser le germe du droit dont elle veut se prévaloir aujourd'hui dans ce contrat dont les clauses condamnent au contraire si péremptoirement son système. Et il est remarquable qu'afin de ne rien laisser à cet égard dans l'incertitude ou le doute, il est ajouté que le quart de réserve a été marqué et limité par M. de Froidour, et qu'ainsi l'on peut déterminer d'ores et déjà la contenance des coupes annuelles dont on arrête la répartition. Elle sera, comme la transaction l'indique, de quarante-six arpents. C'est donc le quart de cette contenance qui reviendra au marquis d'Espagne, et, à moins d'un traité nouveau qui étende ou restreigne ses droits, ils resteront désormais renfermés dans ce cercle.

Un traité nouveau est intervenu, cela est vrai, en 1764, mais celui-ci contenait au profit du seigneur la reconnaissance de droits plus étendus. C'était du tiers de l'entière forêt qu'il était déclaré propriétaire, et la portion qui lui était donnée pour le remplir de ce tiers consistait dans ce quart de réserve marqué par M de Froidour, qui empruntait à l'accroissement de ses arbres presque séculaires une si grande valeur. Aussi la Commune a-t-elle demandé l'annulation de ce second accord que lui aurait arraché l'abus de la puissance féodale, et cette nullité a été obtenue. Il doit dès lors être considéré comme n'ayant jamais eu d'existence, et la Commune qui l'a détruit de ses propres mains, ne saurait être admise à puiser, ni dans sa teneur ni dans les faits qui l'ont précédé, ni dans ceux dont il a été suivi, des droits qui antérieurement ne lui auraient pas appartenu. Telle est néanmoins dans la réalité des choses sa prétention actuelle. Le lotissement opéré en 1764, qui attribuait à la personne du seigneur l'ancien quart de réserve, nécessita la formation d'un nouveau quart établi sur la portion des forêts devenue la propriété exclusive de la Commune. C'était le vœu impératif des ordonnances forestières, et on s'y conforma. Si le partage fait à cette époque n'avait pas eu lieu, il est clair que cette opération ne fût pas intervenue. Ainsi que le dit M. Villa de Gariscan dans son dernier procès-verbal, c'était une conséquence des accords qui venaient d'être arrêtés, par suite desquels avait disparu le quart de réserve auquel étaient soumis tous les bois communaux. Du reste, en procédant ainsi, on ne portait au marquis d'Espagne aucune sorte de préjudice. La part qui lui était faite, et en possession de laquelle il entra immédiatement, devait le rendre indifférent sur le règlement qui serait imposé par l'Administration forestière à la jouissance de la Commune. C'était une chose qui lui était étrangère, dont il n'avait sous aucun rapport à se préoccuper, à laquelle il n'était en droit d'opposer aucune résistance, et qui par voie de suite ne pouvait lui devenir dommageable. Prétendre faire sortir de la fixation de ce nouveau quart de réserve, une restriction aux droits qu'il tenait de la transaction de 1726, n'est donc pas une chose sérieuse. De telles vérités n'ont pas besoin de démonstration.

De ces considérations il faut conclure que les conventions des parties repoussent le système de la Commune qui essaierait en vain de les appuyer sur le traité de 1764, dont elle a été la première à vouloir s'affranchir, comme portant à ses droits une atteinte qu'ont réprimée les lois de 1792.

Les décisions intervenues ne sont ni moins précises, ni moins péremptoires.

Lorsque a été rendu l'arrêt de 1823, la Commune était détentrice de toutes les forêts situées dans sa circonscription. Le quart, qui en 1764 avait été délivré au seigneur, avait été ressaisi par elle, en vertu des lois précitées. Quant au marquis d'Espagne, il ne possédait et ne détenait rien. Ses tentatives, pour reprendre une propriété importante dont l'avaient dépouillé des voies de fait, auxquelles son émigration ne lui avait pas permis de résister, étaient demeurées infructueuses. Dans ces conjonctures, la Justice, saisie de ses réclamations et ayant en présence les deux anciens propriétaires dont l'un possédait tout et l'autre rien, a voulu que leurs droits fussent réglés par le traité de 1726 dont l'exécution pure et simple a été ordonnée. Elle a frappé, comme illégal, le partage de 1764, et avec lui ont été proscrites également toutes les modifications qu'il avait apportées à la situation antérieure des parties. Cette situation a été rétablie dans toute son étendue première, et la Cour a eu le soin de formuler sa pensée à cet égard dans des termes qui ne laissent même pas de place à la controverse. Elle a dit que la transaction que le Tribunal avait annulée était *maintenue, et qu'elle serait exécutée quant à toutes les dispositions non contraires aux lois abolitives de la féodalité.*

Ainsi, et par la force même des choses, on est retombé sous l'empire de cet acte dont il a été démontré que les clauses attribuaient au marquis d'Espagne la jouissance des *trois seizièmes de toutes les forêts de Cassagnabère.*

Le jugement du 26 juillet 1847 ne pouvait toucher à ces dispositions fondamentales. Le Tribunal de Saint-Gaudens n'avait qu'à en prescrire l'observation rigoureuse dans la liquidation de la restitution des fruits qui lui a été soumise à cette dernière époque. Aussi a-t-il eu le soin de se renfermer dans cette limite. Au maire de Cassagnabère qui contestait de nouveau au consultant son droit de co-propriété, il a répondu par l'autorité de la chose jugée résultant de l'arrêt de 1823, et cette co-propriété ainsi consacrée une seconde fois, il s'est exclusivement occupé de la liquidation dont il était saisi et qu'il a prescrite sur cette base.

Dans les motifs de ce jugement, ainsi que dans le dispositif, on trouve néanmoins des expressions dont il semblerait résulter que M. le maire de Cassagnabère n'a pas compris le véritable sens. Il y est dit que la restitution des fruits due au consultant comprendra le quart des coupes faîtes par la Commune depuis 1823, mais en laissant en dehors le quart de réserve qui doit rester propriété exclusive de la Commune. Ce que les considérants indiquent, le dispositif le déclare à son tour. On y lit que :

   « *Le Maire sera tenu, comme procède, de faire compte* « *aux sieurs d'Espagne du quart du prix des coupes* « *effectuées dans les forêts de la dite Commune en dehors* « *du quart de réserve.....* »

C'est, selon toute apparence, dans les termes ci-dessus que le Maire a puisé la pensée de son système actuel. Argumentant de cette exclusion du quart de réserve, il soutient que M. le marquis d'Espagne ne peut prétendre ni à celui qu'avait fixé M. de Froidour, ni à celui que détermina M. de Gariscan à suite du partage de 1764. Son erreur est facile à démontrer. D'une part, il n'est pas nécessaire d'insister beaucoup pour faire ressortir ce que *cette prétention a d'exagéré*. Si elle était admise dans toute son étendue, il s'ensuivrait que la part du consultant serait réduite à deux seizièmes, plus une fraction extrêmement minime, au lieu des trois seizièmes que le traité lui attribue. Là ne saurait donc être la difficulté.

Mais quel est le quart qui ne doit pas être atteint par la jouissance du concluant? Est-ce celui fixé par M. de Froidour, ou bien celui que fixa plus tard M. de Gariscan. Evidemment, dans l'esprit du Tribunal, il n'a pu être question que du premier, qui représente quatre seizièmes, et non du second qui n'en représente que trois. Qu'on ne perde pas de vue que l'arrêt dont le jugement n'a pu ni voulu s'écarter, a prescrit l'exécution pure et simple de la transaction de 1726. Qu'on n'oublie pas non plus que cette transaction renferme une clause spéciale relative à ce quart réservé, qu'elle en contient la description précise et rappelle qu'il a été *bodullé et marqué* par

le Grand Maître. Or il est incontestable qu'aux termes
de l'acte, c'est ce quart seul qui est soustrait à la jouissance promiscue du marquis d'Espagne. Et si cette proposition aussi claire que possible est reconnue, il en résulte
que c'est ce même quart qui seul doit rester en dehors de
sa jouissance, en vertu de l'arrêt qui en a ordonné la rigoureuse et complète exécution.

Telle est manifestement l'interprétation, la seule interprétation raisonnable que doivent recevoir les termes du
jugement de 1847. Une objection toutefois pourra être
faite. On dira que le quart réservé par M. de Gariscan
représente aujourd'hui les revenus accumulés de près
d'un siècle, et que la Commune qui a été privée de leur
perception pendant un aussi long intervalle doit retrouver, dans le partage des fruits, l'équivalent de leur valeur; qu'en attribuer une quote-part à la famille d'Espagne serait en réalité la faire participer à des revenus
antérieurs à 1823, tandis que d'après l'arrêt ce n'est qu'à
dater de cette époque que s'est ouvert leur droit à la
jouissance. Cette objection n'est pas sans quelque portée,
mais la seule chose qui en résulterait, dans l'ordre d'idées
le plus favorable à la Commune, serait de procéder à
une ventilation de ce quart réservé par M. de Gariscan,
afin de déterminer quel est le chiffre d'augmentation de
valeur qu'il faut attribuer aux années courues jusqu'en
1823, et quel est aussi le chiffre de cette augmentation
résultant des années qui se sont écoulées depuis cette
dernière date. Les héritiers d'Espagne devraient, sans
aucun doute, être admis au partage de celle-ci représentant des revenus dont une quote-part leur est attribuée.

Mais, si l'on se pénètre du véritable esprit de l'arrêt,
on demeure convaincu que cette ventilation n'est même
pas nécessaire. La Cour a voulu couvrir tout le passé

d'un bill d'indemnité pur et simple. Elle a dit que les parties seraient à raison de leurs jouissances diverses respectivement quittes. La Commune qui, depuis 1790, avait joui de l'entière forêt, n'avait pas à se plaindre de cette espèce de forfait. Pour l'avenir, la Justice a entendu que la transaction de 1726 reprît toute sa force, comme s'il n'était survenu aucun événement intermédiaire et que les choses fussent dans l'état même où elles se trouvaient alors. Ce serait donc fausser ses véritables intentions que d'aller puiser dans le mode de jouissance antérieure des motifs pour procéder à des ventilations d'une difficulté et d'une complication extrêmes. Là ne serait point la vérité.

Délibéré à Toulouse, le... 18. .

CONCLUSIONS

ET

MÉMOIRES.

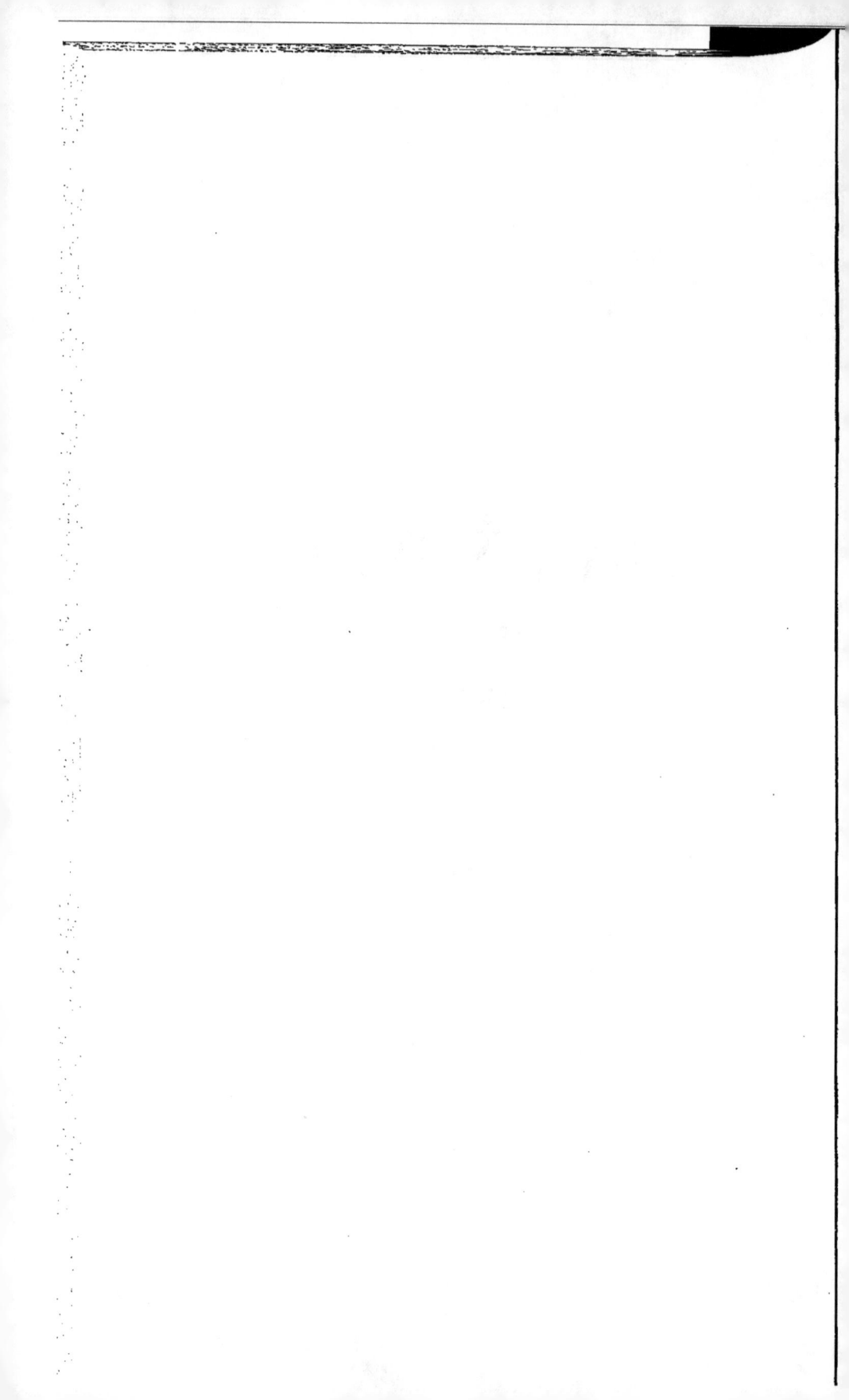

MÉMOIRE

POUR

LE SIEUR COLOMYÈS

CONTRE

M. le Maire de Toulouse.

Menacé d'une expropriation que veut lui faire subir sans indemnité sérieuse M. le maire de Toulouse, le sieur Colomyès défère à la censure de la Cour le jugement qui a accueilli cette injuste prétention.

Les administrateurs de la caisse municipale ont conçu le dessein de s'emparer de son patrimoine, sans en payer la valeur. On sait néanmoins qu'ils ne se montrent pas toujours bien parcimonieux envers les citoyens soumis à des mesures du même genre. Des faits multiples et connus de tous prouvent que dans les évaluations destinées à fixer la quotité du dédommagement pécuniaire, ils procèdent avec une générosité souvent onéreuse pour la

Ville. D'où vient donc l'extrême rigueur dont ils font preuve actuellement? Le sieur Colomyès n'en recherchera pas la cause, et malgré la légitime irritation qu'a dû exciter dans son âme la dureté dont il est l'objet, il ne fera entendre aucune plainte. Protégé par une double exception également péremptoire, il ne demande à ses juges que la faveur d'être écouté.

Un rapide exposé précisera l'origine de sa propriété et les droits qui en découlent.

FAIT.

Toulouse était jadis une ville de guerre : quoique dans le cours de plusieurs siècles, ses habitants n'aient vu que deux fois la fumée du camp ennemi, son voisinage des fontières avait imposé le devoir de l'entourer de remparts et de travaux défensifs propres à arrêter la marche d'une invasion ; quelques murs en ruine attestent encore cet ancien état de choses.

En l'an IV, les victoires de la République avaient porté loin du sol de la patrie le théâtre de la guerre, et fier de ses succès, le Gouvernement de cette époque crut pouvoir négliger des moyens de défense que, dans son orgueil, il aurait craint de voir attribuer à un sentiment de défiance ou à un aveu de faiblesse. Aussi la porte Saint-Etienne, qui fesait partie intégrante du système de fortifications de la Ville, ayant été démolie, il dédaigna de se préoccuper de sa reconstruction. Bien mieux, il prescrivit l'aliénation d'une partie du terrain sur lequel elle aurait dû s'élever, sous la seule réserve du droit de déposséder l'acquéreur moyennant la restitution du prix, si la nécessité le contraignait un jour à consacrer de nouveau ce terrain à sa destination primitive. Voici comment fut rédigée cette réserve dans le procès-verbal d'adjudication du 17 fructidor, même année : *A condition que l'adjudicataire demeurera obligé de rétrocéder ledit terrain à la République, si le cas arrivait où elle en eût besoin pour la reconstruction de la porte Saint-Etienne, au même prix auquel il lui aura été vendu, sans pouvoir prétendre à aucune indemnité, à raison des bâtiments, réparations ou constructions, qu'il pourrait faire sur ledit terrain, conformément à l'arrêté du département du 15 du même mois.*

Cet adjudicataire était le sieur Lourde : personne n'ignorait qu'en achetant, son dessein était d'élever des constructions et la chose était si bien connue que le Gouvernement lui-même en fait mention dans l'acte translatif de propriété.

La réserve, qui le menaçait dans l'avenir d'une dépossession sans dédommagement pécuniaire n'était pas de nature à lui causer de bien vives alarmes. Dans sa pensée, comme dans celle du Gouvernement son vendeur, la bravoure de nos soldats toujours victorieux devait faire considérer cette condition comme non écrite.

Lourde ne s'était pas trompé : loin d'être reconstruite pour compléter la ligne de nos remparts, la démolition de la porte Saint-Etienne a été au contraire le précurseur de la suppression de ceux-ci.

Mais n'anticipons pas.

L'acquéreur du terrain vendu par la République y éleva deux maisons, l'une possédée par les héritiers Porte, l'autre vendue le 9 nivôse an XIV à un sieur Gailhardie au prix de *deux mille cinq cents francs.* Dans cet acte le sieur Lourde, vendeur, ramène la clause déjà transcrite, relativement à la réserve contenue dans son procès-verbal d'adjudication. Depuis le 9 nivôse an XIV jusqu'au 3 juin 1837, Gailhardie a paisiblement joui par lui-même ou par ses successeurs de cette propriété. A cette dernière époque, elle fut vendue par licitation aux enchères publiques, et le sieur Colomyès en devint adjudicataire. Dans le cahier des charges, mais en dehors des conditions imposées, les colicitants énumérant leurs titres ramenèrent celui du 9 nivôse an XIV. On a voulu plus tard puiser, dans cette transmission matérielle, une reconnaissance interruptive, bien plus une renonciation formelle à la prescription acquise. Dans la discussion il sera aisément fait justice de cette étrange aberration.

Quoi qu'il en soit, Colomyès, adjucataire au prix de deux mille cinq cents francs qui, avec le paiement des frais et droits, s'élevèrent bientôt à trois mille, comptait et devait compter sur une jouissance plus paisible encore que celle de ses prédécesseurs, car le temps était venu imprimer son imposante sanction aux droits qui lui avaient été transmis.

Mais, vain espoir! A peine était-il en possession qu'il reçut de M. le maire de Toulouse un acte extrajudiciaire qui le sommait d'avoir à démolir ses constructions, déblayer et délaisser le terrain dans un court délai, moyennant la restitution pure et simple du prix d'adjudication du sieur Lourde, ramené dans le procès-verbal de l'an IV.

Inutile de dire qu'une énergique protestation répondit à cette agression imprévue. Mais Colomyès n'entendait pas, comme tant d'autres, spéculer au détriment de la Caisse municipale. Aussi offrit-il tout d'abord de se soumettre immédiatement aux exigences de la Ville, si elle consentait à lui rembourser le montant de son acquisition. Cette demande si légitime, et que l'équité, à défaut du droit rigoureux, aurait fait seule un devoir d'accueillir, ne fut communiquée au Conseil municipal qu'à suite de vives et insistantes démarches.

Le mauvais vouloir du chef de l'Administration fesait pressentir d'avance quel en serait le résultat : elle fut rejetée.

Supposant qu'économe des deniers municipaux, le Conseil ne s'était montré si sévère que pour éviter une dépense qui pourtant n'était pas bien considérable, il proposa un nouveau mode de transaction : c'était un échange. La Ville, dans le voisinage de la maison de Colomyès, possède une échoppe qui n'a et ne peut avoir aucune destination d'utilité publique; il offrit de l'accepter à la place du terrain dont le délaissement était demandé : son offre ne fut pas accueillie avec plus de faveur que la précédente. Il est bon de remarquer toutefois que le revenu de l'échoppe était inférieur à celui de la maison, et que, s'il y avait une différence de valeur entre ces deux objets, c'est lui seul qui aurait eu à en souffrir.

Mais M. le Maire se montra inflexible : rappelons ici qu'aucun de ses prédécesseurs n'avait déployé une âpreté semblable. Sacrifier les droits de l'un de ses administrés, alors même que l'intérêt de tous paraît en obtenir quelque avantage, ce n'est pas moins une injustice, et M. de Lapeyrouse ne voulut pas en accepter la responsabilité.

Alors que l'une de nos deux plus puissantes exceptions n'était pas acquise, il reconnaissait pour la Cité le devoir d'indemniser, en l'expropriant, le sieur Gailhardie, notre auteur. Sa lettre, que le hasard nous a fait retrouver, aurait dû être conservée, comme une tradition précieuse, dans les Archives de la Mairie, qui paraît si peu se souvenir de ces loyaux errements. Elle est ainsi conçue :

. . . .

. . . .

A la lecture de cette pièce, Colomyès qui savait quelle était la haute portée de l'administrateur signataire, comprit que les titres de la Cité n'étaient pas aussi concluants qu'on s'efforçait de le lui faire croire. Il voulut en prendre connaissance, et on lui parla d'un décret de l'année 1808 dont il rechercha en vain les traces dans le Bulletin des Lois, *où il n'a jamais été inséré, quoique disposant d'une propriété nationale.* Ce décret, si précieux, n'existe que dans les Archives de la Préfecture, et on y voit écrite seulement la disposition, à titre gratuit et particulier, des murs et remparts en faveur de la ville de Toulouse.

Point de subrogation, de cession générale ou universelle. C'est purement et simplement le don d'un objet fixe et déterminé, qui ne peut recevoir au-delà des termes sacramentels de la clause aucune espèce d'extension.

Cette lecture fut un trait de lumière qui devint d'un merveilleux secours pour commenter la lettre du maire de l'Empire, et, vu l'insuccès de toutes les tentatives d'arrangement amiable, on attendit sans crainte le commencement des hostilités.

Le Tribunal de Première Instance fut nanti du débat : les conclusions du ministère public, défenseur-né des Communes, nous furent favorables. Après un délibéré de plus d'un mois, intervint le jugement dont est appel : ce jugement a posé avec une netteté remarquable les questions qui naissent du procès, et de la sorte est rendue plus facile la réfutation du système auquel il a donné la préférence.

Deux points principaux feront l'objet de l'examen de la Cour :

Le premier, relatif à la *qualité* de la Ville qui, suivant nous, n'a pas le droit de réclamer l'exécution de la réserve stipulée dans le procès-verbal du 17 fructidor an IV.

Le second, concernant la prescription trentenaire qui, dans tous les cas, aurait affranchi de la réserve imposée.

§ II.

La Ville a-t-elle qualité pour contraindre les sieurs Portes et Colomyès à la démolition?

La négative s'évince irrésistiblement des précisions les plus simples.

Le droit de les assujettir sans indemnité à cette obligation fut stipulé sans doute dans le procès-verbal du 17 fructidor an IV ; mais la Ville, complétement étrangère à ce contrat, ne pouvait en réclamer et poursuivre l'exécution qu'autant qu'une cession positive lui en aurait conféré le pouvoir. Depuis les lois du 24 août 1793 et 28 ventôse an IV, le terrain aliéné était la propriété exclusive de l'Etat, qui seul était libre d'en disposer avec les restrictions qu'il jugerait convenables ou utiles à l'intérêt national. Cet intérêt, dans les traités intervenus, dut uniquement préoccuper les représentants de l'Administration supérieure, qui n'avaient point mission de mettre la Ville à couvert du paiement d'une indemnité pécuniaire, si un jour elle voulait déposséder les acquéreurs. Une telle prévoyance de leur part est d'autant plus inadmissible qu'en l'an IV, on ne pouvait deviner la libéralité impériale de 1808, déterminée par le passage de Napoléon Ier dans nos murs.

M. le Maire ne saurait donc puiser dans ce procès-verbal de l'an IV, le droit rigoureux dont il a provoqué l'application contre nous.

Ce n'est pas sérieusement que les premiers juges ont consigné dans les motifs de leur décision, qu'à cette époque déjà la République s'occupait avec sollicitude des embellissements de Toulouse, et que, tout en parlant de la nécessité possible de la reconstruction du rempart, sa pensée véritable était de ménager à la municipalité le moyen d'élargir sans frais les rues trop étroites qui aboutissaient à l'un des quartiers les plus industrieux.

N'est-il pas sensible en effet, que tout ce qui se réfère à ces embellissements prétendus, se trouve placé, pour ainsi dire, en dehors de l'Administration gouvernementale qui seule a figuré dans le contrat si singulièrement interprété. Les communes, en ce qui touche leurs intérêts privés, sont placées sur la même ligne que les simples citoyens, et, si l'Etat, à cause de leur minorité légale, les couvre de son patronage bien souvent onéreux, ce n'est qu'à titre de tuteur, et non pour leur procurer des avantages dans des conventions relatives à des choses dont la propriété ne réside pas sur leur tête.

Ce qui prouve que telle ne fut pas la pensée du gouvernement de la République, c'est que, dans la vente des terrains limitrophes non moins indispensables pour l'élargissement de ces mêmes rues, la réserve ne se trouve pas insérée. Il aurait fallu l'y consigner toutefois, si l'interprétation indiquée par la Ville et acceptée par le Tribunal était exacte. Nous défions de donner une explication plausible de cet oubli, en demeurant dans cet ordre d'idées, tandis qu'en rentrant dans la vérité des choses, tout se comprend sans efforts. Si les sieurs Déprats, Layerle Capel et autres ont eu l'avantage d'obtenir de l'Etat une aliénation pure et simple, c'est parce que le terrain par eux acquis n'était pas nécessaire pour la reconstruction des portes de la ville et des remparts; la République n'avait ni intérêt, ni besoin de faire peser sur leur tête la menace d'une démolition future. Ce n'est donc que dans ce but, et pour son seul avantage que le Gouvernement soumit Portes et Colomyès à cette condition, et l'on a peine à concevoir comment le sophisme invoqué à l'appui de la thèse contraire a été couronné d'un si heureux succès.

Considérons dès lors cette première proposition comme invinciblement démontrée, et n'hésitons pas à dire que la Ville, étrangère à l'adjudication de l'an IV, ne peut s'armer contre nous, à moins d'une cession formelle, d'aucune des clauses qui y sont contenues.

Mais cette cession existe, a-t-on dit, et le germe s'en trouve dans le décret de 1808? Ici la question se place sur son véritable terrain, et, si M. le Maire, en tourmentant les termes de ce décret, pouvait en faire sortir la cession alléguée, nous ne pourrions nous défendre contre lui que par les exceptions opposables au Gouvernement lui-même. Mais, sous ce point de vue encore, ses efforts sont frappés d'une complète impuissance.

Notre dessein n'est pas de soutenir l'inconstitutionalité de ce décret *qui, sans l'intervention du Corps Législatif, disposait d'une propriété nationale* ET QUE L'ON METTAIT A L'ABRI DES CENSURES DU SÉNAT CONSERVATEUR EN LUI REFUSANT UNE PLACE DANS LE BULLETIN DES LOIS, qui seul pouvait en constater la publication régulière.

Acceptons-le comme un titre d'une incontestable validité. Qu'y lit-on? *Une disposition gratuite en faveur de la ville de Toulouse, des fossés, terrains et matériaux des remparts* : ce sont les termes sacramentels du décret.

Quelle est maintenant la nature de cet acte? Est-ce une transmission générale et universelle des droits du disposant, ou bien, au contraire, une simple cession à titre singulier? La réponse est facile : Toutes les fois que, dans une convention quelconque, les parties déterminent avec précision la chose qui fait l'objet du traité intervenu, les principes les plus élémentaires du Droit lui refusent tout caractère de générosité, et il est défendu aux juges de lui faire subir l'extension la plus légère. Les termes du contrat sont, dans cette hypothèse, des bornes inflexibles qui resserrent dans un étroit espace le champ des interprétations. Les rédacteurs du Code Civil ont sanctionné cette sage doctrine dans divers articles qui ont trouvé place au titre des transactions. Mais, ce qui est vrai pour les contrats en général est plus incontestable encore en matière d'actes à titre gratuit. On comprend aisément que, pour ces derniers surtout, c'est le sens restrictif qui doit l'emporter constamment sur celui dont le résultat serait d'étendre la libéralité au-delà de ses limites. Les clauses obscures, le doute, s'interprètent toujours contre le donataire qui, ayant reçu un bienfait, ne saurait se plaindre de cette apparente rigueur.

Or, c'est d'un acte de cette nature que M. le Maire argumente dans le procès actuel, et il ne peut échapper dès lors aux conséquences légales qui en résultent.

A la lumière de ces principes, qu'on lise de nouveau le décret précité! — On n'y verra qu'une donation de certains objets particuliers déterminés avec soin, et, par suite, nécessairement exclusifs d'une subrogation générale.

Par rapport à nous, la Ville n'est donc point l'image de l'Etat qui ne lui a cédé, ni spécialement, ni en termes généraux, le droit conditionnel dont il s'était réservé l'exercice. Les remparts, les fossés lui ont été transmis! — Mais de quels fossés, de quels remparts peut-il être question dans le décret? — De ceux-là seuls, sans doute, dont le donateur était encore propriétaire, et non de ceux dont il s'était volontairement dépouillé : l'argument est sans réplique.

Sa force a été comprise, et pour y répondre comme pour réfuter aussi le moyen puisé dans la prescription trentenaire, on a été contraint de tenter d'enlever à l'adjudication du 17 fructidor sa véritable nature, et de prétendre qu'elle ne renfermait qu'une cession précaire du terrain vendu.

Cette tentative, plus qu'étrange, suffit pour décéler la faiblesse du système spoliateur que nous avons à combattre.

Quoi donc ! — L'adjudication de l'an IV n'est pas un acte translatif de propriété? — Mais qu'on l'examine sans préoccupation fâcheuse, qu'on en pèse les termes et les clauses dans leur ensemble et dans leurs détails, et le doute même ne sera pas possible.

L'Etat n'entendait-il pas consentir une vente lorsqu'il exprimait ainsi la condition imposée : « *L'acquéreur de-* « *meurant obligé de rétrocéder le dit terrain à la Ré-* « *publique, si le cas arrive où elle en ait besoin pour* « *la reconstruction de la porte Saint-Etienne,* AU MÊME « PRIX *auquel il lui* A ÉTÉ VENDU, *et sans prétendre* « *à aucune indemnité à raison des bâtiments, répa-* « *rations et constructions qu'il pourrait faire sur le* « *dit terrain?* »

Est-il besoin d'insister après une clause semblable? — Quelle qualification donne-t-on à l'adjudicataire? — Celle d'acquéreur. — Comment, si la condition s'accomplit, est formulée l'obligation qu'il sera tenu de remplir? — On l'appelle une *rétrocession* du terrain. — Que pourra-t-il exiger en rétrocédant? — La restitution du prix. — Et de ce prix quelle en sera la fixation ? — Ce sera le même que celui auquel le terrain lui aura été *vendu*.

En présence de ces expressions si caractéristiques, est-il besoin d'insister encore? — La pensée du vendeur éclate à chaque mot d'une manière si peu équivoque, que le scepticisme le plus inexorable serait contraint de garder le silence.

Essaiera-t-on de dire devant la Cour, comme devant les premiers Juges, que c'est la convention elle-même et non le sens littéral des termes qu'il faut consulter pour apprécier la nature d'un contrat?

Nous sommes le premier à le reconnaître et, toutefois que l'on confesse aussi que les expressions employées méritent quelques égards et que pour bien saisir la pensée des contractants, c'est le guide le plus sûr qui puisse être adopté. Ce guide, dans l'espèce surtout, mérite une confiance particulière, car le rédacteur du contrat est le Gouvernement lui-même dont la Ville prétend être le représentant.

Mais qu'y a-t-il donc, dans le traité dont s'agit, qui refuse au contrat intervenu le caractère d'une vente?

On ne peut argumenter à cet égard que d'une seule chose, de la réserve stipulée d'une dépossession future.

Or, loin d'avoir une portée semblable, cette réserve même est au contraire une preuve de la transmission de propriété qui avait eu lieu : car, si après comme avant l'adjudication, cette propriété eût dû résider toujours dans les mains de l'Etat, la réserve était empreinte d'une manifeste inutilité. Pourquoi stipuler un droit d'éviction? Pourquoi exiger une promesse de rétrocession à un prix convenu d'avance si, malgré la vente, on avait dû demeurer toujours propriétaire? — La chose ne se concevrait pas. Ainsi, cette clause ne peut avoir pour effet de dénaturer l'acte ; elle confirme, au contraire, la qualification que les parties lui ont donnée.

Et, d'autre part, si en Droit on veut préciser son caractère, dans quelle catégorie faudra-t-il la ranger? Evidemment dans celle des *conditions résolutoires*. Or le contrat de vente est-il insusceptible d'être atteint par des conditions de cette nature et cesse-t-il d'être contrat de vente par cela seul qu'on les y attache? — En vérité, personne n'oserait soutenir un si étrange paradoxe.

C'est cependant à cette conséquence qu'est obligé d'arriver M. le Maire pour refuser à notre titre le caractère qui lui appartient.

C'est donc une vente qui nous a été consentie, et, dès l'an IV, nous étions propriétaire du terrain dont on veut nous dépouiller maintenant.

Ce terrain n'était plus dans les mains de l'Etat et ne fesait plus partie des remparts et fossés de la Ville, lorsqu'en 1808 l'Empereur fit la donation qu'on nous oppose.

Dès lors, ne fut pas comprise dans cette donation, la faculté de résoudre la vente, qui appartenait à l'Etat seul : elle n'a pas été cédée par lui, elle ne saurait donc être invoquée contre nous.

Ainsi dans l'exercice de son action, M. le Maire rencontre au premier pas une infranchissable barrière établie sur son défaut de qualité.

Mais, à cette exception, viennent se joindre d'autres moyens non moins péremptoires.

Le décret de 1808 est opposé par nos Adversaires, comme un titre qui doit nous réduire au silence, et nous, au contraire, lisons dans ce décret la consolidation de la propriété sur notre tête : l'accomplissement de la condition, qui la rendait incertaine, se trouvant désormais impossible.

Pour quel cas, en effet, s'était-on réservé la faculté de résoudre? — Pour la reconstruction du rempart et de la porte Saint-Etienne. C'était un intérêt national qui avait dicté cette condition acceptée par l'adjudicataire. Mais elle devait nécessairement s'évanouir le jour où, n'y ayant plus ni portes ni remparts à Toulouse, la réalisation du cas prévu serait devenu impossible. Telle est la nature de toutes les conditions résolutoires, elles disparaissent du contrat où elles sont censées n'avoir jamais été écrites, dès qu'il est devenu certain que leur accomplissement ne peut avoir lieu. Eh bien! pour Colomyès et Portes cette certitude est advenue, à l'instant mathématique où

la propriété des murs et remparts a été cédée à la Ville.
Dès ce moment il n'y a plus eu ni fossés, ni portes, ni
remparts dans le sens légal de ce mot. D'inaliénable propriété publique et privilégiée qu'ils étaient, ils sont passés
dans une autre classe de propriété que n'entoure aucune de ces prérogatives. Ce n'est aujourd'hui qu'un simple domaine communal sur lequel l'Etat qui s'est dépouillé
n'a aucun droit à prétendre. — A lui seul cependant
appartiendrait le pouvoir de relever et de construire les
remparts et les portes. La Ville, à qui n'est confié le soin
ni de sa propre défense, ni de celle du pays, n'aurait
point qualité pour une semblable entreprise ; et, par voie
de conséquence, cette reconstruction n'est plus maintenant dans l'ordre des choses possible. D'un côté l'Etat ne
le pourrait, puisqu'il a aliéné tous ses droits, et enlevé
ainsi aux remparts leur caractère particulier ; et de l'autre la Ville est dans une impuissance plus radicale encore,
puisque de tels travaux sont au-dessus de ses attributions.

Le décret de 1808 a donc produit ce résultat, que la
reconstruction prévue dans l'adjudication du 17 fructidor an IV, a été irrévocablement abandonnée, et que les
réserves ayant pour but d'en conserver le droit ont été
effacées de la convention par la main de celui-là même
qui les y avait écrites.

N'étions-nous pas fondés à dire dès lors que le décret
de 1808, par la seule force des choses, condamne nécessairement les prétentions de M. le Maire ?

Et, n'en fût-il pas ainsi, ne serait-on pas tenu de reconnaître tout au moins que la condition n'est pas accomplie ?

On a vu quels en sont les termes : la faculté de dépossession n'est réservée par la République que pour un seul
cas, *celui où le terrain deviendrait indispensable pour la*

reconstruction de la porte Saint-Etienne. Or, ce cas s'est-il présenté pour qu'il y ait eu ouverture à l'exercice du droit? — Bien au contraire, un fait s'est accompli qui a rendu sa réalisation impossible. Sous quel prétexte donc, voudrait-on nous évincer aujourd'hui? — On dit que la précision du cas réservé n'était que démonstrative, et que déjà le Gouvernement républicain songeait, en l'an IV, aux embellissements projetés par la Ville. Une double réponse fera justice de cette objection.

Et d'abord, où se trouve le germe de ce prétendu caractère démonstratif que l'on s'efforce d'apercevoir dans la clause? — Nulle part. La nature même du contrat y répugne. Quand il s'agit de soumettre un individu à une condition aussi rigoureuse que celle d'une dépossession, sans indemnité, qui doit lui ravir une partie de sa fortune en l'assujettissant à perdre des constructions dispendieuses dont le projet réalisé était connu du vendeur, qui ne comprend que tous les termes sont sacramentels et exclusifs de cette élasticité ruineuse dont on veut faire usage? Si l'interprétation était permise, ce serait pour restreindre et non pour étendre qu'il faudrait y recourir, car tout pacte obscur s'interprète contre le vendeur : s'il y a doute, c'est contre celui qui *stipule* et non contre celui qui *s'oblige* que la clause doit être entendue, car enfin, lorsque deux prétentions rivales sont en présence, la cause du plaideur qui CERTAT DE DAMNO VITANDO a plus de titres que l'autre à la bienveillance du juge.

Et, qui ne voit en effet que, si la réserve se fût référée à des embellissements futurs pour la Ville, personne, en l'an IV, ne se fût présenté pour enchérir et s'exposer, non pas aux chances, mais à la certitude d'une dépossession infaillible? Mais, cette dépossession ne devant avoir lieu que pour la reconstruction possible des remparts et de la porte, il y avait légitime espoir de ne jamais la subir.

Cet espoir avait une base toute patriotique, c'était la fidélité de la victoire aux drapeaux de la France ; c'était d'autre part la résolution du Directoire exécutif lui-même qui n'aurait pas aliéné si, à ses yeux, la reconstruction eût été pour l'avenir une chose certaine ou même probable.

On ne devait donc éprouver, en acceptant cette clause, que de bien faibles sollicitudes, et l'auteur de Portes et de Colomyès n'hésita pas à se rendre adjudicataire.

Mais ce serait violer à la fois la lettre et l'esprit du contrat que de supprimer la condition écrite et d'en substituer une autre qui est si peu l'équipollent de la première.

L'acquéreur protestant hautement contre l'extension donnée au lien qui l'enchaînait, si telle eût été la pensée de l'Etat, il aurait eu le tort de ne point la faire consigner dans l'acte en termes énergiques, et la peine de cet oubli serait de ne pouvoir en réclamer l'exécution.

Mais cette pensée, la République ne l'eut jamais : ce n'est pas elle qui avait à se préoccuper des améliorations dont certaines de nos rues pouvaient être susceptibles. A d'autres était confié un tel soin, et, comme on l'a vu plus haut, si les terrains, par elle vendus, ne lui étaient pas indispensables à la reconstruction que le malheur de nos armes pouvait nécessiter un jour, c'étaient des aliénations pures et simples qui étaient consenties. Que M. le Maire n'aille donc pas puiser ses armes dans la prétendue sollicitude du Gouvernement d'alors pour l'avenir de notre cité. Les intérêts de celui-ci étaient complétement distincts des intérêts de celle-là qui est bien devenue plus tard, grâces à la libéralité impériale, son successeur à titre singulier, mais pour qui, avant 1808, on ne stipulait aucune sorte de droits sur des choses dont on ne prévoyait pas que la propriété lui serait transmise, plus de douze ans après.

Ce dernier point de vue, plus concluant peut-être que tous les autres, vient compléter la défense des appelants qui repoussent ainsi M. le Maire, et par son défaut de qualité, et par l'inaccomplissement de la condition qui seule pouvait les assujettir au délaissement exigé.

§ III.

Il existe un autre point à examiner, celui de la prescription qui, dans tous les cas, aurait affranchi le terrain en litige de la charge dont il fut primitivement grevé.

Ce moyen s'appuie sur une paisible possession de plus de trente années, résultant de faits non contestés et d'actes authentiques, qui échappent également à la controverse.

Afin d'éviter un débat inutile, nous ne tiendrons aucun compte pour la justification matérielle de cette longue jouissance, du temps écoulé depuis le 17 fructidor an IV, date de l'acquisition du sieur Lourdes jusqu'au 9 nivôse an XIV, époque où partie du terrain fut vendue par Lourdes à Gailhardie. On veut voir dans cette vente une reconnaissance interruptive, et comme nous n'avons pas intérêt à la contester, nous ferons tout d'abord le sacrifice de cette première période. Mais, depuis le 9 nivôse an XIV (30 décembre 1805) jusqu'au 29 décembre 1837, date de la sommation de M. le Maire, l'acquéreur Gailhardie a constamment possédé par lui ou ses successeurs, sans trouble, ni réclamation d'aucun genre. Ainsi s'est opérée, avec la réunion de tous les caractères constitutifs de la prescription légale, la révolution de trente années nécessaire pour l'accomplir. En fait donc, et par ce simple rapprochement de dates, cette exception se trouve d'ores et déjà démontrée. Bientôt nous aurons à voir si, dans la cause, il existe quelque acte d'où l'on puisse induire que nous avons entendu en faire le sacrifice.

Bornons-nous à prouver maintenant que le droit vient à l'appui du fait et que la réserve, dont on excipe contre nous, était susceptible de s'éteindre par un silence de trente années.

Cette proposition exigera quelques développements.

En principe, la prescription trentenaire frappe toutes les actions dont la durée n'a pas été restreinte par un texte spécial à un terme plus court : il n'en est point qui puissent échapper à son empire dont l'autorité s'étend sans distinction sur tous les droits que l'homme veut exercer contre son semblable. Ainsi l'exigeaient de grandes considérations d'ordre public qui, pour ne laisser ni les propriétés territoriales, ni les fortunes mobilières dans une décourageante incertitude, ont fait un devoir d'assimiler ce long silence du propriétaire légitime à un abandon ou à une aliénation volontaire. C'est sous ce rapport surtout que publicistes et jurisconsultes ont décoré la prescription du beau titre de *patronne du genre humain*. Aussi, sans rechercher avec eux si son principe a été puisé aux sources pures du droit naturel, ou bien n'a eu d'autre origine qu'une création salutaire du droit civil, nous nous bornerons à proclamer ici l'étendue de sa puissance et la pensée morale qui lui sert de fondement.

C'est, protégés par cette exception péremptoire, que nous nous présentons aujourd'hui.

Il n'est possible d'en détruire la force qu'en prouvant, soit à l'aide de la qualité des personnes, soit en s'appuyant sur la nature spéciale de la réserve, que le cours du temps n'a pas produit dans le cas actuel ses effets ordinaires.

Or, quant à la qualité des personnes, si l'ancienne

Jurisprudence rangeait l'Etat et les Communes dans une classe privilégiée, le Code Civil, plus en harmonie avec les vrais principes, les soumet à la loi commune.

Reste la nature du droit réservé : c'est une *faculté*, disait-on devant les premiers Juges, et, comme il est de l'essence des facultés de ne pouvoir être atteintes par la prescription, on en concluait que le moyen n'était pas admissible.

Le Tribunal paraît avoir fait lui-même justice de cette argumentation qui n'a pas été reproduite dans ses considérants, et dont une précision bien simple fera sentir la fausseté.

Oui, les facultés sont inprescriptibles si, dérivant du droit naturel, elles n'ont besoin, pour se manifester au dehors, que d'un pur fait qui témoigne de leur exercice. Ainsi la faculté de *tester*, de construire sur mon terrain en me conformant aux lois du voisinage, de puiser de l'eau à la rivière ou à la fontaine commune, ne peut jamais périr par le non-usage, quelque longue qu'en soit la durée. Lorsque j'use en effet de ces facultés diverses je n'agis que sur moi-même, ou sur des choses qui sont placées sous mon empire, et mon action ne pouvant, ni ne devant rejaillir contre des tiers, personne ne saurait invoquer de possession qui me préjudicie.

Mais il n'est pas vrai que les facultés jouissent de cette étrange prérogative si, engendrées par une convention, elles ne peuvent être exercées que contre un citoyen qui, aliénant une portion de sa liberté, s'est soumis d'avance à en tolérer l'usage. La faculté ici perd son caractère primitif pour devenir un *droit* conventionnel qui tombe nécessairement sous le coup des règles générales, et du principe conservateur de la prescription. Ce droit, si l'obligé résiste, a besoin de l'intervention judiciaire pour être respecté, et se trouve forcément dès lors converti en une *action* que l'article 2262 du Code Civil doit atteindre.

Il faut donc établir une différence profonde entre les facultés naturelles et les facultés qui dérivent d'un contrat. Si les premières échappent à la prescription, les secondes, au contraire, sont tenues de subir son empire. Sans cela l'homme serait investi du droit anti-social de se créer des droits imprescriptibles, et de violer ouvertement la sage maxime consignée dans l'article 2220 qui défend de renoncer d'avance à la prescription.

Cette doctrine enseignée par M. Troplong, t. 1er, p. 154, no 123, a été consacrée aussi par un arrêt remarquable de la Cour de Limoges du 22 mars 1811, rendu dans une espèce qui a de frappants rapports de similitude avec le procès actuel. On peut le consulter dans Dalloz, *verbo Prescription*, p. 246.

Cela posé, quel est le genre de faculté dont la Ville aujourd'hui réclame l'exercice? — Ce n'est certes pour une faculté naturelle, une faculté dont l'usage ne doive atteindre que sa propre chose, une faculté enfin qui ne soit pas destinée à réagir contre un tiers assujetti par une obligation antérieure. — Tous ces caractères divers lui manquent évidemment, car c'est un contrat qui lui a donné la vie, car elle doit s'exercer sur une chose qui, depuis bientôt quarante-trois ans a cessé d'être dans son propre domaine ou celui de son prédécesseur, car enfin elle frappe dans son patrimoine un tiers enchaîné par un engagement civil.

A quel titre réclamerait-on pour elle la faveur de l'imprescriptibilité? — Nous défions de répondre.

Il est donc bien établi que la réserve stipulée n'était nullement affranchie par sa nature de l'action du temps qui de sa main l'aura effacée, si d'ailleurs notre possession réunit les conditions diverses exigées par la loi.

C'est sous ce dernier rapport surtout que la municipalité nous attaque : elle prétend que notre possession a toujours été précaire, que le procès-verbal du 17 fructidor an IV ne renferme pas une aliénation véritable, mais bien une simple autorisation de bâtir sur le terrain cédé dont la propriété resta constamment dans les mains de l'Etat, *qu'ainsi nous n'avons pu prescrire des droits qui ne nous avaient pas été transmis.*

Qu'on veuille bien remarquer d'abord que si la transmission eût été complète, nous n'aurions pas besoin d'invoquer à l'appui la prescription dont l'unique objet en général est de remplacer le titre qui manque ou de suppléer à son insuffisance. *Si la Justice, à l'exemple du Tribunal de Toulouse, n'autorisait l'emploi de ce moyen qu'autant qu'il y aurait eu transmission,* ne l'admettre, en conséquence, que dans le cas où le défendeur est pourvu d'un acte bien complet, ce serait incontestablement la rayer de nos Codes.

Mais laissant à l'écart cette première observation, où le Tribunal a-t-il vu que notre jouissance n'avait eu lieu qu'à titre précaire ? Où a-t-il vu que l'Etat, loin de vendre, avait entendu retenir la propriété des terrains dont il s'agit ?

Ce n'est certainement pas dans les expressions employées par le rédacteur du procès-verbal de l'an IV; nous les avons transcrites et commentées *dans le premier paragraphe*, et l'on voit que chacune d'elles proclame hautement l'idée d'une véritable aliénation, qu'il y est question *d'acquéreur*, de prix, de rétrocession, de *terrain vendu*. — Comment donc, en présence de ces termes énergiques, essaie-t-on de dépouiller cet acte de son caractère pour le transformer en une sorte de location.

La faculté de retraire réservée a été examinée à son

tour et appréciée à sa juste valeur ; ce droit, comme on n'en a pas perdu le souvenir, se réduit à une simple condition résolutoire qui ne saurait altérer la nature du contrat.

Inutile de revenir sur ces développements qui ont porté, nous osons le croire, la démonstration jusqu'au dernier degré d'évidence.

Sans doute nous reconnaîtrons avec la Cour royale de Limoges, dans l'arrêt précité, que la jouissance de celui qui a vendu une faculté, (ou promis de la subir), est toujours précaire jusqu'à son exercice. Mais c'est là un genre de précarité qui n'arrête nullement le cours de la prescription. Employé dans ce sens, ce mot ne signifie pas que la détention du prescrivant soit infectée d'un vice qui en détruit les effets légaux. Il veut dire seulement que jusqu'à l'accomplissement des trente années nécessaires à la consolidation de ses droits, le possesseur est exposé à l'action du propriétaire légitime par qui chaque jour il pourrait être dépouillé. Mais ce péril étant commun à tous ceux qui prescrivent, on ne pourrait, sans effacer la prescription de nos Codes, déclarer qu'il en suspend la marche.

Aussi cette Cour ne se laissa-t-elle pas impressionner par une si futile considération, et, quoique dans le traité même soumis à son examen, il fût dit que le détenteur de l'immeuble ne jouirait qu'à *titre précaire*, jusqu'à l'exercice de la faculté de bâtir qui avait été aliénée par le contrat, elle déclara acquise et opposable la prescription de trente années.

Ce premier argument de M. le Maire de Toulouse se trouve donc victorieusement combattu.

Mais, à défaut de celui-là, on en invoque un second, que nous n'avons pas vu reproduit sans quelque regret dans le jugement attaqué.

On ne prescrit pas contre son titre, nous objecte-t-on, et par conséquent la jouissance la plus paisible et la plus longue n'a pu vous dégrever de la charge qui a saisi l'immeuble dans vos mains. Inutilement chercheriez-vous à vous placer sous la protection de l'article 2241, qui semble restreindre à la vérité le sens de cette maxime, car ce texte n'est applicable qu'aux obligations unilatérales.

Nous avons peine à nous rendre compte d'un aussi complet oubli des principes les plus élémentaires du Droit.

On ne prescrit pas contre son titre, dites-vous? Oui! — Mais dans quel sens doit être entendu cet adage formulé en loi par les rédacteurs du Code Civil? Prévoyant l'abus que l'on pourrait faire dans le nouveau droit, comme dans l'ancien, de ces expressions trop générales, ils les ont fait suivre immédiatement d'une précision qui en fixe la portée. Cette précision nous enseigne que par là on n'a voulu dire qu'une seule chose, à savoir que *l'on ne peut changer soi-même l'origine de sa possession*; c'est à dire que, si l'on a commencé de détenir à titre de dépositaire, d'usufruitier ou de fermier, quelque longue qu'ait été la jouissance, cette qualité première subsiste constamment et arrête à son point de départ la marche d'une prescription utile.

Et, comme si l'explication n'avait pas été suffisante, l'article 2241 vient aussitôt nous enseigner que l'on prescrit contre son titre pour se libérer de l'obligation qu'il constate. Or, que demandons-nous dans l'espèce? — Justement d'être libérés, par notre possession trentenaire et le silence non moins prolongé de l'État, de l'obligation résultant du procès-verbal de l'an IV : il semblait impossible de résister à l'évidence de ce texte.

Qu'a-t-on fait pour en éluder l'application? — On n'a pas craint d'aller exhumer de la poudre des archives, l'antique et fausse doctrine qui, établissant une distinction entre les contrats unilatéraux et synallagmatiques, déclarait ces derniers à l'abri de la prescription, tant qu'une des deux obligations, dont ils renfermaient la preuve, était exécutée. Bien plus, on a présenté, avec une confiance qui étonne, ces étranges idées comme le meilleur commentaire de l'article 2244 du Code Civil.

Nous ne ferons pas à un tel système l'honneur d'une réfutation sérieuse. La jurisprudence et les auteurs sont trop positifs et trop unanimes sur ce point pour que de longs développements soient nécessaires. Qu'il nous suffise de dire que les termes de l'article 2244 ne se prêtent en aucune sorte à la distinction proposée et que le contrat synallagmatique étant la réunion de deux engagements unilatéraux, il n'existe aucun motif sérieux, ni légal, de les placer en dehors de la règle commune. En effet, refuserait-on, à l'aide de ce système suranné, à l'acquéreur, qui jouit depuis plus de trente ans de l'immeuble vendu, le droit de repousser par la prescription la demande en paiement du prix tardivement formée par son vendeur? Si nous-mêmes nous n'avions pas payé le montant de notre adjudication, l'Etat qui le réclamerait aujourd'hui ne verrait-il pas ses poursuites frappées d'impuissance par cette exception péremptoire? — Et si la chose est incontestable pour cette clause fondamentale, ne le sera-t-elle pas à plus forte raison, quand il ne s'agira que des clauses d'une importance inférieure?

C'en est trop en vérité sur cette vieille et paradoxale doctrine de l'imprescriptibilité des obligations corrélatives.

Reste une dernière objection plus sérieuse sans doute, mais qui ne résiste pas non plus à un examen attentif.

Elle est puisée dans le texte de l'article 2257 du Code

Civil. Aux termes de cet article, la prescription ne commence de courir, pour les obligations conditionnelles ou à terme, qu'à compter du jour de l'échéance ou de l'accomplissement de la condition. Telle était, dit-on, la nature de la réserve stipulée par l'Etat. Il ne devait retraire le terrain vendu qu'autant qu'un besoin prévu se réaliserait. Or ce besoin ne s'est fait sentir qu'en 1837, donc jusqu'à cette époque, la marche de la prescription a été suspendue, et le temps antérieurement écoulé ne saurait entrer en ligne de compte.

(1) . . . .
. . . .
. . . .

La prescription a donc suivi son cours naturel que n'est venue suspendre aucune cause légitime. Les efforts tentés pour se dérober à son application n'ont produit d'autre résultat que de faire mieux ressortir l'évidence du droit qui s'appuie sur son autorité.

Il faut bien que notre adversaire l'ait reconnu ainsi, puisqu'il s'est donné tant de peine pour rechercher dans des actes où il ne figure pas comme partie, des traces d'une reconnaissance interruptive ou même d'une renonciation formelle.

Ces actes, quels sont-ils? — De nivôse an XIV au 3 juin 1837, il n'en est intervenu qu'un seul : c'est le procès-verbal d'adjudication qui, à cette dernière époque, a transféré au sieur Colomyès la propriété du terrain de la maison en litige. Dans ce long intervalle, dès lors, on ne peut saisir ni renonciation, ni reconnaissance, les parties s'étant bornées à jouir paisiblement et sans trouble d'aucune espèce. Mais cet intervalle seul a suffi pour complé-

---

(1) Ce passage n'a pas été retrouvé.

ter le temps requis pour la prescription, car il embrasse une période *de plus de trente-deux années.* Si, par conséquent, on veut s'armer pour la justification de ce moyen du procès-verbal de 1837 que l'on ne rencontre qu'au bout de cette même période, ce n'est plus d'une reconnaissance interruptive qu'il doit être question, mais bien d'une renonciation véritable, car le droit se trouvait d'ores et déjà irrévocablement acquis.

Or, en posant ainsi le problème à résoudre, est-il sérieusement soutenable que Colomyès ou son prédécesseur ait voulu faire le sacrifice spontané d'une exception aussi précieuse?

Mais quel est donc l'acte qui en renferme la preuve?

Le cahier des charges de 1837? — Que voit-on dans ce cahier? — Y dit-on que l'adjudicataire sera tenu de subir sans indemnité l'expropriation que la Ville est en droit de poursuivre contre lui? En aucune manière ; et, cependant, ce sont des termes de cette explicite énergie qu'il faudrait y rencontrer, pour que le moyen fût proposable. Mais bien au contraire. Dans la partie de ce procès-verbal qui énumère les charges imposées à l'acquéreur, il n'est rien dit de celle dérivant de ses rapports futurs avec la municipalité de Toulouse. Et, par ce silence seul, on laisse dans ses mains toutes les armes propres à repousser l'agression, alors bien peu prévue, de celle-ci. Ce qu'il y a de certain surtout, c'est que, si la renonciation avait été faite ou tacitement ou en termes formels, c'est dans cette partie du procès-verbal que devraient en être consignées les preuves. La raison, un long usage et le fait matériel, dans l'espèce, attestent de concert que, là et uniquement là, est marquée la place des conventions obligatoires. Aller chercher les traces de ces conventions dans d'autres paragraphes du procès-verbal relatifs à des objets d'une nature différente, c'est vouloir s'égarer à dessein et faire l'aveu implicite de son embarras.

Telle est néanmoins la marche suivie par M. le Maire. Il puise le germe de la renonciation dont il argumente, dans le chapitre où sont énumérés les titres de propriété des colicitants, et de cela seul que l'acte de nivôse an XIV où est ramenée la réserve stipulée par le Gouvernement fait partie de cette nomenclature, il en conclut que le bénéfice de la prescription acquise a été volontairement sacrifié.

Rapprocher la *conclusion* de la *majeure*, c'est faire sentir la fausseté du raisonnement.

Quoi donc ! La simple indication, dans un acte translatif de propriété d'un titre empreint originairement d'un vice que le temps a purgé, renfermerait l'abandon du droit inattaquable désormais qui en résulte? Les expressions manquent, en vérité, pour faire ressortir tout ce qu'il y a de faux, d'irréfléchi et d'absurde dans une semblable proposition.

Aurait-on oublié que les renonciations ne se présument jamais? — Que personne n'est facilement supposé avoir fait un acte qui, en dernière analyse, n'est autre chose qu'une véritable disposition à titre gratuit? — Qu'en matière de prescription, le législateur a poussé le scrupule jusqu'à déclarer, pour que sa pensée soit bien mise en lumière, que le silence gardé en premier ressort ne s'oppose pas à ce que le moyen soit pour la première fois invoqué devant la Cour d'Appel? — Qu'enfin la Cour Régulatrice, qui est le plus sûr interprète de nos lois, ne veut reconnaître la preuve d'une renonciation en pareille occurrence qu'autant qu'il y a eu *aveu, consentement* ou *affirmation;* qu'elle repousse avec une inflexible rigueur le système si dangereux des *inductions* auxquelles ses arrêts n'accordent pas la puissance de renverser ou de détruire le droit acquis au possesseur trentenaire (1), et que le 10 mars 1834 elle proclamait encore dans l'un de ses arrêts que la renonciation à la prescription doit être expresse (2).

Et c'est en présence d'une doctrine aussi sage, assise sur une jurisprudence aussi certaine, que l'on voudrait *induire* de la simple indication du titre primordial la renonciation que l'on nous oppose!

Mais, comment n'a-t-on pas réfléchi que toute renonciation renferme une aliénation; que pour que son existence soit reconnue, il faut que la pensée, la volonté du renonçant qui aliène apparaisse éclatante dans le fait où on la puise; qu'en un mot ce fait doit être plus énergique dans son expression que ne le serait la parole elle-même, si elle eût été employée, car le langage formel n'expose le juge à aucune erreur, tandis que, dans l'interprétation du langage tacite, il doit craindre de mal saisir l'intention des parties.

Eh bien! ces principes posés, est-il certain, éclatant d'évidence, qu'en énumérant les titres de leurs auteurs, le sieur Gailhardie ou ses représentants aient entendu faire une disposition gratuite en faveur de la Ville? Est-il un seul d'entre eux qui se soit préoccupé des intérêts de celle-ci et ait voulu faire sa condition meilleure, alors que, restée étrangère à l'instance, elle ne réclamait rien et que ceux qui y figuraient ne devaient guère songer à lui ménager de futurs avantages?

Que l'on ne considère que cette ingénuité de bon sens qui est la première condition du ministère du juge et la réponse ne sera pas douteuse.

N'est-il pas vrai, d'autre part, que l'acte ou le fait d'où l'on déduit un sacrifice de cette gravité doit directement

---

(1) 15 décembre 1829; — Dalloz, 30-1-48.
(2) Dalloz, 34-1-171.

émaner des parties à qui on l'oppose? Sous ce rapport, les tribunaux ne sauraient déployer un trop scrupuleux rigorisme, puisqu'en droit nos propriétés ne sauraient sortir de nos mains sans une volonté intime et réfléchie. C'est pour cela qu'un éminent jurisconsulte enseigne « qu'on ne doit jamais faire résulter une telle renoncia- « tion de ces déclarations qui se trouvent dans les écri- « tures des procès et qui sont plutôt le fait de l'avoué ou « de l'avocat, que de la partie elle-même, à qui elles sont « étrangères (1). »

Et maintenant ne faudra-t-il pas reconnaître que la pièce dont on argumente est justement l'une de celles dont la rédaction appartient exclusivement à l'homme d'affaires chargé de la poursuite? Qui oserait prétendre que ce procès-verbal est l'œuvre des héritiers Gailhardie?

Personne sans doute, et ce serait un motif de plus de ne pas s'arrêter à la renonciation prétendue qui en résulte, au dire de nos adversaires.

Ainsi notre droit a été intégralement conservé : la prescription acquise nous reste avec toute sa puissance. — Contre cette exception dernière se briseront tous les efforts de M. le maire de Toulouse.

Pourquoi n'a-t-il pas voulu transiger?

Nos propositions ont toujours été marquées au coin d'une irréprochable équité.

Nous avions acquis pour *trois mille francs* une maison qui donnait *trois cents francs de revenu*. Nous offrions de la céder au *prix d'achat*.

M. le Maire nous a répondu par une offre tantôt de *quatre-vingts francs*, tantôt de *cinq-cents francs*.

N'était-ce pas une insultante ironie?

Il a voulu un procès. Nous avons été contraint de le subir. Maintenant, QUE LA JUSTICE PRONONCE.

---

(1) Troplong, n° 55, § 2, p. 61.

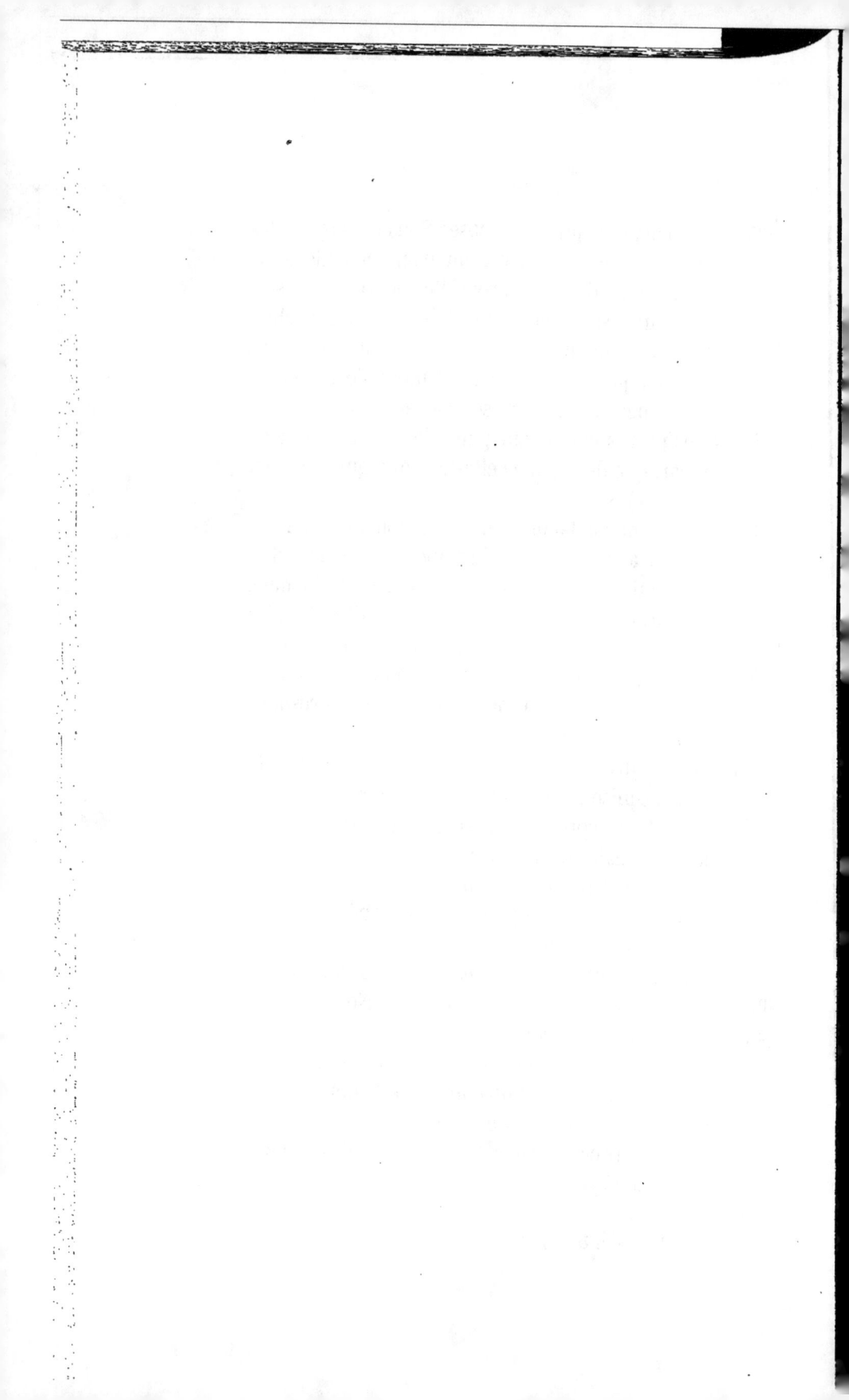

COUR ROYALE DE TOULOUSE

(TROISIÈME CHAMBRE).

PRÉSIDENCE DE M. DE FAYDEL, PRÉSIDENT *

AFFAIRE

Du Testament de M. L....**

(SUBSTITUTIONS PROHIBÉES.)

CONCLUSIONS MOTIVÉES.

Attendu, en droit, que les caractères de la substitution prohibée se résument dans la charge de conserver et de rendre, tacitement ou expressément imposée à l'institué principal, dans le trait de temps qui ajourne au décès de celui-ci l'obligation d'accomplir la restitution dont il est grevé, et dans l'ordre successif anormal

---

* Le siége du ministère public était occupé par M. l'avocat-général Lafiteau.

** TESTAMENT OLOGRAPHE DE M... L...

« Je soussigné, Antoine-M... L..., marchand de toile et de pas-
« tel, natif et demeurant à Albi, département du Tarn, voulant
« disposer selon ma libre volonté, des biens que je laisserai à
« l'époque de mon décès, ai fait mon testament olographe comme
« suit :

organisé par la volonté du testateur en opposition avec celui décrété par la loi elle-même ;

Que toutes les parties reconnaissent la vérité de ces principes ; comme aussi il est convenu que la charge de conserver et de rendre n'a pas besoin d'être écrite en termes sacramentels pour tomber sous le coup de la disposition prohibitive de l'article 896 du Code civil, et qu'il suffit qu'elle résulte virtuellement des clauses de l'acte où sont consignées les volontés du testateur ;

Que si ces volontés ne peuvent recevoir leur exécution complète qu'autant que l'institué en première ligne n'aura pas la libre disposition de la chose donnée, et que cette chose doive parvenir au second appelé, aussi entière qu'elle a été reçue, la charge de conserver et de rendre ne peut être déniée, ni l'existence de la substitution fidéicommissaire méconnue ; que s'il en était autrement, il serait trop facile, à l'aide d'un simple artifice de langage, d'échapper aux dispositions prohibitives de la loi, et de rendre sans efficacité un texte qui se rattache à des considérations de l'ordre le plus élevé ;

Qu'aussi la jurisprudence et la doctrine se réunissent pour proclamer cette vérité légale, comme un axiome de droit, et que si l'on recherche dans les innombrables

---

« Premièrement, je donne et lègue à André R..., actuellement
« cantonnier, la somme de trois mille francs, ou deux cents francs
« de rente viagère, payable de six en six mois et d'avance, à
« partir du jour de mon décès ; il sera libre à mes héritiers d'opter
« pour les trois mille francs, ou de servir la rente.

« 2° Je donne et lègue la moitié de tous mes biens, après avoir
« pourvu au legs ci-dessus, à demoiselle Rosalie-Elma-Alexan-
« dre A....

« 3° Je donne et lègue la moitié de tous mes biens, après avoir
« pourvu au legs concernant André R..., dont il est fait mention
« plus haut, à M. Alexandre A... fils.

arrêts intervenus sur cette difficile matière, on ne trouvera pas une seule espèce où le testateur eût employé les termes sacramentels reproduits par l'article 896 du Code civil ; que l'on peut notamment en trouver, entre mille, un exemple dans l'arrêt *Balandra*, rendu par la Cour royale de Toulouse, et confirmé par la Cour de Cassation, le 22 novembre 1842 (Sirey, 42-I-914) ; qu'au surplus, l'Adversaire s'étant empressé de rendre lui-même hommage à la vérité de cette proposition, il serait superflu de se livrer à des développements nouveaux pour l'établir :

Attendu que, discuté à la lumière de ces principes, le testament en litige semble ne pouvoir pas résister à l'examen d'un esprit impartial et de bonne foi ; que la pensée qui a inspiré le testateur se révèle à chaque ligne de son œuvre, et que si l'on tient compte de la situation de son cœur à l'époque où furent tracées ses volontés dernières, de ses affections et de ses répugnances, on demeure convaincu que son dessein bien irrévocable et bien inflexible, a été d'exclure de ses biens à la fois pour le présent et pour l'avenir, quels que fussent les événements qui surviendraient après son décès, madame S... née A..., sœur des institués, contre laquelle il nourrissait un ressentiment dont il est inutile de rechercher la cause ; que dans ce but il a créé et organisé pour son

---

« Je dois dix-sept francs à Gardès, orfèvre, rien au-delà ; je dé-
« sire être enterré au cimetière de la Madelaine, au milieu, c'est-à-
« dire, à deux mètres au-dessus de la Croix qui s'y trouve, ce qui
« me réunira à la meilleure des mères, la mienne.

« Tous les ans, on fera dire une messe en commémoraison du
« décès de mon père, qui a eu lieu le 17 juin 1819 ; il en sera de
« même le jour de son patron saint Matthieu.

« On fera dire, tous les ans, une autre messe en commémorai-
« son du décès de ma mère, qui a eu lieu le 23 juin 1834 ; il en sera
« de même le jour de sa patronne sainte Anne.

patrimoine un ordre successif contraire à celui du législateur, et a violé de la sorte le principe dont l'article 896 du Code civil a voulu par une salutaire rigueur assurer la complète exécution ;

Qu'en effet, et si, dégagé de toute prévention, on lit le testament objet du procès pour en connaître les intentions véritables, rien n'est plus simple que de fixer le sens réel des clauses qu'il renferme ; que le testateur divise en premier lieu sa succession en deux parts égales, pour en léguer, dans deux clauses distinctes, l'une à Elma, l'autre à Alexandre ; que cette institution une fois faite, il les charge collectivement du paiement des legs et des dettes, et de veiller à l'accomplissement de certaines recommandations relatives à la solennité funéraire, et au choix du lieu dans lequel il doit être inhumé ;

Mais qu'ensuite, prévoyant l'hypothèse du décès sans enfants légitimes d'Elma, sa légataire à titre universel pour moitié, il ne veut pas que cette moitié de son patrimoine soit dévolue aux héritiers naturels dont madame S... ferait partie, mais il entend qu'elle passe tout entière à Alexandre A..., son second légataire ; qu'ainsi, Elma, pendant sa vie, est inhibée de détacher la plus petite parcelle des choses comprises dans son institution, laquelle doit intégralement revenir à *Alexandre*, qui doit la recevoir telle qu'elle est sortie

---

« On fera dire une messe annuellement, en commémoraison de « mon décès, ainsi que le jour de mon patron saint Matthieu.

« Quant à mes funérailles, je ne fais aucune réserve, si ce n'est « de donner aux pauvres.

« Si je venais à mourir hors d'Albi, je recommande expressé- « ment à mes héritiers que mon corps y soit transporté, pour être « mis en terre au lieu que j'indique, au cimetière de la Madelaine « ma paroisse. Dans le cas où Elma ne viendrait pas à se marier, « elle n'aura que la jouissance de ce que je lui donne. Après son « décès, ce qu'elle possèdera m'ayant appartenu passera à son frère

des mains du testateur ; que, par suite, la charge de conserver et de rendre existe dans toute son énergie :

Attendu que, se plaçant dans l'hypothèse inverse, celle de la mort d'Alexandre sans enfants, le testateur veut que tout ce qui lui aura appartenu retourne à Elma survivante ; que, dans ce cas nouveau, Alexandre n'a pas non plus la faculté de disposer d'une portion quelconque du patrimoine dont il est légataire, et que tout, sans exception, doit revenir à Elma, à l'exclusion dès lors de madame S..., qui, de la sorte, se trouve toujours éloignée ; qu'ici apparaît de nouveau, avec une énergie semblable, l'obligation de conserver et de rendre, imposée par M... L...; qu'elle s'évince irrésistiblement de ce fait, que *tout ce qu'il donne* à Alexandre, doit, au cas de prédécès de celui-ci sans enfants, appartenir à Elma :

Attendu que, poussant ses prévisions au delà de cette première limite, il suppose maintenant le cas où ni l'un ni l'autre de ses héritiers n'aurait de postérité légitime, et il déclare alors que les biens devront sortir des mains de la famille A... pour arriver dans celles des enfants d'Etienne L..., sous la forme de la substitution *de eo quod supererit;*

Qu'ainsi encore se produit, sous un autre point de vue, cette pensée d'exclusion de madame S..., qui tourmente et préoccupe le testateur ; mais que la loi qui

---

« Alexandre, comme, si elle venait à se marier, qu'elle n'eût pas
« d'enfants, Alexandre son frère héritera en totalité de ce qui
« m'aura appartenu.

« Si Alexandre A... fils venait à mourir sans se marier ou qu'il
« mourût, étant marié sans enfants, ce que je lui donne appartien-
« dra à Elma sa sœur.

« *Si, par cas, ni l'un ni l'autre de mes héritiers ne lais-*
« *saient de postérité, je veux que ce qui restera, m'ayant ap-*
« *partenu, soit distribué par égales portions aux trois fils d'E-*
« *tienne L..., mon cousin, à peu près ce dernier de mon âge.*

ne veut ni ne doit tenir compte de pareils ressentiments, condamne un pareil mode de disposer dont le résultat serait d'organiser un ordre successif purement arbitraire à côté de celui qu'elle a constitué ;

Qu'en conséquence , et de cette simple analyse résulte la preuve d'ores et déjà acquise , que le testament dont s'agit contient une substitution prohibée, et doit par suite subir l'application de l'article 896 ;

Attendu , néanmoins , que les Adversaires soutiennent que cette substitution n'existe pas , et veulent faire considérer comme simple legs d'usufruit, celui dont Elma a été gratifiée , et comme substitution purement vulgaire la clause relative à Alexandre; que , devant les premiers juges, leurs prétentions allaient plus loin encore, comme l'attestent les motifs de la décision attaquée, mais qu'aujourd'hui tel est seulement le double rapport sous lequel doit être apprécié leur système ;

Attendu que , pour résoudre cette double objection , il faut étudier le testament à la fois et dans son ensemble et dans ses détails ; rapprocher les unes des autres les clauses qui le constituent , et rechercher si elles ne viennent pas tour à tour donner un éclatant démenti à la pensée que pour sauver cet acte on prête arbitrairement au testateur ; que ce n'est pas en isolant la clause à débattre de toutes les autres, avec lesquelles il faut au contraire l'harmoniser , que l'on peut parvenir à une

---

« Je révoque expressément tous les testaments que j'ai faits avant
« le présent qui sera seul valable.

« Tel est mon testament olographe que j'ai moi-même écrit, daté
« et signé de ma main.

« Albi, le 4 septembre 1840.

« M... L... *signé.*
« Je ne veux être mis dans la bière, qu'au moment d'être porté
« en terre.

« M... L... *signé.* »

interprétation sûre ; que néanmoins le système des légataires ne peut être soutenu, et ne l'a été en réalité à l'audience qu'à l'aide de cet isolement illégal, que la raison et la loi repoussent de concert ; qu'ici la fausseté de ce mode d'argumentation est d'autant plus sensible, qu'entre Alexandre et Elma existe une *substitution réciproque* dans toute l'énergie de ce mot ; que dès lors le sens de l'une doit nécessairement réagir sur l'autre, et que si on les combine ensemble, l'esprit le plus sceptique est contraint d'abandonner ses doutes ;

Attendu que les Adversaires sont obligés tout d'abord de rompre entre Elma et Alexandre la solidarité étroite qui les unissait dans la pensée du testateur, et qui est passée dans l'acte où a été déposée l'expression de cette pensée ; que ce n'est pas en effet sous la protection d'un système uniforme qu'ils placent la double institution dont ils ont été l'objet, et que cette première circonstance indique déjà qu'ils s'éloignent de l'esprit du testament ;

Attendu surtout que transformer en un simple usufruit le legs dont a été gratifié Elma, est se mettre en opposition non moins flagrante avec l'intention du testateur qu'avec les termes dont il s'est servi ; que si telle eût été sa pensée, elle serait nettement formulée dans l'institution elle-même, où naturellement devait être fixée l'étendue de la libéralité qu'il entendait faire ; que toutefois, et dans cette première partie de l'acte, il déclare formellement léguer à Elma la moitié de son patrimoine, à la charge de payer les dettes et les legs ; et que passant à l'institution d'Alexandre, il entend si peu établir entre les bienfaits dont il les gratifie, une différence quelconque, qu'il emploie exactement les mêmes termes ; que nul doute dès lors ne peut s'élever sur sa volonté ; qu'elle a pour objet de disposer d'une propriété pleine et entière, et qu'aucune expression ne vient en restreindre ou modifier l'importance ;

Que M... L... entend si peu réduire sa légataire à un simple usufruit, qu'il lui donne la qualification d'héritière, et l'assujettit à subir la charge de la pension ou du legs de pleine propriété destiné à R... ;

Que là se trouve close la partie du testament relative aux libéralités qu'il doit contenir, et qu'à ce point aussi il s'arrête pour adresser à ses légataires les recommandations concernant ses funérailles ; qu'ainsi il n'entend ni ne veut porter, aux institutions déjà faites, aucune modification, puisqu'après avoir placé Elma et Alexandre sur la même ligne, il s'adresse collectivement à eux, comme seuls appelés à représenter son hérédité pour une part égale ;

Attendu que le mot de *jouissance*, dont on veut abuser, ne se trouve qu'à la fin du testament, et précisément à la partie qui traite de l'organisation de la substitution fidéicommissaire ; qu'après avoir donné à Elma la pleine propriété, il prévoit qu'elle pourra mourir sans s'être mariée ou sans enfants légitimes ; que dans ce cas possible, il désire régler le sort des biens dont il a disposé en sa faveur, et que voulant qu'ils passent à Alexandre, il ajoute qu'elle n'aura que la jouissance des biens qui lui auront appartenu ;

Mais qu'il n'est pas admissible que M... L... ait voulu sans motif aucun dénaturer, transformer complétement dans cette partie le legs qu'en tête du testament il avait fait à Elma ; qu'aucun prétexte, aucune raison sérieuse ne pourrait expliquer un aussi bizarre changement de volonté ; qu'il est manifeste, au contraire, qu'il a persisté dans sa pensée primitive, et a eu seulement pour but de régler ce que deviendraient les biens légués dans le cas de la mort d'Elma sans enfants ; qu'il s'est reporté pour cela à l'époque du décès de cette dernière qui, d'après la clause elle-même, était supposée lui avoir survécu, et non à l'époque de son propre décès; que ce n'est donc qu'au moment de la mort d'Elma, ayant survécu, que la transformation doit s'opérer, et non au moment de la mort du testateur; qu'à l'instant où celui-ci décédera, elle sera investie du legs tel qu'il est fixé en tête du testament, et qu'il ne prendra le caractère de simple jouissance qu'à sa mort, et si elle n'a point d'enfants; que par suite cette transformation n'est autre chose que le résultat nécessaire et légal de l'obligation de conserver et de rendre qui lui a été imposée; que comme tout grevé de substitution, Elma pendant sa vie a donc la propriété, mais une propriété résoluble et qui ne prendra le caractère de simple jouissance qu'au cas où Alexandre, à qui elle doit rendre les biens, vienne à lui survivre ;

Attendu que tel est le sens naturel de cette clause dernière, et que c'est de cette façon seulement qu'elle peut sortir à effet sans détruire ou effacer celle contenant l'institution pure et simple;

Que dans un testament comme dans un acte entre vifs, les clauses diverses dont il se compose doivent être toujours interprétées ou entendues de façon à pouvoir être simultanément exécutées, et non de manière à s'entre-détruire réciproquement ;

Attendu que cette doctrine sur l'interprétation des testaments est hautement professée par Merlin, dans ses questions de droit, v.° SUBSTITUTION, § 5, où il discute exactement la question du procès, et a été consacrée en outre par l'arrêt de la Cour de Cassation, rendu à suite de ce réquisitoire; qu'on y lit notamment ce passage remarquable, qui semble avoir été écrit exprès pour le procès actuel :

« Sans doute, si les testateurs avaient dit : « nous insti-

« tuons la veuve Deroney usufruitière de tous nos biens
« immeubles, le legs ne comprendrait évidemment qu'une
« jouissance viagère ; mais ce n'est pas ainsi que les tes-
« tateurs se sont exprimés : *ils ont commencé par léguer*
« *leurs biens immeubles, et par conséquent la propriété*
« *comme l'usufruit de ces mêmes biens,* à la veuve Dero-
« ney ; et s'ils ont ajouté que la veuve Deroney n'en aurait
« que la jouissance pendant sa vie, ils ont tout de suite
« expliqué à quelle fin ils entendaient la restreindre à
« cette jouissance ; c'est, ont-ils dit, pour que nos biens
« retournent, après la mort de la veuve Deroney, à son
« fils puîné ; ils ont donc par là grevé de substitution
« fidéicommissaire la veuve Deroney ; mais par là même
« ils ont confirmé dans sa personne la qualité de proprié-
« taire qu'ils lui avaient conférée par leur première dis-
« position.

« C'est ainsi que Voët sur le Digeste, titre de *usu-*
« *fructu,* n° 12, résout une espèce semblable qu'il se
« propose. Lorsqu'un testateur, dit-il, commence par
« léguer non l'usufruit, mais des biens en général, il est
« censé léguer la propriété de ces biens, encore qu'il
« ajoute que le légataire n'en jouira que pendant sa vie,
« et qu'il ne pourra les aliéner en aucun cas. *Si ab initio*
« *testator non dixerit se usumfructum, sed se bona Titio*
« *relinquere, et si addiderit ea à Titio quamdiù vixerit*
« *possidenda esse, Titiumque nullomodo licentiam alie-*
« *nandi habiturum, clausula illa non impedit quominùs*
« *proprietas legata censeatur.*

« Cela se voit tous les jours, ajoute Merlin, dans les
« fidéicommis qui doivent s'ouvrir par la mort du grevé ;
« ce serait donc une erreur d'inférer de ces sortes de
« clauses, ajoutées au legs des biens, autre chose que
« l'institution d'un fidéicommis, et la nécessité imposée
« au légataire de rendre après sa mort. »

Attendu, dès lors, que la raison, la loi et la jurisprudence sont d'accord pour entendre, comme l'entendaient Merlin et la Cour de Cassation, la clause du testament de M... L...; qu'elle n'a nullement rapporté ou anéanti le legs de pleine propriété, inscrit en tête de l'acte, lequel doit pleinement sortir à effet;

Que par suite, le legs d'Elma garde sa nature première, et que vainement on essaierait aujourd'hui de le convertir en un simple usufruit; que les Adversaires repoussaient eux-mêmes cette qualification, quand ils s'adressaient de concert au Président du Tribunal, pour obtenir leur envoi en possession, en qualité de légataires universels, et que leur interprétation avait pour ainsi dire précédé celle de la loi et de la doctrine, avant que des nécessités de position vinssent leur imposer un nouveau langage;

Mais attendu, d'autre part, que toutes les clauses du testament s'opposent à ce qu'Elma soit considérée comme simplement usufruitière, et que l'on ne pourrait lui attribuer ce titre, qu'en les laissant complétement inexécutées; que sous cet autre point de vue, l'interprétation proposée n'est pas admissible;

Que tout d'abord, et si l'on retire à Elma la nue propriété du legs que le testament lui assure, il faut se demander sur la tête de qui cette nue propriété sera assise; que la condition suspensive, sous laquelle on veut que seulement elle en ait été gratifiée, met obstacle à l'existence même de la libéralité qui demeure suspendue jusqu'à son accomplissement, ainsi que l'enseigne Toullier, t. 6, n° 501, par où cette nue propriété ira reposer dans d'autres mains que les siennes; que si Alexandre a survécu au testateur, on est contraint dans cette hypothèse de soutenir que seul il s'en trouve investi, sauf à la rendre à sa sœur, si cette dernière lui survit, ou à des enfants issus d'un mariage légitime; mais que cette situation étrange n'est point celle que le testateur a voulu préparer à ses deux légataires ; que son langage et la série de ses dispositions diverses protestent hautement contre une telle interprétation ; que tandis qu'il a voulu établir entre eux une égalité parfaite, qu'il les appelle à recueillir son hérédité dans des proportions identiques, et en se servant, pour rendre sa pensée, de termes absolument semblables, on arrive de la sorte à ce résultat inacceptable, qu'Alexandre A... recueille à l'ouverture de l'hérédité la totalité du patrimoine, à l'exception d'un simple usufruit dévolu à Elma ; qu'entendre ainsi le testament de M... L..., c'est bouleverser ses dispositions véritables, leur faire subir un changement radical, et étendre bien au-delà de la volonté du testateur le bienfait destiné à Alexandre, pour restreindre outre mesure celui que doit recueillir sa sœur ; que si telle eût été son intention, il l'aurait nettement exprimée, au lieu d'employer un langage qui amène à des conséquences diamétralement contraires ; qu'il est donc évident que le titre ne saurait se plier à cette interprétation, dont la pensée ne se serait présentée à l'esprit de personne, si le besoin de défendre une institution vicieuse n'était venu l'inspirer ; que dès lors le legs d'Elma ne saurait être converti en simple usufruit, sans violer ou méconnaître ouvertement les volontés dernières du défunt ;

Attendu que, si l'on se place dans l'hypothèse du décès d'Alexandre avant le testateur, hypothèse qui seule, d'après les Adversaires, aurait été envisagée par lui, l'inadmissibilité de ce legs d'un simple usufruit à Elma, se présente d'une manière non moins évidente; que, dans ce cas, en effet, Elma se trouve dépouillée de la nue propriété de la moitié du patrimoine dont elle est légataire, et que cette nue propriété va se placer, puisque Alexan-

dre est mort, sur la tête des héritiers légitimes ; qu'un
tel résultat ne saurait être celui que M... L... voulait
atteindre ; que les clauses de son acte de dernière volonté démontrent suffisamment que son dessein était
d'exclure de son patrimoine ceux que la nature et la loi
appelaient à le recueillir ; qu'il est hors de doute qu'il leur
préférait Elma, à qui, dès les premières lignes, il léguait
la moitié de son patrimoine, et que, néanmoins, il aurait
procédé avec une telle imprudence que, prévoyant justement le cas où le prédécès d'Alexandre ne lui permettrait pas de recueillir la libéralité qui lui était faite, et
où, par conséquent, il pourrait bien moins encore profiter de la portion dévolue à Elma, il aurait justement,
pour cette éventualité dont il réglait les conséquences,
réduit le legs de celle-ci à une simple jouissance ; que
l'on ne peut manifestement lui attribuer une intention de
cette nature, qu'en donnant à toutes les clauses de cet
acte le plus flagrant démenti ;

Qu'il faut nécessairement conclure de cette double
précision, que le legs d'usufruit, allégué par les Adversaires, n'est pas écrit dans le testament ; que l'admettre,
ce serait dire qu'aucun événement ultérieur ne pourrait
ramener la nue propriété à Elma, puisque, sous aucun
prétexte, les héritiers légitimes qui auraient été une
première fois saisis, ne pourraient dans l'avenir en être
dépouillés ; qu'ainsi, au moment même où le testateur
prenait toutes ses mesures pour que son entier patrimoine fût concentré dans les mains du survivant de ses
deux légataires, il aurait si singulièrement rendu ses
intentions, qu'il aurait irrévocablement assuré aux héritiers du sang qu'il entendait exclure la moitié de ce patrimoine ; que cette conséquence qui dériverait de la
transformation que l'on veut faire subir au legs d'Elma,
suffit pour démontrer le vice du système qui a pour but
de faire prévaloir cette transformation même ;

Attendu, en outre, que ce système a pour résultat nécessaire et forcé d'effacer l'une des clauses essentielles du
testament de M .. L...; que son dessein a été, en effet,
de faire passer aux enfants d'Etienne ce qui resterait de
sa succession, au cas où ni l'un ni l'autre de ses héritiers
n'aurait d'enfants légitimes; que cette transmission, qui
s'applique à la totalité de ce qui aura appartenu au testateur, deviendra impossible au cas du prédécès d'A-
lexandre, et de la mort d'Elma qu'il faut supposer avoir
survécu et recueilli la succession; que si elle décède sans
enfants, et c'est la seule hypothèse où le droit des enfants
d'Etienne pourrait s'ouvrir, elle n'aura jamais eu que l'u-
sufruit du legs qui lui était directement destiné, et la nue
propriété, comme la chose a été établie déjà, sera revenue
aux héritiers du sang; que dans cet état de choses les enfants d'Etienne verront s'évanouir, pour moitié du moins,
leurs chances à la substitution *de eo quod supererit*; qu'il
sera même impossible, en supposant le concours actif et
l'intention bien arrêtée d'Elma d'en favoriser l'exécution,
de lui faire produire un résultat quelconque; qu'ainsi,
grâce à cet usufruit mis arbitrairement à la place d'un
legs de pleine propriété, on efface une des clauses du
testament dont les diverses parties deviennent de la sorte
incompatibles entre elles; qu'il est donc évident que cette
interprétation est condamnée par le testament lui-même,
qui ne peut être supposé contenir des dispositions que la
nature des legs antérieurs rendrait inexécutables :

Attendu que si l'on prétendait que dans le cas de la
mort d'Alexandre avant le testateur, la nue propriété du
legs d'Elma serait recueillie par les enfants de M... L...,
on créerait arbitrairement, dans cet acte, des dispositions
qui n'y sont pas écrites, et on dénaturerait la véritable libéralité dont ils ont été l'objet; qu'en réalité, ils ne sont
appelés à recevoir que ce qui restera après le décès

d'Elma sans enfants ; que jusqu'à ce décès ils n'ont droit à aucune parcelle du patrimoine laissé par le testateur ; que, ni en propriété ni en usufruit, rien ne leur est donné, et que placer sur leur tête, à la mort de M... L..., un droit immédiat et actuel qui, tombant dans leur patrimoine, deviendrait une propriété incommutable dont personne ne pourrait les dépouiller, serait écrire, à la place de la substitution *de eo quod supererit*, un legs pur et simple qui serait d'une nature entièrement différente ; qu'en fait donc, aussi bien qu'en droit, la nue propriété du legs d'Elma ne pourrait leur revenir, et que, par suite, elle appartiendrait aux héritiers légitimes, ce qui rendrait le testament, sous ce point de vue, entièrement inexécutable ;

Que d'un autre côté et en acceptant même le système indiqué à cet égard par une interruption sur l'audience, que cette nue propriété deviendrait le patrimoine des enfants d'Etienne, on ne contreviendrait pas, d'une manière moins sérieuse, aux volontés du testateur ; que celui-ci n'a entendu conférer aux enfants L... d'autres biens que ceux qu'Elma survivante voudrait bien leur laisser, en n'en disposant pas elle-même ; que lui laisser la faculté d'aliéner à titre gratuit ou onéreux, et de rendre par suite inefficace ou sans objet la substitution qui leur est destinée, c'était bien placer dans les mains d'Elma et non dans celles des substitués les entiers biens composant l'hérédité ; que cette disposition facultative suppose donc nécessairement, virtuellement, qu'elle réunissait dans ses mains la pleine et entière propriété ; que les enfants L... n'y avaient dès lors aucun droit pendant sa vie, et que par une conséquence ultérieure, ce n'était pas une simple jouissance qui lui avait été léguée ;

Que cette dernière clause met donc de plus en plus

en lumière la volonté du disposant, et rend inadmissible le système de l'usufruit proposé dans l'intérêt d'Elma ;

Que ce système est d'autant plus improposable qu'il conduirait à ce résultat, que pour les legs dont elle est directement gratifiée, Elma n'aurait que l'usufruit, la nue propriété étant dévolue aux héritiers du sang, tandis que pour celui qui devait revenir à Alexandre, et qui ne lui arriverait que par une voie oblique dérivant du décès de son frère, elle aurait droit à une propriété absolue ;

Que de telles bizarreries, de telles contradictions dans un acte dont les clauses sont si simples et si peu nombreuses, ne peuvent être acceptées ; que, conséquences du système qui aurait pour but de convertir le legs d'Elma en usufruit, elles en démontrent irrésistiblement la fausseté ou le vice ; qu'on ne rencontre aucun de ces embarras inextricables, si on laisse à l'acte son sens naturel, au lieu de lui imposer un sens auquel ne peuvent se plier ni son esprit ni ses termes ;

Que le mot de *jouissance*, dont la portée véritable a été déterminée déjà, n'a donc pas eu pour but ni pour résultat de dénaturer le legs en propriété fait à Elma ; que s'il était devenu un simple usufruit, il garderait ce caractère à l'égard de tous, et constituerait un droit spécial qui ne changerait point de nature suivant les personnes avec lesquelles l'usufruitier prétendu se trouve en rapport ; qu'ainsi Elma ne serait qu'usufruitière vis-à-vis des héritiers naturels dans l'intérêt de qui il est impossible de lui ravir la nue propriété, sans fouler aux pieds les intentions du défunt ; qu'elle ne serait qu'usufruitière encore à l'égard des enfants L..., à qui néanmoins elle ne peut rendre ce qui restera, qu'autant qu'elle en aura été saisie, puisqu'ils ne doivent recevoir que par son intermédiaire, et qu'ils n'ont droit qu'à ce qu'elle voudra bien leur donner ; que pour les uns comme pour les autres, elle est donc véritablement propriétaire ;

Que son droit ne se convertit en jouissance qu'envers un seul individu, et que celui-là est justement le sieur Alexandre, à qui elle a reçu mission de conserver et de rendre ; que cette jouissance n'est donc que la suite de la charge imposée, constitutive précisément de la substitution fidéi-commissaire ;

Que partant il reste démontré jusqu'à la dernière évidence, que le legs d'Elma est un legs de pleine propriété, et que sous ce premier point de vue les préténtions des appelants ne sauraient être accueillies par la Cour ;

Attendu que deux arrêts seulement ont été invoqués sur cette première question, le premier relatif à l'affaire Meritens, jugée par la Cour royale de Toulouse, dont l'espèce a si peu d'analogie avec le procès actuel, qu'il suffit d'en prendre connaissance pour être convaincu de son inapplicabilité ; le second rendu par la Cour de Cassation, dans la cause d'un sieur Franchoide ; que ce dernier arrêt n'est pas applicable non plus ; qu'il a statué dans un cas où le legs d'usufruit était compris dans le *même contexte* que celui de l'institution principale, et que l'on n'a fait faute de puiser dans ce fait l'argumentation décisive qui a motivé l'arrêt ; que M. Hua, dans un rapport à la Cour de Cassation (Dalloz, tom. 32, p. 13), a le soin d'enseigner en effet, qu'il est de la nature de la condition suspensive, d'affecter l'institution même et de l'accompagner, tandis que la condition résolutoire en est distincte et séparée, et laisse au contrat le caractère d'un traité pur et simple ; qu'en appliquant ces principes au cas actuel, il s'ensuit que c'est sous une condition résolutoire que le legs a été fait à Elma, ce qui rentre précisément dans l'hypothèse de la substitution fidéicommissaire ; que les Adversaires l'avaient eux-mêmes plaidé et reconnu ainsi, comme l'atteste le jugement dont est appel, avant de s'apercevoir du résultat auquel ils étaient ainsi amenés ;

Attendu, au surplus, que la Cour de Cassation n'a pas même voulu accepter, sur l'interprétation du legs d'usufruit contenu dans le testament Franchoide, la doctrine de la Cour royale de Douai, et qu'elle a mieux aimé rejeter le pourvoi, en ne trouvant dans le testament entrepris qu'une simple substitution vulgaire;

Que par suite l'autorité de cette décision est sans importance dans l'espèce ; que d'ailleurs, là, ne se trouvait aucune des impossibilités qui dans le procès actuel surgissent de toutes les clauses du testament, ni surtout la mission imposée à l'usufruitier prétendu, de rendre, s'il le juge convenable, à un tiers tout ou partie d'un patrimoine dont on lui aurait interdit en même temps la libre disposition ;

Attendu enfin que par la conversion du legs d'Elma en un simple usufruit, on ne fait que reculer la question sans la résoudre ; qu'alors en effet, au cas de survie d'Alexandre au testateur, c'est Alexandre qui réunira sur sa tête la propriété de l'entier patrimoine ;

Que s'il est chargé de conserver et de rendre cet entier patrimoine à sa sœur, au cas où cette dernière lui survive, la substitution prohibée se présentera encore avec tous ses caractères essentiels, et entraînera la nullité de l'institution dont il a été l'objet ;

Qu'en dernière analyse, par conséquent, ce qu'il faut examiner, c'est la question de savoir si le testament en litige ne se bornerait pas à contenir une simple substitution vulgaire ;

Attendu que si dans le testament attaqué ne se trouvait que la substitution vulgaire autorisée par l'article 898 du Code civil, il est hors de doute que son exécution devrait être ordonnée ; mais que cette substitution n'existant que dans l'hypothèse où le testateur, prévoyant le décès du légataire avant lui, et par conséquent la caducité de la disposition, appelle un autre individu à la recueillir, il faut voir si dans le testament de M... L... c'est de cette éventualité que s'est préoccupé le disposant ; qu'il suffit de lire les termes des deux clauses qui se réfèrent à cet objet pour demeurer convaincu que c'est une hypothèse toute différente qu'il a entendu prévoir et réglementer ;

Attendu qu'avant d'entrer dans l'examen et dans la discussion des clauses qui viennent d'être indiquées, les Adversaires ont posé en théorie la question de savoir si une disposition ainsi conçue : « J'institue Pierre ; et s'il « meurt sans enfants, je veux que mes biens passent « à Paul, » contient ou non une substitution prohibée ;

Attendu que l'affirmative est constante ; que la doctrine et la jurisprudence l'ont si souvent proclamé, qu'aujourd'hui, comme le dit M. Grenier, il ne peut plus s'élever de controverse à ce sujet ; qu'une institution conçue dans des termes semblables démontre que le testateur s'est occupé du cas où l'institué mourrait après et non pas avant lui ; que la condition de *mort sans enfants*, qui seule doit appeler le substitué à recueillir, fait assez énergiquement comprendre qu'il s'agit d'un décès postérieur à l'ouverture de sa succession ; que ce n'est en réalité qu'autant que l'institué mourra après lui, que les enfants pourront profiter de l'institution qui fera partie du patrimoine délaissé par leur père ; mais que si celui-ci décède avant le testateur, les enfants ne pouvant retirer du legs fait à leur père aucun avantage, on ne concevrait plus pour quel motif l'efficacité de la substitution serait subordonnée à leur existence; qu'une telle condition ne se conçoit que parce qu'ils doivent en recueillir un avantage réel, et que cet avantage ne pouvant leur arriver que dans le seul cas où le père a reçu le legs et a par conséquent survécu, il s'ensuit nécessairement que c'est justement ce cas qui a été prévu; qu'une disposition conçue dans ces termes ne saurait en conséquence être considérée comme ne constituant qu'une simple substitution vulgaire; qu'aussi la doctrine et la jurisprudence sont parfaitement d'accord sur ce point;

Que des trois arrêts qui ont été cités pour établir le contraire, les deux premiers, ceux rapportés par Sirey, tom. 18 et 21, ont prononcé dans deux espèces où il s'agissait de legs faits conjointement à plusieurs appelés d'une manière collective, et au profit desquels réciproquement existait le droit d'accroissement accordé par l'article 1044 du Code civil; qu'aussi à juste titre était-il soutenu que le testateur avait eu l'intention de se placer dans l'hypothèse prévue par cet article, ce qui éloignait la pensée d'une substitution fidéi-commissaire; que Toullier a le soin, tom. 5, n° 49, d'en faire la remarque, et de signaler ce fait comme cause déterminante de la décision rendue; que les deux arrêts invoqués ne manquent pas d'ailleurs dans leurs motifs de s'appuyer sur cette circonstance;

Attendu que le troisième arrêt, l'arrêt de Malartic, rapporté par Sirey, tom. 44-I.-429, ne peut être d'aucune valeur pour la solution de la difficulté; que rendu dans un cas tout exceptionnel, où les termes du testament, comme le déclarent les motifs, conduisaient forcément à la substitution directe, et écartaient la substitution prohibée, il a jugé en fait et non pas en droit; qu'il ne saurait donc constituer un précédent défavorable à la thèse soutenue par les Concluants;

Attendu que si maintenant on consulte la doctrine, elle est unanime pour reconnaître dans la clause proposée une substitution fidéi-commissaire : qu'ainsi l'enseignent Duranton, tom. 8, n° 68 ; Toullier, tom. 5, nos 48 et 49 ; Grenier, traité des Donations, tom. I, p. 129; Roland de Villargues, nos 83, 84 et 207 de l'édition de 1821 ; et enfin Merlin, Répert. section 8, n° 10 ;

Que si de la doctrine on passe aux arrêts, on trouve la même unanimité : que la question a reçu une solution identique : 1° dans un arrêt de la Cour de Paris du 20 août 1820, Sirey, 20-2-332 ; 2° Cour de Bordeaux, 18 mars 1823, Sirey, 23-2-155 ; 3° Nîmes, 4 avril 1827, Sirey, 27-2-252 ; 4° Colmar, 9 mars 1827, Sirey, 27-2-176;

Que la Cour de Cassation ne s'est pas montrée moins explicite ; que l'on peut consulter notamment deux arrêts rapportés par Sirey, tom. 41-I-245 et 603 ; et Dalloz, tome 42, affaire Cabrolier ;

Qu'enfin une sorte d'interprétation législative est venue imprimer à ce principe un caractère plus solennel encore ; qu'il a été consacré par un décret en date du 31 octobre 1810, rapporté notamment par Grenier, qui déclare qu'en présence de cet acte émanant du pouvoir qui avait mission alors d'interpréter la loi, le doute n'est plus possible ;

Qu'ainsi il faut reconnaître comme un principe constant désormais, que la clause d'institution de Pierre, avec déclaration que s'il meurt sans enfants les biens passeront à Paul, contient une véritable substitution prohibée ;

Attendu que si de ces idées générales on en vient à l'examen du testament argué, on demeure encore mieux convaincu de l'inadmissibilité de la prétendue substitution vulgaire ;

Attendu que relativement à Elma la chose est d'une

évidence telle que les jurisconsultes signataires de la consultation versée au procès par les Adversaires, ont fait un reproche au Tribunal de l'avoir même discutée, supposant que cette discussion pouvait avoir été inspirée par une bienveillance peu sincère; que tout en repoussant une imputation qui ne saurait atteindre les magistrats qui en sont l'objet, les concluants doivent confesser que la chose leur paraît aussi d'une telle évidence que la démonstration doit résulter de la seule lecture; mais que si une discussion est devenue nécessaire là-dessus, c'est parce que l'on a eu l'imprudence d'y appeler le débat;

Que dans l'état actuel il suffit de dire que la substitution vulgaire présuppose le décès de l'institué avant le testateur, et que dans l'acte de dernière volonté de L..., tout au contraire démontre qu'il supposait la survie de sa légataire; que les termes de l'acte ne permettent pas d'élever le moindre doute à ce sujet; qu'on y voit *qu'après son décès, ce qu'elle possèdera ayant appartenu au testateur doit passer à son frère Alexandre;* que puisqu'à *son décès elle possède* le patrimoine légué, dans la pensée du disposant, c'est que nécessairement il se place dans l'hypothèse où elle lui a survécu; que cette possession implique virtuellement la survie de l'instituée sans laquelle, au lieu de détenir, elle aurait au contraire perdu l'utilité de l'institution devenue caduque; que ces expressions sont trop claires, trop décisives, pour que l'habileté de l'argumentation puisse les obscurcir et en rendre l'interprétation équivoque; que la suite vient imprimer à cette vérité un nouveau cachet d'évidence; que le testateur veut que les biens de son patrimoine passent à Alexandre au jour du décès d'Elma; que cette transmission ne peut s'opérer qu'autant que le testateur est déjà mort, et que celle-ci lui a succédé; qu'en effet le décès du co-légataire avant le disposant n'opère au profit de celui qui se trouve vulgairement substitué aucune transmission réelle et immédiate ; qu'elle ne doit se réaliser qu'à la mort du testateur, qui jusqu'à ce ce moment peut ou modifier ses dispositions, ou survivre même au second appelé, dont le legs devient à son tour caduc ; que dès lors M... L... n'entendait pas prévoir cette hypothèse ; que voulant qu'au décès d'Elma les biens par elle possédés fussent transmis à Alexandre, il supposait son prédécès, sa succession déjà ouverte, et sa légataire en pleine possession du bienfait dont il l'avait gratifiée ; qu'en conséquence la substitution vulgaire n'est pas proposable ; que la suite de la clause est loin de démentir ce qui résulte de sa première partie ; que si le testateur, réglementant le cas où Elma décèderait après s'être mariée, mais sans enfants légitimes, ne répète pas le mot *après son décès*, les expressions *et comme si*, ainsi que le sens général de la phrase, en tiennent manifestement lieu, et prouvent que c'est toujours pour ce cas qu'il dispose ; que d'ailleurs les mots *héritera en totalité de ce qui m'aura appartenu*, trancheraient au besoin la difficulté, si une dénégation quelconque était essayée sur ce point ; qu'en parlant de ce qui lui *aura appartenu*, pour le faire passer à *Alexandre* dans l'hypothèse prévue, il supposait en avoir été dessaisi par l'ouverture de sa succession, et que cette portion de bien était passée dans les mains d'Elma qui est assujettie à les rendre, mais qui ne doit opérer cette restitution qu'à sa mort ; qu'ainsi sur ce premier point la supposition d'une substitution vulgaire est combattue et par les termes sacramentels et par l'esprit de la clause qui vient d'être débattue ;

Attendu que la chose n'est pas moins évidente, en ce qui touche Alexandre A...; que dans le cas même où on

séparerait du testament tout entier, pour la considérer
isolément, la clause qui plus spécialement le concerne, on
serait conduit à cette conséquence que cette clause tom-
berait alors sous l'application des principes déjà développés, lesquels veulent qu'il y ait substitution prohibée dans
la disposition ainsi conçue: «J'institue Pierre, et au cas où
il viendrait à ne point se marier ou à mourir sans enfants,
je veux que ce que je lui donne appartienne à Paul »; que
c'est justement dans ces termes qu'est conçue la clause
relative à Alexandre, et qu'elle n'échapperait pas ainsi à
l'application de l'article 896 du Code Civil;

Mais que si l'on rétablit cette clause dans le testament
dont elle fait partie pour la rapprocher de ce qui précède
et de ce qui suit, et arriver par l'examen de cet ensemble
à une interprétation sûre, la chose devient de la dernière
évidence;

Qu'en effet, M... L..., après avoir distribué sa fortune
par égales parts entre Alexandre et Elma, veut régler
pour l'avenir le sort de cette fortune et ce qu'elle deviendra après son décès; qu'il ne se préoccupe nullement de
ce qui pourra advenir pendant sa vie, parce que la faculté
qui lui appartient de parer à tous les événements de cette
nature, en faisant subir à ses volontés dernières telles
modifications qu'il jugera convenable, doit éloigner de
son esprit à ce sujet toute espèce de sollicitude; mais
que la seule chose qui fixe et absorbe son attention, ce
sont les événements postérieurs à sa mort; qu'aussi et
en tête de la clause qui va réglementer ces éventualités
diverses, il l'écrit en termes formels; que s'occupant
d'Elma la première, c'est à l'occasion d'Elma qu'il développe sa pensée et lui assigne les seules limites dans lesquelles il entend la circonscrire; que ce qu'il veut faire,
c'est donc de suivre son patrimoine dans les mains qui
vont le recueillir en première ligne, pour l'accompagner

dans celles qui en second ordre seront appelées à le recevoir; que là et dans cette partie, imposant à Elma la
charge de conserver et de rendre à Alexandre, il entend
que cette charge ne s'accomplisse qu'au décès de sa légataire, et que jusqu'à sa mort, celle-ci possède paisiblement ce qui lui a été légué; que, par suite, dans les rapports qu'il a établis d'Elma à Alexandre, il a nécessairement supposé un décès postérieur et non pas antérieur au
sien; qu'une fois cette pensée nettement émise, il a jugé
parfaitement inutile de la reproduire, et qu'il est remarquable qu'elle n'est pas même reproduite dans la seconde
partie de la disposition concernant Elma, et qui prévoit
et résout l'hypothèse où, mariée, elle mourrait sans enfants; mais qu'il est manifeste que cette seconde phrase
est, comme la première, régie par ces mots solennels
après son décès;

Attendu que si cela est vrai, la conséquence forcée
qui s'en évince, c'est que pour la clause d'Alexandre qui
vient immédiatement après, qui a été écrite et conçue
sous l'inspiration d'un même sentiment, c'est un cas identique que le testateur a entendu prévoir; qu'il serait peu
rationnel de dire que tandis que pour Elma il s'agit d'une
restitution postérieure à l'ouverture de l'hérédité, et précédée d'une détention intermédiaire, pour Alexandre, au
contraire, il s'agit du cas d'un décès antérieur à celui du
disposant; que pour que le testateur, en rédigeant cette
clause unique, eût été entraîné à des pensées d'un ordre
si différent, il faudrait que les termes de l'acte vinssent
révéler ces étranges modifications, et l'existence ou le fait
de prévisions d'une nature si peu uniforme pour les deux
légataires;

Que l'on conçoit au contraire, très bien, que le mot
décès qui avait été écrit en tête de la clause, n'ait pas été
répété plus bas, par la raison fort simple qu'il devait

régir et régissait en réalité la disposition tout entière ; qu'on ne le trouve pas plus reproduit ensuite pour Elma que pour A..., et que puisque, sans contestation aucune, on est forcé de l'accepter pour la première, il faut bien se résigner aussi à le subir pour le second ;

Attendu, d'ailleurs, que ce qui lève toutes les incertitudes, c'est que le testateur a établi entre les deux institués principaux une véritable substitution réciproque ; qu'il a voulu dès lors les soumettre l'un et l'autre à des conditions parfaitement identiques ; que la similitude de position que son dessein a été de leur faire, résulte de toutes les clauses du testament ; et qu'alors qu'il est certain que pour Elma c'est une substitution fidéicommissaire qui a été organisée, il n'est pas soutenable que pour A..., avec lequel existe une réciprocité parfaite, ce soit d'une substitution purement vulgaire qu'il puisse être question ;

Attendu, enfin, qu'ici se présente de nouveau, si l'on essayait de faire entrer dans le testament une substitution vulgaire qui ne fut jamais dans l'esprit du testateur, les bizarreries et les impossibilités qui y ont été signalées déjà sur la question de l'usufruit ;

Que s'il ne s'agit que d'une substitution vulgaire, au jour du décès du testateur, Elma est irrévocablement réduite à un simple usufruit, parce qu'elle n'aura pas d'enfants, tandis qu'Alexandre, qui n'en aura pas non plus, gardera la pleine et entière propriété du lot qui lui est assigné ; qu'ainsi sera brisée ou rompue l'égalité que le testateur a voulu établir entre eux ;

Que s'il s'agit d'une substitution vulgaire, dès le jour du décès du testateur, qu'Alexandre ne peut prétendre qu'à la moitié dont il est principalement gratifié, puisque Elma vient aussi recueillir son legs, et alors la nue propriété de cette institution va se placer sur la tête des héritiers légitimes, que le testateur avait entendu exclure ;

Que s'il s'agit d'une substitution vulgaire, et qu'Alexandre meure avant le testateur, Elma n'aura que l'usufruit de son legs direct, tandis qu'elle recevrait la pleine propriété de celui destiné à Alexandre, qui, par suite de son prédécès, n'a pu le recueillir, ce qui serait la plus inadmissible des bizarreries ;

Attendu qu'à ces inconséquences pourraient en être ajoutées bien d'autres, venant démontrer l'impossibilité d'admettre pour le testament dont s'agit une interprétation semblable ;

Mais qu'une observation péremptoire et dernière va démontrer d'une manière plus irrésistible encore la fausseté de ce système ;

Qu'aux termes de la dernière clause du testament, les enfants d'Etienne L... doivent recueillir ce qui restera du patrimoine légué au cas où les deux héritiers institués viendraient à décéder sans enfants ; que la libéralité conditionnelle dont ils sont gratifiés dès lors ne doit sortir à effet qu'autant que ni Alexandre ni Elma n'auraient des enfants de leur mariage légitime, et qu'à l'époque de la mort du dernier survivant, si un seul d'entre eux en a, la substitution *de residuo* s'évanouit et disparaît ;

Attendu que de cette clause ainsi conçue et ainsi écrite, s'évince inéluctablement la preuve qu'il s'agit, pour Alexandre comme pour sa sœur, d'une substitution prohibée, et que le prémourant d'entre eux doit rendre au survivant après avoir recueilli ;

Que l'on suppose en effet, ce qui naturellement a dû se présenter à l'esprit du testateur, que les deux légataires principaux lui ont survécu et qu'ils ont recueilli l'utilité de leur institution ; que l'on se place ensuite dans l'hypothèse du prédécès de l'un d'eux, d'Alexandre A..., par exemple, après la mort de l'instituant, et que l'on se demande ce que deviendra la quotité des biens dont il a été saisi à l'époque de l'ouverture de l'hérédité ; qu'il est manifeste qu'elle ne peut pas appartenir à ses héritiers naturels, puisque le testateur les a exclus, en appelant les enfants d'Etienne à recueillir ce qui restera de son patrimoine ; qu'il est constant d'autre part que ceux-ci ne peuvent pas y prétendre, car ils ne sont appelés que dans le seul cas où l'un et l'autre des deux institués principaux seraient mort sans enfants, et Elma vit encore entourée peut-être d'une nombreuse famille ; que, dans cette situation, la moitié attribuée à Alexandre ne pourra revenir qu'à Elma qui ne pourra néanmoins la recevoir que par l'effet de la substitution fidéicommissaire dont a été grevé Alexandre, et qui elle-même, si plus tard elle meurt sans enfants, la transmettra si elle le juge convenable aux substitués *de eo quod supererit*; que ceux-ci ne peuvent y prétendre tant qu'Elma existe, puisque c'est par son intermédiaire, et en demeurant soumis aux caprices de sa volonté, qu'ils peuvent seulement recevoir, et que celle-ci qui doit transmettre à un autre doit nécessairement recueillir elle-même ; qu'Alexandre se trouve donc virtuellement chargé de conserver et de lui rendre ;

Qu'ici la substitution fidéicommissaire se montre pleinement à découvert, et que la Cour comme le Tribunal n'hésitera pas dès lors à la reconnaître ;

Attendu, en ce qui touche les enfants d'Etienne L...; que leur appel est irrecevable, comme n'ayant pas été relevé dans le délai légal ; qu'au fonds d'ailleurs et subsidiairement les motifs des premiers Juges justifient suffisamment la décision attaquée ;

· Plaise a la Cour :

Démettre les sieurs Alexandre et Elma A... de leur appel, avec amende et dépens ;

Rejeter, comme relevé après l'expiration du délai de trois mois depuis la signification du jugement, l'appel des enfants d'Etienne L... ;

Subsidiairement les en démettre, et les condamner dans tous les cas à l'amende et aux dépens.

QUESTIONS

POSÉES PAR LE TRIBUNAL DE Ire INSTANCE D'ALBI.

Motifs et dispositif du jugement qui annule le testament de M... L... comme contenant des substitutions prohibées.

1o Faut-il annuler comme entachées de substitutions prohibées les dispositions contenues dans le testament du sieur M... L..., au profit du sieur et de la demoiselle A..., et par voie de suite condamner ces derniers à délaisser tous les biens, tant meubles qu'immeubles de la succession ?

2o Faut-il ordonner la levée définitive des scellés et la confection de l'inventaire ?

3o Faut-il ordonner sur ce point l'exécution provisoire du jugement ? Quid des dépens ?

Attendu que les clauses litigieuses du testament précité sont ainsi conçues :

« Je donne et lègue la moitié de tous mes biens... à demoiselle « Rosalie-Elma-Alexandre A....

« Je donne et lègue la moitié de tous mes biens, à M. Alexandre « A... fils.

« Dans le cas où Elma ne viendrait pas à se marier, elle n'aura

« que la jouissance de ce que je lui donne ; après son décès, ce
« qu'elle possèdera m'ayant appartenu passera à son frère Alexan-
« dre, comme, si elle venait à se marier, qu'elle n'eût pas d'en-
« fants, Alexandre son frère héritera en totalité de ce qui m'aura
« appartenu.

« Si Alexandre A... fils venait à mourir sans se marier où qu'il
« mourût, étant marié sans enfants, ce que je lui donne appartien-
« dra à Elma sa sœur.

« Si, par cas, ni l'un ni l'autre de mes héritiers ne laissaient de
« postérité, je veux que ce qui restera, m'ayant appartenu, soit dis-
« tribué par égales portions aux trois fils d'Etienne L..., mon
« cousin. »

Attendu que, suivant les conclusions des parties, les clauses qui
viennent d'être transcrites doivent être successivement examinées :
1º en ce qui concerne la validité des institutions faites en faveur
d'Elma et d'Alexandre A..., et 2º en ce qui concerne la validité de
l'institution applicable aux trois fils d'Etienne L... ;

Attendu en ce qui touche l'institution faite en faveur d'Elma et
d'Alexandre A..., qu'il est incontestable que d'après le sens le plus
naturel et le plus apparent des clauses qui la contiennent, cette double institution doit être entendue comme si M... L... avait dit :
« Après ma mort Elma et Alexandre A... recueilleront chacun la
« moitié de mes biens. Si néanmoins l'un d'eux vient à mourir sans
« enfants légitimes, la propriété des biens dont il aura joui en vertu
« du legs ci-dessus devra passer au survivant, et, si ce dernier vient
« lui-même à décéder sans enfants légitimes, la propriété de ce qui
« restera devra passer aux trois fils d'Etienne L... ; »

Attendu, qu'ainsi comprises, les dispositions sus-énoncées repro-
duiraient, évidemment, en ce qui touche Elma et Alexandre A...,
tous les caractères de la substitution fidéicommissaire prohibée par
l'article 896 du Code Civil, lesquels consistent, 1º dans la transmission successive de la propriété, avec trait de temps au décès du premier institué au second, et 2º dans la charge de conserver et de rendre, imposée au premier, au profit du second ;

Attendu en effet, quant au premier caractère, qu'il résulterait de
ce que, après avoir fait impression sur la tête d'Elma et d'Alexandre, la moitié des biens que chacun d'eux aurait recueillie ne devrait
passer au survivant qu'au décès de celui d'entre eux qui viendrait à
mourir le premier sans laisser des enfants légitimes ; et que, quant
à la charge de conserver et de rendre, cette condition qui, aux
termes d'une jurisprudence constante, n'a pas besoin d'être littérale-

ment écrite et peut être exprimée par des termes équipollents, s'évincerait énergiquement des clauses arguées, puisque, à l'égard d'Elma, le testateur déclare que, l'événement prévu venant à se réaliser, elle n'aura pendant sa vie que la *jouissance* de ce qu'il lui donne ; que, dans ce cas, la *totalité* des biens devra être recueillie par Alexandre son frère, et qu'à l'égard d'Alexandre, le testateur déclare aussi que la moitié de ses biens qu'il lui donne appartiendra, s'il vient à mourir sans enfants légitimes, à sa sœur Elma ; que, par ces termes des deux clauses, le testateur a clairement manifesté la volonté d'accompagner, pour le cas prévu, la substitution d'Alexandre à Elma, et d'Elma à Alexandre, de la défense faite à chacun d'eux de disposer pendant sa vie de la moitié des biens qui lui était donnée, et, par suite de l'obligation de la rendre à son décès au survivant d'entre eux telle qu'il l'avait reçue ;

Attendu d'après cela que la nullité des dispositions résultant du testament du sieur M... L... en faveur d'Elma et d'Alexandre A... se trouverait d'ores et déjà démontrée ;

Mais, attendu qu'il ne suffit pas que la substitution fidéicommissaire se montre dans les clauses dont il s'agit, d'après leur sens le plus naturel et le plus facile à saisir, pour que ces clauses doivent être considérées comme étant réellement entachées de cette substitution ; que si, sans faire violence à leurs termes, sans les mettre en opposition avec d'autres dispositions du testament, on pouvait leur donner une autre interprétation, cette interprétation devrait être préférée ; qu'il est, en effet, de principe que lorsque, soit dans un contrat, soit dans un acte testamentaire, une clause est susceptible de deux sens, on doit plutôt l'entendre dans celui avec lequel elle peut avoir quelque effet, que dans le sens avec lequel elle n'en pourrait produire aucun ; que le testateur ne doit pas être facilement présumé avoir voulu perdre le fruit de sa volonté dernière par des dispositions vicieuses et illégales ; et que dès lors, dans l'espèce, avant d'affirmer que les deux institutions faites dans le testament du sieur M... L... en faveur d'Elma et d'Alexandre A... renferment une substitution fidéicommissaire, il est indispensable de rechercher si ces institutions ne peuvent se réduire ou à des dispositions conditionnelles permises, ou à des substitutions vulgaires, ou à un droit d'accroissement ;

Attendu, sur le point de savoir si les deux institutions sus-énoncées ne peuvent pas être envisagées comme des dispositions conditionnelles non prohibées ; que les moyens développés à cet égard dans l'intérêt d'Elma et d'Alexandre A... ont successivement porté sur deux hypothèses, la première, dans laquelle on a supposé qu'après le décès du testateur, Elma et Alexandre A... avaien. recueilli chacun sous une condition résolutoire la propriété de la moitié des biens qui leur a été donnée; la seconde, dans laquelle on a supposé qu'Elma et Alexandre, simples usufruitiers de leurs portions respectives, depuis l'ouverture de la succession de M... L..., n'étaient appelés à recueillir la nue propriété de chacune de ces portions, que sous une condition suspensive ; que, dans la première, on a prétendu qu'elle n'admettait point la substitution fidéicommissaire, puisque la rétroactivité de la condition résolutoire devait avoir pour résultat, lorsque cette condition viendrait à s'accomplir, d'effacer la possession intermédiaire du premier appelé, de faire réputer le second appelé propriétaire, à compter du jour du décès du testateur, et de briser ainsi *cet ordre successif,* caractère essentiel des substitutions fidéicommissaires; que, dans la seconde hypothèse, l'on a prétendu qu'elle repoussait avec plus d'évidence encore toute idée de substitution fidéicommissaire, puisqu'elle ne supposait pour le moment du décès du testateur, en faveur des deux légataires, que l'ouverture d'un simple don d'usufruit, de telle sorte que, l'événement de la condition arrivant, la nue propriété reçue par le légataire survivant, au lieu de lui advenir par l'intermédiaire du légataire prédécédé, lui était transmise directement par le testateur, et qu'ainsi disparaissait encore l'*ordre successif* que le législateur a voulu incriminer ;

Attendu que la justification proposée pour la première hypothèse ne saurait être accueillie, puisque accueillir le motif sur lequel elle repose, ce serait méconnaître les principes qui ont servi de fondement à la proscription des substitutions, ce serait amnistier à l'avance d'une manière absolue les substitutions conditionnelles, soumises cependant comme les substitutions pures et simples à la règle prohibitive de l'article 896, ainsi que cela résulte du décret impérial du 31 octobre 1810, et de l'opinion unanime professée dans la jurisprudence et dans la doctrine ;

Attendu en effet, que si dans l'espèce il était permis de se prévaloir, pour nier l'existence de l'*ordre successif*, des fictions légales applicables à la condition résolutoire ordinaire, *l'ordre successif* n'existerait dans aucune substitution, soit que pure et simple la substitution fût seulement soumise à la condition tacite de la survie du second institué, soit que conditionnelle, elle fût subordonnée pour son ouverture, indépendamment de la survie du second institué, à l'événement d'une autre condition expressément stipulée ; que, dans tous les cas, le droit du premier appelé est résoluble de la même manière que le serait, dans les prévisions de M... L..., le droit d'Elma et d'Alexandre A..., et que si les effets rétroactifs de cette résolution pouvaient aujourd'hui être invoqués par ces derniers, à l'effet de soutenir que la condition formulée dans le testament venant à se réaliser, celui d'entre eux qui profiterait de l'accomplissement de cette condition, devait être considéré comme ayant succédé immédiatement au testateur, il n'existerait pas de raison pour que les mêmes principes et les mêmes conséquences ne pussent être appliqués à tous les cas de substitution les plus manifestes; qu'il faut de là conclure qu'en frappant de nullité les substitutions, et en les frappant principalement à cause de l'ordre successif qu'elles réalisent, le législateur n'a pas voulu qu'il fût permis de contester cet ordre successif à l'aide des effets rétroactifs qui peuvent résulter de l'accomplissement de la condition résolutoire; que, si par l'événement de cette condition, tous les actes par lesquels le premier institué avait pu diminuer ou engager les biens dont la propriété reposait sur sa tête, sont considérés comme non avenus, la possession de ces biens à titre de propriétaire de la part du premier institué n'a pas moins existé comme un fait indélébile, produisant les inconvénients que le législateur a voulu éviter, et qu'on ne peut par ce motif faire disparaître dans la fiction légale qui, sous les autres rapports, fait remonter la sous-propriété du second appelé à l'époque du décès du testateur; que dès lors pour discerner dans un acte de dernière volonté les dispositions résolubles non prohibées, d'avec les dispositions résolubles qui devront rentrer dans la catégorie des substitutions fidéicommissaires, il faudra rechercher, ainsi que la doctrine et la jurisprudence l'enseignent, si, malgré la condition, la disposition ne renferme qu'une seule libéralité, et si, d'après la condition prévue, cette libéralité peut se résoudre sur la tête du légataire avant son décès; ou bien si, comme dans l'espèce, la disposition consacre deux libéralités au profit de deux personnes diverses dont la seconde ne pourra recueillir le legs qu'au décès de la première; que, dans le premier cas, la disposition devra être exécutée comme permise, tandis que dans le second, la disposition réalisant identiquement les mêmes phénomènes que la substitution fidéicommissaire, doit être confondue avec elle, ou plutôt doit être considérée comme une substitution véritable, et tomber en conséquence sous le coup de l'article 896 du Code Civil;

Attendu, quant au moyen fondé sur la deuxième hypothèse, suivant laquelle Elma et Alexandre A... n'auraient rien chacun à la mort du testateur, que l'usufruit de la portion de biens qui leur a été donnée, la nue propriété de ces mêmes biens ne leur étant léguée que sous une condition suspensive ; que ce moyen devra évidemment être accueilli si la supposition sur laquelle il repose peut être raisonnablement conciliée avec les dispositions et les termes du testament, puisque dans ce cas point d'impression actuelle de la propriété sur la tête du premier institué, et partant point de possibilité d'un ordre successif ;

Mais, attendu que l'hypothèse sus énoncée est inconciliable avec les clauses du testament, lesquelles, d'après la règle écrite dans l'article 1161 du Code Civil, doivent, pour être sainement entendues, au lieu d'être considérées isolément, être interprétées les unes par les autres ;

Attendu, en effet, qu'en lisant le testament, on rencontre d'abord une première clause par laquelle M... L... fait un legs de la somme de trois mille francs ou de deux cents francs de rente viagère au sieur André R..., en laissant, dit-il, ses *héritiers* libres d'opter pour les trois mille francs ou servir la rente viagère ; et, qu'immédiatement après ce legs, viennent ces deux clauses absolues et inconditionnelles par lesquelles Elma et Alexandre A..., c'est à dire ceux qu'il vient de nommer ses *héritiers*, ceux auxquels il vient de laisser l'option pour l'exécution du legs fait à R..., entre le paiement de la somme de trois mille francs et les deux cents francs de rente viagère, sont appelés, après avoir pourvu à ce legs, à recueillir chacun la moitié de tous ses biens ;

Attendu qu'en présence de ces clauses il est impossible de douter que leur exécution ne dût avoir pour effet nécessaire de faire passer, après la mort du testateur, sur la tête d'Elma et d'Alexandre A... la *pleine propriété* de la moitié des biens donnés à chacun d'eux, et que dès lors, pour que cette exécution puisse être modifiée, dans ce sens qu'après le décès de M... L..., au lieu de recevoir la pleine propriété desdits biens, Elma et Alexandre n'aient été investis que de l'*usufruit*, la *nue propriété* devant au moins pour un certain temps aller faire impression sur d'autres têtes, il faut que dans les clauses du testament qui suivent celles qui viennent d'être rappelées, on puisse trouver l'expression positive de la volonté du testateur de modifier dans ce sens ses premières dispositions;

Attendu qu'en continuant la lecture du testament de M... L... on n'y trouve nullement la preuve de ce changement de volonté ; qu'en effet, après ces deux clauses principales dans lesquelles il vient de désigner les deux *héritiers* de son choix, on lit plusieurs autres clauses contenant pour ces *héritiers* diverses recommandations, et que si, à la suite de ces dispositions particulières, M... L..., avant de terminer son testament, a écrit les deux clauses dans lesquelles sont stipulées les conditions, qui suivant l'événement doivent faire passer la totalité de sa fortune entre les mains d'Alexandre ou entre les mains d'Elma, il n'y a rien dans ces clauses que l'on puisse raisonnablement invoquer pour soutenir que le testateur dérogeant à la première expression de sa volonté, substituant ainsi sans motif aucun un droit purement éventuel au droit actuel que sa première disposition avait conféré, a retiré de la tête d'Elma et d'Alexandre A... la propriété qu'il leur avait attribuée d'abord;

Attendu, il est vrai, que pour établir ce changement de volonté de la part du testateur, on a excipé de ce que, dans la disposition relative à Elma, M... L... a déclaré qu'Elma *n'aurait que la jouissance* des biens formant l'objet de son legs, dans le cas où elle viendrait à ne pas se marier, comme si elle venait à se marier et qu'elle n'eût pas d'enfants, qu'Alexandre son frère *hériterait*, dans ce cas, en totalité des biens qui *auraient appartenu au testateur;* mais que ces diverses manières de s'exprimer, loin de prouver que le testateur a voulu parler de ce qui devait s'accomplir au moment de son décès, prouvent clairement que la pensée de M... L... se transportait en cet instant à l'époque de la mort d'Elma, et que prévoyant le décès de cette dernière sans enfants légitimes, il n'a fait que rendre l'effet que devait produire, quant aux biens qu'elle avait possédés en vertu de son legs, la réalisation de cette condition; que ces mots qui terminent la clause *ce qui m'aura appartenu*, démontrent notamment que dans la pensée du testateur, l'événement de la condition qui viendrait ouvrir les droits d'Alexandre devait être précédé par la possession d'un propriétaire intermédiaire;

Attendu d'ailleurs que si les expressions de la disposition relative à Elma pouvaient faire naître quelques doutes, ces doutes devraient disparaître devant la clause relative à Alexandre; que les termes de cette dernière clause repoussent d'une manière évidente la prétention suivant laquelle Alexandre n'aurait point recueilli au moment du décès du testateur la pleine propriété des biens qui lui a été donnée, et que, comme il est incontestable d'après l'ensemble des clauses du testament, que le testateur a voulu faire à Elma et à Alexandre une position identique, il faut en conclure que s'il a évidemment entendu qu'Alexandre recueillît à son décès la pleine propriété des biens qu'il lui a donnés, sauf la résolution ultérieure qui pouvait résulter de l'accomplissement de la condition prévue, sa volonté a été absolument la même pour Elma;

Attendu qu'il suit de tout cela que l'on ne saurait soutenir la validité des deux institutions faites en faveur d'Elma et d'Alexandre A... dans le testament du sieur M... L..., en prétendant que ces institutions ne renferment que des dispositions conditionnelles permises ;

Attendu, sur la question de savoir si chacune des deux institutions ne pourrait pas être réduite à la substitution vulgaire autorisée par l'article 898 du Code civil, qu'il est certain, en principe, que lorsque les dispositions d'un testament argué de substitution sont compendieuses, c'est à dire, que d'après la manière dont le testateur a exprimé sa volonté, il est permis de supposer qu'il a entendu rapporter l'événement de la condition qui doit donner lieu à l'ouverture des droits du second appelé, aussi bien à une époque antérieure à son décès qu'à une époque postérieure ; il faut, dans le doute, pour éviter la nullité de la disposition, admettre la première hypothèse, suivant cette règle déjà rappelée, que lorsque les termes d'un acte sont ambigus, il vaut mieux les interpréter dans le sens qui doit faire maintenir l'acte, que dans le sens qui aurait pour effet de l'anéantir ;

Mais attendu que ce doute ne peut exister dans l'espèce, l'admission de la substitution vulgaire, soit dans la clause relative à Elma, soit dans celle relative à Alexandre, devant entraîner des invraisemblances et des contradictions tout à fait inconciliables avec la volonté du testateur, et la pensée de cette substitution se trouvant d'ailleurs repoussée, sinon par les termes des deux dispositions réciproques d'Elma et d'Alexandre, au moins par ceux de la disposition relative à la substitution des enfants d'Etienne L... ;

Attendu, en effet, que pour faire entrer la substitution vulgaire dans les deux premières clauses, sans s'écarter de leurs dispositions formelles, on est forcé de reconnaître, qu'en ce qui touche Elma, la caducité de la disposition, quant à la nue propriété des Liens qui lui ont été donnés, devait résulter de ce seul fait, qu'à l'époque de la mort du testateur, Elma s'est trouvée sans enfants légitimes, tandis qu'à l'égard d'Alexandre, la caducité de la disposition qui le concerne ne devait arriver que dans le cas où il aurait prédécédé le testateur sans laisser des enfants légitimes ;

Attendu que cette inégalité dans la situation d'Elma et d'Alexandre suffirait seule pour prouver que la substitution vulgaire n'était pas dans la pensée du testateur, puisqu'il est impossible de concevoir, qu'après avoir appelé Elma et Alexandre à recueillir une part égale dans sa succession, après les avoir nommés l'un et l'autre ses héritiers, après leur avoir sans distinction conféré à l'un et à l'autre, avec les mêmes charges et les mêmes facultés, l'exécution du legs fait à R..., après les avoir placés l'un et l'autre, quant au don qui leur était fait, sous l'empire d'une condition uniforme, après les avoir encore confondus dans la clause relative aux enfants d'Etienne L..., le testateur eût voulu cependant régler vis-à-vis de chacun d'eux l'accomplissement de la condition imposée, de telle sorte qu'Elma, quoique survivante au testateur, dût être dépouillée de la nue propriété des biens à elle donnés, par cela seul qu'à l'époque de la mort de ce dernier, elle n'avait point d'enfants légitimes, et qu'Alexandre, quoique ne remplissant pas davantage cette condition à la même époque, pût rester investi de la pleine propriété des biens à lui donnés, par cela seul qu'il aurait survécu au testateur ;

Attendu qu'indépendamment de l'invraisemblance inadmissible qui lui sert de base, ce système d'interprétation se réfute encore par les conséquences bizarres et contradictions qu'il aurait pu entraîner; qu'en effet, dans l'hypothèse où les deux cas de caducité, que l'on veut avoir été prévus par M... L..., se seraient réalisés avant sa mort, c'est à dire où Alexandre l'aurait prédécédé sans laisser d'enfants légitimes, tandis qu'Elma lui aurait survécu mais sans être mariée et sans avoir des enfants avant sa mort, cette dernière, qui serait irrévocablement dépouillée de la nue propriété des biens à elle donnés, aurait en même temps recueilli, dans ce cas, la pleine propriété des biens donnés à Alexandre ; que dans cette même hypothèse la nue propriété perdue par Elma, ne pouvant pas être attribuée ni à son frère qui serait mort, ni aux enfants de L... (Etienne), qui ne sont appelés à succéder qu'au survivant des deux légataires, ne pourrait être attribuée qu'à ces héritiers naturels que le testateur voulait cependant exclure ;

Attendu, enfin, que si malgré ces conséquences singulières, on pouvait prétendre qu'elles ne doivent point suffire pour écarter le système de la substitution vulgaire que le texte des deux premières dispositions ne repousserait pas d'une manière formelle, ce système serait, dans tous les cas, impossible à soutenir en présence des termes de la troisième clause, relative aux enfants d'Etienne L... ; qu'en disposant que si ni l'un ni l'autre de ses *héritiers ne laissaient de postérité*, il voulait que *ce qui resterait lui ayant appartenu* fût distribué aux trois fils d'Etienne L..., le testateur a prouvé de la manière la plus manifeste que ce n'est point à une époque antérieure à son décès qu'il avait reporté, soit pour Elma, soit pour Alexandre, l'accomplissement de la condition stipulée ; que bien au contraire sa pensée se transportant au delà de sa mort, et plongeant dans un avenir reculé, après avoir subi les effets de l'accomplissement de cette condition de la tête du prémourant de ses deux légataires, jusqu'à celle du survivant arrivait encore jusqu'au décès de ce dernier pour régler ce qui devrait avoir lieu dans le cas où il ne laisserait point d'enfants ;

Attendu, dès lors, que, considérées séparément ou dans leur ensemble, les dispositions arguées ne peuvent se prêter au système de justification qui se fonde sur l'hypothèse de la substitution vulgaire ;

Attendu, quant au point de savoir si ces dispositions ne pourraient point s'expliquer par le droit d'accroissement établi par l'article 1044 du Code civil, qu'il résulte de cet article combiné avec ceux qui le précèdent, que le droit d'accroissement qu'il a créé ne peut exister que moyennant deux conditions, savoir : 1o que les légataires soient appelés par une disposition conjonctive ; 2o que les légataires survivants soient appelés à profiter de la part du légataire prémourant par le décès de ce dernier avant la mort du testateur ;

Attendu que, dans l'espèce, Elma et Alexandre, loin d'être appelés dans la succession testamentaire de M... L... par une disposition conjonctive, sont appelés par des dispositions distinctes à recueillir chacun séparément, une quote-part déterminée des biens de cette succession ;

Attendu, d'ailleurs, qu'en supposant, comme on l'a prétendu et comme cela peut avoir été jugé, que nonobstant la distinction des legs, le testateur eût pu avoir l'intention de stipuler au profit de ses légataires un droit d'accroissement, cette intention ne devait être appliquée, suivant la deuxième condition sus-énoncée, qu'au cas où celui des légataires dont la part, par suite de son décès, devait accroître à l'autre, viendrait à mourir avant le testateur ; qu'en effet, le droit d'accroissement que le testateur aurait l'intention d'établir pour le cas où, après avoir recueilli après son décès, l'un des légataires viendrait à mourir avant l'autre, sans laisser des enfants, en imposant à ses légataires, soit expressément, soit virtuellement, la charge de conserver et de rendre ne serait en réalité qu'une substitution fidéi-commissaire ;

Attendu que, dans le premier cas, le droit d'accroissement n'est autre chose qu'une substitution vulgaire, et qu'il vient d'être démontré que dans l'espèce le testateur n'avait eu nullement la pensée d'une pareille substitution ;

Attendu que les deux institutions résultant du testament de M... L..., en faveur d'Elma et d'Alexandre, ne pouvant se réduire ni à des dispositions conditionnelles permises, ni à des substitutions vulgaires, ni à un droit d'accroissement, il faut, de toute nécessité, remonter à ce sens, d'ailleurs le plus naturel et le plus facile à saisir, qui présente ces institutions comme entachées de substitutions prohibées, et en prononcer en conséquence la nullité, aux termes de l'article 896 du Code civil ;

Attendu, en ce qui touche la clause du testament relative aux trois fils d'Etienne L..., que d'après la prétention élevée par ces derniers de profiter de la nullité des institutions relatives à Elma et Alexandre A.., et de se faire attribuer en conséquence, à leur défau , la totalité de la succession de M... L..., il y a lieu d'examiner le mérite et la portée de cette clause ;

Attendu qu'il n'est pas douteux qu'en présence de cette prétention, les héritiers naturels de M... L... n'aient le droit de la repousser par toutes les exceptions que les termes et l'esprit du testament peu. vent leur fournir ;

Attendu que, suivant le texte de ladite clause, les enfants L.. ne sont appelés à recueillir, le cas prévu venant à se réaliser, dans la succession du survivant d'Elma ou d'Alexandre A..., *que ce qui restera* dans cette succession des biens ayant appartenu au testateur ;

Attendu qu'il est évident que, par ces expressions *ce qui restera*, le testateur, après avoir voulu que le survivant d'Elma ou d'Alexandre A... reçût intacts les biens recueillis par le prémourant et que ce dernier n'eût pas par conséquent la faculté d'en disposer, soit pendant sa vie, soit à sa mort, n'a pas eu l'intention de faire peser la même défense sur le survivant de ces deux légataires ; que dès lors d'après sa volonté, celui-ci devait être libre de disposer comme il l'entendrait, suivant ses droits de propriétaire, de tous les biens qui lui seraient advenus de la succession de M... L... ;

Attendu que cette faculté de disposer étant exclusive de la charge de conserver et de rendre, et cette charge formant aujourd'hui comme toujours le caractère des substitutions fidéi-commissaires, il faut en conclure que la clause dont il s'agit ne renferme point une substitution de cette nature, et qu'elle échappe dès lors à la nullité prononcée par l'article 896 ;

Mais attendu que, quoique la disposition sus-énoncée ne puisse être annulée comme substitution fidéi-commissaire, les fils d'Etienne L... n'en doivent pas moins être déboutés de leurs conclusions ; que

sans examiner si en droit la disposition du testament sur laquelle
ils se fondent ne devrait pas être réputée non écrite, aux termes de
l'article 900 du Code civil, comme contraire aux règles établies par
les articles 723 et 732 du même Code; en fait ces conclusions ne
peuvent trouver aucun point d'appui dans la volonté du testateur;
qu'en effet M... L... n'a voulu appeler les trois fils d'Etienne son
cousin qu'à recueillir, dans un avenir qui pouvait être fort éloigné,
un simple résidu de ses biens, qui lui-même pouvait facilement leur
échapper, soit parce que le survivant d'Elma ou d'Alexandre ne
serait point décédé sans postérité, soit parce qu'avant de mourir il
aurait disposé de la totalité des biens ayant appartenu au testateur;
que dès lors en présence de ces dispositions ainsi restreintes, il est
impossible que les fils d'Etienne puissent s'en prévaloir pour se faire
attribuer *immédiatement* et *intégralement* la fortune de M... L...;
que l'institution qui les appelait n'était évidemment, dans la pensée
du testateur, qu'un accessoire des deux institutions principales dont
elles doivent suivre le sort; que la nullité de ces deux dernières
institutions a été pour M... L... un fait imprévu dont sa volonté n'a
pas calculé les conséquences; que régler aujourd'hui ces conséquences pour faire passer sur la tête des trois fils d'Etienne la fortune
que M... L... destinait à Elma et à Alexandre, ce serait faire ce que
le testateur n'a pas fait, ce serait ajouter à son testament un testament nouveau.

Attendu qu'il suit de là, que la succession du sieur M... L... doit
être dévolue à ses héritiers naturels;

Attendu que les parties qui succombent doivent supporter les dépens:

PAR CES MOTIFS. le Tribunal, vidant le renvoi du Conseil, jugeant
en premier ressort et en matière ordinaire, ordonne la jonction des
citations des 2 décembre 1845 et 23 février 1846, à l'instance principale ; casse et annule comme entachées de substitutions prohibées
les dispositions faites en faveur d'Elma et Alexandre A   dans le
testament olographe du sieur M... L..., sous la date du 4 septembre 1840 ; casse et annule comme devant subir le sort des dispositions dont il vient d'être parlé, la disposition éventuelle faite par le
même testament en faveur des trois fils d'Etienne L...; ce faisant
condamne Elma et Alexandre A... à délaisser aux héritiers naturels
du sieur M... L... tous les biens tant meubles qu'immeubles dépen-
dants de la succession de ce dernier, avec les intérêts et restitution des fruits légitimement dus; ordonne la levée définitive des
scellés et la confection de l'inventaire; ordonne sur ce point
l'exécution provisoire ; condamne Elma et Alexandre A... aux
dépens.

COUR DE CASSATION.

(CHAMBRE CRIMINELLE).

—

MÉMOIRE

A L'APPUI DU POURVOI FORMÉ PAR M. X..., NÉGOCIANT,

CONTRE

un arrêt de la Cour impériale de N...,

(1857).

———

Prévention de Jeux et Paris sur la hausse ou la baisse des effets publics.

—

M. X... a été condamné par arrêt de la Chambre des appels de police correctionnelle de la Cour Impériale de N... à la peine de *cent francs d'amende*, comme convaincu d'avoir fait du 15 avril au 16 juin 1856 des paris sur la hausse ou la baisse des effets publics, délit prévu et puni par les articles 421 et 422 du Code Pénal.

Le Tribunal qui avait été tout d'abord appelé à apprécier le caractère délictueux des opérations de Bourse imputées au prévenu, avait déclaré qu'elles ne tombaient sous le coup d'aucune disposition pénale et avait, en conséquence, prononcé son relaxe.

Cette solution semblait plus conforme aux vrais principes de la matière et c'est dans la confiance de la voir consacrer par la Cour Suprême, que M. X... s'est pourvu
contre l'arrêt de réformation qui le condamne.

Les faits qui ont servi de base à la poursuite ne peuvent être devant la Cour régulatrice l'objet d'aucune discussion nouvelle; il faut donc les subir, malgré les erreurs
commises, tels qu'ils sont résumés dans les motifs développés à l'appui du système qui a triomphé. Si la rigueur
des principes ne nous fesait un devoir de nous incliner
devant les appréciations matérielles qui échappent à la
censure de la Haute-Cour saisie du débat, il serait facile
d'établir que l'exposant avait fait sur les effets publics des
spéculations parfaitement licites, et que le jeu ou le pari
prohibé par nos lois ne se rencontre en réalité dans
aucune d'elles. Mais, sur ce point, toute insistance serait
inutile, et aussi, tout en protestant contre des inexacti-
tudes qu'il lui est interdit de relever au point de vue
légal, il n'hésite pas à se placer sur le terrain même qui a
été choisi par l'accusation et adopté par l'arrêt entrepris.

Il en résulte, qu'au lieu de faire des placements sérieux,
quand il achetait, par l'intermédiaire de son agent de
change, des valeurs industrielles, qui étaient revendues
ensuite, conformément à ses ordres, son unique but était
de spéculer sur les *différences* que seulement il serait
tenu de payer, ou dont il aurait le droit d'exiger la remise, si la fortune à la fin des opérations lui était favorable ou contraire.

Il en résulte aussi que la même pensée présidait à ses
combinaisons et à ses calculs quand, au lieu d'acheter, il
donnait mandat de vendre à terme des effets qui n'étaient
pas dans son portefeuille au jour de la conclusion du
marché : de simples différences encore, suivant les chances du hasard, devaient être payées ou reçues.

Quelles sont maintenant les conséquences légales des faits ainsi définis et précisés par le Juge ? Est-ce le Ministère public qui a le droit d'en demander compte et d'en poursuivre, au nom de la Société, une réparation légale ? .

Ce système, au premier abord . paraît étrange, car la seule chose qui ait été démontrée par les constatations puisées dans les actes de la procédure, c'est que M. X... aurait eu le tort de s'abandonner à un jeu imprudent qui aurait pu compromettre sa fortune.

Mais le jeu, en général, est-il un délit et celui qui s'y livre devient-il justiciable du Tribunal de police correctionnelle ?

Personne n'oserait émettre cette théorie qui trouverait au besoin une réfutation victorieuse dans l'article 1967 du Code Napoléon, lequel, en interdisant au joueur malheureux de poursuivre le remboursement des sommes payées, proclame l'existence *d'une obligation naturelle*, inconciliable avec la doctrine qui fesant du jeu un délit ne permettrait pas d'y trouver la source d'un semblable engagement.

Le législateur a décrété, sans doute, des peines rigoureuses contre ceux qui, spéculant sur les entraînements de cette passion, ouvrent au joueur un asile où il peut s'y livrer sans crainte et sans mesure, mais celui-ci est bien plutôt l'objet de sa pitié que de son courroux. Au lieu de le punir, il le protège doublement, soit en déclarant sans valeur les dettes contractées pour une telle cause, soit en sévissant contre les fondateurs ou les suppôts de ces maisons ténébreuses qui sont le gouffre tentateur dans lequel se sont laissés entraîner tant de chefs de famille.

Tel est l'esprit de notre législation et l'on ne saurait trop applaudir à sa haute moralité et à sa sagesse. Qu'on laisse donc à l'écart des déclamations usées contre le jeu, ses emportements et les catastrophes qu'il entraîne. A ce sujet tout le monde est d'accord. La question est uniquement de savoir si celui qui joue a encouru une peine, si cette passion désordonnée pourrait être contenue par une répression violente dirigée contre ceux qui en subissent l'empire.

Pour le croire, il aurait fallu avoir une connaissance bien imparfaite du cœur humain, et une telle erreur ne pouvait échapper aux rédacteurs de nos lois. Ils n'ont donc pas voulu transformer en délit un fait de cette nature. A leurs yeux, il suffisait de déclarer non obligatoire la dette souscrite pour un pareil motif, laissant exclusivement à la conscience du débiteur le droit de juger si elle est ou non légitime. Et chose remarquable ! Nos mœurs, sous ce rapport, ont dépassé les limites posées par la loi civile : elles frappent de déconsidération et de mépris l'homme qui, infidèle à ses engagements, abrite ses refus derrière cette disposition, dont les privilèges ne sont que bien rarement invoqués.

De ces premières considérations, il faudrait conclure dès lors que M. X.. est à couvert de toute poursuite de la part du Ministère Public : que, peut-être, il lui eût été loisible de refuser le paiement des sommes dont ses opérations de Bourse l'avaient rendu débiteur, mais qu'à coup sûr personnellement il n'avait pas à redouter les atteintes de la justice répressive.

Ce sentiment n'a pas été celui de l'organe de l'Accusation. S'il faut l'en croire, le jeu qui est toujours un *acte immoral* devient un *fait punissable*, lorsqu'il s'applique à la hausse ou à la baisse des effets publics. Des considérations de l'ordre le plus élevé le voulaient ainsi dans cette matière spéciale ; l'intérêt du crédit de l'Etat le réclamait hautement et le Code pénal de 1810 n'a fait que reproduire les mesures de prévoyance proclamées dès longtemps par les arrêts du Conseil, promulguées par nos anciens rois et déclarées en pleine vigueur par la jurisprudence.

Tel est le système développé à l'appui de la poursuite. Pour en démontrer le vice, il faut considérer les opérations incriminées sous un double point de vue et appliquer à chacune les règles qui lui sont propres.

Une vérité, qui tout d'abord doit être inscrite en tête de la discussion, c'est que les textes dont se prévaut le Ministère public devront être renfermés dans leurs limites rigoureuses et que la pénalité ne sera encourue qu'autant que le fait poursuivi tombera directement sous leur application.

En règle générale, il est démontré déjà que le jeu n'est pas un délit; pour que le jeu de Bourse revête ce caractère, il faut que les conditions exigées par la Loi se trouvent réunies.

Les opérations incriminées ont été divisées par l'arrêt attaqué lui-même en deux catégories distinctes. La première concerne les spéculations à la hausse et la seconde les spéculations à la baisse, qui seraient toutes les deux établies par les éléments de la procédure.

Il convient donc de rechercher si les unes ou les autres rentrent dans l'hypothèse prévue par le Code Pénal.

Et d'abord, les spéculations à la hausse ! — Celles-ci résultent des achats de valeurs industrielles opérées pour le compte de M. X... par son agent de change.

Admettons, comme le dit l'arrêt, que le but de l'acheteur n'était pas de prendre livraison, mais bien de ne se préoccuper que des différences qui, au jour fixé pour cette livraison, existeraient entre le cours de cette dernière époque et celui où avait été effectué l'achat;

admettons encore que l'acheteur entendait jouer et non réaliser un placement de capitaux ; a-t-il commis un délit ?

Cette conclusion serait étrange vraiment, car, au lieu d'être une attaque contre le Crédit public ou un danger pour lui, son opération lui venait en aide par l'influence plus ou moins éloignée qu'elle était de nature à exercer sur les cours. Dans aucun cas surtout un abaissement ou une dépréciation n'était à craindre : la nature même des choses s'y opposait.

Pour quelle raison cependant, est-il prétendu que le Législateur, renonçant aux principes de tolérance inscrits dans nos Codes, en matière de jeu, a déployé une rigueur insolite, quand ce jeu s'adresse aux effets publics? C'est parce que l'intérêt de l'Etat, devant lequel doivent s'incliner toutes les considérations secondaires, lui en fesait un devoir et qu'il fallait éviter que ses finances, ses obligations, les titres créés pour ses besoins, ne tombassent dans un avilissement désastreux. Lorsque des besoins imprévus l'auraient contraint de demander à l'emprunt les capitaux nécessaires. il aurait rencontré la défiance et la crainte et des intérêts ruineux à servir auraient pesé sur ses finances. Pour conjurer de tels périls, il a fallu con nir, par la sévérité de la peine, les combinaisons et les calculs si féconds de l'*agiotage*, qui aurait assis sur la ruine de l'Etat ses scandaleux bénéfices. Tel a été sans aucun doute le motif qui a provoqué le vote de cette loi, et ce motif, comme on le voit, ne permet d'en faire l'application qu'au spéculateur à la baisse. Quant à celui qui s'efforce au contraire d'élever les cours par les opérations auxquelles il se livre, on ne saurait le frapper sans méconnaître directement l'esprit de la législation et marcher contre le but qu'elle a voulu atteindre. Loin de l'effrayer par la rigueur du châtiment, l'intérêt bien compris de l'Etat était de le soutenir, de l'encourager dans cette voie utile, qui ne peut dans aucun cas devenir funeste aux finances du pays. L'agiotage pour lequel certains hommes irréfléchis n'ont ni assez de dédain, ni assez de colère, devient alors l'une des sources de la prospérité publique et il y aurait autant d'imprévoyance que d'aveuglement à le condamner ou à le flétrir.

C'est ce qui fesait dire à M. le comte de Villèle (1) :

« *Comment! avec la nécessité que nous impose notre*
« *système financier de soutenir le crédit public pour se*
« *ménager la faculté d'emprunter dans des cas extraor-*
« *dinaires; comment, dis-je, est-il possible de ne pas*
« *concevoir une nature d'effets publics qui ne donne*
« *pas prise à l'agiotage? Qu'est-ce qui produit l'agio-*
« *tage? Ce sont deux chances de hausse et de baisse.*
« *Si vous tuez ces chances, vous tuez le crédit. On*
« *ne peut tuer l'agiotage qu'en renonçant au système de*
« *crédit adopté, qu'en éteignant la dette. Mais, tant*
« *qu'on sentira la nécessité de recourir à des emprunts,*
« *il faudra bien conserver tous les moyens de crédit.* »

Ainsi parlait cet éminent homme d'Etat. Le Législateur de 1810, non moins éclairé, avait été fidèle à ces principes.

Les termes de l'article 422 du Code Pénal, mettent merveilleusement cette vérité en lumière :

« *Sera réputé*, y est-il dit, *pari de ce genre, toute*
« *convention de vendre ou de livrer des effets pu-*
« *blics qui ne seront pas prouvés, par le vendeur,*
« *avoir existé à sa disposition au moment de la con-*
« *vention, ou avoir dû s'y trouver au temps de la*
« *livraison.* »

---

(1) Chambre des Députés. — Séance du 30 avril 1824.

Quelle est, d'après la lettre de cet article, l'opération qui est prévue et réprimée ? — C'est la vente à découvert, c'est à dire la spéculation à la baisse. C'est en un mot le jeu dont les chances ne peuvent être bonnes que dans le cas, où dans l'intervalle écoulé entre la date du traité et celle de son exécution, les effets publics auront éprouvé un avilissement, une baisse. Cette baisse représentera par son importance le chiffre du bénéfice réalisé. Plus elle sera considérable et plus s'élèveront à son tour les avantages pécuniaires obtenus par le vendeur. Ce vendeur, donc, semble conspirer contre la fortune publique. et, pour ce motif, on lui inflige un châtiment sévère.

Mais la loi a-t-elle voulu faire peser aussi ce châtiment sur celui qui spécule dans un sens diamétralement opposé? L'acheteur qui pousse à la hausse, qui fait acte de foi et de confiance dans la prospérité présente et future des finances du pays, en est-il également passible? Lisez la Loi, elle est muette; et ne perdez pas de vue que nous sommes en matière pénale où tout est de rigueur, où l'évidence de la disposition répressive est d'une nécessité impérieuse, où enfin le prévenu ne peut être frappé qu'autant qu'il a pu lire, sans méprise possible, le caractère délictueux du fait incriminé.

Le texte que l'on oppose n'a-t-il pas dû, par la précision qu'il renferme, l'entretenir dans une sécurité légitime? En voyant le vendeur puni pour n'avoir pas eu à sa disposition les titres vendus, pouvait-il croire que l'acheteur, dont le nom n'était même pas prononcé, serait confondu avec lui et frappé de la même peine ?

Non, assurément, et quand du texte de la loi, il remontait à l'esprit qui l'a inspirée, sa confiance devait être plus grande encore.

Mais veut-on qu'à ce sujet tous les doutes soient promptement dissipés ? — Il suffit de remonter à l'ori-

gine de la disposition pénale dont nous cherchons à fixer
le sens et la portée variables.

Le tableau historique de la Législation antérieure va
répandre de précieuses clartés sur ce problème déjà résolu dans les développements qui précèdent.

Le premier document législatif qu'on rencontre dans
cette matière est l'arrêt du Conseil du 24 septembre 1724.
Il fut inspiré par le désir de mettre un terme aux désordres et aux bouleversements dont le système de Law
avait été l'occasion et la frénésie du jeu la véritable
cause. Il porte l'empreinte de la réaction amenée par
l'effrayant spectacle des ruines qui venaient de s'accomplir, des fortunes scandaleuses qui venaient de s'élever,
et atteste en même temps l'ignorance profonde où l'on
était encore des lois et des conditions les plus élémentaires du crédit public. Il n'admet que le marché au
comptant, n'autorise les agents de change à conclure
que dans le cas où ils ont été préalablement nantis, par
l'un, de la chose ou de l'effet à vendre, par l'autre, du
prix qui en représente la valeur. Il les assujettit enfin à
tenir des registres et à délivrer des certificats de négociation qui permettent de suivre, sans le perdre de vue,
l'objet qui a fait la matière du contrat.

De telles entraves ne pouvaient, à cause de leur exagération même, être longtemps respectées. Ç'eût été com-
primer l'élan du crédit et du commerce, qui pour vivre
et grandir ont besoin de liberté et de confiance. Aussi
cet arrêt, né au milieu de circonstances malheureuses
dont on avait voulu prévenir le retour, resta inexécuté,
et n'a aujourd'hui d'autre valeur que celle d'un document historique, constatant combien peu étaient développées alors les idées du Gouvernement et de la Nation
sur le crédit public.

Le Pouvoir s'est préoccupé une seconde fois, et dans

des circonstances analogues, des spéculations sur la hausse et la baisse des effets côtés à la Bourse. Ce fut en 1785, 1786 et 1787 sous le ministère de M. de Calonne. Un emprunt était devenu nécessaire afin de pourvoir aux dépenses de la guerre d'Amérique. L'Etat était effrayé de la déconsidération qui pesait sur les rentes par lui émises. Il attribuait cette déconsidération aux opérations d'un grand nombre de joueurs audacieux, qui spéculaient sur les cours et causaient à la chose publique un effrayant dommage. Pour y remédier, le Ministre des Finances prépara et fit adopter par le Conseil les fameux arrêtés, qui, en matière civile, seraient, d'après certaines décisions judiciaires, une loi exécutoire et vivante. Ces mesures dont le but était de rehausser le crédit de l'Etat, à l'aide de dispositions législatives, étaient peut-être, au point de vue de l'économie politique, une faute grave. Tel était du moins l'avis de MIRABEAU, qui écrivait de Berlin pour critiquer, avec sa haute t puissante logique, l'œuvre du Contrôleur-Général des Finances. On affirme en outre que le Conseil d'Etat n'approuva les propositions du ministre que sur un tableau inexact et assombri de la situation de la Bourse. Il avait été prétendu que les ventes de titres ou d'actions avaient dépassé le nombre des émissions faites et ce résultat avait provoqué l'effroi et une indignation générale ; mais il n'avait été justifié qu'en cumulant, comme des ventes spéciales et distinctes, les cessions qui avaient fait passer de main en main le même titre, dont on n'aurait dû dès lors tenir compte qu'une seule fois.

Au reste, ce qu'il y a de certain, c'est que les préoccupations du Pouvoir étaient de lutter contre la baisse désespérante que ses valeurs étaient condamnées à subir. Loin d'être proscrites par lui, les opérations à la hausse qui eussent été un remède si efficace au mal dont il était travaillé, devaient être encouragées et accueillies avec faveur. Aussi, et à moins de voir le contraire dans les arrêtés qui vont être rendus, on peut affirmer avec assurance que l'acheteur qui aspire, par la nature même de ses opérations, à faire monter les cours, ne sera pas atteint.

La reproduction littérale des textes va l'établir.

L'article 7 de l'arrêté du 7 août 1785 est ainsi conçu : *Déclare nuls, Sa Majesté, les marchés et compromis d'effets royaux et autres quelconques qui se feraient à terme*, ET SANS LIVRAISON DESDITS EFFETS *ou sans le dépôt réel d'iceux constaté par acte dûment contrôlé au moment de la signature de l'engagement.*

Quel est donc le fait que l'on entend proscrire ? — La vente à découvert. Seule elle est la cause des périls qui ont éveillé la sollicitude de l'autorité publique. Aussi le contrat sera nul si les effets vendus ne sont pas livrés à l'instant même, ou si leur existence au pouvoir du vendeur n'est pas constatée par un dépôt réel d'une date antérieure. Est-il dit qu'à l'égard de l'acheteur les mêmes précautions seront prises, que son achat pour être valable devra être accompagné de la remise des fonds ou de leur dépôt préalable ? Qu'en un mot tout terme ou tout crédit lui sera refusé, comme à celui qui a consenti la vente ? — En aucune sorte ; et supposer cette disposition dans l'œuvre de M. de Calonne serait fausser son esprit et gravement s'éloigner de sa pensée réelle. D'ailleurs les termes dont on s'est servi condamnent cette interprétation qui eût été un retour complet à l'Edit de 1724, tombé en désuétude, et que le progrès des idées économiques interdisait de faire revivre dans toutes ses dispositions.

Le 22 septembre 1786, un nouvel arrêté fut rendu.

Il venait ajouter au précédent une précaution commandée par le besoin de déconcerter les moyens inventés par la fraude pour échapper à ses prescriptions.

Il défend au vendeur d'effets publics, dont le dépôt est établi par un acte authentique, de proroger au-delà de deux mois le terme de la livraison. C'est, comme on le voit, une entrave de plus qui lui est imposée, mais qui met au jour d'une façon plus saisissante peut-être la situation faite aux acheteurs. Quant à ces derniers, ils n'étaient nullement contraints d'avoir les deniers à leur disposition le jour du contrat, puisqu'aucune limite n'avait été assignée au terme stipulé dans leur intérêt. Ici, on pose cette limite dans le but d'éviter qu'au moyen d'un dépôt unique et permanent, on puisse se livrer à des ventes multiples, qui rendraient vaine la prévoyance de la Loi.

C'est donc toujours la même pensée que poursuit le Législateur de cette époque, et c'est la vente fictive d'un effet non existant entre les mains du vendeur qu'il veut empêcher et proscrire.

La législation révolutionnaire recueillit l'héritage de M. de Calonne tel qu'il lui fut transmis, en lui imprimant le cachet de cette pénalité sauvage, qui donne à la plupart de ses œuvres les apparences d'un acte de colère.

Ainsi, la loi du 13 fructidor an III, dans son article 3, dispose : « *Tout homme, qui sera convaincu d'avoir* « *vendu des effets et marchandises* DONT, AU MOMENT DE « LA VENTE, IL N'ÉTAIT PAS PROPRIÉTAIRE, *est aussi dé-* « *claré agioteur et puni comme tel.* »

La loi du 2 ventôse an IV, dans son article 2, contient une disposition analogue : « *Nul ne pourra*, y est-il dit, « *vendre ou échanger à la Bourse des matières métalli-* « *ques ni des assignats et faire aucun traité y relatif si,*

« *conformément au vœu de la loi du 15 fructidor an III,*
« *il ne justifie qu'*IL EST ACTUELLEMENT POSSESSEUR *des*
« *objets à vendre ou à échanger, et ce, par la production*
« *d'un certificat de dépôt.* »

Ces textes n'ont pas besoin de commentaire. Il en résulte évidemment que c'est la vente à découvert qui a excité les sollicitudes des législateurs de tous les temps et qui est devenue l'objet de leurs sévérités. Les spéculations sur l'avilissement ou la ruine du crédit public sont celles qui, dès l'origine, comme dans les temps intermédiaires, ont seules paru nécessiter une répression que légitimaient les apparences trompeuses de l'intérêt général. Mais celui, au contraire, qui a témoigné par ses actes de sa confiance dans la prospérité future des finances de son pays, ne pouvait être en butte aux rigueurs de la Loi qui n'avait pas à se préoccuper alors du caractère fictif ou réel de ses opérations. Elles ne pouvaient dans aucun cas tourner au détriment de la chose publique, et cela suffisait pour les innocenter au point de vue pénal.

Tel était l'état de la législation à l'époque où a été promulgué le Code de 1810 : loin d'avoir eu le dessein d'étendre et d'aggraver les principes rigoureux qui régissaient cette matière importante, ce Code, préparé à une époque où les progrès de la science financière avaient fait disparaître bien des illusions et détruit bien des erreurs, a substitué à la nécessité du dépôt authentique exigé par les arrêts du Conseil des facilités bien autrement larges et plus en harmonie avec les idées actuelles. Plus tard, nous déduirons les conséquences de ces innovations précieuses.

Mais, au point de vue de la question présente, il n'a soumis à une répression pénale, comme le fesaient les lois qui l'ont précédé, que le vendeur d'un effet public qui ne le possède pas au moment de la vente et qui ne doit pas le posséder à l'époque de la livraison. Celui-là seul est atteint : quant à l'acheteur qui ne possède pas les deniers nécessaires au paiement du prix, il ne s'en préoccupe pas plus qu'on ne l'avait fait auparavant, et par suite, son imprudence ou sa témérité ne constitue point un délit.

Son texte, éclairé par ce rapide tableau de la législation qui en a été la source, est désormais insusceptible d'une controverse sérieuse, et, comme acheteur, il est manifeste que M. X... n'a pu en encourir l'application.

Tel est du reste le sentiment unanime de tous les auteurs qui ont traité cette matière.

Troplong, DES CONTRATS ALÉATOIRES, nº 123, s'exprime de la manière suivante : « *Les articles 421 et 422 repo-* « *sent sur des données moins étroites. Ils font consister* « *le délit dans la convention de livrer avec la connais-* « *sance qu'on ne pourra pas la tenir. Cette impossibi-* « *lité du spéculateur est pour eux la preuve qu'il* JOUAIT « A LA BAISSE ET FESAIT FRAUDE AU CRÉDIT DE L'ETAT; « *elle s'appuie, non pas sur l'impossibilité de justifier* « *au moment de la signature de l'engagement de la* « *libre disposition des effets vendus, mais par l'impos-* « *sibilité d'en démontrer la libre disposition au moment* « *de la livraison.* LE VENDEUR SEUL EST PUNI, PARCE « QUE C'EST LUI QUI JOUE A LA BAISSE : L'ACHETEUR QUI « JOUE A LA HAUSSE N'EST PAS ATTEINT. »

Fromery dit, p. 502 : « *La loi prohibitive des marchés* « *à terme est une* LOI POLITIQUE. *Elle veut pouvoir at-* « *teindre et punir les spéculations à la baisse, quand* « *elles menacent le crédit du Gouvernement.* L'ACHE- « TEUR A TERME SPÉCULE A LA HAUSSE, AUSSI N'EST-IL « SOUMIS A AUCUNE PEINE. LE VENDEUR SEUL EST PUNI, « *et par le Code Pénal, et par la loi du 13 fructidor* « *an III, et par l'acte du Parlement anglais de 1734,* « *article 8.* »

Mollot, *des Bourses de Commerce*, livre 2, titre 6, chapitre 2, section 10 : « *Dans ces marchés,* L'ACHETEUR « DOIT ÊTRE PRÉSUMÉ DE BONNE FOI, *dès que les dispo-* « *sitions actuelles reconnaissent qu'il n'est pas possible de* « *lui imposer l'obligation de prouver qu'il a des fonds* « *prêts pour exécuter le marché à l'échéance.* »

Faustin Hélie et Chauveau traitent la question de la manière suivante (t. V, p. 518) : « *La loi ne punit pas le* « *fait de vendre des effets publics qui ne se trouvent pas* « *dans les mains du vendeur et qui ne doivent même pas* « *s'y trouver. Or, comment l'acheteur serait-il complice* « *de cette vente ? — Il est partie contractante, il n'est* « *pas complice du vendeur, il ne serait que sa dupe.* « *Dans le cas même où il aurait connu l'insolvabilité de* « *son vendeur, il aurait volontairement couru un risque.* « *Mais on ne peut dire qu'en achetant il ait eu pour but* « *de faciliter la vente. Le délit était consommé au mo-* « *ment où il donnait son consentement ; son but était de* « *faire une autre spéculation que celle du vendeur : les* « *deux actions étaient distinctes.* »

Ainsi la lettre et l'esprit de la loi, la doctrine généralement enseignée par les auteurs les plus recommandables, tout se réunit pour démontrer qu'en qualité d'acheteur, M. X... devait sortir victorieux de la poursuite.

La Cour impériale de N... a repoussé néanmoins cette doctrine. Il lui a paru que si l'article 422 pouvait être interprété dans un sens favorable au prévenu, il ne lui était pas possible d'échapper au texte précédent, qui punit d'une peine égale les paris engagés sur la hausse ou la baisse des effets publics. On ne saurait confondre suivant elle ces deux dispositions parfaitement distinctes, et la vente à découvert, punie par la seconde, n'est qu'une déduction appliquée à un cas spécial du principe posé par la première dont la généralité s'étend à toute sorte de paris.

Cette argumentation est-elle exacte ?

Le marché à terme, conclu par l'intermédiaire de deux agents de change, est-il bien le pari prévu par l'article 421 ?

Qu'est-ce que le pari ? — C'est une convention aléatoire et réciproque dont les effets, quant aux avantages et aux pertes, soit pour toutes les parties, soit pour l'une ou plusieurs dépendent d'un événement futur et incertain.

Cette définition, ce n'est pas le Dictionnaire de l'Académie qui la donne, c'est le Législateur lui-même dans l'article 1964 du Code Napoléon.

Que faut-il donc pour qu'un pari existe ? — Une convention, — un contrat qui supposent impérieusement le concours de deux volontés sur un même objet. Il est indispensable que la stipulation et les engagements soient réciproques ; sans cette condition, le contrat ne pourrait exister. Les deux parties, par elles ou leur représentant, doivent se trouver en présence l'une de l'autre et se lier par un double consentement qui seul a la puissance de donner la vie et la force obligatoire au traité intervenu. L'ALEA subsiste pour chacune d'elles, et ceci est encore de l'essence de ces sortes de traités. Si cette condition fesait défaut, ils n'auraient aucune valeur légale.

De ces premières observations dont la justesse est à couvert de toute controverse, il s'induit que le pari est impossible, si on ne montre pas à la Justice les deux joueurs qui l'ont engagé ou si, tout au moins, on n'établit pas leur existence. On ne parie pas avec soi-même ; il faut *quelqu'un* qui tienne la gageure et si ce *quelqu'un* n'existe pas, le pari n'existe pas non plus. On affirme des vérités de cette nature, on ne les démontre pas.

Et maintenant, le marché à terme satisfait-il à ces conditions impérieusement exigées et l'article 421 du Code Pénal a-t-il eu pour but de le prévoir et de le punir ?

Non, évidemment, car dans ces sortes de contrats, il y a deux parties qui ne se connaissent pas et qui ne doivent même pas se connaître. Les lois qui régissent la matière interdisent à l'agent de change de livrer le nom de son client ; il méconnaîtrait gravement ses devoirs s'il enfreignait cette prohibition. Quand un marché de cette nature se conclut, celui qui vend peut donc être et est presque toujours un vendeur sérieux. Propriétaire de l'effet public ou sûr de l'avoir à sa disposition lorsque la délivrance devra en être faite, il entend exécuter sa promesse comme il entend exiger la remise des fonds qui lui seront dûs : il contraindra son acheteur à prendre possession de la marchandise et à en solder le montant. Pour lui, il ne s'agit ni de jeu, ni de différences, mais bien d'une vente réelle qui doit scrupuleusement s'accomplir. Personne ne peut donc lui dire qu'il a parié et qu'il était le tenant de son acheteur qui pouvait avoir eu la pensée de se libérer au moyen de simples différences : celui-ci jouait, mais l'autre ne jouait pas. Existait-il entre eux un pari ? — Les développements qui précèdent, la définition déjà donnée de cette nature de contrat, répondent d'une manière victorieuse, et la négative est certaine.

Comment donc faire rentrer, dans une pareille occurrence, l'acheteur dans le cas prévu par l'article 421 du Code Pénal ? — La chose est impossible, et cette impossibilité même a été la source et la vraie cause de la disposition suivante (article 422).

En effet, supposez au contraire que ce soit le vendeur qui jouant à la baisse a spéculé sur des différences, qu'il a vendu ce qu'il ne possédait pas et qu'il était dans l'impuissance absolue de se procurer, tandis que l'acheteur était un capitaliste sérieux qui entendait réaliser un placement de fonds et obtenir, pour les revendre plus tard ou les garder dans son portefeuille, les titres acquis pour son compte. Au point de vue pénal, quelle sera la position des parties et quel texte leur deviendra applicable?

Si l'article 421 était seul, l'impunité serait certaine, car le pari n'existe pas; il suffit que l'un des deux contractants n'ait pas joué pour l'exclure. Cette conviction devait forcément être celle des auteurs de la Loi qui, pour atteindre, comme les anciens arrêts du Conseil, cette spéculation à la baisse, ont édicté l'article 422. Si effectivement les caractères constitutifs du pari avaient été reconnus malgré l'absence du concours de l'acheteur, ce dernier texte devenait inutile. Tout était prévu et atteint par le premier dont la généralité s'étendait à tous les cas possibles. Si quand l'acheteur seul joue, et non le vendeur, l'application doit en être faite parce qu'il y a eu un prétendu pari, cette application ne pourrait rencontrer d'obstacles dans le cas où le joueur est le vendeur lui-même. Pourquoi donc écrire pour cette seconde hypothèse un texte particulier dont les précisions sont si remarquables? Ç'eût été une superfétation inutile et qui ne serait pas digne de la gravité de la Loi.

Dans notre système, au contraire, tout s'harmonise et se coordonne. Le pari qui interviendra dans la *coulisse* entre deux individus qui se voient, qui se connaissent, qui en débattent les conditions, qui savent bien l'un et l'autre que le vendeur n'a pas et ne peut pas avoir les titres dont il dispose, que l'acheteur n'a pas et ne peut avoir les capitaux, souvent énormes, qui seraient nécessaires pour réaliser le marché s'il était sérieux, qui se proposent enfin de régler leur situation par de simples différences; ce pari, dont le simple caractère ne sera susceptible d'aucune incertitude, tombera sous le coup de l'article 421. Les deux parieurs seront également justiciables de la police correctionnelle et ils auront encouru simultanément le châtiment décrété par la Loi. Ils sont tour à tour auteurs principaux et complices, et ils doivent être frappés indistinctement avec la même rigueur.

Qu'on veuille bien ne pas se le dissimuler : ce péril est sans contredit le plus grave. Dans ces opérations que ne protége la présence d'aucun officier public, la fraude, la surprise et le mensonge se livrent habituellement aux combinaisons les plus odieuses. Les *courtiers marrons*, qui y jouent le principal rôle, n'offrant en général aucune garantie, creusent, sans émotion, l'abîme où s'engloutissent la fortune et l'avenir des familles : à leur égard la loi civile et la loi pénale ne sauraient déployer trop de rigueur. Et il faut le dire, cette coulisse, qui a été la source ou la cause de tant de catastrophes, a vu grandir son influence à toutes les époques où se sont produites nos grandes révolutions financières. Depuis 1724 jusqu'à nos jours, elle a toujours pesé d'une manière fatale sur le cours des fonds publics et a jeté, par le spectacle des malheurs qui ont marqué sa triste et longue histoire, l'effroi dans le cœur des capitalistes honnêtes qu'auraient appelés les avantages de ces sortes de placements. C'est un motif de plus pour se montrer inflexible, et l'on ne saurait trop applaudir aux dispositions de l'article 421 qui les concerne.

Mais s'il s'agit du marché à terme conclu entre deux personnes qui ne se connaissent pas, dont l'une entend réaliser une opération loyale, tandis que l'autre se livre aux chances aventureuses du jeu, il ne peut plus être question de pari. La Loi ne s'inquiète alors que de la spéculation à la baisse et frappe seulement celui qui conspire contre la prospérité du crédit de l'Etat.

La Cour impériale de N... a donc mal compris ces deux articles, quand elle a cru pouvoir, en s'appuyant sur le premier, déclarer que M. X..., comme acheteur, était passible de la peine décrétée contre le pari, alors qu'on n'ajoutait pas et qu'on ne pouvait même pas ajouter que son vendeur avait également joué. La lecture attentive de l'exposé des motifs, indépendamment des textes, aurait dû suffire pour la mettre à couvert de cette erreur. M. Bégouen disait dans son rapport au Corps Législatif : « *La loi soumet le vendeur seul à la preuve* « *qu'elle exige parce que c'est lui qui promet de livrer* « *la chose. Mais si la promesse de livrer existe de la part* « *des deux contractants, la preuve est nécessaire pour* « *l'un et pour l'autre; car tous deux sont respectivement* « *vendeurs.* »

Rien de plus net que ce langage et rien de moins équivoque dès lors que la théorie dont il est la sanction énergique. Sur ce premier point, la justification du pourvoi nous paraît donc complète.

Mais on a dit à M. X... : Vous avez aussi été vendeur et vendeur à découvert; vous n'aviez pas les fonds indispensables pour vous procurer les titres dont la livraison était à votre charge, il suit de là que l'article 422 vous est dans tous les cas applicable.

L'arrêt contient lui-même la réfutation victorieuse de ce motif qui affecte de se soumettre aux exigences de l'article invoqué par l'exposant.

Il est inutile de faire ressortir ici la différence profonde qui existe entre les arrêtés de 1785 et 1786 et l'article précité. Les esprits comprenaient mieux en 1810 les nécessités et les besoins du Commerce et du Crédit public. C'était, en économie politique, une erreur profonde que d'exiger du vendeur la possession actuelle ou le dépôt préalable de la chose vendue. Cette exigence portait à la spéculation un coup mortel et aurait eu pour résultat de dessécher l'une des sources les plus fécondes de la prospérité publique. Le commerce ne vit que d'opérations de ce genre. Le négociant, qui connaît le besoin qu'éprouve une contrée tout entière d'une marchandise déterminée, s'empresse de la vendre à des conditions que sa rareté même rend avantageuses. Il ne la possède pas encore néanmoins, mais il se transportera sur le lieu de production pour l'acquérir, et, à l'échéance convenue, elle sera mise à la disposition des consommateurs. En quoi une opération de cette nature blesse-t-elle la délicatesse ou l'honneur? Celui qui produit et celui qui consomme n'y trouvent ils pas un incontestable avantage? Je dirai de plus que le spéculateur prudent doit agir ainsi, afin de proportionner l'importance de ses approvisionnements à l'importance des ventes qu'il a faites. Le commerce serait impossible si ces facilités lui étaient enlevées.

Ce qui est vrai pour la marchandise en général cesse-t-il de l'être quand il s'agit d'effets publics? Non assurément; ce sont les mêmes principes qui doivent être suivis; la prospérité du crédit veut que l'on écarte, comme une dangereuse faveur, des obstacles ou des entraves dont l'unique résultat serait d'en arrêter l'élan.

Ainsi, doivent être proscrites les conditions de possession actuelle ou de dépôt préalable imposées par les arrêts du Conseil, qui furent l'œuvre de M. de Calonne et provoquèrent les censures de Mirabeau.

Le Code Pénal n'a pas accepté leurs étroites exigences. Il ne veut qu'une chose, c'est que le vendeur prouve que les effets vendus devaient se trouver en son pouvoir au temps fixé pour la livraison.

A cette époque déjà, on ne craignait plus de voir se reproduire le fait dont, en 1785, l'abbé d'Espagnac avait été le héros. On rapporte qu'il avait acheté, non seulement toutes les actions existantes de la Compagnie des Indes qui s'élevaient au nombre de *quarante mille, mais encore* HUIT MILLE SIX CENT CINQUANTE CINQ DE PLUS QU'IL N'Y EN AVAIT EN RÉALITÉ. De là vinrent les rigueurs de ces arrêtés, en ce qui touche la détention actuelle de la chose vendue. Aujourd'hui, bien moins encore qu'a-lors, de telles alarmes doivent préoccuper les esprits. La multiplicité des emprunts, le chiffre énorme de la dette, le grand nombre des actions industrielles rendent irréalisable un accaparement qui ne permettrait plus de se procurer des valeurs de ce genre, si on les avait promises. C'est bien à notre époque surtout que s'appli-querait ce mot du syndic des agents de change de Paris à l'Empereur Napoléon Ier dont l'esprit positif repoussait comme un péril et comme un stellionnat la ,vente à découvert : « *Sire, lui dit-il, le porteur d'eau qui n'aurait* « *sur sa charrette qu'un nombre limité de pintes et vous* « *en promettrait le triple, prendrait-il donc un engage-* « *ment téméraire? Vous ne le penseriez pas, la rivière* « *en rendrait l'exécution facile ; eh bien ! la Bourse est* « *une rivière où coulent constamment des titres, des* « *actions et des valeurs de toute sorte, que nous som-* « *mes assurés de pouvoir y puiser à mesure que le besoin* « *s'en fait sentir.* »

Ce langage est d'une vérité saisissante, et voilà pour quelle cause il serait impossible au Ministère public d'établir qu'à l'époque convenue le vendeur ne pourrait pas les avoir à sa disposition. La marche des temps, les progrès de l'industrie, ont rendu cette hypothèse irréalisable.

L'arrêt a répondu toutefois que la situation pécuniaire de M. X.. ne lui aurait pas permis de les acheter et qu'en conséquence il faut dire qu'il ne satisfait pas à la condition qui met la preuve de ce fait à sa charge exclusive.

Sur ce point, la Cour s'est laissée égarer encore par une considération sans valeur.

Ce n'est pas effectivement la situation isolée du prévenu qu'il faut considérer. Si par son crédit, par ses amis, par ceux qui se sont constitués ses répondants ou ses cautions, il a eu la possibilité ou les moyens de se procurer les titres, la Loi est satisfaite et aucun compte nouveau ne peut lui être demandé.

Supposez qu'un riche capitaliste, avant le commencement des opérations, lui ait promis son assistance, aurez-vous le droit de vous prévaloir de son peu de fortune et d'en conclure que la preuve mise à sa charge par l'article 422 n'est pas faite.

On ne saurait le prétendre, car le cautionnement qui le protége ferait aussitôt tomber le reproche.

Eh bien! ici, le garant qui se place à côté de lui pour répondre à l'interpellation du Procureur-Général, c'est son agent de change. Avec ce dernier il a conclu des accords qui ont été acceptés, il a fourni des garanties qui ont paru suffisantes, et, dès ce moment, il a eu la certitude que les titres vendus seraient délivrés.

Ce n'est pas lui, remarquez-le bien, qui a promis cette délivrance; ce n'est même pas en son nom que la promesse a été faite, car ce nom n'a été prononcé et ne pouvait être prononcé par personne. C'est l'agent de change qui s'est obligé, qui a livré sa signature, qui seul est connu de l'acheteur et auquel seul a été demandée la délivrance des titres.

S'il en est ainsi, pourquoi le Ministère Public vient-il débattre le bilan de la fortune de X... et tenter d'en faire sortir une impuissance qui n'a pas de valeur, puisque c'est un autre dont la solvabilité n'est pas contestée qui a contracté l'obligation?

X... pouvait-il éprouver la moindre inquiétude sur la possibilité d'avoir les titres, quand l'agent de change était tenu de les procurer?

Que ce soit lui-même ou un tiers, dont la promesse a précédé la vente, qui doive les acheter ou les livrer, il importera très peu ; nul n'aura été trompé et le Code Pénal demeurera sans application, car la possibilité d'avoir les titres sera certaine.

Dans l'espèce, cette vérité est d'autant plus positive que la livraison promise a été effectuée à l'échéance fixe, sans retard, sans sursis. Comment poser encore sous forme d'un problème à résoudre la question de savoir si l'exposant a établi qu'il devait avoir les titres au jour de la livraison ? Il devait si bien les avoir qu'il les a livrés. Ici l'acheteur était parfaitement sérieux. Représenté par M. B..., son agent de change, il a voulu prendre livraison et la production des carnets de ce dernier a établi qu'elle avait été faite.

L'arrêt le constate, on y lit : « *Que la remise des titres* « *a eu lieu, il est vrai, mais que, malgré l'existence de* « *ce fait matériel, les circonstances dans lesquelles elle* « *a été faite doivent faire déclarer qu'il n'a pas été* « *satisfait au vœu de la Loi et que les prévenus n'ont pas* « *justifié qu'ils aient eu, au moment de la livraison, la* « *disposition des effets publics dans le sens de l'arti-* « *cle 422 ;* » et plus bas : « *Qu'ils ne peuvent pas se* « *prévaloir de ce que l'agent de change en achetant pour* « *eux* A FAIT UNE OPÉRATION RÉGULIÈRE, *que s'il a* « *exactement livré les titres et payé le prix, les marchés* « *sérieux dans la forme seulement étaient fictifs au fond,* « *puisqu'ils avaient pour résultat de donner les moyens* « *de spéculer sur des différences.* »

Il est donc vrai que les titres vendus ont été livrés et que l'agent de change a fait pour le compte de M. X... une opération parfaitement régulière. Les preuves à ce sujet étaient trop concluantes pour que le doute même pût naître dans l'esprit d'un magistrat consciencieux.

Cette vérité est donc acquise à l'exposant et la Cour Suprême n'a pas besoin de descendre dans l'examen de la procédure pour la faire sortir des documents qui la composent.

Et, en réalité, est-il possible qu'à la Bourse les choses se passent d'une manière différente ? — Les agents de change traitent entre eux, sans faire connaître les personnes de qui ils tiennent leur mission. Ils sont garants, les uns envers les autres, de la sincérité du marché et de la solvabilité de leur commettant. C'est à leur vigilance seule que la Loi confie le soin de prendre les mesures propres à les protéger contre la mauvaise foi et la situation plus ou moins ébranlée du client dont ils acceptent le mandat. Cette chance, ils l'assument sur leur tête, dès l'instant où ils ont souscrit la promesse d'exécuter ses ordres et toutes leurs opérations sont loyales et réelles. Il faudrait, pour qu'il en fût autrement, qu'au milieu du mouvement de la Bourse et de la criée qui fixe le cours des valeurs, ils échangeassent à haute voix des déclarations qui attribueraient un caractère fictif à tel marché et un caractère réel à tel autre. Ces précisions dans la pratique offriraient des impossibilités matérielles qui seules en auraient fait proscrire l'usage, si la pensée en avait été jamais conçue. La faculté, qui appartient à l'acheteur dans l'intérêt duquel le terme est stipulé, d'exiger une livraison immédiate ou au jour qu'il lui plaît de choisir, serait encore un invincible obstacle à la fiction qu'on allègue.

Et puis, il arrive souvent que ces mêmes titres vendus à terme passent avant l'échéance fixée sur un grand nombre de têtes différentes. Quel serait celui de ces marchés divers, qui sont greffés les uns sur les autres, que l'on considérerait comme fictif, et quels seraient ceux que l'on déclarerait exempts de cette tâche ? Au milieu de cette rapidité d'opérations qui se succèdent, d'heure à heure, de jour à jour, et dans lesquelles le Crédit public se vivifie, se retrempe et se relève quand il est abattu, ce serait une témérité bien grande de vouloir faire un pareil classement.

Pour être convaincu de la réalité de tous les marchés conclus par les agents de change, il suffit de les suivre à la Chambre syndicale et d'assister à leur règlement de quinzaine. Entre eux, il n'y a pas de fictions; les titres sont apportés sur le bureau et délivrés à ceux qui ont acheté. Mais il advient, cela est clair, que si dans la quinzaine, le même titre a été acheté cinq ou six fois différentes, les vendeurs et les acheteurs intermédiaires s'effacent pour éviter une complication inutile, et le vendeur primitif livre au dernier acheteur qui solde le prix de son achat. Mais ce n'est point là de la fiction, comme le démontre le mécanisme même qui vient d'être défini. Ce sont de véritables contrats sérieusement conclus et sérieusement exécutés.

Le *report* fait ressortir encore mieux l'exactitude de cette assertion. Il matérialise, si l'on peut ainsi parler, l'opération qui a été faite et lie au marché à terme, dont la nature paraît toujours suspecte aux esprits difficiles, le marché au comptant qui ne saurait être soupçonné. On sait tout ce qu'il y a d'ingénieux et de fécond pour le crédit public dans cette heureuse création. L'acheteur à terme comptait sur des ressources qui lui ont fait défaut et se trouve ainsi dans l'impossibilité de prendre livraison. Que fait-il en pareille occurrence? Il vend à un capitaliste les titres qu'il est dans l'impuissance de livrer lui-même et qui entrent aussitôt dans le portefeuille de ce bailleur de fonds. Pour que la délivrance en soit ainsi faite, il faut bien qu'ils existent, et toute idée de fiction ou de mensonge s'évanouit forcément en présence du fait qui constate la possession des titres par le prêteur auquel ils ont été remis par le vendeur payé. Ce prêteur à son tour les revend à terme à son emprunteur qui ne les recevra qu'à l'époque de sa libération. Nanti de la sorte d'un gage suffisant, le bailleur de fonds est sans inquiétude sur la rentrée de son capital.

Il est facile de voir que cette spéculation n'est possible que parce que la vente primitive a été réelle et a porté sur des titres si peu fictifs qu'ils deviennent le gage du bailleur de fonds qui vient en aide à l'acheteur, momentanément dépourvu de ressources suffisantes.

Le report est côté à la Bourse, inséré au journal officiel et n'a jamais été critiqué par personne.

C'est ce qui a fait dire à M. Fremery dans ses Etudes sur le Droit Commercial, page 507 : « *Il ne se conclut* « *pas à la Bourse, par l'entremise des agents de change,* « *un seul marché qui ne soit sérieux et dans lequel le* « *vendeur ne s'oblige à livrer et l'acheteur à payer effec-* « *tivement, l'un l'inscription de rente, l'autre le prix* « *convenu. L'organisation coutumière de la Bourse est* « *même telle, à raison de l'entremise des agents de* « *change* GARANTS PERSONNELS DE LEURS CLIENTS, *qu'il* « *est à peu près impossible qu'aucun marché soit fic-* « *tif. Il n'y a de marchés fictifs qu'entre ceux qui* « *interviennent,* COMME LES COULISSIERS, *en dehors des* « *règles que la coutume a établies.* »

La vérité de cette appréciation est démontrée par le procès actuel lui-même. Le Ministère public et l'arrêt ont dû reconnaître que l'agent de change avait fait une opération régulière, qu'il avait réellement acheté et réellement vendu ; qu'il avait exactement payé le prix et exactement livré la valeur au jour et à l'heure convenus, qu'ainsi jamais contrat ne fut plus sérieux au fond, ni plus religieusement respecté.

Quelle était la conséquence à déduire de cette proposition? Manifestement l'inapplicabilité à l'espèce actuelle de l'article 422 du Code Pénal. La logique, la raison le voulaient ainsi. C'est toutefois à un résultat diamétralement contraire que la Cour s'est laissée entraîner.

Par quel motif? — Parce que M. X... jouait et entendait uniquement payer ou recevoir des différences. Est-ce que le Code Pénal a entendu punir le jeu à la Bourse, quand il ne punit pas le jeu en général quel que soit l'objet auquel il s'applique? — En aucune sorte. Sous le rapport civil, l'article 1965 du Code Napoléon pourra bien déclarer les obligations dérivant de cette source sans autorité et sans valeur, mais la loi pénale n'a cru ni opportun, ni utile d'intervenir. Pourquoi donc infliger un châtiment pour cette cause? — L'article 422 n'attache pas une pénalité au fait d'avoir joué, mais uniquement au fait d'avoir été dans l'impuissance de se procurer les titres vendus au jour de la livraison : ce qui constitue deux choses tout à fait différentes.

Pour quel motif encore la condamnation est-elle prononcée? — Parce que M. X... n'aurait pas pu seul avoir les titres pour les remettre, si un tiers n'était venu à son aide? — Qui donc peut se plaindre de cette impuissance alléguée, et en quoi l'ordre public a-t-il éprouvé un dommage? — L'acheteur est satisfait et aucun retard n'a été apporté à la promesse qui lui avait été consentie.

L'ordre public! Il n'est pas en souffrance, car toutes les exigences de la loi ont reçu satisfaction : non seulement il a été prouvé que l'on pouvait se procurer les titres, mais, ce qui est plus concluant encore, la remise en a été matériellement faite.

Qu'importe maintenant que ce ne soit pas X... qui l'ait réalisée? — S'il avait eu recours à un emprunt, pourrait-on lui adresser un reproche? — Si, en donnant son mandat à l'agent de change, il lui eût présenté un garant et que le garant eût acheté les titres pour en opérer la livraison, serait-on en droit de le poursuivre? — Le simple bon sens proteste contre cette étroite interprétation donnée à la Loi, dont la conséquence serait d'interdire au vendeur d'effets publics le droit de recourir au crédit pour satisfaire à ses engagements.

Ici, c'est l'agent de change lui-même qui a fait les achats et opéré la délivrance. Ce fait, bien loin de contrarier le système de X..., lui donne un appui nouveau, car l'agent de change était le garant de l'obligation qu'il avait contractée. A vrai dire, cette obligation ne portait que la signature de l'officier public, et celui qui l'avait reçue n'avait à se préoccuper que de celle-là. Il est donc certain que le contrat, régulier d'ailleurs, a été pleinement exécuté. Que reste-t-il encore? — Un simple recours à exercer contre le client par l'agent de change qui aura procédé avec plus ou moins de sagesse en lui accordant sa confiance et sa garantie. Mais, sur ce terrain, il ne peut plus être question de délit, car le marché à terme est déclaré par la Cour avoir été sérieux dans l'origine et avoir été suivi d'une exécution scrupuleuse. Ce qui reste, c'est l'action purement civile du mandataire contre le mandant, et le Code Pénal n'a pas à intervenir dans un règlement de cette nature.

M. X... peut aller plus loin encore; il peut dire qu'au moment où la vente a été faite, il avait la certitude que les titres seraient livrés. Effectivement, le souscripteur de cette promesse était l'agent de change qui, ayant accepté le mandat de la souscrire, s'engageait en même temps à la réaliser. Donc le vendeur devait être sans inquiétude sur son exécution qui ne devait recevoir de sa situation personnelle, ni embarras, ni entraves. Ce n'est pas un cautionnement postérieur au marché qui lui inspirait cette confiance; son esprit était affranchi de toute crainte, puisque le cautionnement avait précédé l'opération et que le garant était intervenu en son nom propre dans cette opération elle-même.

Dire qu'en pareille occurrence on a le droit de franchir le cautionnement donné pour aller interroger le bilan de la fortune du garanti et qu'on peut s'armer contre lui du fait que la livraison a été opérée par la caution et non par lui-même, c'est violer le texte et l'esprit de la Loi, c'est créer un délit et une peine que, même à l'époque de sa plus grande rigueur, la législation rétrograde de M. de Calonne n'avait pas voulu établir.

Sous ce point de vue donc, comme sous le premier, le pourvoi se fonde sur les motifs les plus graves.

Nous ne dirons rien des considérations d'une autre nature qui doivent faire proscrire la théorie sanctionnée par l'arrêt.

Le crédit de l'Etat, la prospérité des entreprises industrielles qui enrichissent notre pays, en recevraient une atteinte profonde, et le moment peut-être n'est pas bien opportun pour affecter un puritanisme sentimental qui ébranlerait les fondements et tarirait les sources de la richesse publique.

COUR DE CASSATION.

(CHAMBRE CRIMINELLE).

———

MÉMOIRE

PRÉSENTÉ A L'APPUI DU POURVOI FORMÉ PAR M. N...,
NOTAIRE, A TOULOUSE.

CONTRE

un arrêt de la Cour impériale de la même ville
jugeant disciplinairement.

———

Un arrêt de la Cour impériale de Toulouse vient de prononcer contre Me D... la peine rigoureuse de la *destitution*.

Cette peine lui a été infligée comme une réparation légale de la faute qu'il aurait commise en formant contre les héritiers de son prédécesseur une demande en remboursement des sommes payées, en vertu d'une contre-lettre qui avait dissimulé le véritable prix de la cession.

Il ne supposait pas, il ne pouvait pas admettre que l'exercice d'un droit légitime fût de nature à lui faire courir d'aussi sérieux dangers. Sa confiance était d'autant plus grande que le Tribunal avait accueilli sa demande et prononcé contre ses Adversaires la condamnation réclamée.

Tel n'a pas été toutefois le sentiment de la Cour, comme l'atteste son arrêt que Me D... n'hésite pas à déférer à la censure de la Cour Suprême.

Il n'est pas inutile de présenter un exposé rapide des faits qui ont précédé la poursuite et de faire connaître aussi les antécédents *notariaux* de l'officier public inculpé, que l'arrêt incrimine dans des termes vagues, il est vrai, mais qui ne doivent pas rester sans réfutation.

FAIT.

L'office, dont se trouve maintenant investi Me D..., était en 1827 placé sur la tête de M. B... S... que des abus de confiance et une fuite précipitée firent à bon droit destituer de ses fonctions. Un riche propriétaire du pays nommé L..., en apprenant cette catastrophe, songea à demander pour l'un de ses fils qui ne remplissait pas les conditions d'âge exigées, ce titre devenu vacant, qu'il considérait comme devant assurer à ce jeune homme un avenir honorable et prospère ; mais il fallait trouver immédiatement un candidat officieux qui voulût bien accepter la gérance de cette *Etude* que l'Autorité publique ne pouvait indéfiniment laisser sans titulaire. M. X..., alors avocat, dépourvu de fortune, doué d'une intelligence et d'une activité remarquables, forcé par une santé chancelante de s'éloigner du Barreau dont les fatigues auraient rapidement dévoré son existence, se présenta pour remplir la mission que M. L .. père n'hésita pas à lui confier. Ce dernier paya la somme fixée par la Chancellerie comme représentant la valeur de l'Etude, fournit le cautionnement et attendit sans crainte l'échéance du terme fixé pour l'accomplissement de la rétrocession.

Cependant M⁰ X..., qui devait faire part au bailleur de fonds des bénéfices dont une moitié lui restait comme rémunération de ses travaux et de son concours, exploita sa position nouvelle avec un si remarquable bonheur qu'au bout de six années et dans les premiers jours de mil huit cent trente cinq, il mourait laissant une fortune de plus de *cinq cent mille francs*.

Il n'est pas besoin de dire que ces bénéfices fabuleux restèrent pour lui seul et que la part promise à M. L... ne fut jamais versée dans ses mains. Cependant l'époque où devait être souscrite la rétrocession approchait, et ce n'était pas sans émotion que l'on voyait arriver cette échéance fatale. Comptant encore sur de longs jours, et désireux d'ailleurs de ne pas laisser à sa famille les embarras d'une situation aussi incertaine, M. X... mit en jeu toutes les ressources, toutes les habiletés et toutes les ruses de sa vive et féconde intelligence, pour amener la famille L... à renoncer à ses droits. Les moyens employés ne furent pas honnêtes, mais ils furent suivis d'un succès inattendu, quoique acheté au prix de récriminations blessantes et des outrages les plus cruels. Le propriétaire réel de l'office sacrifia tous ses droits, moyennant le paiement d'une somme de *quarante-cinq mille francs*, qui fut déclarée en représenter la valeur. Quelques mois après ce traité odieux contre lequel n'ont cessé de protester les messieurs L... spoliés d'une façon indigne, M. X... décédait à la survivance de sa veuve et de plusieurs enfants en bas âge.

La cession de l'office devenue de la sorte sa propriété incommutable était une nécessité que s'empressa de subir le conseil de famille par une délibération qui conféra à la veuve le pouvoir d'en opérer la transmission.

Madame veuve X... est une femme habile, expérimentée en affaires, que son mari avait initiée à tous ses secrets, ainsi qu'il le dit lui-même dans son testament, et qui avait suivi avec anxiété tous les incidents si tristes et si orageux du traité conclu avec la famille L... Il fallait éviter de réveiller les ressentiments et les protestations de cette famille et pour cela entourer d'un mystère profond les conditions de la cession de l'office qui allait intervenir.

On a prétendu que divers compétiteurs s'étaient présentés et que même l'un d'entre eux avait offert un prix supérieur à celui qu'accepta Me D... Cette allégation n'est pas exacte. L'exposant a toujours été convaincu (et sa conviction n'a pas changé) que ces enchères mystérieuses étaient un mensonge destiné à élever à un chiffre exorbitant un office qui venait d'être acquis moyennant une somme de quarante-cinq mille francs.

Quoi qu'il en soit, Me D...fut entraîné jusqu'à une offre de *cent-treize mille francs*, qui fut acceptée par madame X..., dont les craintes se révèlent par l'exigence d'un paiement intégral et immédiat. Cette condition fut remplie : le jeune candidat avait été second ou troisième clerc de l'officier public dont il recueillait l'héritage ; la fortune rapide conquise par son prédécesseur avait dû le rendre moins difficile sur la rigueur des clauses imposées. On a dit qu'il devait avoir une connaissance exacte de la valeur de cette Etude et de l'avenir qu'il était en droit d'en attendre. Cette supposition témoigne d'une ignorance bien profonde du caractère et des habitudes de Me X... Ceux qui l'ont connu savent de quel voile étaient entourées toutes ses opérations et combien étaient impénétrables les mystères de son Etude. Ce que Me D... peut hardiment affirmer, c'est que cette fortune colossale réalisée dans le cours de son rapide passage au notariat, provenait d'une autre source que celle de l'exercice loyal et rigide de sa profession : ses yeux n'ont été dessillés que trop tard.

Les clauses principales du traité ayant été arrêtées irrévocablement, on s'occupa de sa rédaction et dans un premier acte la convention relative au prix fut écrite sans détour, ni mensonge. C'était le frère du défunt, notaire lui-même à Muret, qui présidait à toutes ces choses, et à côté de lui se trouvait M. V... imprimeur, expérimenté et habile, ainsi que divers membres du conseil de famille occupant au Barreau des positions considérables. Toute surprise, en supposant qu'une pensée coupable fût entrée dans l'esprit du cessionnaire, était impossible. A cette époque, du reste, personne ne prévoyait cette sévère jurisprudence, qui plus tard a frappé avec tant de rigueur les contre-lettres en matière de cession d'office. De la part de Me D..., il n'y avait donc pas, il ne pouvait pas y avoir de combinaison frauduleuse ou déloyale.

Toutefois une contre-lettre est intervenue et le traité soumis à M. le Garde des Sceaux ne mentionne que la somme de *soixante mille francs* : *cinquante-trois mille francs* ont été dissimulés.

Quelle a été la cause de cette dissimulation? Qui l'a sollicitée et obtenue? Pourquoi y a-t-on eu recours? C'est ce que nous essaierons de rechercher plus tard, mais dès à présent, on peut affirmer sans crainte que l'exposant n'y avait aucun intérêt, ne l'a pas imposée et que son tort unique est d'avoir cédé aux pressantes sollicitations de la famille X...

Inutile de raconter ici les persécutions diverses qu'il a eu à subir de la part du chef de cette famille, les embarras et les difficultés contre lesquels il a eu à se débattre pour retenir une clientèle que, par des calomnies, on s'efforçait de lui enlever et enfin les procès injustes en responsabilité qu'il a eu à soutenir et qui ont été le seul témoignage de gratitude que lui aient exprimé la veuve et les enfants de son prédécesseur.

C'est sous le coup du ressentiment légitime que tant d'injustices avaient fait naître dans son cœur, qu'il a voulu se prévaloir à son tour des droits qui résultaient pour lui de la contre-lettre de 1835 ; facilement, il aurait pu échapper aux poursuites dont il a été l'objet en cédant son Etude avant l'introduction du procès. La prescription n'était pas imminente et la situation de fortune de ses Adversaires était trop bien établie pour qu'il y eût péril en la demeure ; sa résolution bien arrêtée d'ailleurs depuis longtemps de sortir de la carrière du Notariat, où il n'avait rencontré que des mécomptes et des tourments, n'était un mystère pour personne ; mais il a cru de sa dignité de ne pas recourir à cette ruse misérable, qui eût été un aveu implicite de la déloyauté de son action. Dans sa conviction, il n'y avait ni honte, ni improbité à se prévaloir d'un droit dont la loi lui défendait impérieusement de faire le sacrifice ; il a donc dû garder son titre.

Mais à peine avait-il triomphé devant le Tribunal que le Ministère public s'armait de toutes ses rigueurs pour lui faire expier sa récente victoire et requérait inflexiblement la peine de la *destitution*.

Trois inculpations différentes étaient articulées.

La *première*, relative à la non constatation de l'identité d'une partie, qui avait pris un faux nom dans trois lettres de change authentiques dont le chiffre s'élevait à cinq ou six cent francs.

La *seconde*, concernant le concours volontaire par lui donné à la contre-lettre qui a servi de fondement à l'action dirigée contre la famille X...

La *troisième* enfin et la plus grave, l'exercice de cette action déclarée par le Ministère public un acte d'improbité qui fesait un devoir à la Justice d'arracher au notaire les fonctions dont, par ce fait seul, il s'était rendu indigne.

DISCUSSION.

Le Tribunal de première instance appelé à statuer sur cette triple incrimination a fait avec une netteté et une franchise remarquables la part de ces trois chefs de poursuite. Son jugement constate que le premier, sans gravité réelle, mériterait tout au plus la peine de la réprimande qui n'est pas prononcée parce qu'elle est absorbée par la condamnation plus grave motivée par le troisième chef. A l'égard du second, il déclare aussi que ni l'honneur de l'officier public, ni sa considération ne peuvent en souffrir, parce qu'aucune pensée de dol ne se cache sous la dissimulation commise, et qu'à raison de ce fait, ce serait la peine disciplinaire la plus légère qui seule aurait été encourue. C'est l'action en répétition de la somme portée dans la contre-lettre qui constitue seule, aux yeux des premiers juges, la faute lourde du notaire et qui appelle sur sa tête les sévérités de la Justice.

Ainsi la destitution n'est prononcée que pour cette cause. Les deux premiers griefs sont appréciés et irrévocablement jugés, car le Ministère public n'a pas, sous ce rapport, interjeté appel; il a bien fait un appel incident, mais il a eu le soin de le restreindre au chef du jugement qui refusait l'insertion dans les journaux, demandée par le réquisitoire. Il lui était donc interdit de sortir de ce cercle dans lequel il s'était renfermé lui-même et la Cour était forcée d'y demeurer aussi.

Cependant, et dans le but selon toute apparence d'échapper à la censure de la Cour Suprême, l'arrêt attaqué s'est attaché à confondre les trois inculpations, évitant avec un scrupule étrange de faire la part de chacune d'elles pour déduire de ce faisceau ainsi habilement formé, la peine de la destitution.

D... espère bien que ces habiletés de rédaction ne le priveront pas de son droit et que les pouvoirs de la Cour Suprême n'en éprouveront ni modification, ni entraves.

Le premier grief apprécié en lui-même, quel est-il? — On accuse D... d'avoir négligé l'accomplissement des formalités prescrites par la loi de ventôse pour la constatation de l'identité d'un individu qu'il ne connaissait pas et qui, prenant le nom de Bordes, a commis un faux par supposition de personne dans trois lettres de change authentiques, dont le total s'élève à six cent cinquante francs.

Certes, le fait en lui-même dégagé de toute pensée de dol, comme dans l'espèce actuelle, n'est guère de nature à appeler sur la tête de l'officier public qui s'en est rendu coupable les sévérités disciplinaires. Le Tribunal avait à juger, le jour où D... comparaissait devant lui pour cette cause, deux de ses collègues à qui était imputée la même imprudence, à raison du même individu, et contre lesquels il prononçait la simple peine de *l'avertissement*.

Des trois, l'exposant toutefois était le moins répréhensible, car, s'il n'avait pas fait constater l'identité du faussaire dont il concourut à procurer l'arrestation, c'est parce que cet homme s'était présenté dans son cabinet accompagné d'un membre honorable du Barreau, qui ayant plaidé pour la famille dont on usurpait le nom, était le bénéficiaire de l'obligation qui fut immédiatement souscrite. L'officier public pouvait-il supposer que l'avocat à qui avait été confiée la défense des intérêts de cet homme ne le connaissait point et qu'il était victime d'un piége tendu à sa loyauté? — S'il y a eu de sa part imprudence, il faut convenir qu'elle a été bien légère, et que le frapper pour ce motif serait une véritable iniquité.

Quant aux deux autres lettres de change dans lesquelles cet individu a figuré encore comme souscripteur, elles étaient la conséquence de la première, et le faux Bordes, depuis cette époque, ne pouvait être considéré dans l'Etude comme un client dont l'identité fût incertaine. D'ailleurs, dans ces deux circonstances qu'il faut confondre en une seule, puisque la seconde traite fut comprise dans la troisième, qui seule devait sortir à effet, le faussaire était accompagné de l'huissier Thil qui avait préparé l'emprunt, et par lequel furent payés les frais de l'acte.

Au fond, dès lors, cette inculpation est sans gravité aucune, et ce n'est pas sur ce futile fondement que repose la destitution prononcée.

Le second grief est relatif à la création même de la contre-lettre qui a donné naissance au procès civil.

On l'a déjà vu : le Tribunal appréciant avec une haute impartialité et une exacte justice ce second chef de la poursuite du Ministère public, n'a pas hésité à dire, qu'à ses yeux, la dissimulation commise dans l'acte originaire ne constituait qu'une faute légère qui trouverait une répression suffisante dans l'application de la peine disciplinaire la plus douce.

Etait-il possible d'apprécier ce fait d'une manière différente ?

Ce sont les infractions à la loyauté, à l'honneur, à la probité, qui soumettent l'officier public à cette juridiction exceptionnelle, organisée dans le but de maintenir dans toute leur pureté les règles et les traditions de délicatesse qui sont le plus bel apanage de la fonction dont il est revêtu.

Une intention coupable est donc d'une nécessité absolue pour rendre l'officier public passible de la peine.

Si, aujourd'hui, un candidat quelconque dissimulait à dessein le prix moyennant lequel une cession d'office a été souscrite en sa faveur, on conçoit qu'il pût devenir l'objet de poursuites rigoureuses et qu'un châtiment sévère lui fût infligé. La raison en est simple : tout le monde connaît aujourd'hui, et l'inflexibilité de la Jurisprudence sur la valeur des contre-lettres, et l'intervention active, pleine de sollicitude, de la Chancellerie sur la fixation du prix de l'Office qui ne devient obligatoire pour les parties contractantes qu'après avoir reçu la sanction de M. le Garde-des-Sceaux. Essayer, par la ruse ou le mensonge, de se dérober à cette haute et salutaire surveillance, ce serait agir de mauvaise foi et commettre sciemment, au début de sa carrière, une faute qui témoignerait tout au moins d'une moralité douteuse.

Mais, en 1835, lorsque D... a traité avec la famille X..., les principes n'étaient posés ni avec cette netteté, ni avec cette rigueur. La Jurisprudence n'avait pas éclairé de son flambeau la nature anormale de cette propriété des Offices que les titulaires s'efforçaient d'assimiler aux propriétés ordinaires, du moins en ce qui touche leur valeur et le prix moyennant lequel la transmission en était faite. Il est très vrai, qu'en 1817 et à une époque contemporaine de la promulgation de la loi de 1816, une circulaire du Garde-des-Sceaux avait posé les principes sanctionnés bien plus tard par la Jurisprudence ; mais cette instruction était tombée en désuétude, et personne, dans les temps qui ont suivi, ne supposait à l'État le droit d'intervenir dans la convention relative à la fixation du prix. Aussi, l'habitude des contre-lettres, si constamment

suivie dans les ventes d'immeubles, était généralement
adoptée dans les cessions d'Offices, et chacun était convaincu qu'entre les parties elles constituaient un lien sérieux et légal. C'est en 1839, et sous le ministère de
M. Teste, que la question fut reprise de nouveau et que
les vrais principes de la matière furent rappelés avec
une vigueur et une persévérance qui ont enfin triomphé
de toutes les résistances.

Mais, en 1835, les idées n'étaient pas les mêmes, et
c'était sans intention délictueuse et de bonne foi que l'on
suivait cette habitude fatale des contre-lettres, si justement proscrite aujourd'hui. Cela est si vrai, si peu contestable qu'il n'est pas un officier public, dans les contrées
méridionales surtout, dont le titre ou l'investiture remontant à cette date ne soit infecté de ce vice : dans le
procès actuel même, la preuve éclatante s'en est spontanément produite. On objectait à D..., *et c'est par le
Ministère public qu'était présentée cette argumentation*,
que le chiffre de cent treize mille francs fixé dans son
traité secret n'était que la représentation de la valeur de
son Etude, et, pour l'établir, on invoquait les cessions
contemporaines qui auraient été consenties à des prix
semblables à MM. Amat, Caze, Dupuy, Roques, Amilhau
et plusieurs autres nommés notaires comme lui, dans le
cours de la même année. Or, si l'on consulte les cessions
déposées au Ministère de la Justice, on y voit qu'aucun
de ces Offices n'a été transmis, du moins en apparence,
à un prix supérieur à celui de soixante mille francs,
porté dans l'acte de D.... Quelle est la conséquence
irrésistible de ce fait dont la vérité est au dessus de toute
controverse?

C'est qu'il n'est pas un seul notaire, à Toulouse notamment, qui ne fût passible de poursuites disciplinaires, si
la dissimulation ou la contre-lettre dont on veut se pré-

valoir vis-à-vis de D..., constituait une infraction aux lois de la probité et de l'honneur.

C'est qu'alors on serait devenu coupable, à son insu, sans avoir conscience de sa faute, ce qui éloignant toute pensée délictueuse rendrait l'application d'une peine impossible.

Savez-vous dans quel cas l'officier public aurait encouru les sévérités de la Justice?

C'est s'il avait tendu un piége à son cédant, si, lisant dans l'avenir la Jurisprudence qui devait venir à son aide, il avait poussé à la contre-lettre dans un but de spéculation odieuse et bien résolu d'avance de rendre féconde la condescendance ou la faiblesse du propriétaire du titre; mais ici, l'on n'a même pas essayé de faire peser l'apparence du soupçon sur la tête de D.... On le sait, une telle combinaison eût été irréalisable, grâce aux protecteurs et aux conseils éclairés qui dirigeaient la tutrice dans la conclusion de cette affaire importante. En outre, aucun précédent judiciaire ne pouvait éveiller la sollicitude de ceux-ci, ni exciter les cupides calculs de celui-là. On agissait donc sans arrière-pensée, et de la part du cessionnaire qui subissait des exigences manifestement injustes, il y avait franchise et abandon absolu.

Cela est si vrai que, si une contre-lettre existe, ce n'est pas lui qui l'a demandée, car il n'avait aucun intérêt à l'obtenir.

De quelle utilité pouvait-elle être pour lui?

Son dessein, à coup sûr, n'était pas de méconnaître les prérogatives de la Chancellerie ou de tromper sa vigilance.

Ces prérogatives, il ne croyait pas les enfreindre, car les agents de l'autorité s'en montraient peu jaloux à cette époque, et c'était avec une assurance, qui prenait sa source dans la conviction de l'innocence parfaite de l'acte, que les signatures étaient apposées sur ces sortes de contrats.

La vigilance de l'Autorité n'était pas non plus mise en défaut, car, d'un côté, on ne mettait aucun mystère dans ces dissimulations dont le caractère illicite n'était pas encore bien compris; et de l'autre, l'argument principal dont s'arme l'accusation, consiste à dire que l'Etude avait la valeur indiquée dans le traité secret, et que, par suite, l'Autorité supérieure ne lui aurait pas refusé sa sanction.

Dès lors, la contre-lettre pour lui n'avait ni utilité, ni importance, d'où il faut conclure, que si elle est intervenue, ce n'est point sur sa réclamation.

Aurait-il voulu, comme on a essayé de le prétendre, amoindrir de cette façon les droits d'enregistrement dont le traité allait être passible? — Cette dernière ressource manque à l'Accusation. La loi de 1832, alors en pleine vigueur, déclarait que, sans tenir compte du prix, ces droits consisteraient dans le dixième du cautionnement de la charge cédée : le doute, sous ce rapport, n'était pas possible, en présence du texte législatif. Cependant, sur les insistances ou par les menées de personnes dont la main est facile à reconnaître, à l'occasion du procès civil, le receveur du bureau de Toulouse a voulu percevoir, au mépris de ces dispositions formelles, un droit proportionnel. Sans recours aux Tribunaux et sur la simple pétition adressée à la Direction Générale, la restitution a été ordonnée.

D... donc, sans intérêt aucun, n'a pu ni dû imposer la contre-lettre qui a été la source de si affligeants débats.

Et toutefois, cette contre-lettre existe. — Qui donc l'a impérieusement exigée?

L'exposé qui précède l'a déjà fait pressentir : c'est la famille X.... Elle se trouvait en présence des MM. L... dont les colères étaient loin d'être apaisées. Leurs regards étaient fixés avec une attention facile à compren-

dre sur cette Etude dont les avaient dépouillés d'astu-
cieuses manœuvres, et ils attendaient la cession qui allait
nécessairement avoir lieu pour faire éclater leurs plaintes
et en saisir les Tribunaux. Etranger à toutes ces intrigues,
à cette situation si inquiétante pour la veuve et les enfants, D… était à cet égard dans une ignorance profonde.
On le pria de consentir à ce que le prix tout entier ne figu-
rât point dans le traité ostensible, et il donna son adhésion
à cette clause dont le motif réel ne lui était pas connu,
présumant d'ailleurs qu'il n'avait à redouter aucune conséquence fâcheuse.

Mais, on le demande : quand il souscrivait ainsi aux
volontés de la veuve X…, commettait-il une action déloyale qui, *dix-neuf ans après*, pût devenir l'objet d'une
action disciplinaire?

Non, sans doute. — Et le Tribunal a eu raison de décider que pour ce fait, il y aurait rigueur à lui enlever même
la peine la plus légère.

La Cour, sous ce double rapport, a-t-elle pu enlever à
D… le bénéfice de l'appréciation des premiers Juges et
de la sentence intervenue?

La négative paraît certaine. — On l'a déjà vu, le
Ministère public n'a fait sur aucun des chefs appel du
jugement qui est demeuré de la sorte irrévocablement
acquis à l'inculpé. Ainsi, par exemple, l'arrêt n'aurait
pas eu le pouvoir, en écartant la troisième inculpation,
qui va faire l'objet d'un examen spécial, de déclarer qu'il
prononçait la destitution pour les deux premières causes.
Juger ainsi, en l'absence de tout appel de la part du
Ministère public, à qui seul appartiennent l'action et la
poursuite, c'eût été commettre un excès de pouvoir et
méconnaître le respect dû à la chose jugée. Le second
degré de juridiction ne peut toucher à la décision du premier juge, qu'autant qu'elle est déférée à sa censure

dans la forme légale et au nom du fonctionnaire à qui est confié le dépôt de l'action publique. Si celui-ci ne se plaint pas, il y a acquiescement et le juge supérieur qui dédaigne cet acquiescement ou refuse d'en tenir compte, pour se saisir lui-même d'une question ou d'un débat que le magistrat compétent ne porte pas devant lui, franchit de la façon la plus grave les bornes de ses attributions.

Tout était jugé, entre D... et M. le Procureur Général, relativement à la question de l'identité et de la contre-lettre. Il était écrit dans le jugement non attaqué par celui-ci que ces deux faits n'étaient passibles que d'une peine insignifiante qui n'était pas prononcée parce que le troisième fait allait entraîner une condamnation plus rigoureuse qui légalement devait l'absorber. Donc, on peut affirmer que, dans le jugement rendu, il est écrit que le simple *Avertissement* ou la *Réprimande* est la seule punition infligée pour cette double cause ; et sur ce point, la sentence conserve son autorité toute entière.

La démonstration de cette vérité légale se puise dans les faits du procès actuel lui-même. Le Tribunal avait refusé d'ordonner l'insertion du jugement dans les journaux, malgré les réquisitions formelles de M. le Procureur Impérial. La Cour aurait-elle pu prescrire cette insertion, comme elle l'a fait, si un appel direct et positif n'avait pas été relevé par le Ministère public ? — Personne n'oserait le prétendre : et telle a été la conviction de l'organe de l'Accusation qui n'a pas manqué pour atteindre ce résultat de faire modifier son appel. Telle a été aussi la pensée de la Cour qui, en ordonnant la publication demandée, a eu le soin de dire qu'elle procédait en vertu de l'appel incident interjeté sur ce point.

Ce qui est vrai pour ce chef de la poursuite, l'est également pour les deux précédemment discutés, et il faut répéter en conséquence que, malgré le vague que l'on remarque dans la rédaction de l'arrêt, malgré le soin avec lequel on a voulu confondre la triple inculpation, elles se distinguent nettement les unes des autres et que les premières ne sauraient constituer même l'un des éléments de la destitution prononcée.

Cette destitution n'a dès lors d'autre base que l'exercice de l'action dirigée par D... contre la famille X... pour obtenir la restitution de la partie du prix mentionné dans la contre-lettre.

Tout au moins, il est incontestable que ce fait est la cause principale de la condamnation et que s'il n'eût pas été considéré comme une infraction grave aux règles de la discipline, la poursuite n'eût même jamais été intentée.

Or, frapper un officier public pour avoir porté devant les Tribunaux une réclamation légitime et dont ils ont proclamé le fondement dans une sentence non attaquée par la partie condamnée, n'est-ce pas commettre un excès de pouvoir?

Telle est l'unique question à résoudre.

Le Tribunal et la Cour ont voulu justifier la rigueur de leur décision en se prévalant de la nature spéciale des attributions du juge disciplinaire, qui affranchi de toutes les règles, pénètre dans l'intimité de la conscience de l'officier public inculpé et le frappe inflexiblement si sa considération et son honneur ont reçu une atteinte sérieuse de l'acte dont on l'accuse.

D... n'a jamais contesté la vérité de ce principe qu'il ne faut pas exagérer toutefois, sous peine d'être conduit aux conséquences les plus singulières.

Mais, renfermant la question dans le cercle qui lui est tracé par l'Accusation elle-même, il a répondu que sans doute l'officier public serait répréhensible si, armé d'un

texte rigoureux du droit civil, il cherchait à se soustraire déloyalement à l'exécution d'une obligation naturelle qui enchaînait sa conscience quoique insusceptible de
constituer un lien légal.

Seulement il disait à ses juges que l'action disciplinaire
devait être frappée d'impuissance, lorsque l'engagement
dont l'annulation était poursuivie était illicite, contraire
à l'ordre public et incapable, par conséquent d'engendrer
un lien même purement moral.

Comment supposer, en effet, qu'il y ait déloyauté à
refuser l'exécution d'un semblable contrat quand la loi
vous interdit impérieusement de le ratifier et que la
transaction dont l'autorité est égale à la chose souverai-
nement jugée est impuissante à lui donner force et
valeur ?

Supposez, en effet, que les parties eussent l'une et
l'autre la résolution de valider ce que l'ordre public condamne et qu'elles vinssent devant les Tribunaux solliciter
d'un commun accord la sanction du traité intervenu,
quelle serait la réponse ? — D'office, et contre leur
volonté et leurs désirs parfaitement sincères, l'annulation
serait prononcée et on inhiberait au débiteur de remplir
ses obligations.

Or, en une pareille occurrence, est-il possible de dire
à ce débiteur qu'il commet une action indélicate et
déloyale parce qu'il obéit à la Loi et aux injonctions de
la Justice ?

En vérité, la raison, le bon sens s'insurgent contre
d'aussi étranges doctrines.

Il est manifeste que la Cour dans son arrêt ne s'est
pas rendu un compte exact des nullités d'ordre public.
Si on y avait suffisamment réfléchi, on aurait vu que les
vices de ce genre dans la convention n'atteignent pas
l'obligation civile, mais qu'ils empêchent même *l'obliga-*

tion naturelle d'exister. Il ne dépend pas du citoyen de se lier au mépris de cette prohibition que protégent des considérations qui se rattachent aux intérêts sociaux de l'ordre le plus élevé ; s'il tâche de franchir cette barrière insurmontable, ses efforts sont frappés d'une impuissance absolue : la Loi le déclare *incapable*. Il n'existe, comme on le fesait remarquer naguère, ni lien civil, ni lien moral.

C'est pour cette cause que les docteurs les plus renommés, pénétrant dans le *for intérieur* pour savoir si, en pareille conjoncture la conscience tout au moins n'est pas engagée, ont répondu négativement et rendu ainsi sa liberté entière à celui qui avait souscrit la promesse.

Cette vérité une fois reconnue, conçoit-on qu'une répression disciplinaire puisse être prononcée contre l'officier public qui invoque une nullité de ce genre ? — N'est-ce pas l'inviter, le contraindre à violer la Loi qui lui défendait non seulement de remplir, mais encore de ratifier l'engagement frappé dans son essence du vice le plus radical ? Et, dès ce moment, que devient la prohibition, si la crainte du danger que va courir celui qui l'invoque met sur ses lèvres un sceau qu'il ne pourrait plus rompre, sans s'exposer à perdre à la fois et sa fortune et son honneur ? L'ordre public n'aura-t-il pas à souffrir de cette situation douloureuse faite à celui que l'on semblait protéger ?

D'autre part, il y a en vérité une dérision cruelle à dire à un homme d'intenter son action, à lui défendre d'y renoncer et en même temps à le punir pour avoir obéi, en le châtiant par une destitution ruineuse du triomphe qu'il a obtenu.

De telles anomalies ne sauraient exister dans nos Lois : évidemment la Cour s'est laissée entraîner, par un sentiment d'indignation irréfléchie, à une erreur déplorable.

La Cour de Cassation a proclamé à ce sujet les véritables principes de la matière dans la cause de *Laurent Rabier*. L'éloquent réquisitoire de M. le Procureur-Général DUPIN avait fait ressortir déjà ces axiomes de droit avec une logique et une vigueur saisissantes. L'arrêt qui les sanctionne les a mis en lumière à son tour de façon à prémunir les Tribunaux contre de pareils entraînements.

Disons-le donc avec assurance : — Il n'y a pas faute disciplinaire à exercer devant la Justice du Pays une action en nullité, lorsque cette nullité est d'ordre public et ne peut être couverte ni par l'exécution, ni par la transaction, ni par aucun moyen légal.

Si cette proposition est vraie, la conséquence est irrésistible. D... ne pouvait pas être condamné.

La nullité qui frappe les contre-lettres, en matière de cession d'Offices, est en effet d'ordre public. La jurisprudence a consacré ce point de droit par des décisions trop multipliées et trop uniformes pour qu'une controverse quelconque soit possible et une démonstration nécessaire.

M. Delangle a développé cette proposition dans l'affaire de Me Legrip avec un éclat de langage et une puissance de logique qui ont fixé irrévocablement les principes à cet égard. Son réquisitoire est rapporté dans la *Jurisprudence du Notariat* par *Roland de Villargues*, tom. 14, page 579.

Et alors, l'obligé, par un acte de cette nature, n'est tenu ni légalement ni moralement à son exécution, et, par suite, la juridiction disciplinaire ne saurait l'atteindre pour en avoir demandé la nullité aux Tribunaux qui l'ont accueillie.

Donc l'arrêt de la Cour Impériale de Toulouse n'échappe pas à la censure de la Cour Suprême.

On a vaguement parlé des antécédents de M⁰ D...

Cet officier public devait-il s'attendre à ces incriminations d'autant plus cruelles, qu'en l'absence de toute précision, elles deviennent insaisissables.

Peut-on lui reprocher d'avoir créé par des moyens déloyaux une fortune scandaleuse durant son passage au notariat? — L'injustice de ses ennemis les plus acharnés n'oserait pas articuler contre lui une aussi indigne accusation. Pauvre, il est entré dans cette carrière honorable, et pauvre, il est à la veille d'en sortir, car son successeur était présenté avant même le commencement des poursuites. Et cependant sa vie fut toujours régulière, retirée, économe, et aucun de ces défauts qui dévorent les fortunes les mieux assises ne lui est imputable. Ne faut-il pas en conclure que jamais il n'a oublié les principes d'une probité rigoureuse et que les exemples de son prédécesseur ont été répudiés par lui comme un héritage compromettant et périlleux.

Toutefois, il fut en 1847 l'objet de poursuites disciplinaires. Une masse de témoignages intéressés, hostiles, surexcités par l'espérance de bénéfices honteux, se rua sur lui pour l'écraser sous le poids des calomnies les plus indignes. Vingt-cinq ou trente chefs étaient articulés par l'Accusation. Au jour de l'audience, les explications pleines de franchise de l'inculpé firent ressortir le mensonge des accusateurs, et le Tribunal qui avait entendu les témoins, apprécié, d'après leur physionomie et leur attitude, le degré de confiance qui devait leur être accordé, prononça un jugement de relaxe.

Sur l'appel, cela est vrai, le même résultat ne fut pas obtenu. Trois faits parurent à la Cour assez graves pour mériter une répression disciplinaire. Il faut toujours s'incliner avec respect devant les décisions de la Justice. Mais D... a la certitude que si les Magistrats qui l'ont condamné avaient assisté à l'instruction orale, on n'aurait pas pu lui opposer ce précédent fâcheux. Ce qui lui permet de s'exprimer ainsi, c'est qu'un nouvel examen fait à la Chancellerie lui fut tout à fait favorable et qu'il obtint la remise complète de la suspension d'une année prononcée contre lui. On comprend aisément que, si son honorabilité, sa délicatesse, sa probité notariale ou privée eussent été sérieusement atteintes par les faits qui servirent de base à la condamnation, cette réintégration pure et simple dans l'exercice d'une profession qu'il aurait déshonorée ne lui aurait pas été accordée.

Du reste, la suite a prouvé combien étaient légitimes ses droits à une faveur aussi rare. Depuis le jour où il est rentré dans la carrière, c'est-à-dire depuis six ans, on n'a pas eu un seul reproche à lui faire, pas une seule plainte à formuler. Et pourtant des yeux pleins de vigilance et de mauvais vouloir étaient ouverts sur sa conduite, et si la haine ou la calomnie eussent pu saisir un fait équivoque, le Ministère public en aurait été informé promptement et ses rigueurs ne se seraient pas fait attendre.

D... est fondé, sans aucun doute, à se prévaloir de ses six années d'exercice irréprochable qui permettent de croire à la possibilité d'une erreur dans la sentence dont on se prévaut et attestent tout au moins un retour complet à ces principes de probité austère qui sont la première condition exigée pour l'exercice des fonctions notariales.

Ses antécédents n'ont dès lors rien de honteux et qui fasse un devoir de l'expulser ignominieusement de la corporation dont il est membre.

Si la malveillance et l'envie se sont attachées à sa poursuite, il a déconcerté la plupart de leurs calculs et s'est vengé, par une conduite que n'a pu ternir aucune incrimination, du mal qu'elles ont voulu lui faire.

S'il avait failli, il se serait noblement relevé de sa faute, et, loin d'avoir à redouter cet affligeant souvenir, il peut l'évoquer avec confiance pour prouver à la fois les hautes sympathies qui l'ont suivi dans ses malheurs, et l'énergie avec laquelle il est rentré dans la voie du devoir pour n'en plus sortir.

TRIBUNAL DE COMMERCE DE TOULOUSE.

(1862)

NOTE

POUR

LE SIEUR DE CORTADE

CRÉANCIER DE M. A. C...

EX AGENT DE CHANGE,

CONTRE

MADAME DE SAINT-NÉXANT.

La question qui se discute dans ce procès se rattache d'une manière intime, non pas aux faits qui ont servi de fondement à la condamnation dont fut frappé l'agent de change C..., mais à ceux qui dès l'abord motivèrent la poursuite. Il est donc nécessaire de jeter un coup d'œil rétrospectif sur la nature des rapports qui s'établirent entre ce jeune homme si confiant et si peu expérimenté dans les affaires, et le redoutable client que lui avait légué son prédécesseur. A Dieu ne plaise que notre dessein, à propos d'une discussion purement civile, soit de raviver les luttes ardentes, qui devant la Cour d'assises, ont éclaté entre ces deux hommes, et de rechercher quel fut des deux le plus coupable. Mais il est, pour l'exposant, d'une nécessité absolue de préciser l'origine et la nature de la créance dont Mme de Saint-Néxant s'arme contre lui, et dans cette mesure qu'il ne franchira pas, le droit de légitime défense l'autorise à interroger le passé, qui seul peut fournir à la Justice de précieuses lumières.

FAIT.

M. de Saint-Néxant, fils de notre partie adverse, était, malgré son âge et son expérience, tourmenté par la passion des jeux de Bourse que n'eurent la puissance d'apaiser, ni les mécomptes, ni les revers les plus persévérants. Son modeste patrimoine avait été dévoré déjà, lorsque ses liaisons avec C... prirent naissance. En recueillant dans la clientèle que lui transmit son prédécesseur, ce joueur intrépide, des recommandations lui furent faites pour qu'il se tînt en garde contre des entraînements et des séductions qui devaient lui devenir si funestes. Il l'avait noté dans ses souvenirs, et aussi toutes les fois qu'une opération lui était proposée, il demandait une garantie qui dans le langage de la Bourse est appelée *couverture*. Mais s'il faut en croire son récit, que justifient toutes les vraisemblances, les relations devinrent plus fréquentes et plus intimes : les invitations et les parties de plaisir se succédèrent avec une multiplicité étrange, et le séducteur acquérait insensiblement ainsi sur l'esprit du jeune homme un fatal ascendant.

Ses hésitations sur la nécessité d'une couverture n'étaient pas néanmoins vaincues, et pour en triompher, voici la combinaison qui aurait été mise en usage.

Mme de Saint-Néxant, la mère, possédait des actions industrielles d'une valeur assez considérable. Elle vivait avec son fils qui était le gérant naturel de cette petite fortune, et dont les intérêts se confondaient avec les siens. Il disait et proclamait très haut que ses simples désirs étaient une loi pour cette excellente mère, toute dévouée à son unique enfant, et que satisfaction serait en conséquence donnée à l'exigence, légitime d'ailleurs, de la garantie. Sous peu tout allait être régularisé.

C... raconte que le jour même où devait être rempli cet engagement, il lui fut donné le soir, par cet ami dangereux, un repas splendide où furent consommés les vins les plus généreux, et qui se prolongea jusqu'à minuit. Au sortir du festin, que l'on ne dénie point, il fut conduit dans la demeure de Mme de Saint-Néxant qui l'attendait pour opérer la remise de ses titres. Il n'avait jamais vu cette dame, et ce n'était pas à lui qu'appartenait, ni l'idée, ni la fixation de ce rendez-vous nocturne. M. de Saint-Néxant avait d'avance disposé toutes ces choses.

Quel aurait été alors son langage? — Ces titres étaient bien destinés à réaliser la couverture promise, mais sa mère était avancée en âge et il ne convenait pas de troubler son repos, par la crainte de voir compromise une fortune qui devait bientôt, du reste, lui appartenir. Pour l'amener à vider son portefeuille, il avait fallu lui faire entrevoir la possibilité de doubler son revenu, au moyen d'une opération que ses profonds calculs lui avaient fait deviner. Mais cette circonstance et les termes dont on allait se servir dans la déclaration, ne modifieraient en rien les conventions arrêtées. En dernière analyse, l'agent de change allait avoir sous sa main toutes les garanties réclamées.

Après les copieuses libations qui avaient précédé la

visite, il ne fut pas difficile d'obtenir de celui-ci un billet qui lui fut dicté, dont il accepta aveuglément la formule, sans apercevoir, ni même soupçonner le piége qui lui était tendu.

Ce billet est ainsi conçu :

« J'ai reçu de Mme de Saint-Néxant cent-cinq actions « du Crédit Mobilier, trente-cinq actions de la caisse « Mirès, dix Autrichiens non libérés, ensemble cent « cinquante titres que je mettrai en report, et avec le « montant réalisé desquels j'achèterai huit cents actions « du comptoir Bonnard. »

De la sorte devait se réaliser le merveilleux placement qui, au dire du fils, avait séduit la mère. On toucherait à la fois les dividendes des titres mis en report, et des Bonnard qui auraient été achetés avec les fonds provenant de l'emprunt. L'opération était séduisante, et devait être fructueuse. Seulement, un danger était caché sous cette enveloppe trompeuse. Si la baisse frappait simultanément ces deux valeurs, le capital pouvait être dévoré en quelques mois, et l'augmentation du revenu être payée bien chèrement. Mais enfin, rien n'était plus licite que cette opération, et il serait difficile de la faire tomber sous le coup des textes prohibitifs des jeux de Bourse.

Il fallait donc que les volontés de Mme de Saint-Néxant fussent accomplies, et trois lettres d'avis successives lui annoncèrent l'achat des huit cents Bonnard, et le prix moyennant lequel il avait été effectué.

Sous la date du 25 janvier 1858, M. C... lui écrivait dans les termes suivants :

« M. C..., agent de change, a l'honneur de présenter « ses civilités à Mme de Saint-Néxant, et de l'informer « qu'il a fait aujourd'hui même, à la Bourse, l'opération « suivante :

« Acheté 200 actions du comptoir Bonnard , à 150 fr.
« (cours moyen). »

Le 27 janvier , un second avis lui est adressé annonçant l'achat de 300 Bonnard au cours moyen de la
Bourse de Paris , 151 fr. 25. Et le 29 janvier une troisième lettre est écrite pour informer cette dame de
l'achat des derniers 300 Bonnard , au cours moyen
de 150 fr.

Ainsi était exécutée la commission mentionnée dans la
déclaration de M. C..., et le total de la dépense s'élevait
au chiffre de 121,000 fr.

L'adhésion de Mme de Saint-Néxant ne saurait être
déniée : car , non-seulement elle n'a jamais fait entendre
de protestation ni de plainte contre les achats dont elle
a été successivement instruite et la mise en report de
ses actions qui les avaient précédés , mais pendant
dix-huit mois consécutifs , elle a très exactement perçu
les dividendes de ses Bonnard et de ces mêmes actions.

C'est assurément la ratification la plus formelle et la
plus explicite qui puisse se rencontrer.

Mais dans le cours de cette même période , des dépréciations graves sont survenues , et ces dépréciations ont
été si considérables, que le capital de cette dame a été
plus que dévoré. Le déficit est de plus de cinquante
mille francs.

Pour s'en convaincre , il suffit de lire les cotes de la
Bourse, et rien n'est plus facile, au surplus, que d'expliquer cette regrettable catastrophe.

Mme de Saint-Néxant avait des Mobiliers et des Mirès
qui ont subi une réduction de plus de moitié. Ils repré-
sentaient à l'époque de la mise en report , un chiffre de
cent mille francs et aujourd'hui ils sont réduits à
soixante mille environ. Ce n'est donc plus que cette dernière somme qui constitue son actif. Or , d'un autre côté,

sa dette est connue : elle est représentée par la somme consacrée à l'achat des Bonnard, c'est-à-dire par 121,000 fr. Pour couvrir cette obligation, quelles sont ses ressources? — Les Bonnard eux-mêmes, qui ne valent pas quarante mille francs, plus les soixante mille francs de ses titres mis en report, et comme on vient de le voir, ces deux sommes réunies ne suffisent pas pour balancer son passif.

C'est la conséquence forcée de la situation que volontairement elle avait prise! — De même qu'une double hausse simultanée aurait amené un double bénéfice, de même une baisse se présentant dans une condition identique doit amener une double perte. — Les gros revenus qui ont été touchés par elle avaient sans doute un attrait puissant, mais la médaille avait son revers dont il fallait bien tenir compte.

Quelle est toutefois aujourd'hui la prétention de cette dame ? — C'est de demander compte à la faillite, ensemble ou séparément, soit de ses Mirès et de ses Mobiliers, soit de ses Bonnard, et de prétendre qu'à raison des uns et des autres, elle est sa créancière privilégiée pour fait de charge.

Cette prétention est-elle fondée? — Tel est le problème à résoudre.

DISCUSSION.

§ I.

Madame de Saint-Néxant a-t-elle, en fait, sollicité l'opé-ration qui a amené la perte de ses titres dévorés par la baisse désastreuse dont ils ont été frappés succes-sivement, et peut-elle en décliner la responsabilité morale?

Sur ce premier point, la lutte n'est pas à craindre. On comprend la possibilité d'un débat quand il s'agit de rechercher si elle a bien voulu donner ses valeurs en couverture pour ouvrir à son fils, dont les passions étaient si impétueuses, la salle de jeu qui lui était interdite; mais il n'est pas possible qu'une dénégation soit même tentée à l'endroit de la mise en report des Mobiliers et des Mirès et de l'achat des Bonnard. La déclaration même dont on s'arme contre C... est une justification péremptoire de cette vérité. L'opération y est ramenée avec tous ses détails, et en échangeant ses valeurs contre ce récépissé, la dame de Saint-Néxant en a accepté toutes les clauses.

Il y a plus: l'exécution lui a été dénoncée, et elle n'a rien dit. Le prix des trois achats successifs qui ont été opérés pour atteindre le nombre convenu des Bonnard a été l'objet de trois communications spéciales et dis-tinctes. Son silence n'est-il pas la plus formelle des sanc-tions. Elle sait bien maintenant ce que les Bonnard lui coûtent; et le droit de les conserver ou de les vendre réside exclusivement sur sa tête. A elle, avec son expé-rience, et l'expérience de son fils, d'en suivre le cours afin de prendre les résolutions qui lui paraîtront les plus opportunes ou les plus sages. Nul n'a le droit d'en disposer contre son gré, et tous les avantages comme toutes les pertes qui en découleront seront exclusivement pour elle. Il ne lui était pas possible de s'y méprendre, alors même que ses habitudes de Bourse ne lui auraient pas fourni des lumières suffisantes. Mais on peut affirmer qu'il ne s'est pas écoulé un jour sans que son œil ait suivi avec sollicitude les oscillations de ces titres divers.

Comment, au surplus, alléguer son ignorance ou son improbation, alors que très exactement les dividendes ont été versés dans ses mains. Si un retard quelconque se produisait chez l'agent de change, oublieux quelquefois de ces détails, une réclamation énergique ne se faisait pas attendre, et satisfaction immédiate lui était donnée.

Donc, l'opération a été bien commandée par elle, et son exécution a obtenu son assentiment explicite.

§ II.

Est-ce à l'agent de change qu'il est possible d'attribuer les pertes qui en ont été la conséquence ?

Où serait donc sa faute ? — L'accuserait-on d'avoir concouru lui-même à la baisse ruineuse qui s'est produite, ou d'en avoir été la cause soit directe soit indirecte ? — Ce ne serait pas sérieux !

Serait-il allégué que son devoir était de revendre les titres dont la dépréciation continuelle aurait dû avertir sa prudence, et que pour ne l'avoir pas fait, sa responsabilité se trouve engagée ou compromise ?

L'objection ne serait pas plus acceptable. — Effectivement il ne dépendait pas de lui de disposer de titres qui appartenaient à un autre. Si un ordre eût été donné, et que cet ordre fût resté inaccompli, sans doute l'action en garantie serait ouverte. Mais on est contraint d'avouer que cette mesure n'a été prescrite ni par la mère ni par le fils, et dès lors, l'agent de change ne peut encourir ni blâme ni reproche pour n'avoir pas fait un acte qui lui était défendu, et dont l'accomplissement eût été une atteinte grave portée au droit de propriété du titulaire.

Sur ce terrain donc le débat n'est pas à redouter.

§ III.

Mais l'opération commandée par Mme de Saint-Néxant était-elle un jeu prohibé, et lui appartient-il, à l'exemple de son fils, de s'abriter loyalement sous la protection des lois qui en prononcent la nullité ?

Cette exception qui a valu un si *honorable triomphe* à l'homme dont les tristes calculs ont immolé le jeune imprudent dont le principal tort fut, s'il faut l'en croire, d'ajouter foi à de perfides promesses, ne saurait être invoquée ici avec l'espoir d'un égal succès.

En quoi consiste effectivement cette opération ?

En premier lieu, dans la mise en report de titres parfaitement liquides, pour obtenir des sommes dont l'emploi a été d'avance déterminé.

Or, l'emprunt sur gage n'est pas un jeu, et le report lui-même n'a point ce caractère, à moins qu'il ne se produise dans des circonstances exceptionnelles et signalées par la Jurisprudence. Il n'a été condamné à ce titre que lorsqu'il se rattache à un marché à terme dont il proroge la durée, et que, par ses relations intimes avec ce marché suspect qui dissimule un pari, il vient en aide à la Justice pour saisir la vérité qui se cache sous cette écorce trompeuse. Mais dans l'hypothèse présente, il ne s'agit point d'un traité de cette nature. C'est un emprunt pur et simple qui a été réalisé, et son unique but a été de procurer à l'emprunteur l'argent qui lui était nécessaire. Donc, toute suspicion à cet égard doit être écartée, et le contrat maintenu.

L'achat des Bonnard, à son tour, est plus manifestement exempt de cette espèce de vice. C'est un marché ferme qui a été conclu, et l'acheteur n'a jamais songé à revendre. Il n'y avait donc point de pari engagé, et ce n'était pas un règlement de différence qui devait intervenir plus tard. Sous aucun prétexte donc l'opération ne peut être incriminée, et si Mme de Saint-Néxant, fidèle aux traditions de famille, avait recours à ce moyen que la conscience et l'honnêteté publique réprouvent de concert, il ne lui serait pas donné d'en recueillir le fruit.

§ IV.

Mais en fait, sera-t-il objecté, les Mirès et les Mobiliers n'ont pas été mis en report, et les Bonnard n'ont pas été achetés par l'agent de change qui avait reçu cette double mission ! Tout cela ne serait que mensonge d'après les dires des Adversaires, et les écritures aussi bien que la correspondance de C... ne constateraient qu'une opération fictive, dont la Cliente ne saurait être tenue d'accepter le fardeau !

Ici le système se dessine avec plus de netteté, et il convient de le soumettre à un examen plus approfondi.

On affirme donc que ni l'opération des Mirès, ni celle des Bonnard n'a été faite, et de cette circonstance on veut déduire qu'aucune obligation légitime ne peut en sortir pour personne.

Devant la Cour d'Assises, cette imputation était adressée aussi à C... par le Ministère public, et il importe de rappeler que cet infortuné ne cessa de protester contre son injustice. Il est digne de remarque que sur ce point le Jury, par ses réponses négatives, sembla préférer sa version à celle dont ses accusateurs, M. et Mme de Saint-Néxant, s'étaient constitués les éditeurs responsables.

Ce qu'affirmait alors C..., n'est pas sans vraisemblance. La plaidoirie fera ressortir les présomptions toutes puissantes qui militent en faveur de la sincérité de son langage. Mais en Droit, de quelle importance peut être la question de savoir si matériellement le report et l'achat dont s'agit, ont été effectués. Ne suffit-il donc pas que pour Mme de Saint-Néxant l'opération légalement subsiste avec tous les avantages et tous les inconvénients dont elle pouvait devenir la source?

Or, sur ce terrain la discussion est-elle possible?

Mme de Saint-Néxant a donné les ordres, et par là son consentement à l'opération doit être reconnu, comme il a été démontré plus haut. Pour elle, ils ont été exécutés, car l'avis de l'achat des Bonnard lui est parvenu à trois reprises différentes, et cet achat ne pouvait être accompli qu'au moyen du report des Mobiliers et des Mirès qui avaient procuré les fonds nécessaires. Donc avec les déclarations et les lettres réunies dans son portefeuille, et qu'elle n'a cessé d'avoir sous la main, le droit incontestable lui appartenait et lui appartient encore de demander compte de ces valeurs ou d'en exiger la remise. Seulement cette exigence ne peut se produire qu'à la condition d'envoyer les 121,000 francs, empruntés pour retirer les Mirès qui en étaient le gage. Dans le cas où cette somme ne serait pas versée par elle, il faut qu'elle se détermine à les vendre ou à vendre les Bonnard pour libérer celles de ces actions diverses, que son dessein serait de retenir. C'est la loi nécessaire de la situation qu'elle s'est donnée.

Si, au lieu de subir la dépréciation énorme qui avait frappé ses titres, la hausse les eût au contraire favorisés, son droit n'eût pas été douteux. L'agent de change aurait bien été assujetti à lui en faire la délivrance en nature, ou à verser dans ses mains une somme en numéraire égale à leur valeur, suivant le cours de la Bourse au jour où la restitution serait demandée. C... aurait eu beau dire qu'il n'avait pas acheté; que les fonds avaient été consacrés à un emploi tout autre, ou qu'il avait perdu le souvenir de la commission qui lui avait été transmise. Ces vaines excuses auraient été dédaigneusement repoussées, et en présence du mandat accepté, rapproché de ses lettres, toute tentative de résistance eût été impossible. L'opération omise eût été pour son compte, et les différences amenées par la hausse auraient été à sa charge exclusive. La vérité de cette proposition ne sera pas à coup sûr déniée par ses Adversaires, qui l'auraient largement exploitée si les fluctuations de la Bourse avaient amené ce résultat.

Mais réciproquement, si c'est la baisse qui a fait subir aux Mirès, aux Mobiliers et aux Bonnard une diminution énorme, qui doit en accepter les conséquences? N'est-ce pas celui qui aurait emboursé les bénéfices dans l'hypothèse inverse? Quel serait l'étrange et léonin contrat dont Mme de Saint-Néxant voudrait faire sanctionner la légalité prétendue au profit de ses combinaisons actuelles? Ici, la chose est certaine, il ne s'agit pas de jeu, mais cependant toutes les valeurs cotées à la Bourse sont sujettes à des variations diverses, qui leur impriment un caractère aléatoire. Or, la mère de M. de Saint-Néxant aurait, au moyen de son système, le déloyal avantage de gagner si la hausse se déclare, et de ne point perdre si la baisse vient au contraire déprécier ses titres. La monstruosité de cette prétention inouïe ne suffit-elle pas pour en faire justice ?

Le prétexte dont on cherche à couvrir cette énormité, on l'emprunte, comme on l'a vu, à ce fait que l'opération n'aurait pas été matériellement accomplie. Mais qu'importe cette circonstance, si elle n'a pas mis obstacle à ce que les bénéfices de la convention soient nés à son profit, et si malgré le non achat et le non report, le droit d'en poursuivre les effets légaux était ouvert pour elle? Or ce droit, qui était incontestablement dans sa main, n'a pu naître qu'à la condition d'appeler en même temps à la vie l'obligation d'accepter les pertes, qui, elles aussi, étaient en germe, contenues dans le même agissement. L'un ne peut pas exister sans l'autre. Il y a entre eux une corrélation si étroite, si intime et si substantielle, que le second doit être reconnu par cela seul que la réalité du premier ne peut pas être mise en doute.

En semblable conjoncture, quel est tout simplement le problème légal qui se pose?

Par négligence ou par calcul, l'agent de change n'a pas acheté au jour fixé par le client les valeurs qui lui ont été indiquées? C'est de sa part une omission involontaire, ou bien il veut garder pour lui les chances de l'opération. En cela, fait-il un acte nul, dont le caractère singulier sera de produire contre lui l'éventualité de pertes plus ou moins considérables, sans que jamais il puisse, malgré le péril auquel il s'expose, en revendiquer ou en retenir les bénéfices?

Cette conséquence serait d'une iniquité profonde, et nulle part la Loi ne la consacre.

Quoi donc ! un agent de change reçoit un mandat d'acheter ou de vendre à telle Bourse déterminée, des valeurs d'une nature spéciale. Il néglige de le faire; il devient à l'égard du commettant débiteur de ces titres ou de leur prix au taux de la Bourse indiquée. L'opération est désormais pour son compte. S'il s'agit de vendre et que la baisse soit survenue, cette baisse, il est tenu de la subir, et dans le cas où le fait contraire se sera produit, si la hausse a eu lieu, il lui serait interdit d'en recueillir les avantages ; la raison et l'équité protestent contre cette doctrine, dont la rigueur ne fera jamais fortune devant les tribunaux.

Pour le client, l'achat ou la vente sont censés accomplis à compter du jour fixé par lui-même. Matériellement ils n'existent pas, cela est certain. Mais le contrat n'en est pas moins conclu avec l'agent de change, qui en accepte l'entière responsabilité.

C'est ce qui dans un procès fameux fesait dire au Syndic des agents de change de Paris, qu'à ses yeux rien n'était plus légitime que de garder le bénéfice en semblable hypothèse, par cette raison péremptoire que le fardeau de la perte ne peut être décliné.

Et à l'appui de son appréciation, il rapportait qu'ayant reçu mission de vendre des rentes 3 p. % pour le Trésor à un jour fixe, et l'ayant négligé, il se soumit, sans se plaindre, à faire compte de leur valeur au taux de ce même jour, quoique la baisse du lendemain ne lui eût pas permis de faire la vente à des conditions aussi avantageuses. Il ajoutait, avec l'autorité des précédents et une haute raison, qu'il aurait considéré comme l'exercice d'un droit et non pas comme un acte répréhensible, la retenue de la différence que la hausse aurait pu amener.

Nul ne protesta devant la Cour d'assises contre cette proposition dont la vérité est saisissante.

En sera-t-il différemment si l'agent de change, au lieu de se trouver dans cette situation par suite d'un oubli, s'y est volontairement placé par calcul, et a voulu réaliser l'opération pour son propre compte, et prendre à ses risques personnels les chances de gain ou de perte ?

Pour quelle cause le principe si rationnel, qui vient d'être formulé, cesserait-il ici d'être applicable ?

Le client en éprouve-t-il un dommage ? — Au cas de l'affirmative on comprendrait le motif d'une doctrine contraire. Il ne conviendrait pas effectivement que pour favoriser les spéculations de l'agent de change, les intérêts du commettant pussent être compromis. Mais si sa situation est rigoureusement la même ; si les éventualités de l'opération n'éprouvent de modification d'aucun genre ; si, en un mot, il est sans importance aucune que les achats soient réalisés à jour fixe ou renvoyés à une époque plus ou moins éloignée, il n'y a pas de raison sérieuse pour écarter le principe.

Or, était-il bien essentiel pour Mme de Saint-Néxant, que les Bonnard fussent réellement achetés au jour où lui parvenaient les avis indiquant la cote de la Bourse, et l'acquisition elle-même ? Non assurément, elle avait dans son portefeuille les déclarations de son mandataire officiel, et pour elle, cette acquisition était un fait irrévocablement accompli. C... aurait pu n'acheter que deux mois, quatre mois, six mois plus tard, que ses droits n'avaient à en éprouver ni contre-coup ni dommage. Elle était toujours créancière de ses Bonnard au taux fixé dans les lettres reçues, et ce taux ne pouvait ni grossir ni baisser par l'effet des lenteurs ou des spécu-lations de son agent de change. Ces lenteurs ou ces spécu-lations étaient exclusivement aux périls et risques de celui-ci. La question ne serait pas douteuse, s'il ne s'agis-sait que d'un simple ajournement.

L'est-elle davantage parce que l'achat n'aurait jamais été effectué ? — Oui ! — Si ce non-achat pouvant être assimilé à l'inexécution du contrat synallagmatique qui liait les parties, la résolution pour ce fait devait en être prononcée.

Non !—Si le défaut de délivrance trouve sa justification dans la conduite même de Mme de Saint-Néxant.

Que demandait-elle, ou plutôt que demandait en son nom le fils dont les menaces jetèrent dans l'âme de C..... un trouble si funeste ?

Il réclamait à la fois les Mirès, les Mobiliers et les Bonnard ! — Mais que devait-il remettre en échange ? — 121,000 fr. qui avaient été consacrés à l'achat de ceux-ci ! — C... était dès lors en droit de dire à ses deux implacables Adversaires : versez dans mes mains les fonds dont vous êtes débiteurs envers moi, et immédiatement la délivrance réclamée sera faite, mais il ne vous est pas permis d'exiger l'exécution de mon engagement sans accomplir le vôtre. Ainsi le veulent les principes qui régissent la matière des contrats synallagmatiques.

L'objection était sans réplique ! — Avec les 121,000 fr. que devait, pour prix de ses Bonnard, Mme de Saint-Néxant, l'agent de change avait immédiatement sous la main les titres revendiqués, et en outre il lui restait une somme importante.

Aussi refusa-t-on de se rendre, et on aima mieux recourir à la délation et à la contrainte morale. Ce n'est point, du reste, les faits' dont on s'occupe maintenant, qui ont provoqué la condamnation et la poursuite. L'une et l'autre ont eu pour base les chiffres que l'esprit égaré de C... fit jeter sur les livres pour échapper à l'action disciplinaire dont il se croyait menacé.

En effet, c'était le péril que lui avait fait encourir sa conduite ; mais au point de vue civil ses droits ne pouvaient en éprouver aucun dommage.

Donc, par ce fait, il n'a point autorisé la résolution du contrat dont ses Adversaires n'ont pu se délier envers lui.

Quel est le dernier argument à combattre ? — Celui
que l'on voudra puiser sans doute dans l'article 85 du
Code de commerce qui interdit à l'agent de change de
faire des opérations pour son compte. Cette interdiction
écrite dans la loi , nul ne la conteste : mais ce qu'il faut
rechercher , c'est le caractère de la sanction pénale destinée à en assurer l'observation rigoureuse.

Est-ce la nullité de l'opération elle-même qui en
dérive ? — C'eût été une exagération malheureuse , et
qui serait devenue la source des plus funestes abus.
Quand un contrat existe , quand une opération a été
faite , il importe avant tout qu'elle soit respectée. Il eût
été d'une immoralité profonde d'autoriser une partie qui
s'est engagée dans une entreprise aléatoire , à rompre son
engagement si la fortune lui est contraire , et à en imposer l'inflexible exécution si elle est favorable. Attendre
pour se prononcer que l'arrêt du sort soit définitivement
rendu , et retenir les chances de gain pour repousser
scandaleusement les chances de pertes , est une combinaison odieuse que réprouve la conscience publique. Le
législateur ne pouvait sanctionner une telle doctrine, et
c'était d'une autre façon que devait être réprimée l'infraction commise par les agents de change.

L'opération sera maintenue contre eux aussi bien
qu'en leur faveur , et seulement ils auront à rendre
compte de leur conduite devant la juridiction disciplinaire.

Ainsi , il sera satisfait à tous les intérêts , et la
morale n'aura pas à souffrir d'un calcul qui deviendrait
un scandale public.

Vainement, dès lors , on chercherait dans l'article 85
prémentionné , un mot qui permette de donner à cette
disposition législative l'interprétation conduisant à la
nullité du contrat.

La jurisprudence, en outre, ne laisse place à aucune incertitude.

La question a été plusieurs fois jugée, et toujours dans le même sens. On peut notamment interroger trois arrêts, deux de la Cour de cassation en date des 15 mars 1810, et 18 décembre 1828, rapportés par Sirey, tome 10-I-240, et tome 23-I-62. Le troisième émané de la Cour de Bruxelles ; il est sous la date du 24 octobre 1829, et recueilli dans le *Journal du Palais*, tome 22, p. 1479.

Telle est enfin la doctrine de Pardessus, n° 76.

Le point de droit est donc au-dessus de toute controverse.

De quoi se préoccuperait-on encore ? — De ce que C... n'avait pas, lors des lettres d'avis envoyées à Mme de Saint-Néxant les valeurs qu'il affirmait avoir achetées ? — Ceci ne serait pas une objection sérieuse. En règle générale, on peut vendre ce qu'on n'a pas, sauf à se le procurer à l'époque convenue pour en faire la délivrance. En matière civile, nul ne le conteste, et en matière commerciale, la pratique de tous les jours en est une démonstration matérielle plus irrésistible encore.

Quand il s'agit d'actions industrielles, serait-on dès lors admis à se prévaloir d'un fait de cette nature ?

Comme si à tout instant et à toute heure celui qui a vendu de telles valeurs ne pouvait pas se les procurer pour les remettre, et si à ce sujet il devait être assiégé par une préoccupation quelconque.

L'histoire a conservé le souvenir de la conversation de l'Empereur Napoléon Ier avec le syndic des agents de change, alors qu'on discutait au Corps Législatif l'article 422 du Code pénal.

Le grand homme ne pouvait pas comprendre qu'il fût licite de vendre des titres dont le vendeur n'était pas en possession au jour du contrat : « Sire, lui répondit son interlocuteur, considéreriez-vous comme une obligation téméraire l'engagement que prendrait un porteur d'eau d'en délivrer plusieurs centaines de litres à son acheteur, alors que ses tonneaux se trouvent complétement vides? — Non assurément, car la Seine qui coule à nos pieds lui en fournira le facile moyen ! — Eh bien, s'écria le syndic, la Bourse est une rivière où coulent incessamment, par milliers, des titres de toute sorte et pour les prendre il suffit de se baisser. »

Ainsi le vendeur, quoique son portefeuille soit vide, sera toujours en mesure de remplir sa promesse.

L'argument était sans réplique, et il convainquit l'interlocuteur couronné. — L'extension prodigieuse qu'ont reçue depuis les valeurs industrielles n'en a pas à coup sûr amoindri la puissance.

Donc ce dernier moyen doit être aussi écarté ; et le système de l'exposant, que l'équité protége et que légitiment les vrais principes du droit, obtiendra la sanction de la Justice.

Que l'on compare l'intérêt qu'inspire sa situation à toutes les consciences honnêtes, avec la répulsion qu'involontairement fait naître au fond du cœur la conduite de ses Adversaires !

Ici, c'est un créancier dont les titres sont exempts de toute souillure, et qui, victime d'un fait de charge, vient revendiquer le privilége insuffisant que la Loi, dans la sagesse de ses prévisions, lui assure.

Là, c'est un homme qui a pris au détriment des créanciers légitimes, dans la caisse de C..., un capital énorme pour l'acquit de ses dettes de jeu dont l'honneur lui fesait un devoir d'accepter le fardeau ; à côté de lui, mais indissolublement liée à ses actes et à son sort, on trouve sa mère qui, pour doubler son revenu, a perdu son capital, et qui, après cette perte accomplie par suite d'une opération malheureuse, en demande la restitution sur le modeste cautionnement de l'officier public, destiné à garantir des situations autrement intéressantes.

Au lieu de la baisse qui l'a frappée, supposez une hausse qui l'ait enrichie, et demandez-vous si elle fût venue verser dans la caisse de la faillite, épuisée pour son fils, le bénéfice réalisé.

Serait-il donc juste de l'autoriser à faire retomber sur des créanciers malheureux la responsabilité des chances qui ont trompé ses calculs, et dont elle n'aurait partagé les avantages avec personne?

Par cette simple précision, le procès est jugé !

COUR IMPÉRIALE DE PAU.

(CHAMBRE CIVILE).

PRÉSIDENCE DE M. DE ROMEUF, PREMIER PRÉSIDENT *.

CONCLUSIONS MOTIVÉES

POUR

Les consorts DEFFIS

CONTRE

LE SIEUR POMMARES.

Attendu que le dol et la fraude qui infectent le traité du 19 novembre 1855 (**) sont établis et par les clauses du titre lui-même, et par les circonstances au milieu desquelles il est intervenu, et par la nature des contre-valeurs que l'Adversaire a promises à Deffis en échange du capital énorme de 182,000 fr. qu'il avait préalablement

---

* Le siége du Ministère public était occupé par M. le premier avocat-général Lespinasse.

** TRAITÉ.

Entre Jean-Marc Pommarès, négociant, actuellement demeurant à Saint-Léon (Landes), d'une part, et Jean Deffis, rentier, demeurant à

encaissé en bonnes et solides valeurs ; que toutes les subtilités d'argumentation que l'on rencontre dans les conclusions signifiées au nom du sieur Pommarès ne sauraient
affaiblir la puissance des faits qui ont été ramenés avec
une précision et une netteté irrésistibles dans les motifs
donnés par les premiers Juges ; qu'attribuer à des passions locales qui n'auraient aucune raison d'être, la flétrissure des manœuvres au moyen desquelles un spéculateur aussi habile que résolu s'est emparé de l'entière
fortune d'un homme livré à sa discrétion par des souffrances qui fatiguaient son esprit et par les entraînements d'un caractère confiant et aveugle, est un triste
système dont le premier tort serait de contenir une
offense à la dignité des Magistrats du premier degré, et
duquel résulte d'autre part l'involontaire aveu de l'indignation qu'a excitée dans tous les cœurs la spoliation

---

Pau (Basses-Pyrénées), d'autre part, a été dit et convenu ce qui suit,
à savoir : M. Deffis donne quittance, par ces présentes, à M. Pommarès, de toutes sommes d'argent que celui-ci doit jusqu'à ce jour, sans
réserves ni restrictions aucunes, moyennant quoi et comme compensation de la quittance générale sus-nommée, M. Pommarès cède et trans-
fère à M. Deffis, premièrement : une somme de 146,750fr. sur le capital
de M. Pommarès dans la maison de commerce connue sous la raison
sociale de J.-M. Pommarès et Cⁱᵉ, établie à San-Francisco (Californie),
ainsi qu'il résulte de l'acte d'association passé entre Hargous (Louis-
Stanislas), de Mexico (Mexique), Bruguière (Louis-Gustave), de New-
York (Etats-Unis d'Amérique), et M. Pommarès ; secondement, une
somme de 25,000 fr. sur plus forte somme que doit à M. Pommarès
la maison de commerce connue sous la raison sociale de G. Guillaumin, établie à Mexico (Mexique). A l'égard de la créance de G. Guillaumin, M. Deffis jouira des bénéfices qu'elle donnera ou participera
aux pertes qui en découleront à partir du 1ᵉʳ septembre 1855, et ce,
au prorata de la somme qu'il y représente. Quant aux profits ou pertes qui se liquideront de J.-M. Pommarès et Cᵉ, M. Deffis participera
aux uns ou aux autres, selon le cas, dans la proportion qu'il y représente, soit de 146,750 fr. par rapport au capital de M. Pommarès,

odieuse dont on ne craint pas de demander la consécration à la Cour ;

Attendu, effectivement, que si l'on interroge les termes du traité, il est impossible de ne pas y voir les précautions prises par M. Pommarès pour écarter les investigations que sa prudence consommée redoute, non pas de la part de Jean-Marie Deffis dont la santé perdue, les forces défaillantes et la confiance aveugle éloignent à ce sujet toutes ses sollicitudes, mais de celle de ses ayants-droit, dont les préoccupations seront plus sérieuses et la curiosité plus inquiétante ; qu'aussi, par une clause expresse, il est interdit au cessionnaire immédiat, comme à ses représentants futurs, de s'immiscer dans les opérations relatives à la liquidation des affaires qui servent à payer le montant intégral des sommes dont le cédant est débiteur ; que le motif de cette interdiction étrange et dolosive n'est pas difficile à comprendre, et qu'elle permet de lire au

---

tel qu'il est désigné et stipulé dans l'acte précité de la Société intervenue entre M. Hargous, M. Bruguière et M. Pommarès. M. Deffis laisse, en tant que cela le concerne et l'intéresse, à M. Pommarès le soin exclusif de surveiller les deux affaires relatées plus haut, s'interdisant pour lui et ses ayants-droit, toute intervention avant leur liquidation finale. M. Pommarès s'engage à payer annuellement à M. Deffis une somme de 8,000 fr. à titre d'avances qui lui seront remboursées après la liquidation, et, au cas où les deux affaires en question se liquideraient en perte totale des sommes que M. Deffis y représente par suite des chances et hasards du commerce, M. Pommarès, en considération de l'amitié qui réunit les parties contractantes, s'oblige à recevoir M. Deffis chez lui et à lui donner, sa vie durant, la table et le logement, et ce, sans espoir d'aucune rétribution.

En foi de quoi fait double et signé à Pau, le 19 du mois de novembre 1855.

Approuvé l'écriture ci-dessus.

Signé : — J.-M. Pommarès ; — J. Deffis.

fond de la pensée de celui qui l'impose ; que s'il se fût agi de bonnes et sérieuses valeurs, Pommarès n'aurait pas inventé cette clause insolite que l'on rechercherait en vain dans les traités du même genre, et qui est un témoignage à la fois de son habileté et de ses alarmes ; qu'il est dérisoire d'alléguer que, par cette réserve, le cédant avait simplement voulu retenir dans ses mains la direction d'une double liquidation dont mieux que tout autre il connaissait les ressources et les mystères, et que son seul but avait été de veiller ainsi avec une efficacité plus grande à la conservation des intérêts communs ; que ce n'est pas en effet de la stipulation relative à cette direction que l'on signale la singularité, mais bien de l'interdiction de toute vérification et de toute surveillance, ce qui est bien autrement injustifiable ; que par cet excès de prudence, l'Adversaire a proclamé, malgré lui, l'inanité des valeurs qu'il allait transmettre en échange des capitaux qui étaient entrés dans sa caisse, et que placé entre le péril d'une vérification que la mort prochaine de Deffis devait rendre redoutable, et celui des soupçons qu'éveillerait sa prohibition dans toute conscience honnête, il a préféré cette seconde situation à la première, qui aurait pu trop rapidement déconcerter toutes ses espérances ; mais qu'un fait, constant aujourd'hui au procès, fait mieux ressortir encore sous ce point de vue la perfidie de la convention ; qu'il s'agissait si peu pour lui de garder en main la liquidation et la direction des deux entreprises, qu'il ne s'en est plus occupé, et qu'à compter de l'acte de novembre, il n'a fait ni un acte ni une démarche au profit de son cessionnaire, dont les intérêts ont été complétement sacrifiés, tandis que certaines diligences étaient faites par lui pour sauvegarder les siens.

Attendu que la dernière clause de l'acte ajoute une

preuve nouvelle à celles qui viennent d'être déduites ;
qu'en effet, on y lit qu'au cas où les deux affaires dont on
n'a point fait connaître la situation au malheureux dont
on veut confisquer la fortune, se liquideraient en perte
totale des sommes engagées, le sieur Pommarès, par
suite de *sa tendre amitié* pour le cessionnaire, le recevrait dans sa maison et lui donnerait la table et le logement sans rétribution aucune ; que l'Adversaire semble
aujourd'hui s'applaudir de cette promesse généreuse, et
veut surtout y voir la preuve que les chances périlleuses
de l'entreprise avaient été révélées, puisque Deffis avait
entrevu la possibilité d'une ruine entière, et avait pris ses
précautions contre la misère qui affligerait peut-être les
derniers jours de son existence ; que l'objection n'avait
pas été tentée jusqu'ici, et qu'au contraire, on paraissait
rougir de cette convention qui attestait si hautement
l'empire absolu de Pommarès sur sa victime, et l'habileté
de ses combinaisons ; que déjà cette pensée du logement
et de la nourriture qu'il serait tenu de fournir à son ami
si déplorablement abusé avait été émise dans une lettre
de Deffis, mais qu'elle était accompagnée de cette observation que c'était une raison de plus pour lui procurer
des placements solides, et non pour jeter sa fortune, si
lentement conquise, dans les faillites déjà accomplies ;

Que tout donc respire dans cet acte du 19 novembre
1855 le dol et la fraude, et que seul il suffirait pour faire
proscrire les prétentions de l'Adversaire, qui y a imprimé,
en obéissant à des nécessités impérieuses, le cachet de sa
personnalité ; que la rédaction lui en appartient exclusivement, qu'il est écrit en entier de sa main, et qu'il l'apporta tout préparé dans son porte feuille, après en avoir
soumis les stipulations diverses aux calculs approfondis
de son expérience et de ses desseins ;

Que le Tribunal, dès lors, n'était égaré ni par l'ardeur

des passions locales, ni par les violences prétendues de
la plaidoirie, lorsqu'il lui a infligé les qualifications sévères qui ne permettaient pas de lui faire grâce devant
la Justice;

Attendu que les circonstances qui l'entourent étaient
une démonstration nouvelle du vice dont il était infecté;
que M. Deffis, après une vie semée d'aventures et de
périls, était rentré dans sa patrie avec une fortune de
deux cent mille francs environ, qui devait être la
ressource de ses vieux jours, et lui procurer l'aisance
que réclamaient ses infirmités; que toute pensée d'entreprises nouvelles était éloignée de son esprit, et que la
sanglante lutte qu'à la dernière heure il avait été obligé
de soutenir contre une bande de brigands, dans les
solitudes du Mexique, était un enseignement qui à lui
seul l'en aurait détourné; qu'aussi, il réalisait son
avoir et le fesait rentrer en France, où son dessein
était de passer les derniers jours de sa vie; que
les offres les plus brillantes lui furent faites pour
le placer de nouveau à la tête d'une exploitation dont
une longue expérience lui avait révélé les avantages et
les secrets, et que fesant un retour sur son âge, sur
ses infirmités, et sur le repos dont une vie trop longtemps agitée lui fesait ressentir le besoin, il repoussa
ces offres séduisantes; que dans ce refus se trouvent ma-
nifestées ses résolutions dernières; que sa correspondance en fait foi, et qu'arrivé au port, son corps et son
esprit fatigués renoncent à courir de nouvelles aventures; qu'en conséquence, il ne songe plus à accroître
son patrimoine, et qu'une pensée de conservation exclusivement le préoccupe; qu'on ne saurait accepter le système psychologique développé par le sieur Pommarès
dans ses conclusions, et qui se résume à formuler l'é-
trange maxime que l'homme parvenu au terme de la vie,

malgré le fardeau des années et des souffrances physiques, est fatalement entraîné à se lancer de nouveau
dans les périls et dans les émotions dont sa jeunesse a
contracté l'habitude; qu'appliquée au vieillard, cette
maxime n'est pas sérieuse, et que la conduite actuelle de
M. Pommarès, aventurier bien autrement résolu, plein
de force physique et d'énergie morale, serait au besoin la
démonstration de sa fausseté; qu'au reste, il ne s'agit
pas dans l'espèce de se livrer à des considérations philo-
sophiques ou à des conjectures hasardées, puisque le
langage du sieur Deffis et les derniers actes de sa vie
protestent contre les hypothèses de l'Adversaire;

Mais qu'il n'est que trop vrai que si Deffis entendait
renoncer aux affaires pour s'en tenir au fruit qu'il rapportait de ses longs et pénibles travaux, il est certain
également que, dès l'abord, il accorda à Pommarès une
confiance dont l'aveuglement ne connut pas de bornes,
et qui devait lui devenir si tristement funeste; que le
hasard avait fait rencontrer à Paris ces deux hommes
qui ne se connaissaient pas alors, et que les agitations
d'une existence semblable durent aisément rapprocher;
qu'immédiatement, Pommarès comprit les avantages
qu'il lui serait facile de retirer de cette nature généreuse
et confiante qui s'abandonnait avec si peu de réserve;
qu'il fut bientôt initié au secret de toutes ses affaires, et
dut s'offrir pour faire rentrer les fonds que Deffis attendait du Mexique; qu'en peu de mois, il avait touché
cent mille francs sur l'actif de l'imprudent ami qui
l'avait choisi pour son mandataire, et qu'au mois de
janvier suivant, les perceptions faites atteignaient le
chiffre de cent-soixante-quinze mille francs; que le
problème à résoudre était de garder cet énorme capital,
et d'en dépouiller, sous les apparences d'une loyauté
menteuse, le propriétaire légitime; qu'afin d'atteindre

son but, il l'engagea d'abord à entrer dans deux opérations qui devaient procurer à Deffis un placement avantageux de ses fonds, dont à tout prix il fallait éviter de
se dessaisir ; qu'après ces opérations restreintes, il en
proposait d'autres qui devaient tenir sa victime en haleine, et qui étaient expliquées avec une clarté si remarquable que le pauvre capitaliste déclarait naïvement n'y
rien comprendre, ajoutant que sa confiance était toujours absolue, et que toutes les révélations et tous les
efforts qui seraient consacrés à l'amoindrir demeureraient
frappés d'impuissance ; que néanmoins il se recomman-
dait aux sollicitudes de ce singulier patron, sous le costume duquel se cachait le plus dangereux des spéculateurs, le suppliant au moins de ne pas compromettre sa
fortune qui était la seule ressource de ses vieilles années ;
que ces simples observations, justifiées par la correspondance, dessinent parfaitement la situation des deux parties, et montrent quel était l'ascendant de l'une sur l'esprit de l'autre ; que de cette façon s'expliquent sans
peine les facilités qu'a rencontrées l'Adversaire pour arriver à la conclusion du contrat dolosif qui devait faire
passer dans ses mains, sans bourse délier, l'entier patrimoine de l'homme dont il se disait le protecteur et
l'ami dévoué ; que sans cette fascination, dont il a fait un
si affligeant usage, on ne se rendrait pas compte de la
résignation avec laquelle étaient acceptées les conditions
inouïes que, pour le succès de ses calculs, il était contraint de faire subir à sa victime ;

Mais que la fraude se manifeste avec une plus saisissante clarté, si, pénétrant au fond du contrat, on veut
rechercher la nature des contre-valeurs promises par
Pommarès en échange du capital qui est entré dans sa
caisse, et que son dessein est de retenir contre tout droit
et toute justice ; qu'ici, l'hésitation n'est plus possible,

et que toutes les subtilités produites sur la théorie du
dol et le commentaire de l'article 1116 du Code Napoléon seront impuissantes à lutter contre l'évidence des
faits ; que la jurisprudence ainsi que la doctrine ont
depuis longtemps enseigné que le juge n'était soumis à
l'observation d'aucune de ces règles inflexibles qui doivent être son unique loi, quand il s'agit des principes du droit, et qui, en cette matière délicate, jetteraient
dans ses investigations de périlleuses entraves ; que le
dol peut se manifester sous des formes multiples et
diverses, et que le Juge doit toujours avoir la possibilité
de l'atteindre et le flétrir, quelles que soient la forme
et la physionomie qu'aient affectées ses combinaisons ;
que la simple réticence, quand elle cache un piége, et
entraîne un consentement dû à ce mensonge tacite,
suffit pour motiver la nullité de la convention, qui manque de la loyauté nécessaire à la formation d'un lien légalement obligatoire ; que dans le contrat commutatif,
il est de rigueur que chaque partie reçoive l'équivalent de
ce qu'elle donne, et que dans le contrat aléatoire, il est
indispensable que les chances soient égales des deux
côtés ; que si, pour l'un des contractans, il y a connaissance parfaite de l'événement à l'incertitude duquel est
attachée la cause de l'engagement souscrit par l'autre,
que l'on laisse perfidemment dans une ignorance profonde, le traité est vicié dans son essence et ne peut
devenir la source ni d'un droit ni d'une action légitime ;
que la cession d'une créance ou d'un droit incorporel est à son tour soumise, et aux règles générales qui
viennent d'être formulées en ce qui touche la liberté du
consentement, et à cette autre règle non moins rigoureuse qu'au jour du transport il est indispensable que la
chose transmise ait une existence réelle et sérieuse ; que
si elle est déjà compromise ou perdue, si la faillite, la

déconfiture ou tout autre événement en avait anéanti ou considérablement réduit la valeur, le traité serait nul comme reposant sur une fausse cause, ou sur une erreur matérielle qui interdirait au cédant de s'en prévaloir; que ces principes sont à l'abri de toute controverse, et que l'application à la cause en est aussi simple que décisive;

Que les deux valeurs cédées par le sieur Pommarès à Deffis consistent 1° dans une partie de l'intérêt appartenant au cédant dans la société de San-Francisco en Californie; 2° dans une créance de vingt-cinq mille francs due par un sieur Guillaumin, dont la maison de commerce était établie au Mexique;

Attendu qu'au premier abord, il y a lieu d'être surpris de voir Deffis, courbé sous le poids de l'âge et des infirmités, tourmenté par des douleurs et des attaques de goutte, dont il raconte lui-même les incessantes tortures, à la veille de sa mort qui, à ses yeux mêmes, était peu éloignée, puisqu'il écrivait, à de courts intervalles et par deux fois, l'acte de ses volontés dernières, ait consenti à recevoir en échange de ses écus, qu'avec tant de sollicitude il voulait dérober à toute sorte de périls et qui étaient si nécessaires à ses vieux jours, des actions et des droits dont la réalisation était si difficile, et qui étaient attachés à des entreprises établies au-delà des mers; que sa volonté évidemment a été égarée et surprise;

Mais que d'autre part, la créance Guillaumin premièrement était due par une Maison en pleine déconfiture, et dont Pommarès, qui n'a pas cessé d'avoir des correspondances actives dans le Mexique, connaissait parfaitement la situation; qu'il importe peu que la faillite n'ait été officiellement déclarée que plus tard, et que dans ce pays, où les catastrophes de ce genre sont si fréquentes,

nul ne se soit mis en peine d'en faire rétroagir la date à
l'époque réelle de la cessation des paiements ; qu'il est
certain qu'aucun événement imprévu ne vient en expliquer la cause, et que cette cause, lointaine comme il
arrive toujours, avait jeté déjà sur la Maison un discré-
dit qui était le précurseur des pertes dont étaient menacés les créanciers de ce négociant ; que ce motif seul peut
expliquer la cession faite par Pommarès à Deffis ; qu'on
ne comprendrait pas pourquoi le premier aurait cédé son
titre au second, s'il eût été solidement établi et d'un recouvrement certain ; qu'il aurait épargné à son ami mourant les ennuis et les fatigues des diligences qui lui auraient été imposées, et dont il était si naturel qu'il gardât
le fardeau ; que le transport a d'autant moins de raison
d'être, s'il ne dissimule pas un piége odieux, que Pommarès retient en effet pour lui, comme un privilége dont
il ne sera permis à personne de le dépouiller, le droit
exclusif d'agir et de poursuivre, interdisant à son cessionnaire la faculté même de s'enquérir ; qu'à ces signes
divers, il est impossible de se méprendre, et que ce qui
tranche tous les doutes, c'est que Pommarès cède quelques mois plus tard à M. Hargous, au taux de 50 p. %, la
portion de cette même créance dont il est demeuré saisi,
sans s'inquiéter le moins du monde du sort de celle qu'il a
transmise à son cessionnaire, dont il s'était constitué le
mandataire forcé, afin de mieux consommer sa ruine ;
qu'ici donc la fraude se montre et dans le caractère véreux de la créance transmise, et dans les précautions
prises pour éviter des investigations périlleuses, et dans
le rôle que l'on a fait jouer au représentant de la Maison Guillaumin pour bercer de fausses espérances ceux
que l'on dépouillait, et enfin dans les stipulations mystérieuses que fesait Pommarès pour se débarrasser de la
portion de créance qu'il n'avait retenue qu'afin d'écarter

le regard investigateur des héritiers futurs de son aveugle cessionnaire ;

Attendu que l'intérêt cédé dans la maison de San-Francisco était plus éphémère encore ; que cette entreprise
était tombée dans une complète déconfiture ; que Pommarès, qui de loin en était le directeur, se trouvait au
courant des désastres successifs qui creusaient l'abîme
où s'engloutissait jour par jour son actif ; que les états
de situation qui lui étaient régulièrement transmis par
son gérant local ne lui permettaient de garder aucune
illusion ni aucune espérance ; que les lettres qui accom-
pagnaient les états étaient plus désolantes encore, et que
tout était irrévocablement perdu, lorsqu'il a conçu la
détestable pensée de s'emparer des fonds de Deffis en
lui promettant en échange ces non-valeurs qu'il n'était
donné à personne de relever de la dépréciation fatale
dont elles étaient déjà frappées ; que les miraculeux retours à une meilleure fortune dont il est question dans
les conclusions de l'Adversaire, sont des rêves qui n'ont
jamais séduit ni pu séduire Pommarès, dont le coup-
d'œil était trop sûr pour se laisser tromper par la possibilité de semblables prodiges ;

Qu'à ses yeux, il était plus simple et plus rassurant
d'infliger à un autre, que l'on égarait par de fallacieuses
paroles, ces pertes irrévocablement accomplies, et que
l'on se gardait bien de révéler à la victime ; qu'aujour-
d'hui que la lumière est faite sur tous ces détails, et
qu'il serait trop téméraire d'en dénier l'exactitude, on
allègue que peut-être Deffis a entendu faire à son ami
une libéralité indirecte dont rien ne défendait à ce dernier de recueillir le bénéfice ; mais que la prétention est
bien tardive pour être soutenue avec quelque espoir de
succès ; que le Tribunal, du reste, dans son jugement,
en a fait d'avance une éclatante justice, et que ce dernier

asile, dans lequel on ne pourrait se réfugier qu'en fesant l'aveu de toutes les turpitudes dont se plaignent les Concluants, si on laisse à l'acte incriminé son caractère à titre onéreux, ne peut sauver l'Adversaire ; que les testaments sont là d'ailleurs pour manifester les intentions de Deffis, qui jamais n'a songé à enrichir du fruit de ses longs et pénibles travaux le banquier qui exaltait si haut son opulence, et auquel il confie simplement, comme témoignage d'une estime assurément bien peu méritée, la mission d'exécuteur testamentaire ;

Que des considérations qui précèdent il s'évince donc que le traité dont s'agit est nul pour cause de dol et de fraude ; qu'à la place des écus du cessionnaire, ce sont des non-valeurs qui lui ont été promises ; que le cédant était parfaitement fixé sur la nature de ces non-valeurs, et qu'il a abusé de la confiance aveugle, de l'âge et des faiblesses de sa victime pour s'emparer de sa fortune ; que ce n'est pas une libéralité qui lui a été faite, mais bien une confiscation odieuse, qu'il a conçue avec une audace peu commune, et qu'il a conduite à son dénouement avec une habileté qui devait affliger et émouvoir toutes les consciences honnêtes ;

Attendu, enfin, en ce qui touche la somme de quinze mille francs qui aurait été comptée par Pommarès le jour même du contrat, et dont il montre le reçu, que cette numération, qui se place à côté du titre attaqué, est aussi menteuse que le titre lui-même ; que vainement l'Adversaire essaie, pour la première fois, devant la Cour, d'indiquer l'origine des deniers consacrés à cet emploi ; que les Concluants n'ont pu examiner à cet égard les pièces justificatives dont on se prévaut ; mais que sous les réserves de cet examen, il leur est permis de faire observer, dès à présent, que la solution du problème ne saurait dépendre de ce point de fait ; qu'il s'agit bien moins de savoir si l'Adversaire a eu les quinze mille francs pour

les compter, que de rechercher si vraiment la remise en
a été faite;

Que le Tribunal de Première Instance, tout en reje-
tant ce chef des conclusions des héritiers Deffis, a mis en
lumière les présomptions graves qui conduisent à une
conséquence diamétralement contraire; que par là, il a
bien donné la preuve de la modération qui a présidé à son
jugement, et de la témérité des accusations de l'Adversaire qui aime mieux attribuer sa défaite aux emportements des passions locales, qu'à l'impartiale appréciation
qui a été faite de ses combinaisons dolosives;

Mais attendu qu'il est certain que cette somme de
quinze mille francs n'a jamais été touchée par Deffis;
que, souffrant et malade, il n'aurait pu la dissiper dans le
court intervalle qui en séparerait la remise de sa mort;
que néanmoins, il n'a été trouvé en son pouvoir que la
modeste somme de 1,200 fr., et que ce fait est la démonstration matérielle de la fausseté de la quittance; qu'il y
avait lieu en conséquence de contraindre Pommarès à en
faire compte à la succession;

Par ces motifs et autres à déduire en plaidant ou à suppléer de droit et d'équité,

Plaise à la Cour :

Démettre l'Adversaire de son appel avec amende et
dépens. Et disant au contraire droit sur l'appel incident
des consorts Deffis,

Condamner le dit Pommarès à leur payer les trois-
quarts de la somme capitale de quinze mille francs, avec
les intérêts légitimes au taux déterminé par le jugement
dont est appel pour les autres condamnations ;

Rejeter en conséquence comme nulle, sans valeur, et
infectée de dol et de fraude, la quittance se référant à cette
somme, en date du 19 novembre 1855 ;

Faire main-levée de l'amende de l'appel incident, et condamner le dit Pommarès en tous les dépens.

MÉMOIRE

POUR M. DE SAINT-VINCENT,

CONTRE

M. L..., ANCIEN NOTAIRE.

Si la témérité des assertions pouvait tenir lieu de sincérité et de logique, M. L... pourrait avoir l'espérance de se soustraire à la responsabilité qu'il a encourue. Mais si, au contraire, loin de venir en aide à une mauvaise cause, le mensonge ne produit d'autre résultat que de jeter sur elle une déconsidération plus profonde, c'est compléter sa ruine au lieu de la sauver, que d'y avoir recours.

C'est là cependant la seule arme dont notre Adversaire ait cru pouvoir se servir. Plus hardi devant la Cour, où les parties étaient moins connues que devant le Tribunal de Première Instance qui n'aurait pu tolérer un aussi imprudent langage, il a tout dénié, dénaturé, altéré, avec une souplesse et une assurance qui nous ont frappé de stupeur ; il est une mesure que la déloyauté même du plaideur ne devrait jamais franchir.

S'agissant d'une action fondée sur la faute de l'officier public qui a conclu le prêt hypothécaire dont les garanties ont été insuffisantes, la première question à résoudre était celle de savoir si cet officier public s'était borné à authentiquer la convention, ou s'il avait lui-même choisi l'emprunteur, débattu les conditions du contrat, et représenté, en un mot, le capitaliste en qualité de *negotiorum gestor*.

Ce dernier rôle était incontestablement celui qu'avait accepté M. L.... Il avait pour lui la source précieuse des plus gros bénéfices qu'il ait réalisés dans le cours de sa carrière notariale. Par suite de la confiance illimitée qu'il avait su inspirer à M. le baron de Saint-Vincent, il a eu sous sa main le maniement de capitaux dont le chiffre a dépassé la somme de *quatre cent mille francs* ; et ce maniement il l'a conservé durant une période de plus de vingt-quatre années consécutives.

Tantôt c'étaient des placements par acte public, tantôt c'étaient des placements par lettre de change ou obligations privées, qui étaient accomplis par son intermédiaire. On sait quels étaient les droits divers qu'il percevait de ces emprunteurs nombreux dont le nom changeait souvent aux échéances. La procédure disciplinaire qui l'a contraint à déposer une fonction dont il n'était plus digne, a mis en relief les combinaisons financières auxquelles il se livrait dans l'arrondissement de Castelsarrasin. Il exigeait de l'emprunteur une prime de un pour cent sur le capital prêté, et dont la perception, illégale d'ailleurs, ne pouvait avoir pour prétexte que la garantie ou le cautionnement personnel dont il était tenu à l'égard du capitaliste. Celui-ci effectivement, quelle que fût la nature de l'obligation contractée, commerciale ou civile, ne percevait que cinq pour cent, et toutefois le débiteur payait six. La différence entrait dans la caisse de l'honnête officier public qui, maintenant, répudie le titre de mandataire ou de *negotiorum gestor*, dont il a exigé le salaire.

Lorsque l'emprunt était fait par acte public, M. L... touchait, pour avoir procuré les fonds, une commission plus ou moins élevée, indépendamment des honoraires dus pour la rétention de l'acte, ce qui montre bien que le prêt était son œuvre personnelle, et qu'il doit forcément subir la responsabilité qui en découle.

Un fait péremptoire suffit à dessiner la part d'activité de M. de Saint-Vincent dans ces placements divers qui, durant une période aussi longue, ont alimenté l'Etude du notaire. C'est que, sur soixante-dix actes publics passés pour son compte, il n'a été présent, et encore ce fut par des circonstances accidentelles, qu'à cinq; le clerc, dans tous les autres, ayant stipulé en son nom.

C'est que, dans la réalité des choses, M. de Saint-Vincent n'avait pas de relations à Castelsarrasin; qu'ayant habité Montauban en 1832, et Toulouse depuis cette époque jusqu'à sa mort, il ne connaissait ni les personnes, ni leur solvabilité, ni les valeurs immobilières de cet arrondissement; que, s'étant livré sans réserve à M. L... qui avait capté sa confiance, il suivait aveuglément ses conseils, et qu'on défie cet Adversaire, si fécond et si hardi, de prouver que, dans une seule circonstance, il se soit trouvé en face de ses emprunteurs, qui toujours lui furent inconnus.

Et cependant, pour les besoins de la cause, on a constitué à côté de M. de Saint-Vincent à Toulouse, une sorte de Conseil permanent, composé de plusieurs avocats en renom, qui était chargé de vérifier les titres des emprunteurs et la solidité des garanties offertes.

Cette assertion est d'une flagrante fausseté; et cette fausseté est d'autant plus odieuse que M. L... qui l'articule ne peut pas être de bonne foi.

Est-ce que les sept à huit lettres qu'il a produites, choisies et triées avec la prudente habileté de l'homme vieilli dans la pratique des affaires, au milieu de la volumineuse correspondance qui a dû exister entre lui et M. de Saint-Vincent le père, viennent apporter à ce système un sérieux appui?

Non, assurément. On y voit M. de Saint-Vincent demander à son homme de confiance s'il aurait un placement solide; on le voit encore lui dire que, pour une somme importante, notamment de quinze mille francs, on ne saurait s'entourer de trop de précautions et agir avec trop de prudence; on le voit enfin, dans une ou deux conjonctures, demander l'envoi de certaines pièces qui avaient été annoncées; mais que fait tout cela?

Est-ce que la mission de M. L... change de nature? Est-ce que ce n'est pas lui qui choisit l'emprunteur, qui apprécie sa responsabilité matérielle et morale, et conclut définitivement la convention?

Parce que, dans une circonstance unique, M. de Saint-Vincent aura demandé des pièces, il faudrait en conclure que M. L... a cessé d'être le *negotiorum gestor* de son client, et qu'il s'est borné à authentiquer des conventions arrêtées en dehors de sa participation et de son concours?

Ce n'est pas proposable, et de telles futilités ne méritaient pas l'honneur d'une réfutation complète.

Mais surtout, et à l'égard du placement qui donne naissance au litige, il ne saurait y avoir place à la controverse.

Les clauses que l'acte renferme, les circonstances qui l'entourent et qui le suivent, tout se réunit pour confondre les malheureuses dénégations de l'Adversaire.

Premièrement, la dame de Lagarrière, par qui l'emprunt a été souscrit, était-elle connue du prêteur, et a-t-il existé entre elle et celui-ci, soit avant, soit depuis le contrat, des relations d'une nature quelconque?

M. L...., dans sa défense devant la Cour, n'a pas craint de soutenir l'affirmative. Avec une adresse et une assurance plus merveilleuse encore, il raconte que les deux contractants, qui appartenaient à la même condition, se voyaient tous les jours dans le monde, et avaient réglé déjà leurs accords dans les salons, quand ils comparurent dans l'Etude de l'officier public.

Est-ce assez de déloyauté et d'audace? — Il est des hommes qui s'enivrent au contact de leurs inventions et de leurs paroles, et qui, considérant la franchise et la bonne foi comme une duperie, voudraient les chasser l'une et l'autre du sanctuaire de la Justice. C'est là une déplorable illusion que l'expérience aurait dû dissiper dès longtemps.

Comment n'a-t-on pas vu, dans le procès actuel, que les faits les plus péremptoires, les circonstances les plus décisives, les documents même que versait au débat la main cette fois imprudente de l'Adversaire, se réuniraient comme à plaisir pour confondre ses impostures?

Mme de Lagarrière, d'abord, ne résidait pas à Castelsarrasin, où se seraient formées les relations intimes dont on allègue l'existence, mais bien sur les limites du département du Gers, où était l'un des principaux manoirs de la famille.

M. de Saint-Vincent, d'autre part, n'a jamais eu d'autre domicile que Montauban et Toulouse, et l'on peut compter sans peine le nombre de fois qu'il s'est rendu dans la petite ville où l'on suppose que ses mœurs et ses habitudes avaient amené les liaisons aristocratiques dont on argumente contre lui.

Sa propriété de Montech, à laquelle il ne rendait que de rares et courtes visites, é.ait loin de le rapprocher de la demeure de sa débitrice, que jamais ni lui, ni les membres de sa famille n'ont eu la bonne fortune de rencontrer ou de voir, et à laquelle ils n'ont jamais adressé une lettré.

Aussi, plus réservé devant les premiers Juges, qui personnellement savaient toutes ces choses, et en présence desquels il eût été par trop hardi de les nier, on se gardait bien de tenir ce langage. M. L... fesait humblement l'aveu que M. de Saint-Vincent et Mme de Lagarrière ne se connaissaient point, et que seul il était l'auteur du placement objet du litige. En tête, pour ainsi dire, du jugement attaqué, ce fait se trouve articulé de la façon la plus énergique, et cela, non pas comme une conséquence de l'appréciation personnelle du Magistrat qui prononce, mais bien comme l'expression d'une vérité acquise, acceptée et reconnue par toutes les parties contendantes.

N'est-ce pas bien tard, aujourd'hui, que l'on essaie de revenir contre cet aveu qui n'était, au demeurant, qu'un hommage rendu à une chose qu'attestait la notoriété publique ; et dans cette rétractation qu'ont accompagnée les récits et les précisions les plus incroyables, ne faut-il pas voir tout ensemble et les embarras de la défense, et le peu de scrupule de M. L... dans le choix des moyens qu'il appelle à son aide ?

Mais sa confusion devait sortir plus éclatante encore des pièces que, sous un autre point de vue, il a laissé échapper de sa main, oubliant que, sur le débat actuel, elles devaient lui devenir funestes !

La Cour n'a pas oublié cette lettre, qu'en 1849, si nos souvenirs sont exacts, lui adressait Mme de Lagarrière, dans le but de lui faire part des difficultés qu'elle éprou·

vait pour se libérer des intérêts échus, et de le prier d'en faire l'avance, offrant, dans un *Post-scriptum*, que prudemment on passait sous silence, de servir l'intérêt de cette avance elle-même.

Ce document ne fait-il pas éclatante justice et de ces relations étroites, nées entre la débitrice et les créanciers, dans les nobles salons de Castelsarrasin, et du consentement volontaire et tout personnel donné par M. de Saint-Vincent aux atermoiements que l'on sollicitait de lui seul avec la certitude de les obtenir?

Il est bien constant désormais, que le capitaliste n'était pas en rapport avec elle; que ce n'était pas à lui que les intérêts étaient envoyés; qu'aucun lien d'amitié ne les rattachait l'un à l'autre, et que, s'il y avait une faveur ou un terme à obtenir, c'était au notaire et non pas au prêteur inconnu qu'était adressée la supplique.

Ainsi s'évanouit et s'écroule ce triste échafaudage d'assertions téméraires ou menteuses, élevé par un homme dont la moralité nous serait aujourd'hui parfaitement connue, alors même qu'une lourde condamnation disciplinaire ne pèserait pas sur sa tête.

Rentrons dès lors dans cette vérité, non déniée devant les premiers Juges, et proclamée par eux, que Mme de Lagarrière était complétement inconnue du baron de Saint-Vincent, et que le choix de cet emprunteur est l'œuvre exclusive de l'officier public, qui en demeure responsable.

C'est qu'effectivement, si elle était inconnue du capitaliste, elle ne l'était pas du notaire qui avait retenu, pour son compte et dans son intérêt, deux actes successifs, dont l'importance avait amoindri dans une sérieuse mesure la solidité des garanties pécuniaires qu'antérieurement elle aurait pu offrir.

A ce signe, la Jurisprudence ne se méprend pas.

Lorsque le débiteur est un client de l'Etude et que le capitaliste ne le connaît pas, sans hésiter, elle déclare que le notaire doit être considéré comme l'auteur exclusif du placement, et que sa responsabilité en découle comme une conséquence nécessaire.

Mais ici cette vérité est d'autant plus incontestable, que toutes les présomptions, disséminées dans les nombreux arrêts intervenus sur la matière, se trouvent réunies et forment un faisceau contre lequel tous les efforts doivent être frappés d'impuissance.

Effectivement, le capitaliste est absent, c'est le clerc de l'Etude qui stipule; ce clerc n'est autre que le délégué de l'officier public lui-même, au nom duquel serait en vain récusée la qualité de *negotiorum gestor,* puisqu'il en remplit les fonctions.

Où doit être opéré, en second lieu, le remboursement de la somme prêtée? — Dans l'Etude de Mᵉ L..., qui s'assure ainsi la rédaction d'un second acte, et conserve dans sa main la direction de l'affaire qu'il rattache à lui par le lien de cette convention faite uniquement à son profit.

Dans quel lieu seront à leur tour payables les intérêts stipulés? — Toujours dans l'Etude de Mᵉ L..., qui a mission de les percevoir et d'en presser le paiement en cas de retard ou d'inexactitude. Le voilà se présentant encore avec cette qualité de *negotiorum gestor,* dont il tente en vain de se dépouiller comme d'un fardeau importun, et qu'il retenait alors avec tant de sollicitude.

Enfin, lorsque dans la dernière clause les parties font une élection de domicile, c'est chez Mᵉ L... que cette élection est faite.

Comprend-on que, sous le poids de ces preuves écrasantes et géminées, on ait essayé même une résistance?

Au jour de l'acte, et quand il voulait s'assurer des honoraires et des actes nouveaux, notre Adversaire ne raisonnait pas de la sorte. Si l'on veut en acquérir la preuve, il suffit de lire l'inscription hypothécaire dont il confesse être le rédacteur, et dans cette inscription on verra que son étude est le domicile qu'il fait choisir par son client.

N'était-ce pas toujours le *negotiorum gestor* qui demeurait saisi de l'affaire, en retenait la direction et la surveillance, et devait en garder pour lui la responsabilité, comme il profitait et avait déjà profité de ses avantages ?

C'est donc à bon droit que le Tribunal a, sur ce point, proscrit le système de M⁰ L....., et consacré en principe cette responsabilité dont il lui est impossible de briser les étreintes.

Maintenant inutile de discuter l'objection prise de l'examen que fesait, de tous les placements hypothécaires, le prétendu conseil de Toulouse. On a vu déjà combien cette allégation, considérée d'une manière générale, était inexacte et fausse. Et au point de vue particulier du procès, elle est bien plus inadmissible encore. M. L..., qui a conservé avec un soin si scrupuleux toute la correspondance, a été dans l'impossibilité de fournir une lettre, une note connue, soit de M. de Saint-Vincent, soit de ses prétendus conseils, soit d'un membre de sa famille, justifiant que la moindre communication ait été faite, et cela suffirait pour ruiner le fondement même de son objection.

Mais cette objection, en outre, elle n'avait pas été faite en première instance, et son apparition est due aux élucubrations nouvelles qu'a provoquées l'appel devant les juges du second degré de juridiction. Seulement, et comme on ne s'avise jamais de tout, on n'a pas pris garde que le moyen actuel est en contradiction flagrante avec celui invoqué devant les premiers juges. Qu'était-il dit alors, en effet, ainsi que les considérants en font foi ? — Que c'était Mᵉ Descazeaux qui avait été chargé d'apprécier la solidité du placement en sa qualité de conseil du capitaliste, et que le notaire s'était effacé devant la haute expérience de celui-ci. La preuve de l'intervention de cet homme habile, on ne la trouvait ni dans la correspondance, ni dans des écrits, mais dans ce fait qu'il avait figuré comme témoin instrumentaire dans l'acte d'emprunt. L'argument était dérisoire, et le Tribunal en a fait pleine justice. La présence accidentelle de Mᵉ Descazeaux chez Mᵉ L....., qui expliquait si bien cette signature, ne pouvait établir que l'avoué avait pris la place du notaire pour le placement réalisé par celui-ci. Cette ruse, qui témoigne d'une triste fécondité, ne doit pas réussir. La ruse nouvelle que l'on met en œuvre aujourd'hui, en alléguant le concours des prétendus conseils de Toulouse, n'aura pas un meilleur sort. La responsabilité donc que l'on décline, il faudra forcément la subir.

Et puis ces conseils éloignés, qui n'ont jamais été interrogés, et dont l'imprudence aurait couvert votre faute, comment auraient-ils pu apercevoir les périls qui menaçaient la créance ? Vous disiez qu'il s'agissait de la cession d'une somme de 5,000 fr. qui devait être détachée, pour être payée par priorité et préférence, d'une créance de 60,000, protégée par une hypothèque légale assise sur des immeubles de valeur de 76,000 fr. Si tout cela eût été exact, et votre acte l'affirmait d'une manière explicite, aucune crainte n'était à concevoir, et le jurisconsulte le plus timoré aurait émis une opinion favorable. Si tout cela eût été exact, aucune perte n'aurait été subie, et le capital prêté serait intégrablement rentré dans la caisse du capitaliste. Mais malheureusement les assertions du notaire n'étaient pas conformes à la vérité, et, par suite, il lui serait difficile de trouver une excuse dans les prétendus conseils qui, sur la foi de ses dires, auraient approuvé un placement dont les conditions auraient été présentées sous une physionomie trompeuse.

Battu sur ce terrain, Me L..... veut échapper à la condamnation qui doit l'atteindre, en soutenant que le placement dont on se plaint offrait toutes les sûretés désirables, et que la perte éprouvée a pour cause des événements fortuits et de force majeure, dont il serait inique de le rendre responsable.

Ici la question se présente sous un point de vue nouveau. La responsabilité est acceptée, mais on allègue qu'il n'y a pas eu de faute commise.

Peu de mots suffiront pour réfuter ce second système.

Effectivement, qu'a fait le notaire? Son acte constate qu'il a dit à son client que sa garantie consistait dans une hypothèque légale première, inscrite sur deux domaines de valeur de 76,000 fr.

Ceci était-il vrai? Non. Car Mme de Lagarrière avait disposé déjà, en faveur de Mme de Coquet sa fille, d'une somme de dix mille francs, qui devait être payée avant toute autre, et qui dans cette mesure, enlevait au prêteur la priorité promise.

Cette déclaration était inexacte encore; car Mme de Lagarrière avait, dès l'année 1844, post-posé son hypothèque à celle de M. de Cours, pour une somme de 11,000 fr., et à celle de M. Bezy pour une somme de 5,000 fr.

C'était donc une somme de vingt-six mille francs, plus les intérêts et accessoires, qui primait ce premier rang si solennellement promis à M. le baron de Saint-Vincent.

La sûreté promise était donc fausse, et cette clause si importante de l'acte de prêt, qui en constituait la garantie la plus précieuse, n'était qu'une illusion et un mensonge.

M. L....., qui l'a acceptée comme sincère, a-t-il été trompé, et son aveugle confiance ne constitue-t-elle pas une faute engageant sa responsabilité personnelle ?

Comment le révoquer en doute ?..... Premièrement, c'est lui qui est le rédacteur des deux actes par lesquels Mme de Lagarrière a consenti la double post-position de son droit hypothécaire en faveur de MM. Bezy et de Cours. Ces deux actes étaient dans son étude, et il en avait été personnellement le rédacteur. Mandataire ou *negotiorum gestor* de M. de Cours, qui lui avait abandonné aussi l'administration de ses capitaux, il avait cru ne pouvoir consentir à un prêt antérieur au nom de ce dernier, qu'autant que cette post-position serait souscrite. La position désordonnée de la famille de Lagarrière, ses embarras et sa gêne lui étaient parfaitement connus, et c'est dans un tel état de choses qu'il dresse pour M. de Saint-Vincent un acte dans lequel il est dit que celui-ci primera tous les autres.

Il y a plus que de l'imprudence ici ; il y a mensonge et mauvaise foi. L'erreur était impossible ; et jamais ne fut plus gravement encourue cette responsabilité notariale que les tribunaux appliquent avec une si salutaire rigueur.

Et quant à la cession dont Mme de Coquet s'est prévalue, si, au point de vue délictueux, la faute commise ne présente pas une gravité égale, en droit, et sous le rapport civil, elle n'engage pas moins, dans une forte mesure, la responsabilité du notaire.

Quel était son devoir en retenant l'acte d'emprunt ? Il

était en présence d'une femme dont le veuvage remontait à plus de quinze années, et qui, soit avant, soit depuis la mort de son mari, pouvait avoir disposé de ses reprises. Or, ces reprises devant être la seule garantie de l'emprunt, qu'y avait-il à faire ? Tout au moins l'interroger sur le fait de cette aliénation possible, et écrire dans le contrat la déclaration faite en réponse. Ce devoir est si simple, et la prudence la plus vulgaire le conseille si bien, que son omission a entraîné, contre l'officier public qui avait négligé de le remplir, de rigoureuses condamnations, sanctionnées par la jurisprudence de la Cour suprême. Or, c'est de cette jurisprudence, si éminemment juste, que l'application est demandée à la cause actuelle, et il serait difficile d'apercevoir un motif qui pût faire accorder une immunité à notre Adversaire.

Donc il y a eu faute et mauvaise foi tout ensemble ; et comme M. de Saint-Vincent eût été payé, si les promesses de l'acte eussent été tenues, puisque Mme de Coquet et M. de Cours qui ne devaient passer qu'après lui, l'ont été eux-mêmes, il faut bien que M. L..... subisse la perte que cette faute et cette mauvaise foi ont occasionnée.

Le tribunal semblait être nécessairement conduit, par les prémisses qu'il avait émises, à cette conséquence seule équitable et logique, et c'est par le plus singulier des retours qu'il est parvenu à l'écarter.

Changeant tout à coup, et notre Adversaire a imité cet exemple, la véritable situation du procès, il s'est demandé si, nonobstant la priorité de Mme de Coquet et de M. le vicomte de Cours que nous devions primer, au contraire, le placement n'offrait pas les apparences d'une suffisante sécurité ; et après avoir répondu affirmativement à cette question, il a ajouté que le notaire n'était pas responsable.

C'est la première fois assurément que cette argumentation a été produite devant les tribunaux, et c'est la première fois aussi qu'elle aura été sanctionnée par eux.

Quel est en effet le débat qui nous divise?

Je vous dis : les cinq mille francs que vous avez placés pour mon compte ont été perdus, et j'ai vainement demandé, aux garanties que vous m'aviez promises, le moyen d'éviter cette perte. Mais ces garanties ont été impuissantes, c'est parce qu'elles ont été menteuses. Vous m'aviez assuré le premier rang, et je n'ai eu que le quatrième qui n'est pas venu en ordre utile. Vous disiez, dans votre acte, que la priorité m'appartiendrait, et cette priorité avait été vendue par votre ministère à deux autres dont vous avez dissimulé les droits ; et cette priorité appartenait à une cessionnaire antérieure dont vous avez dédaigné de rechercher l'existence. Donc le préjudice que j'éprouve est votre œuvre, et la réparation ne saurait m'en être refusée.

Que me répondez-vous? Que, même après ces trois créances qui me priment et auxquelles je devais être préféré, le placement aurait pu être considéré comme solide. Qu'importe cela ? Est-ce que cette circonstance empêche que j'aie été trompé, et que ce mensonge ne soit la cause de la perte que j'éprouve ?

Un notaire fait un placement pour mon compte, en me disant qu'une inscription privilégiée est la garantie de mon capital; et puis il se rencontre que ce privilége a été transmis à un autre, par un acte dont il est lui-même le rédacteur, ce qui me réduit à la qualité de simple créancier hypothécaire, n'ayant droit qu'à un rang postérieur. Lui sera-t-il permis de dire si, avec ce droit restreint et amoindri, je n'obtiens pas une collocation utile, qu'aucun recours n'est ouvert contre lui, parce que, selon toutes les prévisions, l'hypothèque seule constituait à ses yeux une garantie suffisante ?

Il n'est pas de Tribunal au monde qui veuille sanctionner une doctrine aussi périlleuse, et autoriser la substitution d'une garantie moins bonne, à la garantie promise qui n'avait à craindre aucune éventualité, sous le prétexte d'une prétendue suffisance que les faits sont venus démentir.

Donc l'argumentation est sans valeur, et le principe de la responsabilité doit triompher de ce sophisme.

Mais, a dit alors Me L....., vous avez accordé une prorogation de terme qui a été la seule cause de votre perte, et il serait injuste dès lors d'en faire retomber les suites sur la tête d'un autre.

La réponse est facile. En droit, la prorogation du terme ne dégage pas la caution, comme l'atteste l'article 2039, et en conséquence l'objection est réfutée par la Loi elle-même.

Secondement, supposez que les garanties promises par le contrat m'eussent appartenu, cette prorogation n'aurait amené aucun résultat fâcheux. Inscrit en première ligne, j'aurais été payé et largement payé, puisque M. de Cours et Mme de Coquet l'ont été. Or, je devais croire, moi, à la réalité de ces garanties, et c'est vous qui avez été cause de ma sécurité. Comment me serais-je ému de la situation de ma débitrice, quand la première place m'appartenait dans un *ordre* dont le chiffre devait, dans tous les cas, s'élever au-dessus de cinq mille francs? Or, cette confiance trompeuse, elle dérivait des assurances mensongères déposées dans l'acte que vous aviez remis dans mes mains, et seul vous en êtes coupable.

Troisièmement, qu'était ce que cette échéance à l'expiration de l'année dont Me L..... se prévaut aujourd'hui? C'était une clause inscrite uniquement dans son intérêt, dont seul il se réservait de réclamer l'exécution pour multiplier, à l'aide d'un placement nouveau, le nombre de ses actes, mais qui restait étrangère au prêteur dont la confiance livrait à son *negotiorum gestor* l'administration de ses capitaux.

Quatrièmement, enfin, c'était bien Me L........ qui concourait le plus activement à ces prorogations de terme, car les intérêts étaient portés dans son étude ; c'est lui qui en percevait le montant, en fournissait quittance, et c'est à lui qu'on s'adressait pour obtenir les atermoiements que sollicitait le débiteur.

La lettre de 1849 que lui écrivait Mme de Lagarrière et dont il est utile ici de rappeler le *post-scriptum*, met cette vérité au-dessus de toute dénégation possible. Quand il fesait l'avance des intérêts échus, cette avance lui produisait des intérêts à son tour ; on comprend que cette branche de revenus ne fût pas négligée par lui dont on connaît l'inflexible âpreté.

Cette prorogation de terme est donc son œuvre beaucoup plus que celle de M. le baron de Saint-Vincent, et dans les circonstances de la cause ce dernier argument échappe de ses mains.

Me L....., qui allègue que son Adversaire n'avait jamais eu la pensée de diriger contre lui des poursuites, était, à compter de 1851, sous le poids d'une conviction bien différente, et il a multiplié ses efforts, toujours avec les deniers du Concluant, il est vrai, pour sauver cette créance si gravement compromise.

Qui fit le commandement du 12 avril 1851 ? Qui poursuivit, contre les tiers-détenteurs du domaine de La Bourdette, l'action en déclaration d'hypothèque dont on connaît le dénouement. Qui fit engager les deux instances jugées en 1852 et en 1853 par le Tribunal de Castelsarrasin ?

Ce fut Me L....., et Me L..... seul. En vain il a

voulu le dénier en se cachant derrière le nom de M⁰ R...,
aux soins duquel il avait confié ces poursuites, qui valu-
rent à son gendre futur une somme si considérable à raison des frais exposés.

Personne n'ignore en effet que, dès l'année 1851, M⁰
R... qui aspirait à la main de Mlle L..., était investi de
sa confiance, et demeurait chargé de toutes les affaires
sortant de son Etude. Le mariage était arrêté, et la qualité de gendre futur connue de tous.

C'est justement parce que M⁰ L... était le directeur
exclusif de l'affaire, parce que M. de Saint-Vincent l'en
laissait l'arbitre souverain, que M⁰ R... fut désigné et non
pas M⁰ Guiringaud, investi toutefois de la confiance personnelle du poursuivant. Mais à cet égard, en vérité, toute
dénégation est impossible. La Cour relira la correspondance du notaire, où il entonne déjà des chants de triomphe, et fait connaître avec quelle chaleur et quelle habileté il a pressé Mme de Lagarrière dont ses efforts ont
déconcerté toutes les combinaisons.

Aurait-il donc encore le courage de dénier ses écrits?

Chacun dès lors est demeuré fidèle à la position qui
lui appartenait, et M⁰ L..., qui n'a jamais cessé de conduire cette affaire dans toutes ses phases et tous ses
incidents, n'est pas admissible à désavouer une participation aussi éclatante.

Qu'il s'incline donc, et cesse de compter sur la puissance de ses inventions et de ses mensonges !

Là d'ailleurs ne s'arrêtent pas les fautes qu'il a commises.

Il en est une dernière non moins grave et non moins
décisive. C'est celle du défaut de signification de l'acte
de cession de 1847 aux deux débiteurs qui s'y trouvent
désignés.

La cédante était créancière de ses deux fils, et pour

être saisi à leur égard, il fallait que le cessionnaire noti-
fiât son titre à l'un et à l'autre. C'était le complément
nécessaire de l'acte, et sans l'observation de cette formalité, le transport devenait impuissant et sans valeur.

Que fait-il cependant? Une notification est faite à
M. de Lagarrière aîné, mais M. Louis de Lagarrière
jeune n'en reçoit pas. L'acte ne fait pas même connaître
qu'il est mineur, et que la cédante est sa tutrice. De
cette situation respective s'évinçait toutefois pour celle-
ci une dette présumée et l'obligation de rendre compte.
Mais de toutes ces choses l'officier public ne s'inquiète
nullement. La qualité est passée sous silence et la signification n'est pas faite.

Quelle a été la suite de cette faute nouvelle? C'est que
d'un côté, à l'époque où la majorité du mineur a été
accomplie, la compensation avec le reliquat du compte
tutélaire a éteint dans une large mesure la créance de
la cédante, et que le surplus a été absorbé par les
créanciers cessionnaires dont les titres ont été postérieurs aux nôtres.

Si les significations prescrites par la Loi avaient été
faites en temps opportun, ce résultat ne se serait pas produit, et tout n'a été perdu que par l'effet de cette inexcusable omission.

· Le notaire n'est-il donc pas responsable?

Non, a-t-il été dit au nom de l'intimé, car cette signification ne le concernait pas; elle avait été confiée à l'a-
voué Descazeaux qui crut cette formalité inutile et qui ren-
voya directement les titres au prêteur.

Toujours les mêmes mensonges et la même assurance.
Que la Cour ne croie pas que Me Descazeaux ait jamais
reçu de M. de Saint-Vincent une mission quelconque,
et lui ait renvoyé les pièces dont il s'agit maintenant.

Si l'exploit de signification est sorti de l'Etude de
Me Descazeaux, c'est parce que L..., avec lequel il était en
rapport quotidien, lui en avait donné le mandat. Aussi
les pièces sont-elles rentrées dans l'Etude de l'officier public qui en avait fait la remise, et qui, seul, les a adressées à Toulouse. Il n'était pas possible qu'il en fût autrement, et le Tribunal a fait en conséquence justice de
toutes ces exceptions chicaneuses.

Il a déclaré nettement, énergiquement, que Me L...
était tenu de veiller lui-même à l'accomplissement de la
formalité substantielle de la signification dont l'absence
privait l'acte de tous ses effets. Il a déclaré que Me Descazeaux n'avait eu en tout cela d'autre rôle à jouer que de
remplir les instructions de Me L..., maître et directeur
exclusif de l'affaire. Il a déclaré que cette signification
était indispensable, et que les termes de l'acte ne permettaient à personne de se méprendre sur sa nécessité,
reconnue d'ailleurs par l'exploit signifié à l'aîné des enfants Lagarrière; il a dit enfin que l'omission de cette
formalité, imputable à Me L..., avait entraîné la perte du
capital, objet du litige, et sur tous ces points les motifs
qu'il développe sont à l'abri de toute controverse sérieuse.
Mais, chose incroyable, après être entré dans cette voie
si logique et si ferme, il a reculé devant la conséquence,
et proclamé l'irresponsabilité du notaire imprudent et
coupable!

Pourquoi donc?

Parce que M. de Saint-Vincent aurait dû remarquer
l'irrégularité commise et la réparer immédiatement; que
la faute par conséquent est imputable aux deux parties
contendantes; et pour cette cause on juge qu'une seule
doit subir la perte qui en a été la suite.

Est-ce équitable et logique?

M. de Saint-Vincent doit-il même être tenu de partager la perte éprouvée avec M⁰ L... qui seul est coupable?

Ce dernier ne devait-il pas connaître la nécessité impérieuse, absolue, de la signification, sous peine de frapper le titre d'impuissance et de stérilité? C'était son métier à lui, et de sa part l'ignorance ou l'oubli ne serait pas excusable.

M. de Saint-Vincent peut-il être traité avec une semblable rigueur? Homme du monde, peut-on exiger de lui qu'il soit initié à tous les secrets de la Procédure? En recevant ses titres de Castelsarrasin, ne devait-il pas être convaincu que tout était en règle, et pouvait-il supposer que le seul moyen de lui transférer la saisine du titre transmis était justement celui qui avait été négligé?

Certes, le soumettre à de tels devoirs serait d'une rigueur bien grande, et les Juges qui l'ont fait ont commis une déplorable interversion de rôle.

Qu'ils eussent adressé à M⁰ L... ces reproches et ce langage, sans peine on l'aurait conçu, et la raison, le bon sens de tous auraient applaudi à cette appréciation de la conduite de l'officier public;

Mais punir le capitaliste de ce qu'il n'a pas aperçu et n'a pas rectifié spontanément les fautes du notaire, dans la loyauté et l'expérience duquel il avait mis toute sa confiance, est une chose qui ne est jamais vue, et que la Cour assurément n'érigera pas en principe.

COUR D'APPEL DE TOULOUSE.

(DEUXIÈME CHAMBRE).

CONCLUSIONS MOTIVÉES

POUR

Mme DE VIALAR, SUPÉRIEURE DES SOEURS DE SAINT-JOSEPH.

CONTRE

M. M..... Avocat.

—

Attendu que Mme de Vialar, qui avait recueilli, dans l'hérédité de M. Portal, son grand-père, une fortune considérable, dont le chiffre peut être porté, sans exagération, à plus de trois cent mille francs, voulut, obéissant aux inspirations d'une piété ardente, consacrer cette fortune même à des établissements destinés à secourir les pauvres, et à procurer aux classes inférieures le bienfait d'une éducation chrétienne; que dans ce but, elle fonda à Gaillac une Maison religieuse, qui prit le nom de Saint-Joseph de l'Apparition, et dont l'objet était l'éducation gratuite des enfants pauvres et les secours à donner aux malades, soit à domicile, soit dans les établissements publics ; qu'en entrant dans cet établissement, les Sœurs étaient tenues de fournir à leur entretien pendant la durée du noviciat, et de compter, en prononçant leurs vœux, une dot de cinq mille francs, qui étaient remboursables dans cinq années, si ces vœux n'étaient pas renouvelés ;

Attendu que c'est avec ces éléments, et surtout avec la fortune personnelle de la fondatrice, que devait marcher cette Maison religieuse, à laquelle la dame de Vialar dévoua son existence et son avenir ; que ses efforts furent dans l'origine couronnés du plus heureux succès ; que désireuse de répandre les bienfaits de son institution, soit en France, soit à l'étranger, elle établit des succursales à Milhau, à Montans, à Alger, à Bone, à Tunis, à Malte et à Constantine ; que toujours elle obtint dans ces créations diverses la haute approbation de ses supérieurs ecclésiastiques et celle des fonctionnaires représentant l'autorité civile ; que les déclamations que s'est permises M. M..., en l'accusant de n'avoir voulu reconnaître aucune autorité supérieure à la sienne, et d'avoir, par une indépendance répréhensible, fait naître de pénibles débats entre elle et M. l'Evêque d'Alger, ne reposent sur aucun fondement sérieux ; que si quelques difficultés ont pu surgir à raison de leurs attributions respectives, elles ont été bien vite aplanies, et que la Concluante a obtenu des diverses autorités d'Algérie, de M. le Maréchal Bugeaud, du Consul français à Tunis, et de M. Martin (du Nord), Ministre de la justice et des cultes, des lettres où se trouvent exprimés les sentiments d'une profonde reconnaissance pour les services éminents rendus par son institution ; qu'enfin la sanction même donnée à cette institution par Sa Sainteté, dans un décret du 6 mai 1842, repousse les insinuations qu'au nom de M. M..... on a essayé de jeter dans les débats ;

Mais attendu que les créations des nombreuses succursales dont il a été déjà parlé entraînaient, non-seulement des dépenses considérables devant lesquelles ne recula jamais la piété de la Concluante, mais nécessitaient en outre, de sa part, des courses et des voyages multipliés qui ne lui permettaient pas de présider elle-même à la direction des affaires d'intérêt, dont jamais elle ne s'occupa ; qu'elle s'était reposée de ce soin sur un vénérable ecclésiastique, M. l'abbé Mercier, Curé de Saint-Pierre, à Gaillac, qui, pendant les dernières années de sa vie, fut son seul mandataire ; que pendant toute la durée de cette administration, elle n'eut qu'à se louer de ses rapports avec cet homme de bien, et que ses intérêts et sa fortune furent gérés avec toute la sollicitude désirable ; qu'aussi, et malgré les fondations diverses qui existaient déjà, elle n'avait été obligée de recourir à des emprunts par lettres de change ou par billets, que pour une somme d'environ vingt-cinq mille francs ; que sa dette hypothécaire était plus considérable sans doute ; mais que garantie par des immeubles d'une grande valeur, donnant un revenu de quinze à seize mille francs, cette dette ne devait lui inspirer aucune sorte d'inquiétude ; qu'indépendamment des maisons par elle acquises à Alger, sur les conseils et sous la direction de son frère, M. le Baron de Vialar, et dont elle avait la jouissance, elle était, en outre, en instance près du Gouvernement pour obtenir la délivrance d'une autre maison dont la propriété résidait sur sa tête, et dont l'administration militaire s'était emparée sans en payer le prix ;

Attendu que, dans une telle situation, rien n'était plus facile et plus simple que de procéder à la liquidation de ses affaires, et qu'au moyen d'un emprunt de vingt-cinq mille francs, sauf à attendre pour le paiement de

la dette hypothécaire, la vente des maisons d'Alger,
on aurait aisément suffi à tout ;

Attendu que les choses auraient, selon toute apparence, marché ainsi, si un grand malheur n'était survenu
dans le cours du mois de septembre 1844 ; qu'à
cette époque M. le Curé Mercier fut atteint d'une maladie grave, qui le mit dans l'impuissance de continuer la
gestion des affaires de la Concluante, et qui au bout de
quelques mois, le conduisit au tombeau ; que cet événement contraignit la dame de Vialar de choisir un autre
représentant, et qu'elle accepta des mains de M. le Curé
Mercier, sans hésitation aucune, M. M..... qui, lui assu-
rait-on, était digne de son entière confiance ; que ce dernier fut mis à la place du Curé de Saint-Pierre, et se
trouva investi des mêmes attributions et des mêmes
pouvoirs ; qu'il ne fut pas, il est vrai, rédigé de procuration écrite pour le constater, pas plus qu'il n'en avait
existé pour établir le mandat de son prédécesseur ; mais
qu'il commença immédiatement la gestion qui lui était
confiée, et s'occupa seul des affaires d'intérêt de la
Concluante ;

Attendu que pour satisfaire aux besoins de la Maison
mère, établie à Gaillac, les fonds étaient envoyés d'Alger
par un sieur Callamand, procureur fondé de la Concluante en Afrique, lequel percevait les loyers des maisons, et avec cette ressource, et quelquefois aussi en
ayant recours à des emprunts, fournissait à tous les besoins et à toutes les dépenses de la maison ; que les fonds
étaient expédiés par lui, soit au moyen de traites tirées
sur des banquiers français, soit au moyen de bons sur
le trésor immédiatement recouvrables ; que c'était M. M...
qui recevait ces valeurs diverses, et qui en touchait
le montant depuis la maladie de M. le Curé Mercier ; que
ces fonds, il les faisait servir, soit au paiement des

lettres de change que Callamand tirait sur le couvent, soit à l'entretien de la *Maison mère*; qu'il devait tenir une note exacte de l'emploi ainsi effectué par lui pour rendre un jour ses comptes, auxquels son administration avait pour conséquence nécessaire de l'assujettir; que les versements par lui faits étaient réalisés par petites sommes ou par fractions peu importantes, qui laissaient toujours à sa disposition entière la majeure partie des capitaux expédiés;

Attendu que jusqu'en septembre 1844, Callamand avait satisfait, par ses envois successifs, à toutes les exigences des Sœurs de la Maison de Gaillac, dont il blâmait quelquefois, en termes peu mesurés, les dépenses excessives; que sa correspondance prouve qu'au moyen des ressources dont il dispose, il peut parer à tout, et qu'en réalité il parvient à y suffire; que rien n'était plus simple que de continuer de suivre cette voie, qui aurait inévitablement mis la Concluante à couvert de la catastrophe dont on voudrait aujourd'hui la rendre victime; mais que peu de temps après être entré en fonctions, M. M... proposa à la dame de Vialar, sous le prétexte des retards apportés par Callamand à l'envoi des fonds qui venaient de l'Algérie, la création de lettres de change nombreuses qui devaient être tirées de Gaillac sur Alger, et dont la négociation devait être faite par ses soins; que la Concluante, absorbée par les préoccupations que lui inspirait la maladie du curé Mercier, et peu accoutumée d'ailleurs à s'occuper de ses affaires pécuniaires, dont elle laissa toujours la direction à des tiers, donna sans hésitation toutes les signatures qui lui étaient demandées; que c'est manifestement à cette circonstance que doit être attribué le désordre effrayant qui a bientôt suivi, et dont le résultat a été de grossir son passif de plus de cent mille francs, dans un intervalle de onze ou douze mois ; que M. M... se fit souscrire, à Gaillac même, des lettres de change pour une somme de vingt-neuf mille francs, dont le corps d'écriture est tracé de sa main, qui étaient tirées à son ordre, qu'il a personnellement négociées en les endossant, et dont il a perçu les fonds ; que d'un autre côté, dans l'intervalle du 24 septembre au 15 avril, date d'une procuration, dont il sera bientôt parlé, il reçut d'Alger, par l'intermédiaire de Callamand, une somme de soixante-quatre mille cinquante francs, ainsi qu'il appert du carnet et du compte présenté par celui-ci, ce qui forme un total de quatre-vingt-treize mille cinquante francs, dont il s'obstine à ne pas faire connaître l'emploi ;

Attendu qu'après le décès de M. le curé Mercier, et au 15 avril 1845, Mme de Vialar fut obligée de se rendre en Afrique où l'appelait la surveillance de ses Etablissements ; que M. M..., qui, depuis bientôt sept à huit mois, se trouvait à la tête de l'administration de ses affaires , devait continuer cette administration même dont plus tard les comptes seraient par lui rendus ; qu'en effet, c'est lui qui a géré encore et administré sous le nom et la responsabilité de la sœur Pauline Gineste, à laquelle, sur l'invitation de M. M..., fut laissée une procuration retenue par Me Prouho, notaire à Toulouse ; que malgré la qualité de mandataire, donnée à cette Dame, ce n'est pas elle qui a perçu les capitaux, négocié les effets ou tenu les comptes, mais que M. M... seul est demeuré chargé, après comme avant, de ces soins divers ;

Attendu qu'indépendamment du mandat dont il vient d'être parlé, la Concluante, dans l'espérance que lui avait fait concevoir M. M... d'un emprunt de vingt-cinq mille francs qui devait être négocié chez les MM. Lacombe, banquiers, à Albi, laissa pour vingt-cinq mille francs de traites en blanc, déposées entre les mains de la sœur Pauline; que ces traites, destinées à éteindre ce que la Dame de Vialar appelait sa *dette flottante,* ne devaient et ne pouvaient être négociées que dans le cas où l'emprunt serait réalisé; que néanmoins, et presque aussitôt après le départ de la Concluante, ces effets ont été lancés dans la circulation pour être consacrés à des dépenses qui sont encore aujourd'hui complétement ignorées d'elle;

Attendu qu'indépendamment de ces vingt-cinq mille francs de traites, il en a été émis par la sœur Pauline, en vertu de la procuration précitée, pour des sommes énormes, et qu'au bout de quatre ou cinq mois, la situation est devenue si grave, que M. M... n'a pas craint d'écrire à la Dame de Vialar que sa déconfiture était irrévocablement accomplie, et que pour sauver le Couvent des exécutions dont il était menacé de la part des créanciers porteurs de titres, il n'y avait d'autre parti à prendre que de le faire passer, à l'aide d'une convention frauduleuse, sur la tête de la sœur Pauline Gineste;

Qu'il n'est pas besoin de dire que de semblables conseils, qui seraient désavoués par la délicatesse la plus vulgaire, ne pouvaient faire fortune auprès de la Concluante; que sans rechercher les motifs qui les avaient inspirés, ni se préoccuper du rôle nouveau que semblait vouloir prendre la sœur Pauline Gineste, dont les idées étaient si parfaitement d'accord avec celles de M. M..., la Dame de Vialar crut que le moyen le plus sûr de déconcerter les combinaisons dont on semblait vouloir la rendre victime, était de se rendre sur les lieux, et d'exiger un compte exact de l'emploi qui avait été fait de sa fortune; que la demande qui en fut faite en son nom, et qui, d'après la correspondance de M. M..., semblait ne pas pouvoir souffrir de difficulté, fut néanmoins repoussée par celui-ci, et que toutes les tentatives amiables faites pour triompher de sa résistance, demeurèrent infructueuses ;

Attendu dès lors que le procès actuel est devenu une nécessité impérieuse, et qu'il a dû être dirigé à la fois contre M. M.. qui, depuis le 24 septembre 1844 jusqu'au retour de la Concluante, a de fait géré et administré les affaires et les intérêts de celle-ci, et contre la Dame Pauline Gineste qui, en vertu de la procuration du 15 avril, est devenue personnellement responsable à partir de cette dernière époque ;

Attendu que, si la dame Pauline Gineste a accepté les conséquences du mandat dont elle était investie, et a reconnu l'obligation de rendre compte qui pesait sur sa tête, il n'en a pas été de même de M. M..., lequel, sous le prétexte de la non-existence d'une procuration écrite constatant ses pouvoirs, a prétendu devoir en être affranchi ;

Attendu que le Tribunal de Première Instance de Gaillac, se basant sur ce motif, a démis, en effet, la Dame de Vialar de ses prétentions à ce sujet, et qu'il importe dès lors d'apprécier, soit en droit, soit en fait, la légitimité de cette décision ;

Attendu, en droit, que si, aux termes de l'article 1985 du Code Civil, le mandat verbal ne peut être établi par la preuve testimoniale que conformément aux règles posées par l'article 1341 du même Code, il est néanmoins reconnu par la Jurisprudence de la Cour de Cassation et par les Auteurs les plus recommandables, que le mandat tacite existe dans notre Droit comme dans la Législation ancienne, et que la justification de son existence peut résulter des faits matériels qui n'ont pu avoir lieu qu'en exécution de ce mandat lui-même; que le second paragraphe de l'article 1985 déjà cité, et relatif à l'acceptation, consacre cette règle en déclarant que cette acceptation peut n'être que tacite et n'a nul besoin d'être prouvée par écrit; qu'au surplus, et en admettant même que les principes concernant l'admissibilité de la preuve testimoniale en matière de contrat, dussent être appliqués à l'espèce, les réclamations de la Concluante n'en devraient pas moins être accueillies, en présence des nombreux commencements de preuves par écrit qui s'évincent de tous les actes du procès ;

Attendu qu'en premier lieu M. M... a fait lui-même l'aveu le plus explicite de la procuration qu'il repousse aujourd'hui, dans les conclusions par lui notifiées en première instance, où il demande par exprès une somme de six cents francs pour le dédommager *des soins et faux frais qui lui seraient dus à partir du mois de septembre 1844 jusqu'au 15 avril 1845* ; que ce chef de conclusion est important à retenir, car il concourt à démontrer la sincérité du récit présenté par Mme de Vialar qui, elle aussi, disait qu'à compter du mois de septembre 1844, la gestion de ses affaires était passée des mains de M. le curé Mercier dans celles de l'Adversaire ; que sous ce point de vue il y a accord parfait entre les parties contendantes ; que de plus, il en résulte encore que M. M... a géré et administré, puisque des faux frais lui sont dûs et qu'il soutient avoir droit à des honoraires pour ses peines et soins non rémunérés ; que dans ce chef de demande reconventionnelle il ne dit point que la rémunération ait pour cause telle affaire spéciale et déterminée, mais il l'applique manifestement à une gestion illimitée embrassant la généralité des affaires de sa commettante ; qu'un tel langage tranche manifestement la question du procès et suffit pour la résoudre sans recourir aux autres documents qu'il renferme ;

Attendu néanmoins que le Tribunal a cru pouvoir victorieusement répondre à cette argumentation, à l'aide du principe de l'indivisibilité en matière d'aveu judiciaire ; qu'ici, il ne pouvait y avoir lieu à faire l'application de cette règle, qui ne doit d'ailleurs être acceptée que dans une certaine mesure ; que, dans la réalité des choses, il ne s'agit point d'un aveu, mais d'une demande en condamnation formée par M. M..., et ayant pour base le mandat qu'il dénie maintenant ; que dès lors, le droit qui appartient à Mme de Vialar de s'en armer pour le contraindre à la reddition du compte ne saurait être contesté ; qu'il serait par trop étrange qu'au nom de M. M... pût être demandé et obtenu le salaire de la gestion, et que Mme de Vialar, en payant ce salaire, ne pût pas demander des comptes ; que le Tribunal s'est donc mépris quand il a cru devoir faire à la cause l'application de l'article 1356 qui lui est complétement étranger ; que l'aveu, donc, consigné dans le libelle qui vient d'être rappelé, aurait dû produire toutes ses conséquences légales ;

Attendu, d'autre part, que les preuves du mandat, indépendamment de cet aveu, résultent en outre des actes les plus positifs et les plus formels ; qu'il appert des lettres de change versées au procès que le sieur M... a négocié, du mois de septembre au 15 avril, pour vingt-neuf mille francs de traites écrites de sa main, endossées par lui, et dont les fonds lui ont été directement comptés par des banquiers ou des capitalistes ; que le fait de ces négociations ne peut être révoqué en doute en présence des traites elles-mêmes, qui, tirées sur Callamand, ont été acquittées par celui-ci avec les deniers de la Concluante ; que le rang qu'occupe la signature de M. M... sur ces traites démontre que la négociation en a été faite seulement par lui, et que c'est lui dès lors qui en a reçu les contre-valeurs ; qu'il n'allègue pas et n'a jamais allégué avoir accepté pour son compte personnel ces lettres de change, dont il aurait remis les fonds à Mme de Vialar en les recevant des mains de cette dernière ; qu'il n'a donc manifestement agi que dans l'intérêt de la Concluante, à titre de procureur fondé et par suite avec l'obligation de rendre compte; qu'il est bien tenu de dire, en effet, ce qu'est devenu ce capital considérable qui a été mis à sa disposition, et à quel emploi il l'a consacré; qu'ici se rencontrent toutes les conditions exigées par Troplong pour la constatation du mandat tacite; que la preuve en est facile par des écrits émanés du mandataire lui-même et qui n'ont pu émaner de lui qu'en cette qualité;

Attendu que si, d'une part, M. M..., apportant de la sorte au mode de gestion des affaires de la Dame de Vialar, une innovation ruineuse, a fait tirer pour en percevoir les fonds ces traites multipliées de Gaillac sur l'Afrique, ce qui jusque-là n'avait jamais eu lieu; de l'autre, il a également emboursé toutes les valeurs qui étaient envoyées par Callamand à Gaillac et qui représentent un capital de soixante-quatre mille cinquante francs; que les certificats, délivrés par tous les banquiers de Gaillac attestent que Mme de Vialar ne se présenta jamais chez eux pour retirer le montant des sommes provenant de la négociation qui en était faite; que ce fut, dès lors, toujours M. M... qui, en exécution des pouvoirs dont il était investi, percevait toutes ces sommes, et qu'aujourd'hui il ne saurait refuser d'en faire connaître la destination et l'emploi;

Que ce fait de la perception d'un capital aussi considérable, étant insusceptible de dénégation et de controverse, la conséquence irrésistible qui s'en déduit, c'est la nécessité pesant sur la tête de l'Adversaire d'en rendre compte; que sa conscience seule lui en ferait un devoir alors même que la loi serait muette, mais que le Droit étant certain, ce devoir devient plus impérieux encore;

Attendu que M. M..... ne s'est point dissimulé la

puissance de cette objection, et que, pour la réfuter à l'avance, il a déclaré avoir bien réellement perçu certains capitaux de la Concluante, ajoutant qu'à mesure il en a fait connaître l'emploi et payé le reliquat, s'il en existait : mais que ce langage est manifestement contraire à la vérité, et démontré faux par les preuves les plus positives ; que d'une part, en effet, ce n'est pas une affaire, ou quelques affaires isolées, qui ont été confiées à M. M....., mais bien une administration générale et absolue, s'appliquant à une série d'opérations enchaînées les unes aux autres et qui embrassaient la totalité des intérêts pécuniaires de la Concluante à Gaillac : que les habitudes de celle-ci, qui ne se préoccupa jamais que d'idées religieuses et qui était ou pouvait être à tout instant forcée de se rendre pour la surveillance de ses établissements, dans les contrées les plus lointaines, ne lui permettaient pas de prendre en main la gestion de ses propres intérêts. Qu'avant M. M....., c'était le curé Mercier qui était investi de toute sa confiance, et qu'en succédant au second, le premier reçut les mêmes attributions et les mêmes pouvoirs ; qu'il est si vrai que le mandat se référait à toutes et non pas seulement à certaines affaires, que l'on défie M. M....., d'établir qu'une seule traite ait été négociée par un autre que par lui et qu'un seul capital ait été versé dans d'autres mains que dans les siennes ; que ce qui vient encore à l'appui de cette incontestable vérité, c'est que depuis le mois de janvier 1856 jusqu'en avril, date de la procuration de la sœur Pauline, on rencontre chaque mois, presque chaque semaine, un effet nouveau dont la création vient d'être faite et que chacun de ces effets est écrit par M...., signé par lui comme endosseur, et dès lors négocié également par lui ;

Attendu que si ces faits sont reconnus, ainsi que la

portée légale qui en dérive, ou ne saurait attacher aucune importance à l'allégation de l'Adversaire, qui prétendrait avoir rendu ses comptes à mesure, sans prendre la précaution de réclamer une décharge écrite ; qu'indépendamment du mensonge qui a inspiré un tel système , la demande même formée par M. M....., à l'effet d'obtenir une somme de six cents francs pour remboursement de ses avances ou paiement des honoraires qui lui seraient dus pour ses peines et soins, en démontre la fausseté ; que s'il eût rendu ses comptes partiels, dans ces comptes auraient figuré les avances dont il est question aujourd'hui, afin que la Concluante en subît l'imputation ; et que puisqu'elles seraient encore dues, selon M. M....., il faut en conclure que les comptes n'ont pas été rendus ;

Attendu que s'ils l'eussent été, rien ne serait plus facile à l'Adversaire que de présenter de nouveau, en puisant dans le livre qu'il a dû nécessairement tenir et qu'il a tenu en effet , les éléments constitutifs de ces comptes mêmes ; que l'importance et le nombre des affaires dont la gestion lui était confiée, rendait indispensable la tenue de ces livres dont il emprunta même le modèle au sieur Vigné, banquier à Gaillac, qui l'a attesté dans un certificat produit au procès ; que les notes écrites de sa main et par lui remises soit à Mme de Vialar, soit au sieur Callamand à qui il en fesait l'envoi, sont une preuve nouvelle de l'existence de ces livres, que M. M..... s'obstine à ne pas montrer ; que dans ces notes , on trouve, en effet, pour certaines des lettres de change négociées, leur date, le nom du tireur, celui du tiré, celui de l'endosseur, le lieu où elles ont été souscrites, la date de leur souscription, l'époque où le paiement doit en être effectué ; que ces détails s'appliquant à un grand nombre de traites, fournies par M. M...., longtemps après leur souscription, ne permettent pas de révoquer en doute qu'au moment où il a commencé les opérations intéressant la Concluante, il a tenu en effet le livre dont le sieur Vigné lui avait communiqué le modèle ; que si donc il refuse de satisfaire aujourd'hui à la réclamation qui lui est adressée, c'est qu'il a un puissant intérêt à éviter l'examen et la discussion d'une comptabilité qui révèlerait les fraudes dont la Dame de Vialar a si fort à se plaindre ;

Attendu, en effet, que l'on offre, parce que toute résistance à cet égard serait impossible, de rendre compte de la gestion postérieure au 15 avril 1845 ; qu'après le 15 avril, date de la procuration, aucun changement ne fut apporté à la manière dont marchait l'administration des affaires de la Concluante ; que si le nom de la sœur Pauline Gineste fut inséré dans la procuration authentique retenue par Me Prouho, dans la réalité des choses ce fut M. M..... qui seul géra comme il l'avait fait dans les temps antérieurs ; qu'il n'y eut, dans la série des opérations par lui faites, aucune sorte d'interruption ; que celles qui furent faites après n'étaient que la conséquence et la suite de celles qui avaient eu lieu auparavant ; qu'il y avait entre toutes un enchaînement forcé qui constituait une seule et unique gestion, dont les diverses parties ne sauraient être séparées sans en briser l'harmonie et l'ensemble ; que c'est à cause de cet enchaînement même qu'aucun compte ne put et ne dut être présenté au 15 avril, parce qu'à cette époque les opérations n'étaient pas terminées, et qu'il fallait en attendre la fin pour procéder à un règlement définitif ;

Attendu que, pour échapper à cette argumentation dont il a compris lui-même toute la puissance, M. M....., a voulu se placer sous la protection du mandat authentique où se trouve inséré un nom autre que le sien ;

mais que cette exception ne doit avoir d'autre résultat
que celui de prouver l'embarras où le jette le système
de mensonge dans lequel il s'est engagé , et le peu de
loyauté des moyens dont il se prévaut contre son Adversaire ; qu'en effet , sa correspondance est là pour établir
que seul il administrait sous le nom de Mme Pauline Gineste, et dès le 21 avril suivant, c'est-à-dire quatre ou
cinq jours après , il l'écrivait officiellement au sieur
Callamand en Afrique ; qu'au 24 octobre et au 21 décembre, dans deux lettres importantes que la Cour jugera
utile de consulter, il le proclamait encore dans les
termes les moins équivoques , en ajoutant *que ses
comptes étaient tenus avec une régularité parfaite , et
qu'il les présenterait sur la première réquisition qui lui
en serait adressée ;*

Qu'il n'est donc pas possible d'alléguer aujourd'hui en
son nom que c'est la sœur Pauline Gineste qui a administré à partir de la date de la procuration, et que ce
jour-là a cessé sa gestion personnelle ; que ses assertions à ce sujet doivent être d'autant plus repoussées
comme indignes de confiance, qu'une lettre du 19 février 1846, écrite par la sœur Gineste à Callamand,
constate que celle-ci ignorait même les opérations et les
négociations faites par M. M....., dans les temps postérieurs au 15 avril; qu'elle y déclare ne pouvoir pas
fournir les renseignements qui lui sont demandés sur le
nombre des traites tirées ou payées par elle, parce que les
livres sont entre les mains de M. M..... dont elle crain-
drait de blesser la susceptibilité en en demandant la communication, mais qu'elle tâchera d'en prendre connaissance à son insu, et fera plus tard parvenir les renseignements réclamés d'elle ; qu'en présence de ces faits et
d'une correspondance aussi positive, on ne saurait être
admis à soutenir encore que la gestion de M. M....., s'est

arrêtée au 15 avril ; qu'il a donc continué après comme avant, et que sa gestion étant *une*, elle ne peut être scindée sans les inconvénients les plus graves ; que le but et les combinaisons de l'Adversaire sont faciles à pressentir ; que déchargé de toute responsabilité pour la première période, il fera payer avec les fonds perçus pendant la seconde tous les comptes qui auraient dû l'être avec ceux de la première ; que de la sorte la Concluante se trouvera entièrement livrée à sa discrétion : que non-seulement elle perdra les deniers qui étaient dans les mains de M. M....., à cette date du 15 avril, et qui étaient destinés soit à fournir aux besoins du couvent, soit à payer les comptes non encore liquidés et dont le chiffre pourtant était connu, mais qu'en outre on fera servir les ressources pécuniaires touchées par ses représentants après le 15 avril, à payer des dettes qui auraient dû être antérieurement éteintes ; que ce danger seul, dont l'imminence frappera l'attention de la Cour, suffirait pour faire sentir la nécessité d'un compte général que l'on ne refuse que dans le but de réaliser cette odieuse spéculation ;

Attendu que la nécessité de ce compte dérive, d'une manière non moins irrésistible, de ce fait déjà constaté aux débats et non dénié par M. M..... que des effets en blanc ont été laissés à la disposition de la sœur Pauline et par conséquent à la sienne pour une somme de vingt-cinq mille francs ; que ces effets, qui avaient une destination sacrée, et qui devaient servir à négocier l'emprunt à l'aide duquel aurait été payée la dette flottante de Mme de Vialar, ont été consacrés à un emploi tout différent et dont celle-ci n'a pas encore connaissance ; mais qu'il résulte de la représentation qui est faite de certains d'entre eux, négociés par M. M....., qu'ils ont reçu une date antérieure au 15 avril, ce qui les

ferait rentrer dans la première période dont on refuse
de rendre compte ; qu'une telle injustice ne saurait être
consacrée par la Cour, qui ne voudra pas qu'un capital
aussi considérable ait pu être touché par l'Adversaire,
sans qu'il soit assujetti à faire connaître ce que ce capital est devenu ; que néanmoins cette obligation ne peut
lui être imposée que comme une conséquence du compte
qu'il refuse, et que puisqu'il ne saurait en être affranchi, ce compte également doit lui être imposé ;

Attendu que la Cour trouvera plus impérieuse encore
la nécessité de lui faire subir cette obligation, si elle se
préoccupe des faits concernant la lettre de change de
trois mille francs, tirée du 15 janvier 1845 sur la Maison
Viguerie à Toulouse, et payable au 15 avril de la même
année ; que M. M... n'a pas craint, pendant les débats
du procès actuel devant le Tribunal de Gaillac, de retirer
cet effet de commerce de son portefeuille où il se trouvait
réuni avec un grand nombre d'autres, payés aussi avec
les deniers de la Concluante, pour le faire protester et
en poursuivre le paiement à Toulouse, par l'intermédiaire
d'un prête-nom ; que ce prête-nom ayant été obligé de
convenir du rôle complaisant qu'il avait eu le tort d'accepter a été plus tard remplacé par M. M... lui-même,
qui a eu le courage de demander en son nom personnel
la condamnation de la Concluante ; que le Tribunal de
Commerce et la Cour, successivement saisis de ce péni-
ble incident, ont subordonné leur décision à la question
de savoir si M. M... serait ou non tenu de rendre les
comptes de sa gestion ; qu'en effet, il était allégué par la
Dame de Vialar, que cette traite fesait partie de celles
que M. M..., en sa qualité de mandataire et au moyen des
deniers qui lui étaient fournis, avait dû retirer de la circulation, et qu'elle devait être comprise dans le compte
qui vainement lui était demandé ; que celui-ci osa soute-

nir, au contraire, que cet effet était indépendant de ce
compte, qu'il avait été payé avec ses ressources personnelles, et que dans tous les cas sa créance devait être
reconnue ;

Attendu qu'aujourd'hui la fausseté de ces allégations
ne peut être l'objet d'un doute ; que, grâces aux investigations qui ont été faites dans les Maisons de Banque du
département du Tarn, et notamment chez M. Lacombe,
d'Albi, il a été découvert de quelle façon avait été soldé
ce billet dont M. M .. se disait le porteur légitime ; qu'il
résulte de l'extrait des livres de la Maison Lacombe, qu'à
la date du 19 avril 1845, M. M... s'y est transporté, a
retiré des valeurs pour une somme de dix mille francs,
que dans ces valeurs était comprise la traite dont il est
question dans le moment actuel, et que pour les payer, il
a remis, non pas des deniers qui lui fussent personnels,
mais dix mille francs de lettres de change souscrites par
Mme de Vialar, tirées sur Callamand, à Alger, et qui ont
été payées par celui-ci à leur échéance ; qu'ainsi se trouve
pleinement mise à découvert la fraude condamnable dont
M. M... a voulu user pour s'emparer d'un capital qui
n'était pas le sien ;

Attendu que celui qui a pu s'oublier à ce point, ne
reculerait pas devant d'autres combinaisons désavouées
par la délicatesse pour retenir des capitaux qui ne lui
appartiennent pas ; que cette première tentative doit naturellement inspirer pour l'avenir de sérieuses alarmes,
et que M. M... qui a dans ses mains des traites acquittées pour un capital de plus de cent mille francs, peut
aisément aller choisir d'autres effets ou d'autres traites
pour essayer encore d'obtenir des condamnations contre
la Concluante ; que le seul moyen de conjurer ce grave
danger, c'est de l'assujettir à la reddition d'un compte
qui le contraindra à produire ses pièces justificatives, et

à s'en dessaisir de façon à ne pouvoir plus désormais se livrer à des actes de même nature ;

Attendu que cette dernière circonstance, jointe à toutes les autres, démontre, d'un côté, l'existence du mandat, son acceptation et la gestion non interrompue dont il a été suivi, et de l'autre, la perception de capitaux énormes et la négociation de lettres de change dont la valeur s'élève à plus de cent mille francs ; qu'en présence de ce double fait, une reddition de compte est prescrite, de concert, et par la loi, et par l'équité ;

Par ces motifs, plaise à la Cour,

Disant droit sur l'appel envers le jugement du Tribunal du 22 juillet 1846, réformant ;

Condamner M. M... à rendre compte aux formes de droit, par-devant tel Commissaire qu'il plaira à la Cour de commettre, de la gestion qui lui a été confiée, à partir du 24 septembre 1844 jusqu'au 15 avril 1845 ; sa responsabilité, à dater de cette dernière époque, devant exclusivement peser sur la tête de la sœur Pauline Gineste ;

Assujettir en conséquence M. M... à faire connaître l'emploi qu'il a fait des valeurs par lui reçues depuis le dit jour 24 septembre 1844, et ce, tant des valeurs par lui directement négociées avec la signature de la Concluante et la sienne, que de celles envoyées d'Alger par Callamand, dans le cours de la même période, et qui ont été emboursées par lui ;

Réserver à toutes parties leurs droits pour les soutenements et les impugnations dont ledit compte pourra devenir l'objet ;

Ordonner la restitution de l'amende, et condamner l'Adversaire aux entiers dépens.

APPENDICE.

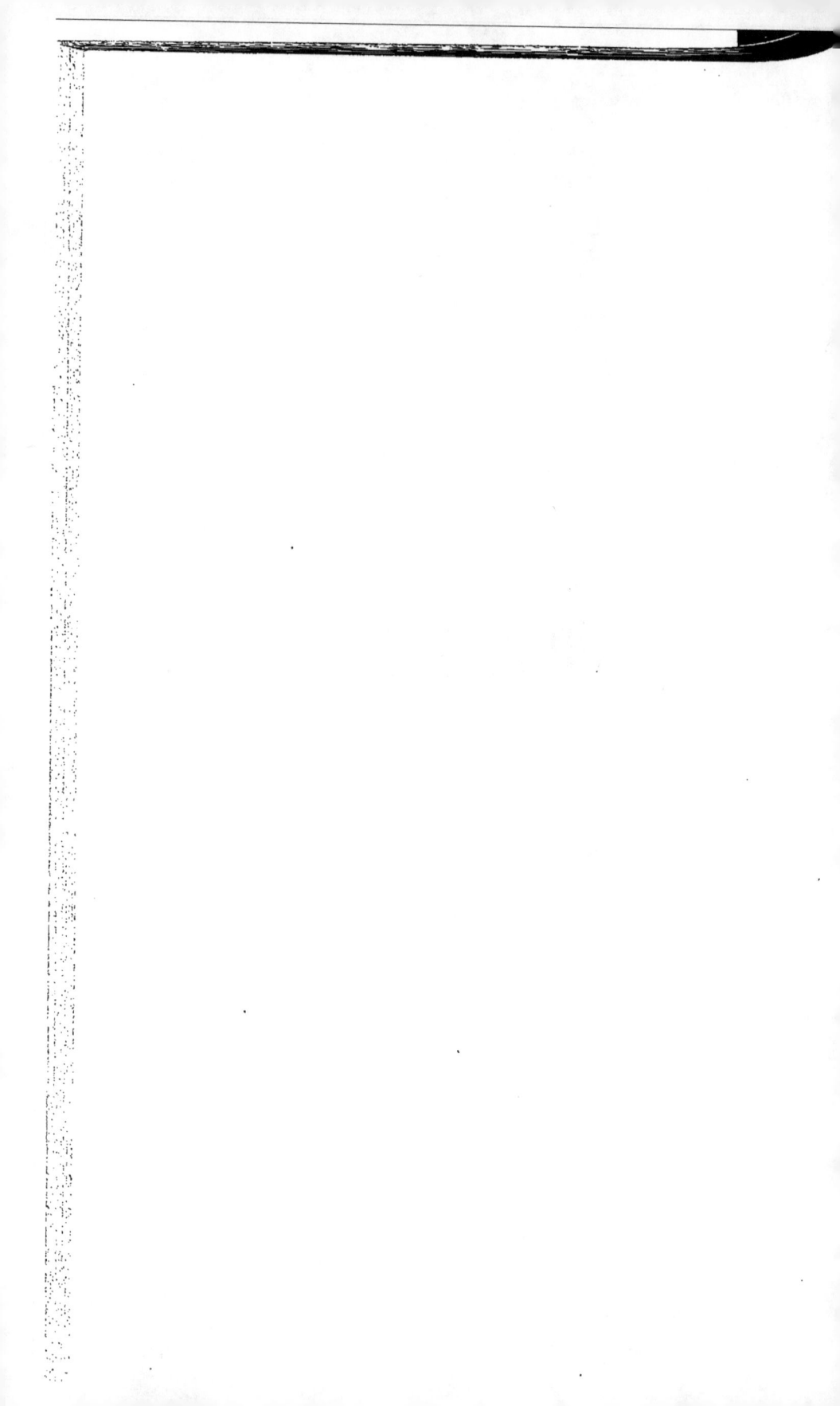

EXTRAIT

du JOURNAL DE TOULOUSE.

(3 FÉVRIER 1864.)

—

Le barreau de Toulouse vient de faire une immense perte. M. Alexandre Fourtanier a succombé hier matin, à une courte et douloureuse maladie. Ce coup inattendu, qui a frappé l'éminent avocat, au milieu de ses travaux, dans la plénitude de sa force et de son talent, a retenti douloureusement parmi ses confrères et au sein de notre Cité, qui était accoutumée à admirer l'éclat de sa parole et la sûreté de ses appréciations juridiques.

M. Fourtanier a successivement appartenu à la magistrature judiciaire et administrative. Il était entré au barreau dès 1826. Il fut nommé, en 1830, substitut du procureur du roi à Toulouse, puis substitut du procureur général, enfin procureur du roi près le même siége. Il fut ensuite conseiller de préfecture, conseiller général, maire de Toulouse, député à l'assemblée législative. Dans ces diverses positions, où l'avait appelé la supériorité de son esprit, il sut allier les rigoureuses exigences de ses devoirs aux inspirations d'une nature aimante et d'un cœur généreux.

Des voix plus autorisées que la nôtre rappelleront l'élévation de son talent, et la légitime influence qu'il exerçait à la barre. Pour nous, nous tenons à constater que, continuant les traditions de sa famille, M. Alexandre Fourtanier a été fidèle, pendant toute sa vie, à l'opinion libérale. Il en donnait naguère un éclatant témoignage, lorsqu'à l'occasion des dernières élections au Corps législatif, il portait la parole devant le Tribunal de Toulouse, au nom de M. Ch. de Rémusat.

Puissent les regrets que nous exprimons, et qui seront partagés par tous, apporter quelques adoucissements à la douleur d'une famille si cruellement frappée, dans moins d'un an, par deux pertes prématurées et irréparables !

A. Pujol.

EXTRAIT

du JOURNAL L'AIGLE (de Toulouse).

(3 FÉVRIER 1864.)

—

Le barreau et la magistrature s'éveillaient hier matin dans un état d'émotion et de stupeur qui s'est bientôt communiqué à la Cité tout entière. L'ordre des avocats avait perdu le plus considérable et le plus illustre de ses membres. M⁰ Alexandre Fourtanier n'est plus !

A l'audience de la Cour, M. le Premier Président a prononcé dès son entrée ces paroles : « La Cour s'asso- « cie au deuil du Barreau ; elle déplore avec lui la perte « immense qu'il vient de faire. »

En ouvrant l'audience du Tribunal, M. le président Fort a fait entendre le même langage.

La perte de M⁰ Fourtanier n'est pas seulement im- mense, et les plus distingués comme les plus modestes de ses confrères s'accordent tous à la proclamer irrépa- rable.

On dira sur sa tombe et ailleurs, avec la religieuse at- tention qu'elle commande et les développements que son étude comporte, cette vie si noble et si laborieuse, si ad- mirablement remplie et si constamment utile, par laquelle

Mᵉ Fourtanier s'imposa à l'attention et à l'affection de ses concitoyens et de ses nombreux clients.

Dans cette esquisse hâtive et fiévreuse, nous ne cherchons pas la place d'un éloge; nous ne voulons trouver que la place d'un regret.

Il y a huit jours encore, il était à son poste, en présence de la Cour qui l'écoutait. Cette place était la sienne depuis 1839. Il en avait fait la première et la plus élevée; on ne la lui disputait plus.

Né en 1805, à Montgiscard, Mᵉ Fourtanier était issu d'une famille de légistes, dans laquelle la science du droit semblait être leur premier patrimoine.

A vingt-deux ans, il venait débuter devant la Cour où son père était avoué. Ses premiers essais frappèrent la Cour d'étonnement, et plusieurs magistrats, dont quelques-uns vivent encore, ont dit depuis, même après l'avoir admiré dans l'apogée de sa carrière : « Il n'a « jamais été plus complet que dans les plaidoiries de « ses débuts. »

En 1830, la magistrature le ravit au barreau par l'adoption et l'emploi d'un système qui donna alors, on le sait, des résultats si heureux et si brillants, et qu'il a été peut-être imprudent de déserter depuis. Mᵉ Fourtanier fut nommé substitut du procureur du roi à Toulouse. Bientôt après, il devint substitut du procureur-général à la Cour.

M. Amilhau, le procureur du roi d'alors, ayant été appelé à des fonctions nouvelles, Mᵉ Fourtanier fut placé aussitôt à la tête du Parquet du Tribunal de Toulouse.

Il sut donner à ces fonctions successives un éclat, et il y montra une sagesse dont le souvenir est loin d'avoir péri.

En 1839, il croit devoir déserter la magistrature, dont les chefs (et notamment M. le procureur-général

Romiguières) le poursuivent de leurs regrets. Il redevient avocat, et la barre, où il est volontairement descendu, redevient le champ de ses triomphes. Ses contemporains se le rappellent, et l'ont toujours répété à l'envi. L'année 1840 le trouve déjà en possession du premier emploi, qu'il a pris pour ne jamais le perdre.

Il a été honoré quatre fois par ses confrères du titre de bâtonnier. Elu, en 1849, par le département de la Haute-Garonne, comme Représentant du peuple à l'Assemblée Législative, il rend à son pays des services d'un autre ordre, mais non moins précieux. Maire de Toulouse, il donne une vie nouvelle à notre Municipalité. Député, plus préoccupé de l'utilité publique que de la recherche d'une vaine popularité, il consacre plus volontiers son grand talent oratoire à la discussion des questions sérieuses et positives qu'à l'essai des effets de tribune. Là son mérite solide, la netteté de ses vues, son inépuisable science, sa dialectique nerveuse, sa méthode et ses procédés savants, sont si vite et si bien distingués, que, duran! son court séjour à Paris, le Palais de Justice l'emprunta journellement au Palais-Bourbon, et qu'il devint, sans y prendre garde, un des avocats remarqués au Tribunal de la Seine et à la Cour de Paris, devant lesquels il eut à défendre des intérêts considérables.

Le Barreau de Paris l'aurait retenu s'il n'avait aimé jusqu'à l'adoration son pays, son berceau, sa famille, et, disons-le encore, le théâtre de ses premières luttes. L'esprit de retour l'attirait si vivement vers Toulouse, qu'on le vit résister alors aux sollicitations magnifiques d'un de ses confrères parisiens, que le Souverain venait d'appeler à la tête de la première Cour Impériale. Aussi pouvons-nous l'appeler avec orgueil *l'avocat de Toulouse.* Sous un autre rapport, il fut *l'avocat du Midi.* On peut le demander, non pas seulement au ressort de notre Cour, mais encore à tous les échos des Cours voisines dans l'étendue desquelles son autorité et son prestige étaient aussi admirés que connus.

Voilà les principaux traits de sa vie publique. Que ne pourraient ajouter ceux qui reçurent le bienfait de son intimité, les secrétaires qui ont eu l'honneur et l'avantage de collaborer avec lui dans son cabinet, les amis qu'il admettait dans sa vie de famille!... La discrétion autant que la douleur commandent aujourd'hui de ne point lever ces voiles.

Il y a un an à peine, le malheur l'avait déjà touché. Il avait perdu, emportée prématurément comme lui-même, sa digne compagne.

Il laisse deux fils, qu'il a voulu consacrer au Barreau, et dont la Cour a reçu naguère le serment professionnel. Puissent-ils trouver une consolation dans cet hommage imparfait que nous avons essayé de rendre à la mémoire de l'homme et du juriste, qui, dans son héritage, leur laisse de si grands souvenirs et de si belles traditions !

X.....

OBSEQUES

DE M. A. FOURTANIER

(3 février 1864)

DISCOURS

PRONONCÉ PAR M. A. SERVILLE

Secrétaire du Conseil de l'Ordre.

Les obsèques de M. Alexandre Fourtanier ont eu lieu hier mercredi ; le concours immense de personnes réunies pour prendre part à cette triste cérémonie était un témoignage certain du deuil général causé par la mort de l'éminent avocat.

A dix heures, le clergé de l'église Saint-Etienne est venu chercher la dépouille mortelle de M. Fourtanier. Sur le cercueil, on avait placé les insignes de la profession d'avocat.

Les deux fils du défunt conduisaient le deuil. Les coins du poêle étaient tenus par M. le Premier président, Mᵉ Gautier, doyen de l'ordre, en l'absence de M. le bâtonnier, M. le Procureur général, M. le Président du tribunal, M. Dufour président de l'Académie de Législation, et M. Cazeaux, faisant fonctions de maire.

Venait ensuite un innombrable cortége, où l'on voyait confondus MM. les avocats, les conseillers à la Cour impériale, les juges du tribunal de première instance et du tribunal de commerce, les avoués à la Cour et au tribunal, des conseillers municipaux, en un mot toutes les notabilités de la ville de Toulouse.

Les pauvres assistés par les hospices civils précédaient le cercueil; on sait que M. Fourtanier était membre du comité consultatif de cet établissement de charité.

Le corps des pompiers, commandé par M. le capitaine Fléchet, était là pour rendre un dernier hommage à celui qui fut maire de la Ville.

Ce long cortége s'est rendu à l'église métropolitaine, où une grand'messe a été célébrée, puis au champ de repos. Partout, sur son passage, l'honorable défunt rencontrait la foule muette et recueillie qui l'attendait pour lui donner un suprême adieu.

Le cercueil a été descendu dans le caveau de la famille.

A ce moment, M. E. Serville, secrétaire de l'Ordre, a prononcé, d'une voix émue, les paroles suivantes :

« Mes chers Confrères, Messieurs,

» Le barreau vient de faire une perte immense. Vous avez tous déjà recueilli avec une respectueuse et reconnaissante émotion ces paroles parties du cœur et qui ont si noblement associé les regrets de la magistrature à nos regrets (1); pour moi, Messieurs et chers Confrères,

_____

(1) M. E. Serville rappelle dans ces mots les paroles prononcées à l'audience de la Cour par M. le Premier président, et à l'audience du Tribunal, par M. le président Fort.

en présence de cette tombe, je ne me sens de force que pour prier et pour pleurer... J'aurais aimé à écouter, silencieux, les accents d'une voix plus autorisée, pour dire, au nom de l'Ordre, les sentiments qu'inspire à tous cette suprême et douloureuse épreuve.

» Mais une absence imprévue et regrettée a fait peser sur moi l'honneur de cette charge, et c'est une pieuse mission que mon cœur et ma position ne me permettaient pas de déserter.

» La mort frappe notre Ordre, Messieurs et chers Confrères, avec une inflexible rigueur, et c'est bien là un de ces coups qui troublent et déconcertent.

» Il y a quelques jours à peine, notre digne et si regrettable confrère nous apparaissait avec toute l'énergie d'une santé capable de résister aux plus rudes atteintes, et peu d'instants ont suffi pour arrêter cette carrière si pleine, et pour briser cette existence qui fit le bonheur de sa famille et qui fut l'honneur et la gloire de notre Ordre.

» M. Alexandre Fourtanier s'était révélé bien jeune, Messieurs, et plusieurs d'entre vous se rappellent, pour en avoir été les témoins, toutes les espérances que rendaient légitimes les heureux succès de ses débuts en l'année 1826. Peu d'années après, en 1830, la Magistrature vint le chercher au milieu de nous ; nommé substitut du procureur du roi près le Tribunal de Toulouse, il était élevé rapidement aux fonctions de substitut du procureur-général près la Cour de Toulouse, et appelé, en 1831, à remplir les foctions difficiles de procureur du roi près le Tribunal.

» M. Alexandre Fourtanier, Messieurs, aimait le pays où il était né, où il avait grandi ; il n'aurait pu se résigner à le quitter : il préféra, en 1839, reprendre la robe d'avocat et rester à Toulouse que de courir, loin de

son pays, vers les destinées brillantes qui lui étaient promises.

» Mais, en acceptant sa démission, on ne voulait pas
consentir à se séparer de lui, et il fut nommé membre
du conseil de préfecture de la Haute-Garonne. Bientôt,
absorbé par les occupations du barreau, il dut résigner
les fonctions de Conseiller de préfecture; son passé,
déjà glorieux, lui présageait un avenir plus glorieux
encore.

» Depuis lors, Messieurs, il ne nous avait quittés
que pendant de courts instants; conseiller municipal
et maire de Toulouse, il fut appelé en 1849 à l'Assemblée Législative, et le séjour qu'il fit à Paris, fut pour
lui l'occasion des plus brillants triomphes; sa prodigieuse
aptitude pour les affaires, la rectitude de son jugement,
sa connaissance profonde du droit, sa logique puissante,
irrésistible, toutes ces qualités que tous admiraient à
Toulouse, lui assignèrent à Paris et partout où sa voix
se fit entendre, un rang dont notre Ordre était fier. Un
instant on aurait pu craindre qu'il ne cédât aux sollicitations pressantes de ces maîtres de la science et de la parole qui cherchaient à le conserver dans leurs rangs;
mais non : s'il avait consenti à s'éloigner quelque temps
de Toulouse, son esprit et son cœur devaient l'y ramener infailliblement.

» Il rentra donc à Toulouse; et, depuis lors, vous
l'avez tous vu et admiré. — Oui, Messieurs, M. Alexandre Fourtanier a mérité et connu les grandes joies des
plus éclatants triomphes; quelle vie que la sienne, Messieurs ! Toujours sur la brèche, toujours prêt; quelle
argumentation vigoureuse, quelle autorité dans sa manière, dans ses discussions, quelle puissance dans ce
geste qui affirmait si énergiquement sa pensée ! Chacun
admirait la fécondité de ses ressources, la facilité incom-

parable de sa parole ; tout en lui révélait le grand avocat ; il était dans la splendeur de sa position si légitimement conquise, et c'est dans ce moment que la mort impitoyable est venue nous l'enlever et le ravir à la tendre affection de sa famille, au dévouement de ses amis, et de ceux qui, si nombreux, et de tous côtés, sollicitaient son appui, et cherchaient à s'abriter sous la puissante et si efficace influence de sa parole. Quelle perte et quel malheur ? Et combien nous partageons la douleur de ses fils qu'il était si heureux de pouvoir appeler ses confrères !

» Messieurs, chacun a dans la vie ses longues heures de déchirantes tristesses ; et la nature la plus forte a besoin d'une grâce supérieure pour résister à ces cruelles épreuves. Il n'y a pas un an encore, nous entourions ce cher confrère et ses chers enfants de notre profonde et bien respectueuse sympathie. Dieu leur avait enlevé le modèle des épouses et des mères. Ce coup fut affreux pour notre malheureux et cher confrère. Son cœur fut brisé dans ces affections si pures et si saintes, qui avaient répandu dans sa vie tant de douces jouissances et de tendres consolations.

» Heureusement, Messieurs, dans ces moments où le cœur est si profondément déchiré, l'âme se replie sur elle-même et se prend à réfléchir et à méditer sérieusement ; — que reste-t-il de la gloire ? Rien ; — que reste-t-il de la fortune ; Rien. — Que reste-t-il des honneurs ? Rien. — Non, mes chers confrères, tout ce qui passe n'est que vanité. Non, ce n'est pas de la terre que pouvaient lui venir les consolations. Me Fourtanier l'avait bien compris. Il savait affermir sa foi, et sa prière si fidèle pour cette épouse qu'il avait entourée d'un dévouement si tendre et si affectueux, l'avait préparé au terrible passage, et la mort ne l'a pas surpris. Au milieu des an-

goisses de cette maladie qui devait être si fatale, il savait bien d'où devaient lui venir les forces et le courage ;
il mesurait et comprenait l'immensité du sacrifice, mais
il était résigné. Oui, il a abordé la mort avec la fermeté de sa haute intelligence et la résignation de son
cœur chrétien.

» Puisse, Messieurs, le souvenir de cette fin admirable
et chrétienne ne pas être perdu !

» Puisse-t-il apporter quelques consolations aux cœurs
de ces fils qu'il aimait tant !

» Puissent l'unanimité de nos sympathies, et ce témoignage solennel de regrets de la Magistrature, du Barreau, de la Cité toute entière, adoucir l'amertume de
leur douleur!..

» Du haut du ciel, ô vous le meilleur des pères, veil-
lez sur eux !...

» Et nous, Messieurs et chers confrères, prions pour
lui... Prions pour eux... »

Après ce discours, qui a vivement impressionné les
assistants, on s'est séparé, sous l'empire des grandes
émotions qu'inspire toujours la mort prématurée d'un
homme de talent et de cœur.

(Journal de Toulouse).

EXTRAIT

du JOURNAL L'ILLUSTRATION DU MIDI.

(14, 21, 28 février 1864.)

—

Nulli flebilior quàm MIHI!...
H.

I.

Le 7 avril 1829, un jeune avocat se présentait, pour plaider sa première cause, à la barre de la Cour royale de Toulouse. Ce procès de début soulevait, en Droit civil, une difficulté dont la solution était aussi importante que délicate, à ce moment, par la diversité des opinions émises : on agitait entre plaideurs la question de savoir si la femme mariée a sur les biens du conjoint une hypothèque légale, dispensée d'inscription, pour le recouvrement de ses créances paraphernales.....

Dès qu'il eut pris la parole, la facilité d'élocution qui distinguait le débutant, la clarté de son exposé, et bientôt la vigueur du raisonnement, l'enchaînement des preuves, captivèrent au plus haut degré l'attention sympathique des Magistrats siégeant à la première Chambre. Le *Mémorial du Midi*, — notre recueil judiciaire d'alors, — constate que le jeune avocat qui débutait dans l'affaire

Durand-Pelous, a développé un système en opposition avec la Jurisprudence antérieure de la Cour; et néanmoins, sa défense fut si bien accueillie par l'arrêt qui intervint dans le sens contraire des précédents, qu'à l'avenir on s'est abstenu d'y proposer de nouveau cette difficulté.

L'habile plaidoirie qu'un succès aussi flatteur avait couronnée, attestait chez ce jeune homme une force d'esprit peu ordinaire à son âge. Le président de Faydel l'en complimenta, au nom de sa Compagnie. Le substitut de Vacquier qui, ce jour-là, occupait le Parquet, avait déjà rendu hommage à l'exquise convenance avec laquelle l'orateur venait de discuter trois décisions de la Cour, qui donnaient tort à ses prétentions. Enfin Me Delquié, représentant de sa partie adverse, après l'avoir entendu, le combla d'éloges sur ses heureuses dispositions et n'hésita pas à lui prédire un avenir riche de promesses. Tel fut le remarquable début qui révéla au Palais, il y a près de trente-cinq ans, le nom d'Alexandre Fourtanier, et qui décida de sa fortune.

Me Fourtanier devait ce premier dossier à son père qui, dans cette circonstance, l'assistait en qualité d'avoué à la Cour; mais, enfant de ses œuvres, il ne dut qu'à son rare talent, à l'excellence de ses mérites, toutes les autres affaires qui, depuis lors, lui ont été confiées en si grand nombre. Pourtant cet esprit supérieur s'était d'abord ignoré lui-même. Né dans une étude de notaire, — le plus jeune de cinq frères qui tous ont suivi la carrière de légiste avec distinction, — plus tard élevé sous les yeux et par les soins d'un procureur de la vieille roche, Alexandre Fourtanier, malgré les couronnes prodiguées à sa studieuse jeunesse, restreignait modestement son ambition à recueillir l'héritage paternel, comme s'il eût douté de l'étendue de ses forces. La na-

ture l'avait fait avocat; il devait l'être. Quand le stagiaire
eut touché si vaillamment la barre, commençant à vingt-
quatre ans comme nos anciens seraient fiers de finir, les
encouragements de la Cour lui apprirent à discerner ses
véritables aptitudes.

En dépit des hésitations éprouvées au départ, Me Fourtanier était entré complet et tout armé dans la lice ouverte
à ses espérances. Au cours de l'année qui suivit, il se
montra de jour en jour plus digne de son premier triomphe. L'avocat de 1829, livré avec autant d'ardeur que de
persévérance à l'étude, à la méditation des lois, avait
conquis un nom; il marquait comme un sujet d'élite
dans les rangs du jeune barreau, si pressés, si bien remplis à cette époque. On raconte, sur ses essais de l'année
1830, que, désigné par le Président des Assises pour
défendre un malheureux placé sous le poids d'une accusation capitale, il rencontra plus que de la défiance et de
l'inquiétude, une frayeur réelle, chez son client que l'extérieur de ce jeune homme, sa taille exiguë, son visage
imberbe était loin de rassurer. « Ayez confiance, — se
« vit obligé de lui dire le défenseur d'office, — malgré
» ma jeunesse, des intérêts considérables m'ont déjà été
« remis, et j'ai été assez heureux pour réussir; j'ai l'es-
« poir que, cette fois encore, il en sera de même. » L'assurance de Me Fourtanier n'était point téméraire : son attente et les vœux du client furent dépassés.

On arriva bientôt au lendemain d'une crise politique.
Lorsqu'il fallut recomposer, au mois d'août 1830, le personnel de nos parquets, la réputation naissante du jeune
avocat lui assura un poste envié entre tous. Il fut d'emblée
placé à Toulouse et choisi pour être l'un des deux subs-
tituts au Tribunal de Première Instance. Ce que Me Fourtanier avait annoncé et promis à l'audience civile, il l'a
tenu largement sur le siége du Ministère public. En peu

de temps les chefs comprirent qu'ils venaient de conquérir la plus précieuse de leurs recrues ; et, par une faveur exceptionnelle qui n'étonna personne, on le vit monter rapidement, aux mêmes lieux, les degrés de la magistrature. Après une apparition de quelques mois à la Cour royale, en qualité de substitut du Procureur-général, il vint occuper, dès 1831, bien jeune encore, la place éminente de Procureur du roi à Toulouse.

Le souvenir s'est conservé, vivant dans toutes les mémoires, de la sagesse résolue, du sens droit et ferme, de la maturité précoce que M. Alexandre Fourtanier a déployés, en des jours agités, dans l'accomplissement de ses difficiles fonctions. Nul mieux que lui n'a su concilier dans une exacte harmonie les qualités si diverses et si rares que l'exercice de la justice répressive réclame. Inébranlable sur les principes dont il se garda d'exagérer les conséquences, il se montrait empressé à l'indulgence aussitôt qu'elle était possible. Plein de sagacité et de pénétration dans les affaires civiles, plein de calme et de modération dans les affaires criminelles, il parvint constamment à allier la fermeté avec la bienveillance. Sans emportement comme sans faiblesse, il ne resta pas en deçà, mais il n'alla pas non plus au-delà du devoir. C'est à lui, surtout, qu'on aurait pu appliquer ce bel éloge dont son chef de service a été honoré : « Ses réquisitoires ne mirent jamais l'innocence en péril. »

Il fut permis d'apprécier à leur juste valeur les qualités distinctives de ce Procureur du roi, digne d'être proposé pour modèle, dans un débat célèbre qui avait passionné le Palais et qui divisa la ville en deux camps. En 1836, un délit de diffamation commis par la voie de la presse, amenait le romancier Capo de Feuillide sur les bancs de la police correctionnelle. Les esprits s'étaient échauffés durant la lutte oratoire, vivement engagée en-

tre la partie civile qui s'indignait à bon droit des hardies-
ses du pamphlet, et la défense fort agressive du prévenu.
D'un côté, on réclamait la protection du Tribunal contre
l'odieuse flétrissure du libelliste qui, troublant le repos
des familles, rendait la concorde entre les citoyens impossible ; d'autre part, l'écrivain revendiquait les immunités de l'histoire contemporaine, qui veut, pour être
écrite avec indépendance, qu'on lui accorde le privilége
d'une franchise illimitée. Deux intérêts de l'ordre le plus
élevé se trouvaient donc en présence dans la plainte à laquelle avait donné lieu un roman politique assez obscur :
Le Tourneur de chaises, ou le Midi en 1815..... Quand
vint l'heure de conclure, l'organe de la Loi, avec la sage
retenue d'une conscience sûre d'elle-même, fit entendre
une voix impartiale qui apaisa la tempête ; il rallia tous
les suffrages à son avis empreint à la fois de dignité et
de mesure. En aucune autre occasion peut-être, le mot
du Procureur-général Romiguières n'avait été si complétement vérifié : « On n'a pas consulté (disait-il) l'acte de
« naissance d'Alexandre Fourtanier, quand on lui a confié
« un poste aussi important que celui de Toulouse, mais
« on l'a nommé, comme étant, parmi ceux qui pouvaient
« y prétendre, le plus solide et le plus capable. »
Cependant si bien doué que fut ce brillant magistrat,
pour réussir dans le sacerdoce du ministère public, le
Parquet n'a été pour lui qu'un lieu d'attente, un temps
d'épreuve. Il y avait accru et discipliné ses forces, mûri
sa raison, agrandi son esprit, amassé une ample provi-
sion de doctrine et de science. Maintenant qu'il s'était
préparé aux luttes quotidiennes du prétoire, l'heure décisive allait sonner. Un instant, vers 1838, lors d'un concours ouvert à la Faculté de Toulouse, M. Fourtanier se
prit sérieusement à songer s'il déserterait la pratique des
lois pour se vouer à leur étude théorique. Il aurait voulu

enseigner le droit du haut d'une chaire, séduit ou gagné
— nous a-t-il répété souvent — par l'éclatant succès qui
fit, de M. Rodière, l'un de nos plus savants professeurs.
Mais les circonstances le ramenèrent presque aussitôt sur
le terrain de l'application. Sa place était marquée d'a-
vance au sein de ce barreau que depuis neuf ans il avait
quitté, non sans quelque regret, et où il allait reparaî-
tre pour ne plus s'en éloigner.

Certes, personne à Toulouse n'a pu oublier en quels
termes son procureur-général annonça ce retour aux
nouveaux confrères de Me Fourtanier, dans l'audience
solennelle de rentrée, le 4 novembre 1839 : « Avocats,
« l'un de vous a été appelé à remplir une difficile et émi-
« nente fonction judiciaire. Mais l'éclat qui vous en re-
« vient ne compenserait peut-être pas une telle perte, si,
» en vous enlevant M. Delquié, la fortune ne vous avait
» pas rendu Me Fourtanier ! Echange précieux, qui a ses
« joies s'il a eu ses douleurs ! Qu'il serve à proclamer que
« le Parquet et le Barreau ne doivent former, qu'ils ne
« formeront toujours qu'une seule famille !...» Désormais le pas était franchi ; Alexandre Fourtanier, bien
avisé, en possession de lui-même, avait retrouvé sa
voie.

II.

Pendant vingt-cinq ans, il a gardé la première place
au faîte de notre Barreau qui le reconnaissait comme
un guide, qui s'honorait de lui avec un légitime orgueil et
n'hésitait pas à le proclamer tel : *Tu Duca, tu Signore
et tu Maestro...* Bien qu'à son arrivée les vastes emplois
fussent pris et solidement défendus, l'ascendant de son
mérite lui ménagea sans peine une merveilleuse trouée.
Il rencontrait parmi les avocats de la Cour, dans toute la

vigueur de l'âge et du talent : Eugène Decamps, juriste
si disert et si instruit ; — Mazoyer, praticien consommé ;
— Soueix avec sa parole concise et sa lumineuse intelligence ; — Féral, leur maître à tous, doué d'une organisation puissante et d'admirables ressources pour l'audience ; un autre dont j'aurais aimé à dépeindre le langage élégant, l'esprit vif et orné, mais il nous écoute,
assis aujourd'hui sur les hauts siéges de la magistrature...
La pléiade de ces hommes de savoir se compléta, en acceptant le nouveau venu dans ses rangs ; et sa prompte
élévation au milieu d'eux rendit celui-ci, sans le moindre
retard, l'avocat obligé des causes importantes.

Depuis l'année 1840 jusqu'à ces derniers jours, il ne
s'est guère plaidé d'affaire considérable devant la Cour
de Toulouse, où Me Fourtanier n'ait été appelé à prendre
la parole. La reconnaissance des clients, la voix publique,
témoigneront qu'en aucune conjoncture il ne s'est montré inférieur à la tâche entreprise. Ai-je besoin d'ajouter
que sa glorieuse prééminence et la continuité de ses rapides conquêtes, il ne faut les attribuer qu'à lui seul, à sa
valeur personnelle ; car celui-là ne devait rien au hasard, aux surprises. Ce n'est pas au barreau que la mé-
diocrité usurperait ainsi une grande position durable, et
l'intrigue n'y pourrait prêter qu'un crédit éphémère ; la
vogue soutenue de nos maîtres en renom, quoi que dise
l'envie, a nécessairement leur talent pour principe et
pour condition un labeur aussi rude qu'incessant.

Peu d'avocats ont été occupés autant que Me Fourtanier ; toutes les juridictions l'entendirent. Néanmoins le
nombre de ses succès n'altéra en rien leur éclat. Le secret de cette supériorité qui ne se démentit ni ne s'amoindrit un seul jour, le voici : personne n'a consacré à la
préparation de ses causes, grandes ou petites, attrayan-
tes ou arides, plus de patience, ni un plus sérieux exa-

men. Homme de conscience et de devoir, il ne descendait dans l'arène judiciaire que muni de toutes pièces : titres, notes, procédure. Avant de paraître au prétoire, il avait tout analysé, tout réfléchi, avec une scrupuleuse attention.

De bonne heure, la réputation d'Alexandre Fourtanier, dépassant l'enceinte de notre ressort, abaissa pour lui la ligne de nos frontières naturelles. On vint de tous côtés solliciter l'appui de son ministère ; et très fréquemment il fut appelé devant les Cours voisines. Assiégé par la confiance publique, qui elle aussi oblige, il dut se livrer sans réserve à cet irrésistible courant d'affaires , distribuant le trésor de ses facultés oratoires en tous lieux, avec une prodigalité et un dévouement qui ne connaissaient pas de fatigue. Partout où il se fit entendre, — à Bordeaux, à Agen, à Nîmes, à Montpellier, à Pau, — patron des plaideurs, lumière des juges, il a fait admirer la vigueur de son esprit, la rectitude et l'étendue de ses connaissances, l'énergie de sa parole.

Avocat complet, nous l'avons vu également exceller au civil et briller au criminel, grâce à une flexibilité peu commune : il était propre à toutes les causes , de même que supérieur à tous les adversaires. Que de belles plaidoiries on cite de lui au Palais ; et à quels procès innombrables nous avons à cœur de rattacher son nom ! Malgré ce qu'offre de passager, de périssable, l'éloquence parlée, les traditions vivantes de notre Ordre en perpétueront longtemps la mémoire.

Défenseur de l'Etat, en 1843, dans l'affaire relative à la propriété du Canal des Deux-Mers, il fut chargé, conjointement avec son frère, Me Edouard Fourtanier, de soutenir devant la Cour les prétentions du Domaine contre les héritiers de Pierre-Paul Riquet. On sait combien Me Féral avait agrandi ce débat et rendu périlleuse la

tâche du contradicteur. Au dire même des plus hostiles
à sa demande, la réplique de M⁰ Fourtanier fut un vrai
chef-d'œuvre. Il paraîtra sans doute d'un piquant attrait
d'en emprunter l'éloge au compte-rendu que ses adversaires ont publié sous le coup de l'émotion. Voici ce que
nous lisons dans l'*Observateur des tribunaux* : « L'avocat
« qui s'était réservé de répliquer a pris la parole *ab irato;*
« et sa colère n'a cessé qu'avec sa réplique. Mais quelle
« réplique ! pleine de verve, de talents, de ressources
« et d'habileté. Quelle brillante réfutation de la plaidoi-
« rie adverse ! Il frappe d'estoc et de taille; il s'en prend
« à tout. Malgré ses prodiges, on voit que percé au
« cœur, il s'attache à vendre cher le reste de sa
« vie !... »

Que de fois, plus heureux qu'en cette rencontre solennelle, M⁰ Fourtanier arracha la sentence de condamnation aux mains de ses juges !... Le terrible assassinat de Gratens est demeuré célèbre dans nos fastes
criminels ; et la romanesque aventure d'un meurtre par
jalousie tenté à Muret, n'est pas la seule poursuite de la
partie publique qui ait valu à notre confrère un acquittement inespéré. Dans une autre enceinte, sa discussion
vigoureuse et logique, nerveuse et animée, abondante ou
serrée selon les nécessités du moment, se jouait de tous
les obstacles qui d'avance avaient semblé défier ses efforts. La vieille controverse, relative au cumul de la profession d'avocat avec les fonctions de conseiller de préfecture, comme il la soutint avec tact, bon sens et
raison, comme il sut la rajeunir devant les chambres
réunies, quand il plaidait *pro domo suâ*, en même temps
que pour deux respectables confrères, M⁰ˢ Tajan et Flo-
rentin Ducos !... — Que de rapports d'experts, décisifs
en apparence, qui attribuaient gain de cause à ses adversaires, il a mis à néant par l'autorité souveraine de sa

dialectique ! L'usinier du moulin de Clermont, luttant, dans le Tarn-et-Garonne, contre le représentant de l'Etat, ne l'a point oublié ; et les échos de la Grand'Chambre répètent encore à ce sujet les noms de MM. de Mauvoisin et de Beaufort... — Et le testament D'Ouvrier, maintenu à Gaillac, dont il obtint l'annulation sur l'appel ! Et cet autre testament, cassé par le Tribunal de St-Gaudens au préjudice de l'abbé Doueil, qu'il fit valider à Toulouse !... — Lorsqu'il plaida en audience solennelle un renvoi de la Cour de Cassation, entre les communes composant le pays des quatre vallées, qui se disputaient les vacants de Magnoac, Daure, Nestes et Barousse, quelques heures, admirablement employées, lui suffirent pour renverser de fond en comble l'échafaudage combiné et construit par deux contradicteurs durant plusieurs journées consécutives.

Tantôt il s'agissait, pour cet infatigable travailleur, de démêler les intérêts privés les plus épineux; comme dans le procès de Folmont, concernant l'héritage du marquis de Pellagrue, — liquidation hérissée de chiffres et d'écueils, où les problèmes du Droit intermédiaire compliquaient les questions ardues que l'application de la loi ancienne faisait surgir. — Tantôt c'étaient les interminables affaires — Salguez, de Lavaur, — hydre sans cesse renaissante, dont il n'aura pu abattre la dernière tête.....

Il suffirait à sa renommée d'homme d'affaires vraiment orateur de mentionner, plus près de nous, pour ceux qui eurent la bonne fortune de l'entendre : le procès en responsabilité civile, intenté au conseil de surveillance par les actionnaires de la Caisse industrielle ; — sa plaidoirie Davizard, sur les titres de noblesse et les noms de famille ; — la défense d'une souplesse inimaginable, étincelante d'imprévu, qu'il présentait aux plus récentes audiences solennelles, en faveur de ce père sans entrailles, désavouant une reconnaissance d'enfants naturels sous prétexte qu'elle lui aurait été arrachée dans les fumées de l'ivresse (juillet 1863); — enfin, l'affaire disciplinaire, venue du Tribunal de Montauban, qu'il gagnait l'autre jour (fin décembre)...

On ne me pardonnerait pas d'omettre ici le plus signalé de ses triomphes oratoires, à propos d'un grand procès qui suscita, il y a peu d'années, une douloureuse émotion dans les rangs de la société toulousaine. Au nom d'un ancien banquier de Madrid, Me Fourtanier demandait compte d'une fortune entière à deux hardis spéculateurs dont l'honneur et le crédit, disait-on, avait sombré, en pleine Bourse, au fond des plus véreux tripotages. L'audience s'était prolongée au-delà des prévisions ordinaires; et déjà les développements d'une magnifique plaidoirie dépassaient sa durée habituelle de plus d'une heure. Nul ne s'en inquiétait : Me Fourtanier parlait encore; et son discours entraînant, persuasif, retenait sur leurs siéges les magistrats ravis, profondément émus, dont l'attention ne s'était pas lassée un instant. La nuit arrive sur ces entrefaites : n'importe, l'auditoire reste suspendu aux lèvres inspirées de l'orateur, jusqu'à ce que, à bout de forces, mais non d'éloquence et de courage, il dut demander grâce..... Les banales formules de l'éloge ne sauraient rendre l'idée de la verve incisive, de la raison supérieure, du talent hors ligne, qui furent déployés dans cette occasion, au plus grand honneur de la justice et de la morale. L'idole du temps présent, la spéculation, le veau d'or, n'a jamais été plus rudement renversée de son piédestal. C'est en vain que la défense de ses adorateurs s'ingénia plus tard à balbutier des protestations impuissantes. La conviction unanime des Juges avait passé sous le joug.

Me Fourtanier n'était pas seulement l'avocat du fait,

qui réussissait à tirer un merveilleux parti d'une situation favorable. Les théories du Droit les plus abstraites, dès qu'il les avait élucidées, paraissaient d'une simplicité accessible à tous les esprits. Comme il aurait admirablement vulgarisé pour de jeunes intelligences les leçons de la Loi et la saine entente des textes! Ses instincts d'autrefois qui le portaient vers l'enseignement ne l'avaient donc pas trompé. Sans prétendre transformer une notice biographique en répertoire de jurisprudence, on me permettra d'indiquer certains points litigieux de la Législation civile, sur lesquels nous l'avons entendu jeter les plus vives lumières. C'est ainsi que, pendant sa longue et laborieuse pratique, il fut amené bien des fois à faire consacrer une foule d'applications variées des règles fondamentales, concernant les nullités absolues ou relatives, d'intérêt privé ou d'ordre public, comme aussi de fixer notre Jurisprudence domestique par rapport aux actes inexistants et aux actes annulables; — doctrine qu'il développait en maître, notamment au sujet des ratifications posthumes, données au contrat de mariage retenu en l'absence de l'un des époux (affaire Chansou); et encore, relativement aux contre-lettres dans les traités secrets en matière d'offices ministériels (affaire Darrieux). — La troisième Chambre de la Cour aura gardé souvenir d'une savante dissertation sur la validité du contrat pignoratif; — comme aussi de son système si clair, si net sur les ayants-droit distingués des ayants-cause, qu'il exposa doctrinalement dans l'intérêt des Dames Carmélites, à suite de l'appel relevé envers un jugement rendu à Foix (affaire des héritiers Teulade); — et ailleurs, on a connu par lui l'intéressante question de savoir si l'effet révocatoire résultant d'un jugement de séparation de corps est applicable de plein droit aux avantages testamentaires, aussi bien qu'aux donations entre vifs..... Je m'arrête ; pourquoi prolonger une riche énumération qui serait inépuisable ? A nos yeux, la défense de la cause nouvelle dépassait en mérite et en éclat la plus ancienne ; la dernière plaidoirie entendue de M⁰ Fourtanier nous semblait toujours la plus parfaite.

C'est là le propre des grands avocats ; et nous avions naguère à notre tête un avocat qui fut grand parmi tous. Maître de la parole avec tous ses secrets, possédant toutes les ressources de l'art oratoire, il en avait épuisé les triomphes, ainsi qu'en meilleurs termes le proclamait bien haut le chef de la Cour, le jour où cet honorable magistrat reçut le serment professionnel de M. Louis Fourtanier fils.

Les qualités supérieures à tous égards, que le père apportait à la défense des intérêts privés, fesaient de lui un précieux et inimitable modèle. S'il fallait donner en quelques mots l'idée de sa manière, je dirais : après l'exposition des faits, qui fut toujours chez lui d'une séduisante netteté, remarquable par la méthode et par la lucidité du récit, relevée par la justesse de l'expression, le profond argumentateur se révélait en moyens abondants, développés sous une forme magistrale ; sa vigoureuse dialectique saisissait l'esprit et le tenait en haleine par des mouvements pleins de chaleur. Imbu des principes du Droit, il savait y mêler avec un art infini les considérations qui leur viennent en aide. Ce qui distinguait au suprême degré la nature du talent que j'essaie de décrire, c'est une rare sagacité dans le choix des preuves. Rien d'oiseux ne s'échappait de sa bouche ; il eût été difficile d'opérer des retranchements dans ses discours, tous d'une correction châtiée à laquelle on désespérait d'atteindre. Athlète éprouvé, on ne l'a jamais vu trembler ou se déconcerter en face du péril ; au contraire, la vue de l'ennemi et ses plus vives attaques paraissaient lui

imprimer un surcroît d'ardeur. Excité par la contradiction, il défie le danger et puise son élan dans les difficultés de l'affaire. Improvisateur aguerri, il ne fut jamais
plus redoutable qu'à la réplique : c'est alors que, plein de
feu et rassemblant ses forces pour assurer la victoire, sa
discussion, serrée et féconde, multiplie les arguments,
accumule les preuves, met en relief les faits décisifs....
tant et si bien, que de haute lutte, il entraîne les convictions jusqu'alors hésitantes.

Les auditeurs de nos débats judiciaires restaient émer-
veillés au spectacle d'une facilité aussi prodigieuse, d'une
aussi énergique activité que la sienne. Quelle eût été leur
surprise, si, au sortir de l'audience, ils avaient suivi l'avocat dans son cabinet envahi par la foule des clients dès
avant son retour. Aux agitations de la barre succédaient
sans relâche de nouvelles fatigues, dont le fardeau était
peut-être plus lourd à supporter que le poids de la discussion orale. C'est effectivement alors que le jurisecon-
sulte, — bien digne de ce titre glorieux, — avait mille
occasions diverses de signaler sur toutes les matières, en
appréciant des sujets différents les uns des autres, la
promptitude du coup-d'œil, la sûreté de la décision, la
rectitude de ses avis. On soumettait de plein gré à son
arbitrage autant de litiges qu'il avait de contestations à
soutenir en Justice ; il devenait, par la volonté commune
des parties, le conciliateur de ceux dont il avait été le
défenseur, parfois même l'adversaire. Directeur ou con-
fident des principales affaires qui s'instruisaient devant
les Cours et les Tribunaux du Midi de la France, c'est
ainsi que cet homme de forte trempe vivait, sans repos
ni trève, tout entier aux soins d'une immense et fidèle
clientèle.

Et telle était la puissance de cette organisation privilégiée, que Me Alexandre Fourtanier trouvait encore le temps

d'accueillir ses nombreux confrères, quand des émules au Barreau, des disciples, allaient à lui avec empressement, comme auprès d'un oracle, faire appel à ses lumières, interroger son expérience, s'enrichir de ses traditions. Qui peut mieux affirmer toutes ces choses, ô cher et illustre maître, que le témoin intime admis par vous au fortifiant exemple de vos labeurs assidus et de vos veilles prolongées!... Modeste collaborateur qui, pendant les cinq meilleures années de sa jeunesse, a lu, à livre ouvert, dans votre noble existence, — humble auxiliaire que vous avez daigné encourager et éclairer si souvent, il vous rendait, — vous le saviez bien! — en admiration respectueuse et en affection filiale, ce que vous lui aviez accordé en paternelle bienveillance.....

III.

L'œuvre judiciaire que l'éminent avocat dont j'esquisse le portrait en quelques pages, a eu le loisir d'écrire au cours de son exercice, est incommensurable. Me Fourtanier laisse la matière d'énormes in-quarto en mémoires imprimés, en consultations sur procès, en à-juger remis au délibéré ou notes au Conseil sorties de sa main. La plupart de ces factums, qui d'ordinaire ne présentent que l'intérêt du moment, même pour la partie qui les produit, étaient destinés à retracer sommairement les faits et les moyens d'un procès débattu la veille. Toutefois, on pourrait citer, en les parcourant, de remarquables modèles de logique, de discussion, de résumé. Rien qu'à la lecture de ces feuilles volantes, il est aisé de reconnaître le jet alerte et facile d'une plume nerveuse, virilement trempée, qui, courant droit au point et à l'argument décisifs, a dédaigné de son plein gré l'art futile des vaines paroles : *Non multa, sed multùm*, en peu de mots beaucoup de choses. Quoique sans traits et sans images, on y distingue l'élégante netteté de l'expression, autant que la justesse des idées, frappées à l'empreinte d'un esprit qu'aucun nuage n'obscurcissait. Ces écrits sont, avant tout, ce qu'ils doivent être, substantiels et concluants, forts de raisonnement, abondants en preuves; l'ongle du maître y a laissé sa profonde trace.

Mais à la vue de ces débris mutilés d'une éloquence dont le prestige s'est évanoui, comment ne pas s'abandonner aux réflexions de la plus amère tristesse!... Dans le courant qui emporte avec la société contemporaine notre monde des affaires, l'avocat, que les nécessités de son temps condamnent à parler d'abondance, ne saurait s'écrier comme le poëte : *Non omnis moriar !...* Depuis que la parole écrite est bannie de nos discussions, que reste-t-il des plus retentissants débats, des harangues les plus applaudies? A peine quelques notes fugitives, incomplètes, qui en dessinent froidement les grandes lignes. Désormais ce ne sera qu'une ébauche décolorée, à laquelle il a fallu le magique pinceau de l'action oratoire pour apparaître avec l'éclat de la vie. On dirait le faible soupir, l'écho lointain d'un instrument qui a cessé de vibrer. Il n'en est plus de nos princes de la parole, transformés en improvisateurs, comme de l'écrivain ou du peintre

> Qui laissent, en mourant, d'immortels héritiers;
> Jamais l'affreuse nuit ne les prend tout entiers...

Sous la loi impérieuse de l'improvisation, la gloire du barreau moderne n'est devenue que viagère, même pour le plus illustre de ses membres; elle ne pourra lui survivre.....

Les fonctions publiques dont M. Alexandre Fourtanier

a été fréquemment revêtu vinrent d'elles-mêmes s'offrir,
ou plutôt ces charges s'imposèrent à un avocat de caractère trop indépendant pour les avoir ambitionnées, assez
absorbé dans les opiniâtres labeurs de sa profession pour
ne leur faire aucune avance. Néanmoins les honneurs
électifs qui l'y ont porté, le maintinrent, aussi longtemps
qu'il le voulut, dans les Conseils du Département, de la
Cité. En des jours d'implacables discordes civiles, cédant
à de hautes instances, il consentit à diriger la Mairie de
Toulouse. Pour tout autre que lui, ç'eût été, avec une
lourde occupation, une responsabilité redoutable. Mais
il n'en fut rien pour M. Fourtanier : donnant du temps
et de l'activité à tout, il y apporta les mêmes qualités et
le même zèle qu'il déployait simultanément à la sauve-
garde des intérêts particuliers. On le dit encore au Capi-
tole, son passage, bien que trop court, à la tête de l'Administration, fut signalé par la prompte expédition des
affaires ainsi que par la solution avantageuse que le premier magistrat de sa ville d'adoption savait leur ménager.

En ceignant l'écharpe municipale, le nouveau Maire de
Toulouse traçait de sa future administration le programme suivant, qui ne devait pas demeurer à l'état de
stérile promesse. « C'est vous, Messieurs, — disait-il
« aux membres du Conseil, le jour de son installa-
« tion, — qui par l'autorité de vos résolutions et
« l'énergique appui que vous nous prêterez dans l'ac-
« complissement de nos devoirs, allez placer dans les
« mains de la magistrature sortie de votre sein, cette
« force morale si impérieusement nécessaire aux jours
« des agitations politiques. Inspirés les uns et les autres
« par une pensée commune, j'ai la confiance que nous ré-
« pondrons aux vœux et aux espérances de nos conci-
« toyens..... Une double tâche nous est principalement

« imposée et doit dès l'abord fixer notre attention.
« La première, c'est d'adoucir les souffrances de ces ou-
« vriers que la suspension des travaux a frappés si dou-
« loureusement. Les sympathies du Conseil pour de telles
« infortunes, supportées en général avec une noblesse et
« une résignation que l'on ne saurait assez admirer, ne
« se borneront pas à de vains regrets. Son premier soin
« sera de préparer les mesures propres à assurer la réa-
« lisation de l'emprunt déjà voté, et d'ouvrir des chan-
« tiers de travail qui procurent à notre population la-
« borieuse des moyens d'existence, dont un légitime
« orgueil n'ait pas à rougir, et que n'avilisse pas une ap-
« parence d'aumône, toujours humiliante pour un noble
« cœur..... Celui qui dans les conjonctures actuelles, ne
« sentirait pas en son âme des élans de désintéresse-
« ment et de générosité, celui qui demeurerait sourd aux
« chaleureuses exhortations des élus de la Cité, appelle-
« rait sur sa tête une déconsidération dont le souvenir
« serait ineffaçable..... — La seconde pensée qui nous
« préoccupe et à l'exécution de laquelle tous nos efforts
« seront consacrés, c'est le maintien de l'ordre moral
« dans le sein de notre population si intelligente, si vive
« et si sympathique à tous les sentiments élevés. La
« liberté est sans doute une des plus précieuses conquê-
« tes des révolutions successives qui ont remué si pro-
« fondément notre terre de France. Mais placée aujour-
« d'hui sous la protection du Gouvernement républicain,
« qui a effacé les nuances des anciens partis politiques,
« pour réunir et confondre tous les cœurs dans un seul
« amour, l'amour de la patrie, elle n'a plus de périls à
« redouter ni de luttes à soutenir....... Ce qui importe
« donc, c'est d'apprendre à tous quels sont les devoirs
« d'un bon citoyen sous un tel Gouvernement. S'il n'a
« pas à s'incliner devant l'autorité d'un maître ; si, devenu

« membre actif de la souveraineté, il ne connaît que des
« égaux et n'a plus à subir le joug d'un supérieur, sa-
« chons-le bien, il est néanmoins tenu, plus que dans tout
« autre gouvernement, d'obéir à LA LOI qui est la seule
« souveraine et qui doit voir tous les fronts se courber
« indistinctement devant sa puissance..... C'est ce *res-*
« *pect à la loi* qu'il faut surtout recommander aujour-
« d'hui, respect sans lequel des agitations incessantes
« viendraient émouvoir la Cité, jeter dans les esprits les
« inquiétudes et les alarmes, empêcher de renaître cette
« confiance publique qui seule fait la richesse du pays
« et doit assurer sa prospérité..... C'est aussi le RES-
« PECT A LA LOI que nous nous attacherons à inspirer à
« tous, en donnant, les premiers, l'exemple d'une
« obéissance absolue à ses prescriptions.....»

Il avait reçu, à cette occasion, d'un ancien collègue au
Conseil-Général, son ami, le chaleureux témoignage
d'une cordiale estime, dont nous sommes heureux de reproduire ici l'effusion, à la plus grande louange de ces
deux nobles esprits tout à fait dignes de se comprendre :

« J'ai applaudi de bien grand cœur au patriotique
« dévouement qui vous a fait accepter la Mairie dans les
« circonstances actuelles. Vous rendrez un grand service
« à notre ville. J'espère que votre administration ren-
« contrera le concours empressé qui lui est dû, et que
« l'heureux accord qui a amené la formation du Conseil
« municipal se maintiendra invariablement dans son sein.
« A la municipalité de Toulouse, comme dans le gouver-
« nement de l'Etat, l'union de ceux qui ont au fond
« les mêmes principes sur les questions fondamentales de
« l'ordre social, peut seule assurer le salut de tous. Ce
« n'est pas le moment de nous diviser sur des nuances
« ni sur des noms propres : l'activité des ennemis de

« l'ordre est trop ardente et trop redoutable. Laissez-
« moi espérer que vous êtes candidat aux élections pro-
« chaines : je le suis aussi. Ce serait, si je dois être élu,
« un bonheur et une force pour moi que de vous avoir
« pour collègue. Dieu veuille que l'on réussisse à s'en-
« tendre, à se faire les concessions nécessaires ; et
« je souhaite bien vivement que mon nom ne soit pas
« un élément de division dans les rangs du parti mo-
« déré..... »

Les aspirations civiques de M. de Rémusat ne tardè-
rent pas à se réaliser. L'élection populaire de 1849 con-
fera, par soixante mille suffrages, le mandat de représentant à M. Fourtanier, de même qu'à son honorable
correspondant ; et leurs noms furent fraternellement inscrits des premiers sur la liste du parti national de l'ordre, victorieuse par acclamation dans la Haute-Garonne.
Dans son remerciement aux électeurs, il indiqua lui-
même la ligne de conduite que d'avance il s'engageait
à suivre. Vis-à-vis d'un tel homme, il ne saurait y avoir
inconvénient à le rappeler ; car aucun de ses votes parlementaires ne viendra donner un démenti à ces fermes paroles :

« ..... Dans nos États modernes, c'est le peuple qui
« décerne les couronnes civiques ; et la plus glorieuse
« de toutes est celle dont l'urne électorale décore le nom
« sorti victorieux de la lutte. Mais cette récompense na-
« tionale renferme le prix de services rendus à la France,
« ou bien l'obligation pour l'élu de se rendre digne,
« par son patriotisme et son zèle, de la grande mission
« qu'il vient de recevoir. Homme nouveau, c'est à cette
« seconde catégorie que je dois appartenir : laissez-moi
« croire qu'à votre prochaine réunion, vous pourrez
« me ranger dans la première..... Le pouvoir ne ren-
« contrera pas en moi un de ces complaisants serviles

« qui, toujours prêts à applaudir à chacune de ses réso-
« lutions, lui apportent, en échange de ses faveurs, un
« aveugle et funeste concours. Ce sont ces amis dange-
« reux qui, par leur coupable faiblesse, préparent les
« révolutions et creusent l'abîme où sont venus s'en-
« gloutir les trônes de tant de rois..... Mais ne pensez
« pas non plus qu'adversaire constant de l'autorité gou-
« vernementale, je repousse systématiquement chacune
« de ses propositions, quelles qu'en soient la justice et
« l'évidente utilité. Le député qui adopte une marche
« aussi déplorable est, selon moi, un citoyen fatal à
« son pays. Pour satisfaire de vieilles rancunes, ou pour
« obéir aux influences d'un parti désorganisateur, il prive
« ses concitoyens d'améliorations soumises à son assen-
« timent..... » Jeté au milieu de régions nouvelles,
dans l'arène des passions tumultueuses, notre compatriote s'est montré à l'Assemblée législative, comme précédemment à Toulouse, l'homme du devoir ; et nous le
verrons en toute circonstance s'élever à la hauteur de la
mission qu'en bon citoyen il avait acceptée. S'il était ac-
couru au secours de la société en danger, il n'en demeura
pas moins attaché de cœur et d'âme aux idées libérales
qu'il concevait largement et que nulle considération de
personne, de position, de famille, ne lui aurait fait déserter. Dans un siècle de palinodies, n'est-il pas d'un
utile exemple de relever ce trait de caractère ? Fidèle,
sous tous les régimes, au culte que, dès la jeunesse, il
avait voué à la liberté sous la loi, M. Fourtanier conserva sa conviction politique, intacte et désintéressée,
jusqu'à la dernière heure de sa vie.

Son rôle actif à la législature et les services par lui
rendus méritent, ce me semble, d'être remis en pleine lumière. Nous le voyons, organe de commissions importantes, présenter de savants rapports à l'Assemblée dont

il captive sans efforts la bienveillance et l'approbation. C'est lui qui , au lendemain d'une menaçante émeute, annonce et prépare contre les agitateurs l'adoption du projet devenu la loi du 9 août 1849 sur l'état de siége. C'est à lui que fut confiée la rédaction du rapport , par la commission chargée d'examiner le projet de loi réparateur, relatif à l'indemnité coloniale. C'est lui qui proposait à l'Assemblée nationale, — consacrant les conclusions du rapporteur par un vote unanime, — de rejeter la demande en autorisation de poursuites contre Michel (de Bourges). C'est encore lui que l'on choisit pour rapporteur d'une loi essentielle, modifiant le système admis par le Code d'instruction criminelle, sur la publication des jugements et des arrêts rendus contre les contumaces : dans son lumineux rapport, il ne fit faute d'expliquer, avec une mâle éloquence , comment le progrès des mœurs publiques devait se hâter d'effacer jusqu'aux derniers vestiges de cette affligeante tradition du pilori, coutume surannée que l'esprit éclairé des criminalistes condamnait, que l'état de civilisation avancée ne permettait plus de maintenir.

La séance du 10 juillet 1851 fut signalée par son discours sur la révision des procès criminels, en réponse à une généreuse mais imprudente proposition de MM. De Riancey et Favreau, à propos de l'affaire Lesurques. C'est là qu'il s'écriait avec la sagacité pénétrante de son admirable bon sens : « Savez-vous à quelle conséquence vous « arrivez en ce moment? Peut-être ne vous en doutez- « vous pas? Vous êtes les défenseurs de Dubosc. Suppo- » sez que votre système soit admis, supposez que la con- « tradiction prétendue doive amener la cassation de l'un « et de l'autre arrêt : l'effet de cette cassation c'est l'in- « nocence des deux condamnés. Dubosc est dès lors in- « nocent ! Vous réhabilitez cet homme couvert d'ignomi-

« nie, que la Justice a frappé avec raison, lui qui
« n'écouta pas la voix de Lesurques lorsque Lesur-
« ques, du fond de son cachot, à deux genoux lui
« demandait la vérité. C'est vous qui, afin de faire passer
« la réhabilitation de Lesurques, venez proposer une loi
« dont l'effet douloureux serait de réhabiliter le miséra-
« ble, doublement assassin de la victime que vous avez
« prise sous votre patronage. Cela n'est pas possible !
« l'intérêt social, la raison, condamnent votre propo-
« sition..... »

Bientôt après, placé à l'aise sur son terrain, il était
rendu à ses méditations familières, lorsque s'ouvrirent à
la Chambre des représentants deux délibérations successives sur la réforme hypothécaire. On l'entendit, on
l'écouta favorablement à la tribune où il tenait tête,
comme jadis à la barre, aux jurisconsultes les plus au-
torisés de l'Assemblée législative, aux Valette, aux Re-
nouard, aux Vatimesnil. Dans l'accomplissement de cette
tâche qui séduisait ses goûts sévères, il développa l'ex-
pansion de facultés naturelles accrues par la supériorité
que lui assuraient d'incessantes études. Ses amendements
ayant pour but de substituer l'hypothèque légale au privilége établi en faveur du Trésor public, ses intéressants
discours sur l'action résolutoire, sont marqués au double
sceau de la science théorique et des connaissances pratiques : en vérité, nul mieux que lui ne pouvait les réunir
par un plus complet assemblage.

Hâtons-nous de le faire observer : en acceptant ces
fonctions de législateur, qu'il remplissait ainsi en homme
de conscience et de mérite, Me Fourtanier n'avait point
abdiqué; sans dévier le moins du monde de sa carrière
professionnelle, il conservait soigneusement *la robe de
dessous*. Durant le séjour prolongé qu'il fit à Paris, il
devint l'hôte assidu des audiences tenues au Palais-de-

Justice; à ne suivre que ses penchants, je crois qu'il aurait plus volontiers fréquenté la Grand'-Salle que le Forum. De là, comme d'une terre d'exil, l'avocat-député, en proie à la nostalgie du Barreau, écrivait ici-même, en s'adressant à son élève dévoué : « Plus j'entends nos « excellents confrères de Paris (ils sont presque tous « spirituels, incisifs, beaux diseurs), et plus j'apprécie « les sérieux mérites de notre ami Féral. Croyez-moi, « étudiez de près ce logicien habile, cet avocat con- « sommé, qui est orateur quand sa cause l'exige, vous « avez sous les yeux un parfait modèle.. .. »

Qui donc, après cela, s'étonnerait d'apprendre que Me Fourtanier n'ait pu résister aux offres qui lui furent faites de revenir à l'exercice de la plaidoirie?... Paris le vit tel que Toulouse l'avait connu. Il fut écouté et fit sensation, au milieu du premier Barreau de France, dans les rangs qui contiennent les gloires de l'Ordre les plus resplendissantes. Entre autres félicitations qui l'accueilli-rent, nous pouvons certifier que celles de Me Delangle ont été pour lui les plus flatteuses et les plus vives. Quand arriva pour ce grand avocat l'heure de prendre sa place à la première présidence de la Cour de Paris, il jetait au-tour de lui les yeux pour chercher quels seraient ses suc-cesseurs auprès d'une riche clientèle, celle qu'il partageait alors avec Paillet. Son patronage fut proposé au parvenu d'hier, le confrère de Toulouse, qu'il considérait à juste titre comme étant en mesure de répondre à sa haute confiance. Mais notre compatriote, demeuré l'homme de sa province natale, ne songeait guère à demander le droit de cité au Barreau parisien.

Toujours est-il qu'en fixant sur lui l'attention générale, Me Alexandre Fourtanier a formé là-bas d'étroites inti-mités que le temps n'a pu rompre, que les distances n'ont pas davantage affaiblies. Il était lié avec tout ce que l'Assemblée, le Palais, comptaient, il y a douze ans, d'esprits distingués, de nobles cœurs. S'il leur était attaché, on le payait de retour. C'est pour nous un devoir de produire au jour de la publicité une foule de faits honorables qui seront aux douleurs de la famille une consolation bien douce. Ils couraient pourtant le risque de rester ignorés et de disparaître ; car l'homme modeste et discret à qui ils appartiennent se serait reproché d'en tirer lui-même vanité. L'impression favorable que le talent de Me Fourtanier, rehaussé par son caractère, avait causée chez ses confrères de la capitale, est encore loin de s'effacer. Lisez plutôt cette lettre sympathique, vieille de peu d'années, qui a pour signature un nom pur et respecté, devant lequel tous les fronts s'inclinent : « Je ne sais pas, « mon cher ami, si ma bonne fortune me conduira à Tou- « louse ; mais si cela arrivait, votre hospitalité me serait « douce, et j'irais, de bien grand cœur, la demander à « votre amitié. Mais vous ! ne venez-vous donc jamais, « dans notre Paris, revoir ce Barreau qui vous aimait et « vous avait compté parmi ses notables ? Votre nom ne « peut plus y être un nom inconnu ; et il me semble, in- « grat ! que vous ne vous en souvenez pas assez. L'occa- « sion ne vous manquerait pas, pourtant : en mon parti- « culier, je regrette que vous ne la saisissiez pas toutes « les fois qu'elle se présente. Je fais des vœux pour que « bientôt nous vous serrions la main ; en tous cas, de « près comme de loin, vous avez pour ami dévoué,

« MARIE. »

La haute fortune de notre Toulousain l'avait laissé simple et bon, d'un esprit et d'un caractère aussi vrais que l'était son talent. Blessée au vif fut un jour son honnêteté native, lorsque, après le gain d'une cause considérable, très remarquée devant la Cour d'Appel, une an-

cienne connaissance de Toulouse lui proposa de s'entre-
mettre pour ouvrir à sa plaidoirie, — qu'il recomposerait
après coup, — les colonnes complaisantes d'un journal
judiciaire au grand format. « Merci de vos offres, cher
« confrère (fut-il répondu), j'ai déjà oublié ce que je viens
« de dire, et le public n'a aucun intérêt à ce que vous l'en
« informiez. » L'officieux, mécontent d'un scrupuleux
refus, auquel il ne paraissait guère habitué,

« Jura, mais un peu tard, qu'*il* ne l'y prendrait plus.... »

Le bruit, les coteries, les camarades, tristes moyens de
réussite! Ils répugnaient instinctivement à la délicatesse
d'un homme en qui le sens moral avait une exquise sensibilité. Aussi, quoique Me Alexandre Fourtanier, au vu
et au su de tous, ait plaidé plus longtemps, beaucoup
plus et bien mieux qu'aucun d'entre nous, les beaux procès, les affaires d'éclat, vous chercheriez en vain son nom
et ses succès dans les réclames de la presse; constatons-le
à sa louange, ils manquent absolument à la correspondance particulière de la *Gazette des Tribunaux.*

IV.

En 1851, les événements imprévus du 2 décembre ramenèrent Me Fourtanier dans le paisible sanctuaire de
ses travaux de prédilection. Il déclina, sans arrière-pensée ni faiblesse, l'honneur qui lui fut offert de figurer au
nombre des membres qui composèrent la Commission
consultative : c'était repousser l'entrée de plain-pied au
Conseil d'Etat, renoncer aux avantages d'une soudaine
élévation dans les affaires publiques. Il ne se laissa pas
éblouir et persista dans ses refus; législateur en dispo-
nibilité, il sacrifiait avec bonheur la vie politique et ses

aventures, à l'amour vrai de son état. Aussi ne reparut-il à Toulouse que pour reprendre aussitôt le cours de sa belle et libre profession. Nous le revîmes alors, joyeux et empressé autour de lui, qui embrassait avec autant d'ardeur et d'activité qu'autrefois les autels de cette divinité austère dont il n'a plus déserté le culte. C'était le retour d'un confrère grandi par l'absence, d'un ami regretté qui retrouvait vivants parmi nous les excellents souvenirs qu'il y avait déposés.

Les rangs de l'Ordre s'étaient reformés en son absence. Si l'orateur populaire, l'avocat des grandes causes criminelles, attaché désormais au Conseil d'Etat, était perdu pour nous sans retour, sa place éminente avait été immédiatement occupée par son antagoniste d'autrefois, l'orateur mordant et lettré que Paris avait apprécié à sa valeur, et qu'il nous rendait en échange de sa nouvelle conquête. A l'audience civile, pour remplir le vide laissé par l'éloignement de Me Fourtanier, ce n'était pas trop de toutes nos richesses intellectuelles, — de l'ancien confrère que le Barreau de la Cour de Cassation consentit à nous céder, de nouveaux avocats, praticiens expérimentés, discoureurs pleins de souplesse, que les Tribunaux voisins laissaient partir pour le chef-lieu du ressort.

Mais enfin il nous était bien rendu tout entier. Que dis-je, et pourquoi n'en ferais-je pas l'aveu? Après cet intervalle de repos, au retour de Paris, où il avait connu les meilleurs maîtres et lutté contre eux avec avantage, il nous parut à tous que son talent s'était élevé, qu'il agrandissait, en quelque sorte, sa manière. Aux forces naturelles de son esprit, employées toujours à souhait, il savait maintenant ajouter, en se les assimilant, quelques-unes des qualités brillantes dont il avait dérobé l'artifice aux beaux parleurs du Barreau parisien, experts en l'art de bien dire. Il a été permis de s'en convaincre, dans les

fréquentes occasions où il fut donné à Me Fourtanier de
briser le moule étroit de la plaidoirie ordinaire, pour
généraliser des aperçus et planer sur les hauteurs d'une
cause importante. On pouvait alors reconnaître que son
éloquence, ravivée et retrempée aux sources, lui avait
rendu les cimes de la pensée plus accessibles qu'aux premiers temps.

Quoiqu'il en fût, sa voix recommença à se faire entendre sur toutes les questions : il ne se délassa plus d'un
combat que par un combat nouveau. Menant de front une
infinité d'affaires qu'il soignait jusqu'aux moindres détails, se tenant chaque jour au courant des fluctuations
de la Jurisprudence, au niveau des progrès de la doctrine,
il s'était chargé d'un tardeau dont le poids s'aggravait
sans cesse et qui devait finir par lui devenir accablant;
pourtant malgré ses extrêmes fatigues, il y consacrait une
énergie et une puissance telles que la plus robuste jeunesse les accorderait rarement à ses élus. Nous l'avons
vu, entre-temps, s'occuper des utiles travaux de la Société d'Agriculture qui l'avait récemment appelé dans son
sein : il fut jaloux de se montrer membre laborieux et
assidu; et grâce à la plume infatigable de cet avocat-
écrivain, les recueils d'agriculture pratique, publiés pour
le Midi de la France, par le journal de la Haute-Garonne,
se sont enrichis de ses études critiques sur la matière si
délicate des irrigations et des cours d'eau.

C'est ainsi que, sous nos yeux, va s'écouler la série
des dernières années que M. Alexandre Fourtanier a
vécu. Loin de moi la prétention d'intéresser au simple
récit de cette carrière, militante par les œuvres de l'esprit, mais exempte d'intrigues et pure d'ambition, ceux
qui demandent à leurs lectures le jeu des événements,
le hasard des péripéties. Mes souvenirs sont écrits pour
les admirateurs de cet homme excellent, c'est-à-dire

pour tous ceux qui eurent la faveur de l'approcher et de le connaître. Or, ceci n'est que la véridique histoire d'un travailleur obstiné dont la tâche du jour est semblable à celle de la veille, en attendant pareille besogne pour le lendemain. *Sic vita fluit, dùm stare videtur.....* Malgré la monotone aridité de cette existence de cénobite, M⁰ Fourtanier, sincèrement épris des beaux côtés de la profession, attaché aux pénibles devoirs qu'elle impose, s'y renfermait avec la modération de borner là ses désirs et la sagesse de lui reporter tous les hommages. Quand il fut élu président de l'Académie de Législation, pour l'année 1857, sa modestie avait troublé sa mémoire. Il ne croyait pas posséder assez de titres pour accepter un tel honneur, et il voulut d'abord descendre du siége élevé où l'avaient placé ses collègues. Puis, écartant, à leur prière, cette pensée d'abdication, il nous disait : « C'est le Barreau que vous avez voulu glorifier « dans ma personne, et je ne suis plus libre de disposer « d'une distinction qui ne s'adresse pas à moi seul..... » Qui pourrait avoir oublié, s'il l'a entendu, le touchant éloge des fortes études, par lequel se termine son rapport sur le second concours ouvert entre les lauréats des Facultés de Droit de l'Empire : « Marchez, jeunes gens, « dans cette voie des rudes travaux, qui a des charmes « ignorés du vulgaire, et qui protége l'âme contre tous « les découragements et toutes les langueurs.... Ces cou- « ronnes qui ne se donnent pas, mais qu'il faut enlever « de vive force, deviendront une initiation féconde aux « gloires de la vie.... Vos regards apercevront bientôt « les plantes inconnues annonçant la terre promise, où « vous attendent les honneurs du triomphe et la considé- « ration publique, qui en est inséparable..... »

Animé qu'il était d'aussi nobles sentiments, on devinera sans peine de quel prix brillait à ses yeux l'indis-

pensable profession qui défend devant les Tribunaux
l'honneur et la vie, la liberté et la fortune des citoyens.
L'ancien renom de l'Ordre de Toulouse lui tenait particulièrement au cœur; et cette chère gloire, dont le reflet
est une auréole pour les fronts les plus humbles, lui apparaissait comme un patrimoine de famille. Il avait entendu à la barre les Romiguières, les Du Bernard, les
Carles, les Barrué. Il avait assisté aux Conférences des
Laviguerie, des Roucoule, des Espinasse. S'il était conduit à parler de cet âge héroïque de notre Barreau, ses
attachantes causeries fesaient revivre sous nos regards
charmés toute une génération d'avocats consultants et
d'éloquents champions de la défense orale, dont il aidait
ses auditeurs à retenir les noms, afin de transmettre plus
tard à d'autres leur histoire.

A quatre reprises différentes, les dignités de son Ordre
furent décernées à Mᵉ Alexandre Fourtanier. Il était de
ceux qui, en les portant, leur attribuent plus d'éclat qu'ils
n'en peuvent recevoir d'elles. Relisez les allocutions qu'il
prononçait devant les avocats du stage, à la réunion générale de ses confrères; et vous serez saisi par l'élévation
des idées, non moins que par l'autorité du langage. Avec
quelle vivacité il proteste de son ferme espoir de voir
grandir et honorer une profession ardemment aimée !
Comme il se complaît à jeter dans de jeunes âmes les
semences fécondes de la confraternité ! De quelle main
vigilante et empressée il calme les impatiences, éloigne
les convoitises et prémunit en même temps contre les défaillances de l'attente !

« Notre carrière, — dit-il, — est attrayante et rude
« à la fois; c'est par son âpreté même qu'elle plaît aux
« fortes intelligences et aux caractères énergiquement
« trempés. Si la route à parcourir est unie et facile, le
« ciel toujours serein et les vents favorables, l'homme

« s'endort sans souci du lendemain qui doit ressembler
« à la veille ; le rayon divin que Dieu a mis à son front
« pâlit et s'éteint bientôt dans une nuit profonde. Il faut
« à son génie, pour qu'il se déploie dans toute sa puis-
« sance, les sentiers inaccessibles à gravir, les vents dé-
« chaînés à plier sous son joug comme un coursier do-
« cile, les orages de la place publique, plus redoutables
« que ceux du monde matériel, à combattre et à vain-
« cre. Alors il m'apparaît comme le roi de la création ;
« dans son regard je vois briller une étincelle du feu
« sacré qui témoigne de sa céleste origine... Comme le
« magistrat, le soldat et le prêtre, l'avocat appartient à
« une sainte milice qui ne compte ni ses fatigues ni
« ses douleurs, et accepte sans regret le sacrifice de ce
» que l'on appelle les plaisirs de la vie dans un monde
« qui ne connaît pas les jouissances cachées au fond du
« calice dont les bords paraissent pleins d'amertume...
« Dans le sein de notre Ordre, vous ne trouverez, à
« côté des austérités qu'impose le travail, ni le tumulte,
« ni les intrigues, ni les ambitions qui s'agitent à tous les
« degrés de l'échelle sociale. La paix de l'âme et la li-
« berté d'esprit, sa compagne inséparable, sont pour
« nous d'une nécessité trop grande, pour que nous per-
« mettions à ces passions vulgaires de franchir le seuil
« et de troubler la sérénité de notre demeure. Indépen-
« pendants et libres, nous ne demandons qu'à de persé-
« vérants efforts l'estime publique et le succès qui en
« sont la récompense..... Mais la renommée vend bien
« cher les couronnes que sa main avare laisse tomber
« sur quelques fronts. Demandez à ceux qui les ont obte-
« nues de quelles longues veilles ont été précédés leurs
« triomphes. Et puis, cette renommée, si on est
« assez heureux pour l'atteindre, il faut la retenir et
« l'enchaîner à son nom, sous peine de la voir, insul-

« tante et railleuse, se dégager de vos mains languissan-
« tes, pour proclamer votre faiblesse, après avoir chanté
« votre victoire..... »

Je m'arrête de préférence à ce discours qui a marqué
la rentrée des Conférences, à la date du 26 décembre 1858. M⁰ Fourtanier avait été élu, puis réélu Bâtonnier, pendant l'exercice judiciaire de 1857 à 1859, —
deux années néfastes entre toutes, pour le barreau de
Toulouse ! — Elles creusèrent dans ses rangs des brè-
ches irréparables. Le chef de l'Ordre, conduisant le
deuil de tant de morts, s'abandonne aux pieux regrets
qui l'assiégent, quand il songe à ses anciens frères d'armes dont il appréciait autrefois dans un commerce de
chaque jour la constante affection ; et du fond de son
âme le suprême hommage s'exhale, comme le parfum
exquis d'une douleur juste et discrète. Il faut voir combien il a pris plaisir à les louer l'un après l'autre : Philippe Féral, l'homme qu'il avait le plus aimé, et dont la
cordiale rivalité l'obligeait à redoubler d'efforts ; Henri
Mazoyer qui lui aurait enseigné, par son habileté prodigieuse, la science des affaires, — hâtons-nous d'ajouter un correctif qui nous est propre, — si lui-même
avait eu quelque chose à apprendre sous ce rapport, lorsqu'il se présenta pour se mesurer contre ce joûteur
redoutable ; Edouard Fourtanier, son compagnon d'enfance, le guide bien-aimé de ses premières études.....
Quel affectueux souvenir il dispense, en passant, à
M⁰ Soueix, de tous les temps uni à lui par les liens de
la plus douce confraternité ! Et quel délicat éloge, à
l'adresse d'un Magistrat, M. Delquié, celui-là même qui,
dès 1829, avait prédit en ces termes la fortune de son
futur panégyriste : « Il est de la grande famille qui pro-
« duit les Procureurs-Généraux et les Bâtonniers ; ce
« débutant sera un jour l'un ou l'autre, à son choix.»

Mais notre chef éloquent fut surtout inspiré, et il sut
nous émouvoir par ses accents attendris, au moment où
il parla de ce noble jeune homme, frappé si vite, ravi
si tôt au plus splendide avenir, (*) — celui-là, pourtant,
que notre ordre, grâce à une fraternelle substitution, semble aujourd'hui avoir reconquis tout entier. M⁰ Alexandre Fourtanier l'avait vu à ses côtés débuter, avec ses
qualités de race, dans une grande affaire criminelle ; et
l'avocat qui tient la plume eut l'honneur d'y figurer en
tiers à leur suite. Personnellement il peut attester combien notre devancier fut heureux de présenter à la Cour,
de patroner auprès du Jury le jeune et brillant confrère,
inscrit au registre du stage le 26 novembre 1855.

Il ne me reste guère plus rien à raconter sur les
travaux entrepris ou les œuvres laissées par cet esprit
supérieur qui représentera incontestablement au barreau
de Toulouse l'une des plus hautes expressions de l'ins-
tinct juridique et de la force dans la lutte, de l'ascendant du savoir et de la souveraineté de la parole. Mais,
jusqu'à présent, j'ai à peine indiqué pourquoi M. Alexandre Fourtanier, promu en première ligne dans la carrière
où il fesait autorité, se plaçait au même rang dans les
affections de ceux qui furent initiés à l'intimité de sa vie.
C'est qu'il avait le caractère de son talent ; chez lui, les
vertus du cœur ne le cédaient en rien aux dons intarissa-
bles de l'intelligence. Qu'il me serait facile d'en multiplier les preuves, si j'osais citer ici des noms propres ! Sans doute les sympathies de cet homme foncière-
ment bon ne furent jamais bruyantes ; elles ne s'épan-
chaient pas chaleureusement au dehors, et les protestations de dévouement ne montaient qu'avec peine de son
cœur à fleur de lèvres. Mais, quoique peu démonstratif,

---

* M⁰ Georges Piou.

nul homme peut-être ne fut plus ferme ni plus fidèle dans ses attachements. On ne l'a vu solliciter que pour ses amis : c'est en eux seuls qu'il semblait avoir concentré son ambition ; et lorsque devant les chefs de la Cour, il lui advint de prendre ardemment en main la défense des avocats émérites, désireux de passer du barreau à la magistrature, ce n'est certes pas à lui-même qu'il songeait.

Personne, en effet, ne pratiqua parmi nous, avec une sincérité plus parfaite que Me Fourtanier, ces mœurs confraternelles qui — dit-on dans de solennelles harangues, — doivent faire le charme et l'honneur de notre existence en commun. Interrogez sur ce point les magistrats à qui leur toge fut violemment arrachée en 1848, et qui se réfugièrent au barreau comme en un lieu d'asile : ils vous diront l'accueil affectueux qu'ils ont rencontré auprès de lui et la bienvenue efficace qu'il parvint à leur ménager, en attendant l'heure des réparations. Franc et loyal envers nos chefs d'emploi aussi bien qu'à l'égard des simples vélites, enrôlés dans notre milice, il avait besoin, plus qu'un autre, de l'aménité de son commerce et de ses manières affables, pour se faire pardonner par l'amour propre désappointé les triomphes que trop souvent il nous imposait. Mais il excellait aussi dans l'art d'adoucir les chocs inévitables d'une lutte quotidienne ; il savait trouver l'à-propos d'un encouragement, le baume d'une consolante parole, pour guérir en maintes circonstances la blessure de nos défaites. Bref, s'il avait été ardent au milieu de l'action et de ses vivacités, loin de lancer le *væ victis !* il s'empressait à se montrer compâtissant après le combat et généreux dans la victoire. C'est qu'en effet un cœur d'honnête homme battait sous la robe de l'avocat.

Et ses deux fils, comme il les chérissait ! Il avait voulu

les nommer l'un et l'autre ses confrères, ainsi que l'a rappelé si bien une voix amie sur sa tombe. Le seul jour où l'on ait trouvé M. Alexandre Fourtanier sensible à la louange, c'est lorsque, magistrats et avocats, les familiers de sa maison, vinrent le complimenter en foule sur le premier succès remporté à la barre par Mᵉ Louis Fourtanier qui avait dignement soutenu, à l'audience, le poids d'un nom difficile à porter. La joie de l'excellent père débordait son âme; il se montrait plus fier de cette fête de famille, qu'il ne le fut certainement pour tant de glorieux triomphes qui lui étaient personnels. Ils le comprenaient à merveille, ceux à qui il avait été permis d'admirer de près la dignité de ses mœurs, son culte du foyer domestique, sa vie privée exemplaire.

Je puis fournir un dernier trait, assez récent, où se dévoile au grand jour la mansuétude qui animait cette belle âme, sans fiel et sans rancune. De jalouses agressions — elles consacrent souvent le vrai mérite — ne l'avaient pas épargné. Querelle incroyable! Souvenir affligeant, sur lequel il convient de jeter un voile épais, par pitié pour ses obscurs détracteurs! A Toulouse même, autour de lui, il eut un jour à se plaindre de la calomnie. Le confiant Gerbier n'a-t-il pas souffert, lui aussi, du mal d'ingratitude!... L'homme qui l'avait gravement offensé éprouva plus tard un malheur de famille; il fut menacé d'abord, atteint ensuite dans ses plus proches affections. A la nouvelle qui lui en est communiquée, M. Fourtanier s'émeut et ses yeux sont mouillés de larmes. Une personne présente témoignait quelque étonnement de cette extrême douleur, si soudaine, si spontanée, alors que l'indifférence eût été peut-être légitime. Il eut la magnanimité de répondre à cet ami, beaucoup moins sage et moins modéré que lui : « Oublions « nos misères; il est malheureux, car il traverse une

« cruelle épreuve dont j'ai connu l'amertume ; pardon-
« nez-lui donc comme je lui pardonne !.....»

V.

Si le bonheur complet était de ce monde, qui mérita
la perfection des félicités à plus juste titre que notre
regretté confrère, aussi bon, aussi aimant pour tous,
que partout il fut éloquent et instruit?... Et pourtant il
a dû payer son tribut de souffrances à la condition humaine. La plus amère douleur est venue à l'improviste
traverser sa brillante carrière. Il n'y a pas un an encore,
une mort inattendue frappait à ses côtés la personne
qui lui était le plus chère, au moment où lui-même,
parvenu à l'apogée de sa réputation, reconnu le premier
avocat de notre Palais, estimé le jurisconsulte par
excellence de son Ordre, il jouissait dans leur éclat et
leurs prestiges de ses légitimes propriétés. Ce fut un
coup de foudre dans un ciel sans orage. Cette femme
que son cœur avait choisie, de parfait accord avec sa
raison, et avec qui, trente années durant, il fit une seule
âme, lui était subitement retirée. Dieu sait si l'extrême
affliction de l'époux n'a pas été la source mystérieuse du
mal que nous déplorons aujourd'hui, et la cause première de sa fin prématurée !... Lequel d'entre nous n'a
pas toujours présente à la pensée cette scène navrante
des funérailles, où Me Fourtanier versait sur la tombe à
peine refermée de sa digne compagne des larmes aussi
abondantes que ses prières..... Depuis ce jour, les vête-
ments de deuil qu'il portait, n'ont pas seuls manifesté au
dehors l'affreux malheur dont il avait été victime. Le
nom, la mémoire de cette excellente femme, revenaient
sans cesse dans ses entretiens d'amis. Mais ce n'était pas
chez lui le désespoir qui abat, c'était plutôt le souvenir

qui console et purifie. Quoiqu'il l'eût amèrement pleurée, croyant aux divines promesses d'en haut, il savait bien ne pas l'avoir perdue : plus que jamais celle qu'il ne pouvait voir se rapprochait de lui. Que de fois d'autres que moi et moi-même, admis à pénétrer à toute heure dans sa familiarité, nous l'avons surpris le soir, — protégé par le silence momentané de son cabinet, loin des distractions du monde auxquelles il demeurait de plus en plus étranger, — tandis qu'il s'absorbait devant l'image lui retraçant les traits de sa femme adorée; il s'oubliait alors dans une société de pure foi avec celle qui pour nous seuls était devenue invisible, comme s'il cherchait à devancer de ses vœux l'instant assigné par la Providence à leur réunion trop prochaine. Ne s'est-il pas, en effet, bien hâté de la rejoindre, lui qui n'a pas survécu même une année?...

Et sur sa table de travail nous avons longtemps remarqué, nous avons vu souvent entre ses mains un pieux opuscule, — le livre des chrétiens affligés, — dont le vénérable auteur a bien mérité de toutes les âmes blessées et souffrantes; je veux parler de ces touchantes lettres de consolation, intitulées AU CIEL ON SE RECONNAÎT! et où la plume d'un savant religieux recompose la famille des créatures tendrement aimées, jusqu'auprès du Créateur, dans les siècles sans fin. Telle est la source de vérité à laquelle chacun de nous s'édifiait de voir M. Alexandre Fourtanier recourir, en allègement de son infortune, afin d'y puiser les eaux pures de l'espérance.

Malgré les fatigues et les tristesses qui l'avaient assailli pendant la session judiciaire, le repos des dernières vacances rendit en apparence à notre confrère la plénitude de ses forces. Au mois de novembre 1863, Me Fourtanier reprit résolument sa place à notre tête; et, dès la première audience, plaidant à Lavaur dans un grand procès, il gagnait sa cause d'emblée devant les magistrats, en même temps qu'au tribunal de l'opinion publique. Le labeur dévorant qui allait consumer trop tôt sa noble vie, la laissait ainsi utile et féconde jusqu'à la dernière heure. Pourquoi se serait-il arrêté? Il pouvait prendre à pleines mains, sans crainte de l'épuiser, dans la riche épargne des dons précieux que Dieu avait amassés en lui. Doué d'une activité qui ne s'était reposée en aucun temps, il s'abandonnait à cette voix irrésistible du travail qui lui criait sans cesse : marche! marche! et le poussait en avant. Et il ne réfléchissait pas que la chute continue des gouttes d'eau qui tombent sur le granit y fait brèche à la longue, et qu'il jouait imprudemment avec la santé; — trésor pareil à celui de la jeunesse, dont on ne sent le prix qu'après l'avoir dissipé ou perdu. Parfois les témoins de ses lassitudes, en le voyant se raidir contre les atteintes si sensibles que son larynx avait reçues, s'effrayèrent de certaines défaillances physiques auxquelles il était en proie; en vain ils lui disaient qu'il prît garde de finir comme Paillet, qu'il s'exposait à succomber en pleine plaidoirie, que sa robe serait son linceul. Hélas! Qu'il s'en est fallu de peu que ce désolant pronostic n'ait été vérifié à la lettre!

Mais depuis qu'il marchait seul dans la vie, l'absorbante distraction des affaires semblait devenir pour lui une impérieuse nécessité : c'est avec une sorte d'emportement qu'il répondait à l'appel adressé en des ressorts si divers à son vaillant patronage. Au fort d'un hiver rigoureux, sans ménagement, ni trève, il court, à peu de jours d'intervalle, se faire entendre de Bordeaux à Pau, de Pau à Pamiers. — A Bordeaux, où sa voix était connue, et où son mérite avait acquis une imposante autorité, nous pouvons deviner l'effet qu'il produisit, par quelques lignes détachées d'une lettre indifférente que

recevait, au mois de janvier, un de nos amis, sans intérêt dans le procès dont il va être parlé. « Entre paren-
« thèses, sachez que votre compatriote, M. Fourtanier,
« plaidait hier à la Cour, où il a charmé son public ; sa
« discussion a été jugée admirable ; les connaisseurs s'en
« émerveillaient d'autant plus qu'ils rendent justice à
« l'ingratitude de sa cause et à la difficulté des questions
« que ce grand avocat a su faire intéressantes.... » —
L'impression que reçut de lui la Cour de Pau, à très
brève distance, fut, paraît-il, au-dessus de tous les éloges. A propos d'un débat assez vulgaire, découvrant le
secret d'en relever l'importance, en le moralisant, son
imagination s'était illuminée du feu de l'éloquence. On a
lu, par hasard, dans les papiers de notre confrère, la
lettre d'un avocat-général, — excellent juge des hommes
de bien qui savent bien dire, — écrite au sortir de cette
audience, pour exprimer à notre compatriote la reconnaissante admiration que lui inspirait une plaidoirie si
parfaite, qu'il doutait, lui, le vieux magistrat, d'en avoir
jamais entendu une autre aussi belle. — Enfin, à Pamiers, dans des circonstances où le bon droit stimulait
le zèle du défenseur, M⁰ Fourtanier parut, comme plai-
gnant, à la barre de la police correctionnelle, pour soutenir la cause sacrée de la propriété : il exprima ses
hautes pensées dans un langage si véhément, il développa
les vérités fondamentales de l'ordre social avec une puissance de parole si entraînante, que tous les auditeurs,
client et adversaires, se plurent à reconnaître que la
journée avait ajouté, pour l'avocat de la partie civile, un
nouveau fleuron à sa couronne oratoire. Voilà les œuvres
des derniers jours, qui devaient clore la lignée non interrompue de ses innombrables triomphes ; et certes,
personne ne les saurait considérer comme *les restes d'une
voix qui tombe ou d'une ardeur qui s'éteint.*

A son retour de Pamiers, M. Alexandre Fourtanier avait déjà ressenti le premier coup du mal inexorable qui, en quelques jours, allait l'emporter. Trop confiant dans sa vigoureuse constitution, qui résista jadis à tant d'épreuves, il ne prit nullement l'alarme : un peu de repos, pensait-il, le rendrait de rechef capable de résister aux veilles de l'étude, aux fatigues de la plaidoirie. C'est pendant ce court relâche qu'une visite à sa campagne fit empirer fatalement son fâcheux état. Pourtant, le 25 janvier, une semaine avant la catastrophe, il était revenu à la Cour, occupant sa place accoutumée au barreau de la première Chambre. Là, en attendant le tour d'une cause importante, il guidait une dernière fois de ses avis l'auteur de ces notes, qui s'honore de devoir tant aux leçons et à l'attachement d'un tel maître. Pâli par la souffrance, mais soutenu par la virile énergie de sa volonté, M. Fourtanier rassurait lui-même ses confrères, habitués à le voir combattre son malaise avec succès; il dissipait, en souriant, leurs inquiétudes. Combien nous étions loin de craindre qu'il fesait ce même jour ses adieux au Palais, et que nos yeux ne devaient plus l'y revoir. De longues années ne semblaient-elles pas encore promises à cette supériorité intacte, à la vigueur d'un esprit dont l'âge raffermissait l'élan?... Aussi, comptions-nous l'entendre, dès le lendemain. Il nous avait donné rendez-vous : et comme il continuait d'être le plus employé de tous, ce qui le préoccupait à ce moment, c'était de combiner pour une seule audience sa réponse à une plaidoirie faite contre lui au Tribunal, et la discussion qu'il n'avait pas eu le temps d'engager à la Cour. Vaines inquiétudes, soins inutiles : ce rude joûteur ne quittait son poste que pour mourir; il rentrait chez lui mortellement frappé.

Au début de cette maladie si prompte, on était plein d'une trompeuse sécurité. La science et l'amitié qui veil-

laient à son chevet, répandirent avec conviction l'espoir
autour de lui. On crut avoir enrayé la fluxion de poitrine, dès qu'elle apparut. Malheureusement la nature
était à bout, la vie épuisée, les forces anéanties ; un affaiblissement anémique avait fait sourdement son œuvre de
destruction. Et c'est ainsi que s'acheva la semaine, dans
les alternatives inquiétantes du mieux et du pire.

Quelle journée d'émotion générale, de cruelle anxiété,
ce fut au Palais-de-Justice que le lundi 1ᵉʳ février ! Pour
la première fois, le bruit venait de se répandre que la
maladie de Mᵉ Fourtanier avait éclaté d'une manière terrible, que d'heure en heure elle fesait d'irrémédiables
progrès. Cette forte organisation semblait se briser tout
d'un coup : vainement aurait-on cherché à espérer contre
l'espérance ; un pressentiment douloureux nous annonçait
qu'un vide immense allait s'ouvrir dans nos rangs. A
l'issue de l'audience, où chacun s'était rattaché à grand-
peine à sa besogne de chaque jour, on n'avait plus qu'un
sentiment à échanger, il ne circulait qu'une seule nouvelle : « M. Fourtanier se meurt ! » disait-on partout.
Fallait-il entendre répéter si vite : « M. Fourtanier est
mort ! » Ce fut bien pis le lendemain, le jour où le trépas
a triomphé, — jour de désolation, non seulement pour sa
famille, pour ses amis, mais aussi pour le Barreau, pour
la Cité. S'il se fût rencontré quelqu'un assez aveugle pour
ne pas apprécier l'étendue sans limites de cette perte, les
solennelles paroles tombées du haut des siéges auraient
suffi pour l'apprendre à tous. Le deuil de l'Ordre était
porté par la Cour et par le Tribunal ; la magistrature s'as-
sociait à nous tout entière, pour déplorer un événement
qui n'était rien moins qu'une calamité publique. Ah ! bien
à plaindre furent ce jour-là les confrères, enchaînés par
la tyrannie du devoir, qui dûrent étouffer les saisisse-
ments de la douleur et reprendre sur eux-mêmes assez

d'empire pour ne pas faillir à la tâche qui leur était imposée !.....

Dieu, en effet, dans ses impénétrables décrets, avait marqué le terme de cette précieuse existence. Comment est-il arrivé, notre cher malade, jusqu'à l'heure de l'éternel repos ? Qu'il me soit permis, pour l'enseignement de tous, d'en reproduire ici, en quelques lignes, le véridique et touchant récit. — L'intervalle de recueillement entre la vie et la mort a été rapide pour M. Fourtanier. Néanmoins la grâce lui fut octroyée d'affirmer sa foi et d'éteindre les ardeurs de son esprit sous les cendres de la pénitence. Fidèle époux d'une vertueuse chrétienne, il n'avait jamais séparé dans son cœur la religion et la science, Dieu et le droit, la vérité et la justice : j'en appelle à tous ceux qui l'ont vu fréquenter l'Eglise et sans respect humain s'associer publiquement à ses prières. Aussi le malade n'attendit-il pas l'instant fatal pour s'avouer chrétien. Les conclusions pratiques de sa religion n'avaient rien qui pût le troubler ou lui coûter quelque effort ; il le fit bien voir. Encore abusé sur les alarmants symptômes qui de l'un à l'autre augmentaient d'intensité, il avait docilement suivi, — lui l'homme éminent, l'intelligence élevée, — les pieux conseils d'une humble fille de Saint-Dominique : il priait ; et durant les longues heures où la douleur retint M. Fourtanier sur son lit de souffrances, elle continuait ses soins, et lui ses prières. Cependant la mort se hâtait. Le dévouement de l'amitié avait été aussi impuissant que le zèle de la science pour la retenir ; l'instant suprême approchait. On lui annonce qu'il faut mourir. Le souvenir de cette scène attendrissante est gravé au fond du cœur des personnes présentes, pour n'en jamais sortir. A cette nouvelle imprévue, se tournant vers ses amis au désespoir, son regard parut briller d'une flamme soudaine. Pouvait-il ne pas donner un regret à ses pauvres enfants, aux sincères affections, aux honorables sympathies qu'il laissait après lui? Mais ce tribut payé à l'humaine faiblesse, tout fut dit. Presque à l'instant, son énergie morale reprend courageusement le dessus. Alors, avec un calme parfait, une inaltérable tranquillité : « Oui, dit-il, je le sens, je « suis bien mal ; JE SUIS RÉSIGNÉ ! » Soumis à la volonté de Dieu, mais non troublé, lui-même choisit le ministre des autels à qui il veut confier l'aveu et le repentir de ses fautes. Il pouvait voir arriver le terme fatal, notre bien-aimé confrère, sans que son âme en fût ébranlée ; il devait finir sans regrets, parce qu'il avait toujours vécu sans excès. En face de la mort, passant en revue les actes de sa vie, il ne retrouvait que de rassurants souvenirs dans un passé de cinquante-huit ans, uniquement inspiré par le sentiment du devoir.

Il s'éteignait donc dans la sublime résignation des espérances chrétiennes. C'est en pleine connaissance et de son bon gré qu'il accomplit le sacrifice expiatoire que l'Eglise catholique exige de ses fidèles enfants ; s'il n'a pas reçu les secours du dernier sacrement qu'elle administre, il y était préparé : mais les fréquents vomissements de sang qu'il éprouvait ont été le seul obstacle à ce que le saint Viatique vînt le réconforter. Nous pouvons dire que sa force d'âme ne se démentit pas jusqu'au terme : il supportait de cruelles souffrances sans proférer une plainte, il ne laissait voir contre la mort aucune amertume, il ne sortait de sa bouche aucune parole de crainte ou d'illusion. On nous a raconté que lorsque le principe de vie était sur le point de lui échapper, les ombres de la mort vinrent voiler sa belle intelligence. La voix lui manqua bientôt ; mais ses lèvres balbutiaient encore des mots confus et indistincts. On aurait cru que l'Avocat mourant, gardant le sceau de sa science, murmurait une plaidoirie inachevée. C'est ainsi que, dans le délire de l'agonie, le général d'armée ne parle que de ses batailles. Et, de même, on a vu de saints prélats, s'endormant dans le Seigneur, sans inquiétude sur le réveil, bénir les assistants d'une main défaillante qui n'avait plus de force que pour faire le signe de notre rédemption.

Mais on ajoute aussi que, tout près de l'instant qui le conduisait à l'éternité, une lueur suprême parut ranimer Alexandre Fourtanier : il revint à lui, avec l'usage de tous ses sens; il reconnut la sœur de Saint-Dominique qui veillait et priait toujours. De simples et religieuses paroles s'echappèrent sans effort de sa bouche expirante ; nous les avons recueillies avec scrupule auprès de la personne qui a reçu son dernier soupir. « Confiez-« vous en Dieu ! » disait la bonne sœur. Et lui, de répondre, les mains jointes, les yeux interrogeant le ciel : « J'ai mis toute ma confiance en lui... Qu'il me pardonne « de l'avoir négligé... J'ai donné trop de temps à d'au-« tres affaires... Ah ! ma sœur, vous avez bien choisi « la meilleure part !... Qu'il ait pitié de moi, je suis « résigné à sa volonté.....» Ç'a été sa dernière parole. Dieu seul a eu ses dernières pensées.

VI.

Ainsi est mort Alexandre Fourtanier. Ainsi passe la vie, avec la rapidité éphémère de tout ce qui finit, de tout ce qui s'éteint... Depuis la perte de Philippe Féral, le Barreau de Toulouse n'avait pas eu un aussi grand deuil à porter. Ne se voyait-il pas découronné, privé avant l'heure de l'illustration dont son chef véritable pendant vingt-cinq ans avait su le faire resplendir !... C'était bien l'occasion de le répéter, sur cette nouvelle tombe, le cri de l'âme qui échappait à M. Fourtanier lui-même, en se séparant de son meilleur ami : « Il est des « hommes qui ne devraient jamais mourir; et celui-ci « nous est enlevé, quand son âge, sa force, ses succès « nous autorisaient à croire très éloigné le jour fatal « qui fait couler nos larmes !... » — Lorsqu'elle brise inopinément une aussi magnifique carrière, la Providence frappe l'un de ses coups les plus terribles. Cette fois, elle a ravi sans pitié, au milieu de ses travaux, l'avocat utile entre les meilleurs, qui se voit relevé du poste où l'attachaient tant de liens, quoiqu'il ne soit point parvenu au terme de sa journée ni à l'accomplissement de sa tâche. Heureux du moins celui qui, à l'exemple de notre confrère, honoré comme un maître, regretté comme un ami, laisse à sa famille, avec l'héritage de ses loyales traditions, le trésor d'une pure renommée. Les gens de bien de cette trempe sont rares; et ce que l'on peut souhaiter de mieux aux fils d'un tel père, c'est de lui ressembler.

Nous avons vu, au jour de ses obsèques, l'Ordre, les Magistrats, la Cité, lui faire cortége. De toutes parts s'élevaient les bruits qui se font autour d'une réputation sans tâche, et d'une flatteuse popularité. Sur son passage, ce modeste cercueil, orné des seuls insignes de la profession d'avocat, n'a recueilli que d'universels hommages, et, plus touchants que ces hommages même, de profonds et spontanés regrets. Nous n'avons plus à dire, nous n'avons eu la prétention d'apprendre à personne comment les uns avaient été vaillamment conquis, combien les autres étaient justement mérités.

Naguère, dans le ressort d'une autre Cour, — il me souvient de l'avoir lu, — le conseil de l'Ordre délibéra que le nom de Boncenne continuerait, par une faveur spéciale, à demeurer inscrit, après sa mort, sur le tableau des avocats. Touchant éloge, idée ingénieuse et morale, digne des temps antiques ! On a eu raison de la comparer à cette mâle et noble récompense qu'à chaque appel militaire, une armée de la République décernait au petit-neveu de Turenne, tué au champ d'honneur. *Caveant Consules !...* Nos aînés de la Cour de Poitiers ne se glorifiaient pas plus d'avoir possédé dans leurs rangs le savant professeur qui a écrit la *Théorie de la Procédure civile*, que nous n'avons le droit de revendiquer avec fierté la gloire et les triomphes d'Alexandre Fourtanier. Sa mémoire, confiée à la reconnaissance de ses amis dont le cours des ans sera long à tarir les pleurs, n'a sans doute, pour braver l'oubli, aucun besoin de cette consolante fiction ; mais c'est nous, au contraire, qui chaque jour aurions besoin d'être ainsi ramenés à la méditation de ses travaux, à l'exemple de ses leçons. Quoi qu'il arrive de ma prière, laissez-moi dire, avec l'énergie la plus convaincue, que tout le temps que parmi nous la vertu sera respectée, le savoir et le talent en honneur, nous demeurerons attachés et fidèles à celui qui par lui-même, par lui seul, avait acquis à ses œuvres un légitime et durable renom ; par conséquent l'ineffaçable souvenir qu'Alexandre Fourtanier a légué au Barreau de Toulouse, n'y peut pas périr.

Il ne me reste plus qu'un dernier trait à marquer, pour terminer aujourd'hui l'esquisse d'un tableau biographique, qui plus tard sera dessiné moins imparfait : je veux redire, par aperçu, l'impression que notre deuil a produit au-dehors ; je dois, pièces en main, faire connaître à tous combien notre affliction s'est étendue au loin. Dans la contemplation, douce et triste à la fois, de cette chère figure de laquelle — je l'avoue — ma pensée ne s'éloigne pas sans regret, je n'ai jamais cherché à me défendre contre ce double sentiment si naturel, si excusable : la plus sincère admiration, en même temps qu'une gratitude sans réserves. Toutefois aucune exagération n'a fait violence à ma douleur, et je n'ai point surfait la valeur réelle de mon regrettable maître, si j'en juge par les hommages venus vers lui de tous les côtés, qui assignent à sa mort cruelle l'importance d'un malheur public. Peut-être aurai-je heurté, à mon insu, contre un autre écueil de ce sujet, pour avoir voulu encadrer mes modestes pages dans nos annales d'hier ; il eût été plus prudent de mettre en pratique le conseil que nous donne la sagesse bien avisée d'un ancien. A ce propos, en effet, Antoine Loisel dit à Monsieur Pasquier, dans l'immortel Dialogue des deux avocats au Parlement de Paris : « ... Non que je veuille vous prier de parler « de ceux qui sont vivants ni pareillement de vous : « estimant l'un importun, et l'autre un peu trop curieux « et par aventure périlleux et sujet à envie, en jugeant « autrement d'eux qu'ils ne voudroient ou que d'autres « n'estimeroient... » Mais on comprendra que ce travail ne saurait renfermer éloge ou blâme pour personne ; c'est l'histoire d'un seul qu'il n'était guère possible d'isoler plus complétement de ses contemporains ou de ses émules.

Toujours est-il que les témoignages éclatants de vénération, les marques de sympathie, apportés par les Barreaux voisins dans cette fatale conjoncture, sont faits pour accroître à Toulouse le sentiment de notre irréparable perte. Les voix de la presse en avaient transmis bien vite la nouvelle jusqu'à Paris. On assure que, dans un salon où elle était déplorée en présence de M. Dupin, l'éminent procureur-général n'hésita pas à joindre à l'éloge de notre confrère l'autorité de son suffrage, en ajoutant : « J'ai vivement regretté que « M. Fourtanier eût refusé de rentrer dans la Magistra-

« ture. Il avait donné à l'Assemblée législative une haute
« idée de ses facultés oratoires ; et c'est avec empres-
« sement que j'aurais fait de lui mon premier avocat-
« général. »

Qui pouvait mieux louer notre cher défunt que
le plus renommé de ses clients, l'homme d'Etat, le
publiciste, qui le rendit un jour si heureux et si fier, en
se plaçant à l'ombre de son puissant patronage. J'emprunte à une lettre signée CHARLES RÉMUSAT les lignes
suivantes : « J'apprends avec une vive douleur la perte
« cruelle et soudaine que vous venez de faire. Personne
« n'en est plus touché que moi. Personne n'avait plus
« hautement apprécié les rares et excellentes qualités
« qui distinguaient votre confrère. En tout temps,
« j'avais eu à me louer de ses bontés : des circonstances
« récentes avaient encore resserré les liens de l'amitié
« qui m'attachait à lui. Ce souvenir ne me quittera
« jamais ; il me restera précieux et cher... Son nom
« honoré appelle les sympathies de tous ceux qui admi-
« rent le talent, de tous ceux qui rendent hommage à la
« dignité du caractère... »

Ailleurs, c'est un président honoraire, député au Corps
Législatif, dont j'ai le nom sur les lèvres, qui exprime
ses regrets dans la pleine effusion de son cœur ; et certes
celui-ci n'aimait pas plus son ancien collègue de la
Magistrature toulousaine, qu'il n'était estimé et chéri par
lui : « La triste nouvelle de la mort de Fourtanier a
« été pour moi un coup de foudre. Elle m'a profondé-
« ment affligé. Je n'avais pas de meilleur ami. Personne
« ne l'aimait plus que moi ; je lui avais voué le plus
« inaltérable attachement. Comment ne l'aurait-on pas
« aimé ? Il possédait toutes les qualités du cœur :
« loyauté, franchise, bienveillance, sûreté de relations,
« fidélité et dévouement à ses amis, à qui il était tou-

« jours prêt à venir en aide. Oh ! oui, j'ai mêlé mes
« larmes aux vôtres, et je ne puis assez vous témoi-
« gner combien je m'associe à toutes vos afflictions... »

Les sommités du barreau parisien ont déposé à l'envi
leur hommage, se souvenant à merveille que Me Fourtanier avait brillé parmi eux. Ecoutons ce qu'a écrit de lui
cet enchanteur par la parole, — Me Jules Favre, — que
la gravité des intérêts et des passions politiques est loin
d'absorber : « La nouvelle très inattendue que m'apporte
« votre lettre me cause un vif chagrin. Mes relations avec
« mon digne confrère et collègue avaient été malheureuse-
« ment trop rares. Cependant elles m'avaient permis d'ap-
« précier tout ce qu'il y avait de noble dans son carac-
« tère. Quant à son talent, il se produisait par lui-même ;
« peu l'ont égalé en richesse substantielle et logique. Sa
« perte est un malheur irréparable. Je m'associe de
« grand cœur et aux regrets unanimes qu'elle provoque
« et à la légitime douleur dont elle accable sa famille. »

Voici une autre lettre qui mérite d'être distinguée entre
toutes. L'avocat habile et courageux à qui nous la devons — Me Baze — va puiser ses éloquentes consolations
à la source incorruptible d'où le moraliste a dit que montaient les grandes pensées : « ... Je suis rempli d'une
« douloureuse stupéfaction. J'attendais précisément une
« lettre de mon cher et regrettable ami. En voyant le
« timbre de Toulouse, je brisai vite le cachet, pensant
« que j'allais le lire. Hélas ! c'était la nouvelle de sa mort
« que cette lettre m'apportait... J'en fus véritablement
« accablé. — Vous savez combien était vive et sincère
« l'amitié qui me liait à M. Fourtanier. Elle s'était for-
« mée au milieu d'épreuves où l'on ne se trompe pas dans
« le choix de ses amis. L'estime que nous avions conçue
« l'un pour l'autre nous avait conduits à des rapports in-
« times qui ne se sont jamais démentis depuis. Il était

« plus jeune que moi de six ans ; et voilà qu'un coup
« imprévu, renversant entre nous l'ordre de la nature,
« l'enlève prématurément à mon affection ! Dans de pa-
« reils malheurs, l'âme ne trouve d'adoucissement que
« dans une pieuse résignation à la volonté de Dieu.
« — Tous ses amis ici, à qui j'ai fait part d'une perte
« qui nous est commune, ont partagé notre affliction.
« Messieurs Thiers, Odilon-Barrot, le général Changar-
« nier, Dufaure, le comte Roger, Duvergier de Hau-
« ranne, etc.; (il faudrait en nommer bien d'autres en-
« core), tous ses anciens collègues enfin, par lesquels il
« était sincèrement aimé et apprécié, ont témoigné d'u-
« nanimes regrets de sa mort, et m'ont chargé de vous
« les exprimer. Que ce sentiment général qui se produit
« autour de sa tombe et qui fera vivre sa mémoire, soit
« pour ses malheureux fils qui, je n'en doute pas, seront
« dignes de lui, une consolation et un encouragement
« tout à la fois!»

Enfin, au bas d'une dernière lettre qu'il me sera par-
donné de placer en relief et de transcrire en entier, je
lis avec émotion une illustre signature, un nom qui de
nos jours est l'expression la plus élevée de l'éloquence
parlée, ce nom de Berryer, si grand, si noble, si admiré, que rien qu'à l'écrire, on sent la plume frémir
sous ses doigts :

« *A Messieurs Louis et Paul Fourtanier.*

« Messieurs et honorés confrères,

« En rentrant hier à Paris, j'ai eu la douleur de rece-
« voir la triste nouvelle de la perte que vous venez de
« faire, en la personne de mon ancien collègue, Monsieur
« Fourtanier. J'ai hâte de vous dire que je partage bien

« vivement les regrets que cette mort prématurée doit
« inspirer à tous ceux qui, comme moi, ont connu Mon-
« sieur votre père et ont honoré son caractère, son ta-
« lent éminent, la loyauté et l'élévation de ses sentiments.
« Votre deuil de famille est un deuil pour tous les gens
« de bien, pour tous les hommes liés par un même
« amour du bien public, par un même respect pour les
« nobles intelligences qui traversent la vie en honorant
« et servant leur pays. Les souvenirs du Barreau fran-
« çais demeureront fidèles à Monsieur Fourtanier, et
« en vous adressant mes sincères et cordiales condo-
« léances, je vous transmets les sentiments que hier et
« aujourd'hui, j'ai entendu exprimer par mes confrères
« de Paris.

« Veuillez agréer, Messieurs, ce témoignage de haute
« estime et de véritable affection. Puisse-t-il adoucir quel-
« que peu votre affliction si cruelle !

« BERRYER.

« Paris, 8 février 1864. »

Quand tous ceux-là et bien d'autres, que nous avons
l'honneur d'appeler nos confrères, l'ont si spontanément
pleuré, loué si dignement, quel tribut, quels honneurs
serait-il permis d'offrir encore à la mémoire d'Alexandre
Fourtanier ! Elle a trouvé ses vrais panégyristes.

. . . .

Et maintenant, adieu cher Maître, adieu Confrère vé-
néré ! La dette personnelle de reconnaissance qu'il ne me
fut pas donné de payer sur votre tombe, au milieu de vos
amis en deuil, j'ai essayé de l'acquitter, en retraçant de
vous, dans ces pages imparfaites, une image ressem-
blante, selon la mesure de ma faiblesse. Bien des années
s'écouleront sans doute, avant que la place que vous avez
illustrée et que vous laissez vide au Barreau de Toulouse

soit occupée de nouveau. Téméraire et présomptueux serait celui des nôtres, même le mieux doué, qui se flatterait
de marcher sur vos traces. Mais si nous sommes impuissants à vous suivre dans le glorieux chemin que vous
venez de parcourir, — ceci est encore une de vos bonnes
paroles, à la louange de Féral, — du moins sera-t-il permis
au plus humble d'entre nous de retenir à votre école une
salutaire leçon. Assez longtemps nous avons exalté les
avantages et célébré les charmes d'une carrière aussi paisible, aussi studieuse que celle que vous avez triomphale-
ment accomplie. Arrivé au terme qui est ici-bas la fin de
toutes choses, il me semble, cher Confrère et Ami, que
c'est surtout votre mort chrétienne qui devra être pour
nous un encouragement à bien vivre. Le dernier jour de
votre honorable existence contient, à mes yeux, de tous
vos enseignements le plus fécond. De celui-là nous saurons
pieusement garder le souvenir, en répétant, pour adoucir
l'amertume de nos regrets, que vous fûtes un exemple de
résignation, un modèle de fermeté et de courage sous la
main de Dieu.

Auguste Albert.

EXTRAIT

DE LA REVUE DE TOULOUSE

(1er Mars 1864)

—

ALEXANDRE FOURTANIER.

Que de bouches ont déjà prononcé ce nom ! Que de plumes l'ont retracé ! Autour de ce nom , le plus illustre de notre Ordre , quel triste et long concert de regrets s'est déjà fait entendre !

Et chacun de reconnaître, — ceux mêmes qui y ont pris part , — l'insuffisance des éloges, si consciencieux qu'ils soient.

La tâche a été , toutefois, bien dignement remplie, par l'auteur éloquent et gracieux de la notice publiée récemment dans l'*Illustration du Midi.*

Mais un tel sujet est si riche de sa nature , qu'il semble toujours nouveau; et, si complète qu'ait été la moisson recueillie par la main pieuse de Me Albert dans les faits et les documents qui se rattachent à la vie de notre ancien maître , peut-être reste-t-il encore quelque chose à glaner.

S'il est vrai , d'ailleurs , que, partout où celui qui meurt laisse une amitié brisée, une voix a le droit d'exprimer sa plainte ; s'il est vrai aussi que la *Revue de Toulouse* soit le monument fidèle de l'histoire locale, l'auteur de ces lignes, et le Recueil pour lequel il les écrit, ne devaient, à aucun prix, le premier imposer silence à son cœur ; l'autre, laisser vide une page si intéressante des annales toulousaines.

La belle et imposante figure de Me Fourtanier sera certainement à sa place dans ce cadre. Seul, le peintre qui ose essayer une fois de plus le portrait, pourrait se reconnaître indigne ou se trouver mal à l'aise, mais la religion du dévoûment et de la reconnaissance a vaincu les hésitations de l'amour-propre ; l'excuse sera dans son devoir.

Ce qu'il est désormais inutile de redire avec insistance, c'est la grande et précoce fortune qui fit de Me Alexandre Fourtanier le premier orateur de nos audiences, dès le jour où il se présentait à la barre de la Cour ; c'est l'éclat inusité avec lequel il remplit, à vingt-six ans à peine, les fonctions si délicates de Procureur du Roi, près le Tribunal de Toulouse ; alors que précédemment déjà le même Tribunal et la Cour l'avaient possédé et admiré comme Substitut.

Rappelons néanmoins que, durant son passage assez long dans notre Parquet, il mena constamment de front les soins de l'administration et les devoirs de l'audience. Bien rares étaient les affaires dans lesquelles il ne donnait pas ses conclusions. Dans cette pratique laborieuse, continuée pendant plus de huit années, on découvre tout à la fois le secret et de l'influence heureuse qu'il avait acquise sur l'esprit du Tribunal, et de la prospérité sans exemple qui vint s'attacher à lui dès sa rentrée au Barreau.

Les regrets du Parquet, qu'il avait cru devoir quitter, malgré les sollicitations les plus pressantes, se traduisi-

rent alors dans des formes vives autant que sincères ; et
le Palais n'a pas oublié le trait et les paroles de M. le
Procureur général Romiguières.

C'était à la Cour d'assises. Par un hasard singulier ,
un accusé fut le premier client du magistrat redevenu
avocat. Ce client était poursuivi pour *meurtre.* L'émoi
était grand, l'auditoire nombreux. Le Procureur général
fournit un de ces magnifiques réquisitoires dont il avait
le secret. Après avoir pris ses réquisitions , il ne put
s'empêcher de dire : « Et maintenant , MM. les jurés,
« vous allez entendre le défenseur. En l'écoutant , vous
« comprendrez tout ce que la magistrature a perdu ! »
Me Fourtanier plaida , et l'accusé fut acquitté.

Mais l'éloquence au criminel était pour lui l'*enfance de
l'art ;* et l'on sait combien son goût, les dispositions de
son caractère et la tournure de son esprit , le portaient
de préférence vers les *causes civiles ,* celles-là seules où,
d'ordinaire du moins , l'orateur discute, et le juriste
crée. Ce fut là son grand champ de bataille ; et l'on a eu
raison d'emprunter surtout au rôle civil l'énumération des principales causes dans lesquelles il s'est
illustré.

La Cour d'assises le revit cependant à une époque
assez récente , et dans une affaire qui fut très remarquée, l'affaire *Quincy.* Là , il avait pour adversaires
Me Chauveau et Me Marie , du Barreau de Paris. Les
attaques de Me Marie avaient été vives ; plusieurs des
confrères de Me Fourtanier , assis alors à ses côtés , en
pourraient surtout rendre témoignage. Le Barreau tout
entier a conservé encore le souvenir de la vigueur et de
l'énergie que Me Fourtanier déploya dans cette glorieuse
rencontre. Il y conquit des témoignages unanimes et non
équivoques d'admiration et de reconnaissance.

Cette chaleur et cette conviction, le don d'émouvoir, et

surtout le talent si familier à Me Fourtanier de créer des improvisations comparables à des chefs-d'œuvre, ne trouvèrent jamais plus merveilleusement et plus utilement leur place, que le jour où un plaideur, dans un accès de fureur ou de démence, commit une tentative d'assassinat sur les magistrats de la deuxième chambre de la Cour, en tirant un coup de pistolet au moment où les Conseillers se rendaient de l'audience *au repos*. La Cour se saisit, séance tenante, du procès à faire à l'assassin, l'instruisit et le jugea sans désemparer. Me Fourtanier fut à l'instant chargé d'office de défendre l'accusé. Sa plaidoirie est restée dans tous les esprits et dans tous les cœurs. Ce jour-là, il sauva une tête. Nous consignâmes alors dans la *Revue de Toulouse* les détails de cette mémorable cause (*) !

C'est que dans cette organisation puissante et prodigieusement douée, tout se rencontre et rien ne manque. Au premier abord, on eût pu croire que cette éloquence grave, qui s'accommodait si bien à la discussion journalière des intérêts et du droit, éloquence positive comme les affaires, sévère comme la lettre de la loi, froide et forte comme la logique, ne se prêterait point aux élans du cœur et aux expansions entraînantes de la sensibilité. — Que de fois Me Fourtanier prouva le contraire ! Il savait, lui aussi, trouver le chemin de l'âme ; et comme il s'élevait ! comme il appelait les larmes dans tous les yeux, et comme il en répandait lui-même, lorsqu'il parlait, ainsi qu'il lui arriva si souvent, pour un *ami*, ou pour un *confrère*, — ou même pour cet habitant de Fronton, voisin de son domaine et dès longtemps connu, dont la femme avait été entraînée à l'oubli de ses devoirs, et

_____

(1) Voir la *Revue de Toulouse*, tome XII, page 73 (Affaire Guilhem).

qui avait brûlé la cervelle au séducteur (1861). Ah ! dans ces causes, où il fallait sonder le cœur humain en ses plus profonds replis, et faire vibrer les cordes les plus délicates, comme il savait arriver au pathétique et au sublime sans se heurter au ridicule !

Mais son mérite valait encore mieux que sa réputation. Appelé en 1849 aux honneurs de la représentation nationale, il vient à Paris en inconnu : il quittera Paris en avocat célèbre. Il étonna bientôt ceux qui purent le voir à l'œuvre. Les maîtres du premier Barreau le considérèrent aisément comme un des leurs. Là, il put lier les amitiés les plus précieuses et les plus hautes, en même temps qu'il cueillait ses plus beaux lauriers. Chose étrange ! dans ces courts instants qu'il dérobait aux travaux législatifs pour les consacrer au Palais de Justice, dans ces rencontres presque fortuites, et que ses succès rendirent pourtant assez nombreuses, où il avait à combattre les plus illustres adversaires, les princes de la plaidoirie, — la fortune servit si heureusement Me Fourtanier que devant le Tribunal de la Seine et la Cour impériale de Paris, il a plaidé *quarante-cinq procès sans en perdre un seul*. Celui qui écrit ces lignes a recueilli plus d'une fois ce détail de sa bouche même.

Voici un autre trait bien digne encore d'être rapporté :

Me Fourtanier plaidait sa première cause à Paris devant M. le Président Debelleyme, et il avait pour adversaire Me Duvergier. Celui-ci s'étonna d'abord qu'on ne lui opposât pas un contradicteur en renom, dans une demande que, d'ailleurs, il comptait faire aisément repousser. Me Fourtanier le surprit cependant à tel point par son habileté, sa méthode, la force de sa logique et de son argumentation, qu'il crut devoir demander le renvoi de l'affaire à huitaine. Et, comme Me Fourta-

nier manifestait à son tour un certain étonnement et fesait résistance, le Président Debelleyme lui dit avec la
plus exquise bienveillance : « Me Fourtanier, vous pou-
« vez consentir au renvoi, votre plaidoirie n'est pas
« de celles que l'on oublie. » — Huit jours après,
Me Duvergier reparut à la barre, répondit,... et per-
dit son procès.

Le même procès fut, par un appel, porté devant la première Chambre de la Cour de Paris. Cette fois, ce fut
Me Delangle qu'il fallait combattre. La lutte fut magnifique, on le devine. La Cour prononça un démis d'appel.
Au sortir de l'audience, Me Delangle disait à Me Fourtanier : « Eh ! bien, après vous avoir entendu, j'ai moins
« de regret d'avoir succombé ; vous m'avez convaincu ! »

On sait comment Me Delangle, mettant ses actes d'accord avec ce juste hommage, voulut bientôt après , et
lorsqu'il devenait premier Président de la Cour de Paris,
retenir Me Fourtanier à Paris même, par l'offre séduisante de sa *succession*, et comment l'amour du pays et du
barreau natal ramenèrent, au contraire, le Toulousain
vers Toulouse.

Me Fourtanier fut encore chargé, à Paris, d'un procès
très considérable, relatif à une concession de houilles en
Belgique, dans lequel était intéressé *lord Talbot*. Ce procès, qu'il plaida contre Me Marie, fut gagné par lui en
première instance ; et lorsque l'affaire se présenta à la
Cour, en 1853, son client le fit venir de Toulouse à Paris pour la plaider une seconde fois. Le succès justifia
encore ce témoignage de rare confiance.

Pendant son séjour à Paris, Mo Fourtanier eut l'occasion d'aller plaider devant la Cour d'Angers contre Me Se-
gris. Il produisit une impression telle, qu'à son retour au
Palais-Bourbon, ses collègues de Maine-et-Loire, qui en
étaient déjà informés, s'empressèrent de le féliciter, et de

lui dire en quelle sensation profonde il avait jeté son auditoire, magistrats et avocats.

Comment s'étonner, dès lors, qu'à la Chambre même, où il ne briguait point les succès de tribune, il soit devenu l'un des plus influents dans les bureaux et les commissions? Il fut recherché par les principaux hommes politiques de l'époque, et le *Comité de la rue de Poitiers* le comptait au nombre de ses orateurs préférés.

En 1851, après le coup d'Etat, M. Rouher, alors ministre de la justice, le fit appeler pour le comprendre comme conseiller d'Etat, dans l'organisation, que l'on préparait, de ce corps important. Mᵉ Fourtanier crut devoir répondre par un refus à cette ouverture.

Vers la même époque, il n'eût tenu qu'à lui d'être Procureur général à Toulouse. Il déclina encore cet honneur, ou, pour mieux dire, il lui préféra la conservation de son indépendance et du haut patronage qu'il exerçait sur une immense clientèle.

Rien n'était curieux à voir, en effet, comme cette foule sans cesse renouvelée de plaideurs qui se pressaient autour de son cabinet, venant implorer le secours de sa parole ou de ses lumières. Là, comme ailleurs, il fallait faire antichambre. Seulement c'était le nombre des visiteurs, et non l'arrogance du maître, qui le commandait ainsi.

Mᵉ Fourtanier était à peine rendu à notre cité, que les sollicitations, disons même les supplications des clients, le rejetaient dans cette vie active, laborieuse et ardente, qui depuis ne connut peut-être pas assez la trève et le repos.

Dans cette dernière période surtout, il n'est pas une Cour ou un Tribunal, dans le Midi, qui n'ait eu l'occasion de l'entendre et de l'apprécier. C'était fête pour le pays qui lui offrait ainsi l'hospitalité d'un jour. Les auditeurs, sans acception de rang ni même de sexe, affluaient dans le prétoire où il devait parler. Le succès le suivait partout. Souvent la foule éclatait en applaudissements, que le magistrat, charmé lui-même, oubliait de réprimer.

Bordeaux, Agen, Montpellier, Pau, Carcassonne, Auch, Tarbes, Dax, Pamiers, Gaillac et tant d'autres villes qu'il serait trop long d'énumérer, garderont longtemps le souvenir de son passage.

Mais, parmi ces divers succès, deux méritent peut-être une mention spéciale, à cause de leur date très récente.

M. Troplong, président à la Cour de Bordeaux, ne se contentait pas d'adresser à Me Fourtanier, après une de ses dernières plaidoiries, les compliments les plus flatteurs, au nom de sa compagnie ; il ajoutait encore : « Que son frère, M. le premier Président de la Cour de Cassation, autrefois premier Président de la Cour de Paris, lui avait souvent parlé de Me Fourtanier, du Barreau de Toulouse, comme d'un des avocats les plus distingués qu'il eût jamais entendus. »

A Pau, il y a deux mois à peine, il laissait des impressions non moins vives. Et nous avons eu sous les yeux une lettre que lui adressa, bientôt après son retour parmi nous, M. le premier Avocat général Lespinasse, pour lui offrir le témoignage de son admiration personnelle, et pour lui faire connaître, ensuite, que, dans le sentiment de la Cour tont entière, aucun des avocats de Paris, qui étaient venus plaider devant elle, n'avait montré un talent plus remarquable que le sien.

La mort de Me Fourtanier, — ceci est maintenant trop aisé à comprendre, — a produit au dehors même de Toulouse une émotion profonde. De toutes parts ses fils ont reçu les témoignages les plus sympathiques. — On peut dire que le Barreau français considère comme sienne la perte éprouvée par le Barreau de Toulouse.

Disons enfin que ses immenses travaux d'audience et de cabinet, si absorbants qu'ils fussent, n'ont point empêché Mᵉ Fourtanier de laisser de précieux écrits sur diverses matières. Il y aurait crime à les déflorer en les ouvrant aujourd'hui; la publication, nous le savons, en sera faite quelque jour par les soins de ses enfants.

Tel fut Mᵉ Fourtanier pour ceux qui l'ont vu de loin ou en public.

Dans les rapports intimes, il n'avait pas d'égal pour la simplicité, la familiarité et même l'enjouement.

Ce qui frappait plus encore, c'était l'extrême facilité de ses relations et son incroyable modestie. Il aimait beaucoup plus à s'effacer qu'à paraître; autant il proclamait volontiers le mérite d'autrui, autant il se défendait des éloges adressés au sien. Ce n'est point qu'il s'ignorât, mais il lui déplaisait de s'affirmer.

On a eu grandement raison d'écrire qu'il détestait l'éclat et le bruit, et qu'il professait surtout un souverain mépris pour la *réclame*. « Expédient pitoyable, disait-il; « — indigne de la profession et du titre d'avocat! Aveu « d'impuissance de la part de ceux qui y recourent! Je « les plains. »

Il brillait aussi par l'amour et le culte de la *légalité*. Il était devenu comme une incarnation du droit. Il poussait ce beau sentiment jusqu'aux plus rigoureux scrupules. Il aimait à le répéter; et sa vie tout entière est là pour le dire après lui.

Mais le nom d'un modeste disciple ne suffirait point pour donner aux appréciations contenues dans ces lignes l'intérêt et l'autorité que nous désirons pour elles; et nous avons voulu placer notre admiration et nos regrets sous le prtronage puissant de ceux qui ont mieux que nous le droit de parler. Nos lecteurs nous sauront gré de dérober à la famille Fourtanier les deux lettres suivantes :

Paris, le 9 février 1864.

« ..... Tous les amis de Me Fourtanier, à qui j'ai fait part ici d'une perte qui nous est commune, ont partagé mon affliction. MM. Thiers, Odilon-Barrot, le général Changarnier, Dufaure, le comte Roger, Duvergier de Hauranne, — il faudrait en nommer bien d'autres encore, — tous ses anciens collègues enfin, par lesquels il était sincèremenl aimé et apprécié, ont témoigné d'unanimes regrets de sa mort, et m'ont chargé de vous les exprimer. Que ce sentiment général qui se produit autour de sa tombe, et qui fera vivre sa mémoire, soit pour ses malheureux fils, qui, je n'en doute pas, seront dignes de lui, une consolation et un encouragement tout à la fois !

« BAZE. »

—

A MM. Louis et Paul Fourtanier.

« Messieurs et honorés confrères,

« En rentrant hier à Paris, j'ai eu la douleur de recevoir la triste nouvelle de la perte que vous venez de faire en la personne de mon ancien collègue, Me Fourtanier. J'ai hâte de vous dire que je partage bien vivement les regrets que cette mort prématurée doit inspirer à tous ceux qui, comme moi, ont connu M. votre père, et ont honoré son caractère, son talent éminent, la loyauté et l'élévation de ses sentiments. Votre deuil de famille est un deuil pour tous les gens de bien, pour tous les hommes liés par un même amour du bien public, par un même respect pour les nobles intelligences qui traversent la vie en honorant et servant leur pays. Les souvenirs du Barreau français demeureront fidèles à Me Fourtanier; et en vous adressant mes sincères et cordiales condoléances, je vous transmets les sentiments qu'hier et aujourd'hui j'ai entendu exprimer par plusieurs de mes confrères de Paris.

« Veuillez agréer, Messieurs, ce témoignage de haute estime et de véritable affection : puisse-t-il adoucir quelque peu votre si cruelle affliction !

« J'ai l'honneur d'être votre très humble et très obéissant serviteur,

« BERRYER.

« Paris, 8 février 1864. »

—

Qu'ajouterait-on à une telle épitaphe ?

E. ASTRIÉ ROLLAND,
Avocat à la Cour impériale de Toulouse.

—

La mort a frappé, dans Toulouse, un grand avocat Me Fourtanier ; un magistrat distingué, M. de Castelbajac, et, loin de nous, un honorable universitaire, M. Rocher, qui, il y a peu de mois encore, était à la tête de notre Académie.

La *Revue* a consacré plus haut une étude spéciale à chacun de ces hommes regrettables. Il ne nous appartient pas de refaire ce que d'autres ont fait si bien ; nous ne consacrerons donc que quelques mots à la mémoire du grand orateur que le Barreau de Toulouse a perdu.

Si jamais plume toulousaine dut prendre le deuil, c'est bien à l'occasion du vide considérable qui vient de se faire dans les rangs de nos avocats. Me Fourtanier, — un vrai maître, — laisse des souvenirs brillants et de profonds regrets. Comme une traînée lumineuse, trente années de sa vie ardente s'étendent sur le Barreau si justement renommé de Toulouse, pour l'illustrer encore.

On a déjà lu dans l'étude de Mᵉ Astrié et dans la belle
biographie, écrite avec des larmes par son éloquent
confrère et son ami, Mᵉ Albert, l'odyssée de l'orateur
à travers la vie. On croirait entendre un de ces beaux
poëmes où sont reproduites les actions d'un guerrier
d'autrefois.

Certes, s'il fut une vaillante vie, c'est celle de
Mᵉ Fourtanier; s'il est une vie qui puisse montrer jusqu'où peut s'étendre l'activité de l'homme, celle de
l'infatigable orateur doit être prise comme point de
comparaison; et c'est un grand enseignement pour nous
tous, que tant d'efforts soient nécessaires pour attirer
un peu de bruit au-dessus d'une tombe.

JEAN LERM.

EXTRAIT DU RAPPORT

FAIT

A L'ACADÉMIE DE LÉGISLATION DE TOULOUSE

PAR M. FRANÇOIS SACASE

SECRÉTAIRE PERPÉTUEL,

CONSEILLER A LA COUR IMPÉRIALE.

(MARS 1864).

. . . .
. . . .

Messieurs,

L'Académie a été, cette année encore, affligée de deux pertes qui l'ont, à quelques jours d'intervalle, soudainement frappée. . . . .
. . . . , ...

A un âge où d'ordinaire on a besoin d'un soutien pour sa faiblesse et d'un guide pour son inexpérience, M. Alexandre Fourtanier était déjà mûr pour la lutte et possédait l'art de maîtriser les convictions. Cependant il ne se laissa ni enivrer ni même distraire par la dangereuse séduction d'un début plein d'éclat. Il chercha la science par l'énergie infatigable du travail. Il est facile de juger quels durent être ses efforts, quand on a pu mesurer la virilité et la fécondité de cet éminent esprit, pendant trente-cinq ans d'une activité qui jamais ne se reposa. Intelligence des principes généraux du droit, connaissance parfaite des textes, logique supérieure, il unissait tout dans une forte et lumineuse trame. D'ordinaire, sa discussion se renfermait dans l'horizon de la loi, dont le texte était le point de départ. Mais avec quelle clarté de langage il posait sa thèse et avec quel art il groupait autour d'elle les moyens qui devaient servir à la résoudre ; et s'il rencontrait un de ces hauts problèmes juridiques que l'esprit ne peut fixer qu'à l'aide de sa puissance créatrice et avec le secours des grandes inspirations, alors les idées jaillissaient, c'était comme un bouillonnement. De sa part pas une objection qui ne fût prévue, pas une obscurité qui ne fût éclaircie, et sur ses lèvres la science arrivait si prompte et si facile qu'elle ne paraissait jamais profonde. Vaillant athlète dans les discussions de l'audience, il fesait admirer dans son cabinet la précision savante de ses avis. Malheureusement ses travaux altéraient sa robuste constitution à mesure qu'ils étendaient sa renommée. Habitué à traiter sa santé en esclave soumise, M. Fourtanier ne voulut pas comprendre qu'il l'épuisait dans cette lutte. Il fut soudain arrêté, lorsqu'il était loin d'avoir révélé tout ce que sa vigoureuse intelligence promettait encore. Il demeura calme devant la mort, et, chrétien résigné, il remit sans murmure au maître de la vie des jours que le travail avait abrégés.

EXTRAIT DU DISCOURS

PRONONCÉ

A l'audience solennelle de rentrée de la Cour impériale de Toulouse

PAR M. DECOUS-LAPEYRIÈRE

AVOCAT-GÉNÉRAL.

(3 NOVEMBRE 1864):

—

. . . .
. . . .

Vous ne me pardonneriez pas de passer sous silence une autre perte, que vous ne déplorez pas moins.

Me Fourtanier avait plus d'un point de contact avec cette compagnie; fils d'un honorable avoué à la Cour qui l'éleva par elle et pour elle, il entra, avec la Révolution de 1830, dans la magistrature, où il se fit bientôt une place considérable. Plus tard, il fut appelé à la Mairie de la grande ville dont il avait dirigé le Parquet; puis en 1849, le choix spontané de ses concitoyens l'envoya à l'Assemblée législative.

Son mérite exceptionnel et les occasions politiques lui ouvraient toutes les voies; mais, ne mettant rien au-dessus de la considération qu'il s'était conquise dans son pays natal, il revint chercher à cette barre son bâton de maréchal. Il justifiait ainsi la prédiction d'un ancien et regrettable collègue, M. le conseiller Delquié, qui dès 1829 disait de lui : « Il est de la grande famille qui produit les Procureurs généraux et les Bâtonniers ; ce débutant sera un jour l'un ou l'autre à son choix. »

Les avocats de Toulouse s'empressèrent d'honorer celui auquel, pendant ses deux années de législature, le premier Barreau du monde avait offert une hospitalité, qui fut toujours aussi scrupuleuse que libérale. On sait qu'un des princes de ce Barreau dont la Cour m'autorise (*) à faire précéder le nom d'un hommage de reconnaissance, M. Delangle, fit tous ses efforts, lorsqu'il devint premier Président de la Cour de Paris, pour déterminer Fourtanier à accepter une part de sa succession d'avocat. Cet éminent connaisseur ne s'y était pas trompé ; à première vue, il avait découvert un jurisconsulte complet. Il serait difficile, en effet, d'après ce que je tiens de chacun de vous, de dire ce qui méritait le plus d'être loué dans sa manière, de la clarté des expositions, de la distribution du sujet, de la netteté des définitions, de la dialectique enfin dont il vivifiait sa pensée.

Avocats, votre honneur est d'avoir été pour Fourtanier de dignes confrères, et d'avoir répondu au sentiment de prédilection qu'il manifesta pour votre Ordre, en vous montrant les véritables *mainteneurs* de sa réputation (**).

A vous enfin de le remplacer, jeunes hommes d'avenir, qui avancez tous les jours dans le chemin des maîtres, sous l'œil paternel de la Cour.

---

* Voyez l'allocution adressée par M. le premier président Piou à M. Léo Dupré, lors de son installation comme procureur géneral près la Cour de Toulouse, le 22 avril 1863.

** Voyez dans l'*Illustration du Midi* (février 1864) la biographie complète de Fourtanier par Me Albert, avocat des plus distingués, dont la plume n'est pas moins exercée que la parole.

(Note de l'Auteur.)

EXTRAIT DU DISCOURS

PRONONCÉ

PAR M. TOURNAYRE

BATONNIER DE L'ORDRE DES AVOCATS

A la rentrée solennelle des conférences.
(4 DÉCEMBRE 1864).

———

. . . .
. . . .
. . . .

Ce sentiment de la confraternité m'impose un pieux devoir en terminant ces observations, celui de payer un juste tribut de regrets à ceux que la mort nous a ravis. Vous savez que le Barreau de Toulouse a été cette année cruellement éprouvé : il a vu disparaître, emporté par le coup fatal, celui, je puis le dire sans blesser l'amour-propre d'aucun confrère, qui se trouvait placé à sa tête depuis longues années par l'éclat de son talent. Je n'ai à esquisser ici, pour vous qui l'avez tous connu, ni une biographie, ni un panégyrique. J'ai à faire entendre l'expression des regrets du Barreau pour la perte d'un éminent confrère. — Je me bornerai à vous rappeler combien Mᵉ Fourtanier avait été heureusement doué, et quelle merveilleuse aptitude il a pu apporter dans l'exercice de sa profession. Son intelligence aussi vive que pénétrante, servie par une parole facile, nette, abondante, a pendant longues années recueilli tous les triomphes de l'audience, après avoir, dans le secret du cabinet, éclairé de ses conseils une nombreuse clientèle. Ses procédés oratoires d'une admirable simplicité, sa dialectique si vigoureuse et sa verve intarissable, avaient toujours pour point d'appui la connaissance complète du fait qu'il devait examiner et la science profonde du droit dont il devait faire l'application. Un labeur incessant entretenait chez lui cette fécondité inépuisable de ressources intellectuelles qui nous étonnait journellement. — Peut-être, hélas ! faut-il déplorer cette infatigable activité et cette ardeur pour le travail, qui ne lui permettaient de se reposer de la lutte de la veille qu'en se préparant à la lutte du lendemain, lorsque nous songeons qu'il s'est éteint dans la plénitude de ses facultés, dans la force de l'âge, presque sur le champ de bataille, enseveli dans son triomphe, selon l'expression de l'orateur chrétien. Nous pouvons, nous devons comprendre ces entraînements, dus *au plus précieux et au plus rare de tous les biens, l'amour de son état* (*). Mais ils ne peuvent qu'augmenter l'amertume des regrets de notre compagnie pour la perte si considérable et si prématurée qui est venue la frapper.

Au milieu de ce deuil du Barreau, les enfants de Me Fourtanier, nos jeunes confrères MM. Louis et Paul Fourtanier, se fesant les organes et les exécuteurs des intentions de leur père, nous ont annoncé qu'ils mettaient à la disposition de l'Ordre des avocats une rente annuelle de 250 fr. Cette rente est destinée à fonder un prix qui doit être donné tous les ans, à la rentrée solen-

_____

(*) d'Aguesseau.

nelle des conférences, au jeune avocat qui, après trois ans de stage à Toulouse, sera désigné par le Conseil de discipline. Le prix consiste en une médaille d'or ou en livres de droit, au choix du lauréat.

Le Conseil de discipline, par délibération du 23 avril 1864, a accepté ce don avec une profonde reconnaissance. La distinction créée par cette fondation, rehaussée par sa valeur morale, sera désormais, pour le jeune stagiaire, un nouvel encouragement à la pratique de tous les devoirs traditionnels de notre profession, une nouvelle excitation au travail, à l'émulation, à l'assiduité, à la rectitude de conduite. — C'est sur ces éléments d'appréciation, qui constituent l'honnêteté du but et l'honorabilité des moyens propres à notre état, que le Conseil désignera le lauréat. Je suis heureux d'avoir à proclamer en son nom qu'à tous ces titres son premier choix s'est porté sur Me Abeille.

—

SÉANCE DU 23 AVRIL 1864.

M. le Bâtonnier communique au Conseil une lettre en date du 20 avril 1864, qui lui a été adressée par MM. Louis et Paul Fourtanier, relative à la fondation, au nom de M. Alexandre Fourtanier leur père, d'un prix à décerner, par le Conseil, au stagiaire de troisième année qui en serait jugé le plus digne.

Cette lettre est conçue en ces termes :

« MONSIEUR LE BATONNIER,

« Vous savez quelle affection avait notre père pour les « jeunes gens se destinant à la carrière du Barreau; « aussi, avait-il l'intention de leur laisser un souvenir « après sa mort. La rapidité avec laquelle il a été frappé

« ne lui a pas permis de mettre en règle cette disposi-
« tion, mais nous considérons comme un devoir sacré
« d'exécuter tous les projets que nous lui avons entendu
« manifester. C'est dans ce but, Monsieur le Bâtonnier,
« que nous mettons à la disposition de l'Ordre des avo-
« cats une rente annuelle de deux cent cinquante francs.
« Cette somme sera destinée à fonder un prix qui sera
« donné, tous les ans, à la rentrée solennelle des con-
« férences, au jeune avocat qui, après avoir fait ses
« trois années de stage, à Toulouse, sera désigné par
« le Conseil de discipline. Le prix consistera en une
« médaille d'or ou des livres de droit, au choix du
« lauréat.

« Veuillez agréer, Monsieur le Bâtonnier, l'assurance
« du profond respect, avec lequel nous avons l'honneur
« d'être vos très humbles serviteurs et dévoués con-
« frères.

« LOUIS FOURTANIER.
« PAUL FOURTANIER, signés.

« Toulouse, 20 avril 1864. »

Le Conseil accepte avec une profonde reconnaissance le
don dû à la générosité de M. Alexandre Fourtanier, et
décide que, par les soins de M. le Bâtonnier, l'expression
de ces sentiments sera transmise immédiatement, au
nom du Conseil de l'Ordre, à MM. Louis et Paul Fourtanier.

FIN DU TROISIÈME VOLUME.

TABLE DES MATIÈRES

CONTENUES DANS CE VOLUME.

———

Plaidoiries et Mémoires.

(Suite).

Consultations.

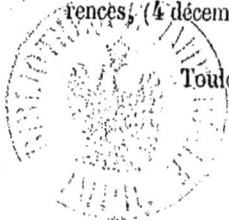

Toulouse, Imprimerie Ph. Montaubin.

www.ingramcontent.com/pod-product-compliance
Lightning Source LLC
Chambersburg PA
CBHW031727210326
41599CB00018B/2533